Seper Hero

MARINE BARNÉRIAS

Seper Hero

Le voyage interdit
qui a donné du sens à ma vie

―――――
TÉMOIGNAGE

Pages 108, 120 et 467
© Marine Barnérias, collection personnelle

HT page 3 (cadres)
© Nata Kuprova / Shutterstock

HT page 15 (ovoo)
© Pascal Rateau / Shutterstock

HT page 16 (papier scotch)
© Picsfive / Shutterstock

Ouverture du chapitre Corps
© Grop / Shutterstock

Ouverture du chapitre Esprit
Montage entre © Melok / Shutterstock
et © Daiquiri / Shutterstock

Ouverture du chapitre Âme
© Babayuka / Shutterstock

© FLAMMARION, 2017.

Le Code de la propriété intellectuelle interdit les copies ou reproductions destinées à une utilisation collective. Toute représentation ou reproduction intégrale ou partielle faite par quelque procédé que ce soit, sans le consentement de l'auteur ou de ses ayants droit ou ayants cause, est illicite et constitue une contrefaçon sanctionnée par les articles L335-2 et suivants du Code de la propriété intellectuelle.

Battante, euphorique, imprévisible, mais aussi bordélique, tête en l'air, et un peu folle, pas de doute c'est bien notre Marine. Du haut de son mètre soixante et avec son rire de bonhomme, la fatigue ? elle ne connaît pas. Jogging à 7 heures du matin, projets de cours, week-end en Bretagne, associations avec l'école, apéro entre copains et fiesta jusqu'à pas d'heure... Bref, avec cette vie à mille à l'heure et ses trente idées qui lui viennent à la seconde, pas toujours facile de la suivre. Depuis sa plus tendre enfance, elle n'a fait que bouger entre Garches, Compiègne, Lille, Marseille ou Paris. Mais avec autant de villes que d'amitiés nouées, pas toujours évident de s'y retrouver. Marine, c'est celle qui même au fin fond du trou du cul du monde rencontrera toujours quelqu'un qu'elle connaît. En même temps, difficile de la rater. Sa devise, « On va tout exploser ! », en dit long sur le phénomène. Avec son énergie débordante, elle ne recule devant rien, même pas partir seule à l'autre bout du monde pendant plusieurs mois. Toujours là pour nous faire rire, elle ne rate jamais une occasion de faire une boulette (ce n'est pas pour rien qu'on l'appelle « Gaston La Gaffe »). Mais attention, derrière cette force de la nature se cache aussi une fille sensible et tendre, qui sait prendre le temps pour ses amis et sa famille. Marine, c'est comme un train qu'il ne faut pas rater, un mélange détonnant et plein de surprises, qui sera toujours là pour vous pousser et vous emmener le plus loin possible.

PS : Pour elle rien n'est impossible, et dernièrement on nous dit que, par magie, elle cultive des roses...

**JS & RF & ML
Tes amies pour la vie**

Préface

Marine est de ces êtres solaires que l'on n'oublie pas. Quand une jeune fille au sourire éblouissant vous dit que la maladie a donné un sens à sa vie, forcément ça interpelle. Après l'annonce de sa sclérose en plaques, elle part seule, sac au dos, pour un voyage de sept mois en Nouvelle-Zélande, en Birmanie et en Mongolie. Vous la voyez comme une héroïne, mais c'est tout le contraire qu'elle veut nous dire. « Si je l'ai fait, alors vous pouvez le faire. » Et pour nous convaincre qu'elle nous ressemble, elle nous fait le récit de sa vie d'avant si légère, de l'annonce presque inhumaine du diagnostic, du déni inévitable de la maladie, et de ses états d'âme si universels entre ses rêves et ses peurs. Et ses peurs, elle les affronte toutes, et nous les raconte avec autodérision et une extraordinaire authenticité.

Marine est cash, alors on la croit. Elle se décrit comme une trouillarde hypersensible qui décide de sauter dans l'inconnu. On vit avec elle, sa surprise face à la bouleversante solidarité des proches et des internautes qui rendent possible cette incroyable aventure. On est à ses côtés lors de ses rencontres inattendues et réconfortantes avec d'autres sapiens du bout du monde, et on l'accompagne lorsqu'elle découvre sa relation apaisante avec la nature spectaculaire. Mais il s'agit évidemment d'un voyage intérieur. Un face-à-face plein de gratitude et d'humilité avec son corps, son esprit et son âme.

Vous en avez rêvé, elle l'a fait. Sortir de sa zone de confort, c'est s'exposer à de sacrés shoots émotionnels. Il y a eu beaucoup de rires et de larmes pendant ce voyage, mais ce que cette jeune fille désire tant partager avec nous, c'est une magnifique confiance en la vie. Pour peu que nous changions de point de vue, nos expériences bonnes ou mauvaises valent toutes le coup d'être vécues. Elle a désormais la légitimité et la sagesse nécessaires pour nous le dire.

Laissons-nous inspirer par cette jeune fille si spontanée, si sincère et si créative qui nous veut du bien. Car c'est peut-être ça, sa mission sur cette terre : nous raconter son histoire pour nous interroger sur nos priorités, nos valeurs, notre vulnérabilité et tout simplement notre humanité.

« N'ayons pas peur » nous dit-elle. Message reçu Marine. Pour ça et pour tout le reste, merci d'exister.

Frédéric Lopez

« **Laissez-vous embarquer
par votre imagination... N'allez pas
tout de suite découvrir le cahier-photo
de Rosy à la fin du livre, faites place
à votre propre floraison :)** »

Marine Barnérias

Les premières lignes sont toujours les plus dures. Je réfléchis, je cherche mes mots. Je ne sais pas trop par où, ni comment commencer.

Si on m'avait dit il y a un an que je serais en train d'écrire ces quelques lignes maladroites, je me serais bien marrée ! Mais voilà, un intrus m'y a poussée. Aujourd'hui, face à une feuille blanche, tout se bouscule. Que dire, que faire, comment raconter et faire revivre toutes ces émotions inouïes qui m'ont aidée à marcher, à vaincre, à pleurer, à accepter mes larmes, à m'émerveiller, à recommencer, à construire et à vouloir vivre pour mieux faire taire ce clandestin qui a changé ma vie ?

Tout commence le 3 avril 2015

Je suis à Marseille et je vis dans une coloc surbookée, surnommée le RAVI. Pourquoi ce nom ? Car ce lieu de vie n'est pas vraiment comme tous les autres. En plein centre-ville, cinq personnes le partagent, dont une, faute de place, transforme la cuvette des toilettes en oreiller car seule pièce restante pour y faire sa chambre. Le parquet du salon tremble souvent lors de nos soirées déguisées... Vous l'aurez compris, c'est un lieu rempli de vie, de partages, de sourires où le code d'entrée est « Tout est possible ! ».

C'est également un appartement transformé en QG permanent pour toutes les organisations de n'importe quoi pour n'importe qui. Je fais partie du BDS, le bureau des sports, une famille de douze potes, étudiants comme moi, dans la même école de commerce, et dont les idées sont souvent haut perchées ! Je suis plus connue pour cette association que pour ma passion à apprendre mes leçons... Cette école met au cœur de son programme un complexe associatif monstrueux. Chaque personne peut y trouver son compte et s'épanouir selon ses centres d'intérêt. Moi, ça sera le sport. Étant le plus gros BDS de France, c'est une véritable entreprise avec de grands projets, de gros budgets, des objectifs à atteindre et des groupes à manager ; une formation tant humaine que professionnelle. Pour ma part, j'ai en charge le pôle sports collectifs et plus précisément la gestion des coachs. C'est si exaltant de travailler de près avec les sportifs mais surtout de les voir gagner, perdre, rebondir et dynamiser leur équipe. En trois mots, la force du sport. J'ai découvert que motiver, créer et entreprendre des projets est ce qui m'anime par-dessus tout...

Ce 3 avril n'est pas un jour tout à fait comme les autres. Comme chaque année, il laisse des traces... On s'apprête à vivre ce fameux challenge qui rassemble cinq écoles de commerce. Mon état d'excitation est à son maximum. Cela fait 6 mois que chaque établissement prépare ses armes pour affronter cette rencontre dont le but est d'affermir nos valeurs communes à travers le sport et notre imagination !

Au fait, je me présente : ici, on m'appelle Barné ou plutôt Taz. Ça vous donne une idée de ce zébulon dont le ressort de 160 cm va souvent dans les excès... C'est ma voix de poissonnière et mes idées décalées qui m'ont fait devenir « capo ». En langage plus courant, c'est celui qui motive les troupes et qui permet au collectif d'être plus fort et plus soudé pour remporter le trophée ! Une lourde responsabilité, je suis d'ailleurs cette année la seule fille de mon école à occuper ce poste ! Mes problèmes d'élocution avec parfois des mots qui s'entrechoquent, donnant lieu à des contresens hilarants, m'ont fait gagner mes galons de « Gaston ». C'est mon autre surnom que je dois à mon cerveau pas très ordonné ! Pour enfoncer le clou sans trop forcer, je réfléchis souvent après avoir parlé ! J'ai la gouaille d'une bonne vivante toujours à l'affût d'un nouveau plan farfelu... ! Cramer sur une serviette de plage n'est pas mon passe-temps favori !

Ce 3 avril 2015, tout est réuni pour nous emporter dans des émotions rares qui n'appartiennent qu'à ce genre d'événement. Plus de mille cinq cents étudiants venus de toute la France, maquillés, peinturlurés de la tête aux pieds, à chanter et crier le plus fort possible des slogans à la gloire de son camp. Deux mille enfants de plus de 20 ans... Chacun ses couleurs. Pour nous, Marseille, qui organisons l'événement, ce sera le bleu et blanc. Nancy a choisi l'orange et le noir, Bordeaux, le rouge. Rouen a marié le vert au blanc, tandis que Reims préfère le violet. Toutes ces couleurs réunies dans un même esprit de joie et de fête donnent une vraie ambiance de carnaval.

Les chars et les constructions délirantes imaginés par chaque école font naître des cris, des rires et des sourires !

Ce 3 avril 2015, pas besoin de réveil. Six heures du matin, j'ai déjà les yeux grands ouverts ; en cinq minutes, je suis habillée, peinturée, prête à décoller ! Dès les premiers pas en direction du complexe sportif, mon cœur s'emballe, trop impatient de découvrir la folie créatrice de nos camarades ! Je sens derrière moi toute mon équipe bien remontée. Je veux tout donner pour ce challenge de ma dernière année. Pour tout vous dire, c'est une sensation tellement stimulante que je ne pourrais faire autrement. Réussir à donner son maximum pour n'avoir aucun regret, c'est un peu la philosophie de vie derrière laquelle je cours depuis quelques années. Me voilà partie, plus motivée que jamais, pour aller crier haut et fort les couleurs de mon école. Un peu débile, mais tellement drôle !

Ce samedi, le stress est palpable même si l'heure est avant tout à la fête. De mon côté, je suis boostée par l'envie de décrocher ce foutu trophée !

Après une journée à 360 degrés à avaler mon mégaphone, curieusement, le lendemain, mon champ d'action se limite. Je suis toujours aussi motivée, mais quelques camarades ont sauté de mon champ de vision... Je suis obligée de tourner ma tête de gauche à droite pour apercevoir mes coéquipiers parqués sur les bas-côtés. Étrange ! J'ai l'impression d'avoir oublié des lunettes que je n'ai d'ailleurs jamais portées... Ce rétrécissement soudain de ma vue ne m'empêche pas de continuer à motiver mes troupes. Devant le flou qui s'installe, je commence à imaginer des hypothèses comme : « *Je dois certainement faire une allergie à la peinture que je me suis tartinée sur la figure ?* » C'est suffisant pour me rassurer. Quelques heures plus tard, un zeste de curiosité questionne mon cerveau gauche. Je demande à des amies de plonger leurs yeux dans les miens et de bien regarder s'il n'y a pas d'objet non identifié qui se serait égaré. « R.A.S. », me disent-elles. On se marre toutes les trois et on repart en première ligne pensant que maladroite comme je suis, j'ai dû me mettre de la peinture dans l'œil !

La troisième journée se termine dans la joie et l'euphorie. On remporte le trophée que je ne vois qu'à moitié ! Ma vue commence sérieusement à baisser. Dans le bus qui me ramène chez moi, je m'inquiète. Je fais des tests de vision sans m'arrêter. Je cache un œil puis l'autre pour voir ce qui disparaît. Je ne comprends rien. Je décide de ne rien comprendre... Je rentre me démaquiller, retire cette peinture et pars en soirée pour fêter le trophée. Fin de journée bien mouvementée ! Quand je me couche le soir ou plutôt au petit matin, je ne sais plus très bien si c'est la peinture, l'alcool ou moi qui est à l'origine de cette vision alternée.

Le lendemain matin, panique au RAVI !

Tout s'est aggravé. Le net a définitivement disparu. Réflexe naturel, j'appelle ma mère et lui demande conseil. Prudente et réaliste, elle me dit « *Marine ne joue pas avec la vue.* » Voyant que je ne prenais pas ça au sérieux, elle me préconise d'aller voir un médecin de toute urgence. Au fond de moi, ça me soûlait déjà mais je prends conscience que ça fait quand même quatre jours que ma vue dégringole. Il me reste encore un peu de vision pour choper le numéro de téléphone de l'ophtalmologue le plus proche.

Malgré tout, je reste confiante. Je suis convaincue que l'ophtalmologue va régler ça avec quelques gouttes et trois mouvements appropriés. Je pars avec légèreté et confiance, même si je reste vigilante sur les bas-côtés histoire de ne pas me prendre un platane ou un bus qui ne se seraient pas inscrits dans mon champ de vision.

Je déboule dans un cabinet d'ophtalmologues, avenue du Prado. La secrétaire a accepté de me prendre en urgence après que je lui ai expliqué ce qu'il m'arrivait. En moins de dix secondes, le médecin spécialiste me laisse sans voix. « *Ce n'est pas de mon ressort...* » me dit-elle ! Puis elle poursuit : « *Mademoiselle, je ne peux rien faire pour vous. Rejoignez vite les urgences... – Pardon ? Je ne comprends pas ! Pourquoi madame ? – Écoutez, ce n'est vraiment pas de mon ressort,* insiste-t-elle. *Allez aux urgences, c'est important ce qu'il se passe. Passez une bonne journée !* » Elle ne me fait pas payer pour sa consultation express. Pour la première fois, j'aurais préféré payer et en savoir plus ! Bim... ! Moi qui venais pour une allergie, je me fais embarquer aux urgences pour des analyses plus poussées de « je ne sais quoi ». Que m'arrive-t-il... ? Je me rassure comme je peux. Ça va aller. La seule chose qui m'ennuie à cet instant, c'est de rater l'apéro !

Quand je pousse la porte des urgences, impossible d'imaginer que je resterai là pendant quinze jours, clouée au lit sous perfusion pour trouver mon diagnostic. Beaucoup de radios et d'IRM, pour comprendre d'où vient cette paralysie ophtalmique. Je suis là, sans rien comprendre et sans personne pour me dire quoi que ce soit... J'arrive pour la première fois, dans un trou noir au vrai sens du terme... Je ne vois plus et ne comprends rien. Le trou noir infernal...

Être dans l'inconnu, face à son corps qui lâche, est une sensation terriblement déstabilisante, tout comme être dans ce tunnel où aucune porte de sortie n'est en vue alors que les idées noires, elles, sont partout. On ne comprend pas et personne n'a le temps de se poser sur votre lit pour vous rassurer. C'est dans ces moments-là que nous nous rendons compte que sans notre corps nous ne sommes rien. La moindre petite partie ou cellule a son rôle ; elle nous permet d'avancer, de marcher, de toucher, de sentir, de réagir, de comprendre, d'écouter, de voir, et même d'analyser. C'est notre véhicule. Notre corps est d'une beauté infinie aussi bien par ses mystères que par sa complexité non quantifiable. Comment faire pour être à son écoute ? Attendre de découvrir qu'il est en panne pour jouir du dépannage ? Je réalise cela sur mon lit d'hôpital. Pourquoi avoir attendu ? Pourquoi je suis là en ce moment ? Pourquoi ne l'ai-je pas écouté avant ? Je ne sais pas. J'ai zéro réponse !!! « *Sortez-moi de ce lit, je vous en supplie ! Expliquez-moi !* » Rien ! On ne me dit rien, mis à part mes perfusions de corticoïdes si violentes qui me signalent qu'elles sont bien là et qu'elles me flinguent. Elles me font perdre le contrôle de mon être. Je dis n'importe quoi. Je suis sur une autre planète. C'est très dur, car vous ressentez des moments de bonheur énorme comme si on vous droguait et après vous avez une descente assez violente. C'est dur ces perfusions. On devient notre propre injection... Et puis après, viennent les effets secondaires. C'est plutôt drôle de mon côté. Je mélange encore plus les mots. Je vous laisse imaginer le chaos. Petit aperçu de mes délires :

« Bon allez je vais dormir dans le micro-ondes » ou « les toilettes sont dans la cuisine ? ». Mon entourage rigole doucement, mais je ne comprends rien. Cette dose de cortisone, très violente, me fait perdre le contrôle de mes émotions. Tout sort d'un coup, ou bien j'intériorise tout en faisant des grands sourires. Je ne comprends pas bien ce qu'on m'ingurgite dans le sang. La vue tarde à revenir. Je suis toujours dans le flou à tous les niveaux : les explications comme les situations. J'ai le cœur en feu, vraiment en feu, ça brûle, je le ressens. La peur omniprésente de savoir si ma vue va revenir m'enfonce. Est-ce que je vais encore pouvoir m'émerveiller de la beauté des paysages, des regards, des couleurs et de la même manière ? Beaucoup de questions me submergent.

Le diagnostic tombe

Quinze jours à l'hôpital et toujours aucun neurologue en vue pour m'expliquer ce qu'il en est. Je louche sur cette poignée de porte dont seuls mes proches et les infirmières franchissent le seuil. Un matin enfin, le messie tant attendu rentre dans ma chambre. LA neurologue s'assied sur une chaise avec ses lunettes sur le bout de son nez et ses mains remplies de papier. Presque à vérifier si elle est bien dans la bonne chambre pour ne pas se tromper de diagnostic. Elle m'annonce que je suis atteinte de sclérose en plaques. Je ne dis rien... Dans ma tête, je me répète ces trois mots : sclérose/en/plaques. C'est quoi une sclérose ? Une plaque de quoi ? Moi c'est la claque. Elle poursuit : « *Ne vous inquiétez pas, il y a beaucoup de traitements pour cette maladie.* » Elle me donne une brochure et me conseille de me renseigner sur Internet pour des informations complémentaires ! Elle me quitte, elle a son service à finir. Bien reçu capitaine : touchée et coulée, vous avez coché les bonnes cases docteur ! La blouse blanche sort de ma chambre et continue de balancer ses bonnes nouvelles. Horrible ! Je n'arrive pas à trouver les mots pour vous dire la claque que j'ai prise devant cette annonce glaciale sans aucune information certifiée de son côté et sans aucune aide pour me rassurer ! Je suis avec ma mère dont l'attitude a été forte et aidante tout au long de cette annonce. C'est elle qui atténue les propos des médecins. Heureusement qu'elle est là. Une chose à ne pas faire quand on vous annonce une maladie : aller sur Internet… C'est pourtant ce que j'ai fait. Vous trouvez énormément de personnes négatives qui vous racontent malheureusement le pire… forcément, car ceux qui vont bien ne prennent pas le temps pour en parler. Je suis tombée sur des mots durs. Difficile de l'accepter à 21 ans.

Le silence est mon premier compagnon. Impossible de dire un mot après ce diagnostic qui annonce une dégénérescence du corps au fur et à mesure de la vie. Est-ce un rêve ? Vais-je me réveiller ? S'il vous plaît, réveillez-moi ! Je hurle, ma tête enfoncée dans mon oreiller ! Je regarde ma mère qui fait tout ce qu'elle peut pour me rassurer et je lui demande en tremblant. « *Est-ce que mon copain va vouloir d'une handicapée ?* » Elle me répond, assise sur mon lit, « *Marine, s'il t'aime il sera toujours à tes côtés.* » Mon téléphone sonne, c'est Max. Il attend le diagnostic. Je ne peux pas toucher mon téléphone, aucun mot ne peut sortir. Je m'écroule en pleurant et demande à Maman de lui annoncer elle-même… Elle prend le téléphone et sort de la chambre délicatement. Deuxième électrochoc. Ça ne s'arrête pas là, tout le monde appelle, tout le monde demande de mes nouvelles. J'ai envie de fuir et de courir ! Mes perfusions sont devenues ma prison. Je l'entends parler dans le couloir, à travers les murs de ma chambre. Calme et forte, elle annonce à mes proches le verdict. J'essaie de savoir ce qu'ils lui répondent... Le début d'une imagination. Mon premier poison. Elle aussi doit percevoir mes larmes et ma détresse à travers les cloisons de cette cellule « inhospitalière ». Mes amis marseillais mis au courant, viendront chanter et faire tout ce qu'ils peuvent, chacun à leur manière, pour me remonter le moral ! C'est tellement dur de passer « capot » à immobile dans mon lit d'hosto...

Je ne connais pas bien cette maladie. Je me souviens juste d'une interview que mon père a faite dans l'un de ses films avec une femme atteinte de sclérose en plaques, en fauteuil, aveugle et ne ressentant rien. Quand je réalise que j'ai la même maladie qu'elle, je ne sais plus comment faire pour me calmer. D'un coup, je ne sais pas pourquoi mais j'imagine une plage de sable et moi qui cours dessus sans jamais m'arrêter... je ne veux qu'une seule chose, débrancher toutes ces perfusions et courir sur la plage sans jamais m'arrêter pour faire comprendre à mon corps qu'il ne cessera jamais de gambader. C'est fou comment du jour au lendemain notre corps peut nous laisser. Je ne pense qu'à une seule chose, cette plage.

Je pars avec mon copain dans le Sud pour me changer les idées. Dès notre arrivée, je mets mes baskets et je pars courir comme une folle durant une heure. L'horizon en ligne de mire, le vent souffle mes larmes, quelques mouettes survolent mes épaules, mes baskets claquent sur le sable et la mer. Je ferme les yeux, mes jambes galopent et mon cœur est en feu. Impossible de me stopper. J'ai l'impression que mes jambes vont me lâcher si je m'arrête. Je leur hurle : « *Ne me quittez pas... je vous en prie, ne me lâchez pas !* » « *Marine, tu ne t'arrêteras que lorsque tu ne pourras plus mettre un pied devant l'autre !* »

Avant que Max et moi ne remontions sur Paris, mon parrain adoré, Arnaud, qui vient d'apprendre la nouvelle, décide aussitôt de louer une maison dans la région où nous sommes pour me changer les idées mais surtout tous se rassembler. La déconnexion est totale et le sourire commence à revenir. Nous sommes perdus dans les pins. Entre les bons plats et les jeux de cartes, je commence tout juste à me détendre. Merci Parrain !

C'est étrange cette maladie, car elle nous mange petit bout par petit bout. On a le temps de se rendre compte que la fonctionnalité de notre corps se réduit... Ce n'est pas comme un requin qui vous engloutirait d'un coup, mais on vous croque petit à petit tout en vous laissant avec la conscience de ce qui est en train de se passer.

La SEP c'est quoi ?

Le plus difficile a été de comprendre comment faire la différence entre une poussée de SEP ou tout simplement une sensation corporelle. Pardon, j'oublie que de nombreuses personnes ne connaissent pas forcément cette maladie. Je vais vous l'expliquer avec des mots simples pour que vous compreniez, comme moi j'ai pu la comprendre. Le système nerveux permet de bouger, ressentir, voir, écouter. Tous nos sens sont en lien avec tous ces nerfs. Comme notre corps est tellement bien fait, j'en suis toujours impressionnée, nous avons notre peau pour protéger nos organes et nous avons la myéline pour les nerfs, un liquide qui les enveloppe pour les protéger. Eh bien moi, mes petits anticorps sont peut-être un peu bourrés ou je ne sais quoi, mais ils pètent un câble ! Ils s'attaquent à ce liquide, pensant que c'est une bactérie qu'il faut éliminer ! Ils vrillent à n'importe quel moment. On ne sait jamais quand, ni où, ni pourquoi. C'est comme ça... les nerfs sont alors endommagés et ne fonctionnent plus correctement. Il faut savoir aussi que ce qu'on appelle les poussées sont des paralysies. Elles peuvent arriver sous différentes formes et l'une des premières caractéristiques d'alerte, ce sont des picotements ou une sensation d'alourdissement d'une partie de notre corps. Mais ça arrive tous les jours ça et à tout le monde, comme par exemple des fourmillements après s'être assis en tailleur... Mais dans le cas des personnes atteintes d'une SEP, notre cerveau est tellement puissant qu'il actionne la case imagination et nous pensons à tout et n'importe quoi. C'est pourquoi j'ai commencé par réaliser qu'il fallait que j'apprenne à différencier et comprendre mon corps. M'en rapprocher au maximum pour qu'il puisse m'aider à ne pas paniquer au moindre ressenti physique inattendu. La paranoïa est devenue mon bras droit.

Marathon des neuros

Après cette courte pause, je décide de remonter à Paris. Avant d'attaquer le marathon des neurologues, passage obligé, une soirée avec mes amies d'enfance. Elles m'attendent de pied ferme. Elles sont toutes là, sauf une qui est au Canada. Nous nous retrouvons pour dîner au restaurant. Dès mon entrée, je suis soulagée de retrouver mes piliers même si je les sens vaciller. On se tombe dans les bras et une question ne me quitte pas : « *En avez-vous parlé à vos copains ?* » Cette phrase explique tout. Besoin de contrôler, toujours garder la maîtrise de mon image.

Ensuite, mon objectif est de récolter un maximum d'informations. On m'a fait comprendre que c'est une maladie sournoise, vicieuse, imprévisible, qui se cache, qui vous prend par surprise. Il faut que je m'organise, que je prépare la résistance à ce déferlement de mauvaises nouvelles. Je me suis mis en tête de trouver les failles de cet intrus qui est en moi. Je découvre que c'est une maladie dite auto-immune ; en clair, je me la suis fabriquée toute seule. C'est à moi de la canaliser mais pour le moment je suis en larmes, effondrée, tous mes projets sont arrêtés.

J'ai la chance d'avoir dans ma famille, une neurologue, Corinne, pouvant m'introduire à la Pitié-Salpêtrière. Je débarque dans un milieu où je ne connais strictement rien. Je suis comme un enfant de 5 ans à qui on indique comment se brosser les dents. Le jour J arrive. Je me rends à la Pitié. Pas de quoi être triste, puisque par miracle j'ai réussi à obtenir un rendez-vous. Un ou deux ans d'attente pour certains. Je garde ma joie... Le jour J arrive. L'hôpital porte bien son nom puisque cinq minutes après être entrée, je n'ai qu'un seul cri en tête : « *Pitié, sortez-moi d'ici !* » Le département est rempli de personnes handicapées. Ma voisine de droite caresse son fauteuil roulant et à ma gauche, un jeune homme tient sa béquille ou c'est l'inverse. Je suis perdue. Je ne sais plus qui je suis et ce que je fais là. Je suis entourée de personnes paralysées sans savoir si elles souffrent de la même maladie que moi ?

Département spécialisé SEP

Je n'ai pas fait médecine, mais je fais vite le rapprochement... Je n'ai qu'une seule envie : partir en courant pour ne pas affronter la réalité en face. J'ai 21 ans... « *Pitié !* » Je rentre dans le bureau du neurologue, qui m'explique la maladie et les différents traitements. Je ne voulais pourtant pas en entendre parler, car j'avais cette petite voix qui me disait : « *Non Marine, pas pour le moment.* » Même moi je ne comprends pas pourquoi je suis si catégorique. Cette petite voix vient du cœur. Douce et spontanée, sans calcul. Elle me parle tellement à ce moment-là, elle est si forte et incontrôlable à la fois. Elle me parle non-stop : « *Arrête-toi s'il te plaît, laisse-moi tranquille, lui dis-je. J'ai du mal à suivre le neuro, s'il te plaît !* » Je n'ai jamais ressenti cela auparavant. Cette voix si forte. Mais d'où vient-elle ? Pourquoi me parle-t-elle ? Et en plus, elle m'indique une autre direction, à l'opposé de ce qu'on me propose ! Pourquoi suis-je devenue si indifférente au traitement, juste à cause d'une petite voix venue de nulle part ?

Dans ce bureau, j'écope de vingt minutes chrono. J'ai du mal à poser toutes mes questions tant je me sens devenir un pion entre les mains de cette blouse blanche. Mon boulanger, c'est comme mon voisin de palier. On s'apprécie, on parle comme si on se connaissait depuis toujours ! J'aime le contact, la proximité humaine, sans perdre le respect... Me retrouver devant ces neurologues ressemblant davantage à des frigos qui vous imposent une distance pour ne pas vous congeler et qui s'enorgueillissent d'avoir un carnet rempli de patients désarticulés... Face à cet homme de science, dépositaire du savoir, je ne sais plus rien. Ni qui je suis, ni comment être. Je suis perdue, balayée, littéralement partagée, entre un besoin de communiquer et mon cœur, mes gestes, mes blagues, mes peurs. Être moi-même tout simplement. Là, on me répond avec des chiffres. Pas de chance, je suis fâchée avec les maths depuis le CP. J'ai besoin de parler de mon stress qui aurait pu engendrer mes poussées. Mais ici, le stress ne rentre pas dans leur grille. Ce puits de science est face à ma conviction que mes émotions sont les premiers suspects à interroger. Inenvisageable ? Aucune question en rapport avec cela. Pourquoi ? Pourquoi rester avec l'analyse des IRM ou autres ? Pourquoi rester loin du patient, de ses émotions, de ce qu'il a dans le cœur, dans les tripes... ? Je ne comprends pas. Je suis effondrée de mes rencontres. J'alterne les cabinets privés des cabinets publics. Pas énormément de différence sur le fond, plutôt, sur la forme. Dans le privé, on attend sur des fauteuils beaucoup trop grands et souvent le bureau où l'on vous reçoit fait généralement la taille d'un appartement ! Le public c'est beaucoup plus épique.

Je vais de conseils en conseils pour m'aider à trouver quelqu'un, qui peut aller plus loin, que le certificat donné. Encouragée par les « *Va voir celui-ci, il est top !* », j'y vais toujours déterminée à ressortir rassurée. Attention, pas sur mon diagnostic mais sur une autre vision neurologique... J'ai l'effet inverse avec des discours contradictoires, des propositions de traitements différents, des conseils alimentaires bien variés. Cette fois, c'est réellement mon cerveau qui commence à vriller ! Ne plus savoir qui écouter ni où aller pour me sentir en sécurité... J'ai tout entendu. Petit florilège : « *Certaines études, pas toutes, démontrent que la cigarette pourrait être un facteur.* » OK docteur, *so what* ? Je fais quoi ? Autre réaction : « *Je vous conseille de ne plus manger de produits laitiers.* » Tiens donc ! Allez le dire à mon verre de lait dont je me régale tous les matins et qui me met de bonne humeur. Ou encore : « *Manger cru, c'est la solution pour certains individus.* » « *Devenir végétarien aide des patients à diminuer leurs poussées...* » Chacun y va de sa recette. Je suis à la foire aux idées. Folklo ! Je suis là à attendre que l'on me propose d'aller planter mes carottes pour aller mieux, ce qui reste néanmoins possible ! Des informations dans tous les sens sans oublier les ressentis très individuels de chaque patient. Je suis perdue. Dès que je fais quelque chose, je repense au neurologue X qui m'a recommandé de ne pas boire ceci, d'éviter de manger cela. Je ne sais plus comment vivre sans avoir ces phrases qui me trottent dans la tête. C'est une maladie auto-immune, donc propre à chacun. Mais, dans la vraie vie, vous ne trouverez jamais une SEP qui ressemble à une autre, tout simplement parce que nous sommes tous uniques. Et tant mieux !

Traitement, pas traitement ?

Je ne sais plus vers qui me diriger et quelle décision prendre. Le traitement m'effraie et me rappelle mon diagnostic plus qu'un antibiotique. Je ne conçois pas de changer ma manière de vivre, comme ça, du jour au lendemain. Impossible de m'imaginer me piquer tous les jours ou une fois par semaine et avoir ma boîte à pharmacie comme meilleure amie. Je suis dans un déni total. Je n'accepte pas une vie différente.

Les traitements sont variés. Dans cette maladie, le traitement ne signifie pas guérir. Il signifie juste ralentir. Au lieu de rouler en mobylette, je suis en trottinette. On vous injecte un liquide pour ralentir potentiellement les poussées. Ça ne soigne pas. Ça fait patienter, ça atténue. C'est un choix très personnel. Pour moi prendre ce traitement, sans être équilibrée, ne peut rien m'apporter. Je me sens si loin de cet équilibre de pensée. Mon cœur et mon corps veulent me parler et mon esprit refuse visiblement de les écouter. Je veux entendre autre chose que « *Voici ce traitement adaptable, flexible, une piqûre le lundi puis le mercredi, pratique !* » « *Ou bien vous avez le traitement un peu plus sportif, chaque jour, celui-ci est super avec très peu d'effets secondaires.* » Non. J'ai l'impression d'être dans un supermarché avec une conseillère sur les produits en tête de gondole ! Je suis à la recherche d'espoir, de projets, d'envies, de soif de vivre, de batailles, de personnes positives… je me suis sûrement trompée de rayon.

Après plusieurs rendez-vous neuro, on devrait pouvoir bénéficier d'un abonnement et de points de fidélité ! Dernier rendez-vous, je regarde mon neurologue dans ses lunettes. « *Docteur, qu'aimez-vous dans la vie ? Ça doit pas être évident tous les jours d'annoncer des maladies ? Comment vous faites pour extérioriser ?* » Silence. « *Mademoiselle, ce n'est pas le moment de parler de ça et puis je ne m'attache pas aux patients, sinon je ne pourrais pas exercer ce métier.* » Un médecin sans empathie peut-il être un bon médecin ? Je réfléchis un instant… « *Je comprends docteur et vous avez raison. Mais comment pouvez-vous apporter de la confiance aux malades si vous-même vous ne pouvez pas parler de votre aptitude à gérer les annonces difficiles ?* » Ma question l'énerve. Pas grave. J'ai surtout l'impression qu'il ne me comprend pas. Je récidive avec une dernière question : « *Je sais, vous n'êtes pas psychologue et heureusement pour vous. Mais pouvez-vous me faire rêver et me donner de l'espoir, docteur, s'il vous plaît ? Je ne crois pas au miracle, je sais que je suis malade et je ne vous demande pas de me dire que ça va aller alors que personne ne peut le savoir. Je ne cherche pas une réponse utopique. Je connais les risques. Pouvez-vous juste me donner des noms d'associations stimulantes ou croyez-vous en la force de l'esprit face à la maladie ?* » Il me répond en me donnant une petite brochure sur deux associations, tout en m'incitant à réfléchir sur les différents traitements. Merci docteur ! Je repars avec deux associations et des traitements à choisir.

Ah la science !

Même face aux traitements, j'ai des avis neurologiques différents. L'un me propose des cachets en me disant que c'est un nouveau traitement. « *Il facilite beaucoup plus la vie* », me dit-il. On vend le côté pratique plus que le traitement lui-même... Une autre neurologue, elle, m'explique avec fierté son étude faite avec de nouveaux cachets mais... sur des hamsters. Rassurant, non ? C'est l'overdose. Ça me répugne. Elle poursuit en m'expliquant que suite au test, les petits du hamster ont eu des problèmes de malformations. J'en suis presque à plaindre cet animal d'avoir été mis dans les mains de ces apprentis sorciers. La scientifique m'oriente plus sur les traitements déjà existants depuis des années, les fameuses injections. « *Je ne prescris pas les cachets à mes patients.* » Bien noté. Je suis mal barrée. Bonne journée docteur.

Pas de traitement ?

Je commence à perdre mon sang-froid. Tous ces conseils et ces réponses me confortent dans mon idée de ne pas prendre de traitement pour le moment. Je compte trouver une solution alternative et je vais la trouver. Même si j'ai pu rencontrer des personnes sous traitement qui se portent « seper » bien et qui sont extrêmement épanouies, je ne peux pas le concevoir de mon côté. Devoir me coltiner mes « piquouzes » ou organiser toute ma vie en fonction de ce traitement ne me dit rien. C'est trop lourd, trop tôt.

Course aux assos

Reste à rencontrer ces différentes associations. Ma dernière source d'espoir se transforme en cauchemar. Ces associations me rappellent toutes ma maladie. Différente de qui ? De quoi ? À part rencontrer des personnes ayant la même maladie et qui échangent pour se donner des conseils, il n'y a rien de stimulant. Je me sens dans une boîte fermée à double tour. Besoin d'oxygène, « Pitié », « Salpêtrière » ! Je cherche des sourires, des rires, des projets, des histoires. Bilan du marathon : trois semaines de rencontres, de rendez-vous, de conseils pour arriver à... un deuxième trou noir.

Et si la solution était ailleurs ?

... en Belgique

Début juin, mon copain, Max, décide de me changer les idées. Cap pour une petite pause dans les contrées normandes. Dans un hôtel, je rencontre une connaissance de Max qui a appris ma maladie. Elle me conseille alors de rencontrer l'un de ses amis. Encore un ? « *Pas question !* » me dis-je. Elle insiste en me disant que ce n'est pas un neurologue, mais une personne qui a vraiment un don pour aider les gens face à des maladies. Ai-je bien entendu ? Cette personne connaît quelqu'un qui pourrait m'aider dans mon combat sans prendre de médicament ? Je l'écoute, soulagée. Pendant une demi-heure, elle me raconte son expérience personnelle et celle de son fils. Je n'arrive plus à me décider. Ce magicien guérisseur se trouve en Belgique. Max me motive sans perdre le nord. « *Il y a la meilleure bière d'Europe là-bas, me dit-il, et ça pourrait aussi nous faire un petit week-end bruxellois ? »*

Décision prise, deux jours plus tard, nous sommes à la gare routière, direction les fricadelles de Bruxelles ! C'est une expérience complètement nouvelle pour nous. Je le regarde. « *Qu'est-on en train de faire ? – Rien de grave, me répond Max, dans tous les cas, on n'a rien à perdre.* » C'est vrai. Arrivés sur place, on va directement à sa rencontre. Il pose ses mains sur ma tête, je m'endors en moins de cinq minutes. Assez étrange comme rencontre, mais je ne comprends plus trop ce que je fais ici.

... en moi ?

À vrai dire, je suis vraiment perdue et fatiguée de ce mois de rencontres. Je ne crois plus en personne. Je réalise petit à petit qu'il faut trouver les forces intérieures pour vaincre cette peur. Arrêter d'aller chercher la solution autour mais se concentrer sur mon propre parcours. Ne sachant plus vers qui me tourner, je décide de rouvrir mes écrits commencés depuis ce fameux jour où le diagnostic est tombé. Je me souviens de cette sensation de poser mes mots sur papier. Je ne suis pas adepte du principe de journal intime. Mais le choc de l'annonce m'a imposé un besoin de me défouler sur une feuille blanche. Au début, je contrôle, j'écris pour une personne imaginaire censée me lire. Je maîtrise les mots jusqu'au moment où plus personne n'est entre moi et mon stylo. C'est fluide, ma main court toute seule sur ce papier. Je me sens partiellement libérée.

Après ce marathon, place à la sélection !

Un stage

En juin 2015, je finis mon master 1 difficilement suite à mon hospitalisation et le marathon des neuros. Je rentre dans mon année de césure pendant laquelle je suis censée réaliser deux stages de six mois ou partir à l'étranger. J'ai la chance d'avoir la possibilité de cumuler les deux objectifs. J'ai deux réponses positives pour des stages l'un aux USA et l'autre à Singapour. Mais la réalité me rappelle vite à l'ordre. J'ai d'autres rendez-vous et mes neurologues me conseillent de rester en France pour stabiliser les choses. Je me sens faible et m'interroge quant à ma capacité à m'aventurer à l'autre bout du monde tout de suite. Je suis coincée dans ce pays au moment où ma vie professionnelle peut démarrer et surtout au seuil de réaliser mon rêve de partir vivre à l'étranger. Je suis dans l'obligation d'annuler mes deux propositions. J'ai la haine !!! Ma maladie commence déjà à me faire suer et à changer mes projets. On me conseille de lever le pied et de ne pas faire de stage durant la première partie de ma césure, soit attendre six mois et en commencer un en janvier 2016. *« Ai-je bien entendu ? On me demande de commencer à vivre comme une malade qui ne peut rien faire ? Pour quelle raison encore ? Par précaution ? »* Je me sens prisonnière mais il faut vite que je réagisse. Tout ce que je ne voulais pas pour mon année de césure être coincée en France ; moi qui attendais depuis mon bac de partir et de voyager eh bien non ! Je suis coincée ici par sécurité. Sécurité de quoi ? Verrouillage de mon cœur, plutôt ! J'ai encore plus envie de trouver un stage et de faire du bon boulot.

Un matin, le téléphone sonne. Bonne nouvelle ! Suite à un entretien, je suis prise pour un stage chez Euronews début juillet. Certains neurologues souhaitent que je me repose. Pas question de laisser cette maladie changer ma vie. Je valide ce stage sans hésiter, excitée et heureuse de me changer les idées en travaillant pour une chaîne internationale.

Les débuts sont difficiles, car j'ai l'esprit bien engourdi. Dois-je l'annoncer à ma boss ou le garder secret ? J'opte au début pour la seconde solution. Dès les premiers jours, je me rends compte du stress ambiant de cette société. Je me demande si je vais être capable de suivre le rythme, mais surtout de ne pas me faire virer ! Finalement, je commence à prendre mes marques. J'apprécie de plus en plus ce travail nouveau et me sens très impliquée dans les projets. Ayant encore quelques rendez-vous à l'hôpital, je dois l'annoncer à ma supérieure, Albane. Mais comment, sachant que je dois faire des événements à l'étranger ? Elle est sous le choc, mais ne change rien à sa façon de se comporter. C'est ce que j'attendais. Aucune adaptation et une considération équivalente. Avoir un regard différent face à un malade reste la chose la plus dure à gérer. Je ne souhaite pas une once de pitié ou un programme adapté. Au contraire…

Ce stage est de plus en plus responsabilisant. Dès les premières semaines, j'ai des missions et des événements à organiser de A à Z. L'événement le plus prenant est le Festival du cinéma américain de Deauville. Je suis chargée de tout organiser pour la société Euronews. Un véritable challenge voulu par Albane, qui me positionne toute seule sur ce festival prestigieux. Une pression énorme ! Mais pourquoi n'arrivé-je pas à la gérer correctement ? Je m'éclipse de temps en temps aux toilettes pour vider le stress par des danses ou gestuelles bizarres face au miroir ! Je n'ai jamais été aussi organisée de ma vie, ni même stressée.

Mon corps s'éveille

Quatre jours avant le départ pour Deauville, je fais du Vélib' au cœur de Paris. Soudain, après quatre bas-côtés pris de plein fouet, je me rends compte que je ne réussis pas à garder le cap ! Je dis à Max de s'arrêter et de regarder mes yeux. Cette fois, la peur au ventre a remplacé l'alibi de la peinture. Je ne comprends pas pourquoi je ne vois pas les voitures et les trottoirs correctement ! Prise de panique, je pleure sans m'arrêter au milieu du boulevard. On range nos Vélib' et on décide de rentrer en métro. Ma vue ne revient pas, Max me dit de me calmer et d'arrêter de stresser. Impossible... tout simplement impossible ! Ma maladie me rappelle très violemment et très sournoisement qu'elle est encore là et qu'elle commence à me manger petit bout par petit bout.

J'attends une nuit pour être sûre que ce n'est pas le fruit de mon imagination. Je n'ose pas fermer les yeux de peur de ne plus voir ce qui m'entoure. Nuit blanche à faire des tests. Peur de rouvrir mes yeux au petit matin et de découvrir un rideau noir. Le réveil sonne. Je suis déjà debout à me rincer les yeux. Rien à faire.

Je reprends rendez-vous à la Pitié-Salpêtrière. J'y retrouve mon neurologue. Il m'indique des pertes d'équilibre et une vue qui baisse. Diagnostic :

poussée. Une deuxième, avec si peu d'espace avec la précédente. Je me dis que c'est le début du cauchemar qui devient réalité. Et revoilà mes potes les corticoïdes ! Je ne pensais pas les revoir aussi vite...

Le Festival est dans trois jours ! J'ai la boule au ventre de le dire à Albane. Je ne veux pas abandonner si près de l'événement, et surtout je ne souhaite pas m'empêcher d'y aller ! Je ne veux pas que cette foutue maladie gâche toute mon implication et le travail fourni. C'est décidé, quoi qu'il arrive, j'irai ! Même si je dois avoir besoin de jumelles et ressembler à une vieille de 80 ans qui plisse les yeux pour ne pas confondre un client d'un passant !

Ira ? Ira pas ?

Je n'ai pas la force ni le courage de dire à Albane la vérité. J'évoque juste quelques petits soucis de santé à régler, mais rien de grave, et elle me demande sincèrement si je me sens d'y aller. Je lui réponds que oui. Impossible de me faire changer d'avis ! Le compte à rebours est lancé et je vais gagner. J'ai une revanche à prendre : deux mois plus tôt, alors qu'Albane me présente au directeur des bureaux de Paris, celui-ci me dévisage de la tête aux pieds, pas de bonjour, il me serre la main et ose la question qui fâche, il regarde Albane : « *Alors elle vient d'où ?* » Grand sourire, je lui réponds : « *Je viens de Garches, dans le 92, monsieur !* » Le patron fronce les sourcils, avec mépris. Il repose la question. « *Mademoiselle, quelle école avez-vous fait ?* » Je comprends ma bourde. Pour monsieur, mon identité semble dépendre du niveau de mes études. « *Je viens donc de l'école de commerce Kedge, à Marseille* », lui dis-je. Il tourne la tête vers Albane. Cette fois, c'est elle qui en prend pour son grade. « *Bah alors Albane, on ne sait plus où on recrute ?!* » Elle ne répond pas. Deux mois plus tard donc, à Deauville, j'ai encore en tête ces quelques mots et me retrouve seule face à lui. La pression est inouïe, mais la confiance aussi. La petite stagiaire que je suis a curieusement la responsabilité de ses clients les plus importants. Partenaire officiel du Festival, Euronews n'a pas le droit à l'erreur ! Et ce jeudi 3 septembre 2015, malgré la vue qui baisse, je n'ai qu'une seule envie, c'est d'être à la hauteur des responsabilités qu'Albane m'a confiées et de démontrer par les actes que la qualité d'une personne ne dépend pas du nom de son école ! Je ne veux pas laisser la SEP me manger. J'y vais, la vue en moins, je pars direction Deauville, rien ne m'arrête.

La fête aux bolus

Ma maladie quant à elle dépend des bolus de corticoïde. La prescription, je l'ai : quatre bolus à faire à la suite, chaque matin, en milieu hospitalier et l'interdiction de mon neurologue d'aller au Festival avec un besoin de repos absolu. J'enfreins les quatre directives : je décide d'en faire deux chez moi, le soir avec l'aide d'une infirmière pour ne pas rater mes journées de stage, et de partir à l'événement. Je ferai la suite en rentrant. Coup de poker ? Coup de bluff ? À quoi je joue ? Mes proches sont sous terre, mes copines me retrouvent la veille de mon départ et me remontent les bretelles face à cette folie de continuer sans écouter ce qu'on me préconise de faire. Tout ça pour qui ? Pour quoi ? Pour mon ego ?

Trois jours avant le départ, j'ai donc le temps de faire deux bolus, pour réussir à récupérer ma vue au maximum. Ce n'est pas suffisant ! Je suis dans une telle rage, face à cette SEP qui commence vraiment à me faire ch… (biiiiiiiiiiiiiiiiiiiiiiip). Je donne tout sur place, malgré ma vue nettement diminuée. Personne ne s'en rend compte. Je ne vois aucun sous-titre de films et je ne vous raconte pas l'effort que cela me demande pour retrouver les clients au milieu d'une foule dans une salle immense et avec une vue qui se fait la malle. J'ai d'ailleurs confondu à plusieurs reprises des personnes inconnues avec mes clients, heureusement que ce n'était pas l'inverse !

Week-end terminé, c'est gagné. Albane n'en revient pas, le patron reste sans voix. D'autant plus que je suis parvenue à lui faire prendre son petit selfie avec tous ses clients sur le tapis rouge réservé normalement aux stars ! Je rentre épuisée à Paris. Et deux bolus qui m'attendent pressés de me retrouver pour une soirée improvisée en tête-à-tête. Je suis envahie par une joie énorme et une fierté d'y avoir été. Après ce tsunami émotionnel, je peux avoir à prendre tous les bolus possibles, je m'en moque…

Une réflexion s'impose. Que vaut le boulot par rapport à la santé ? Sans elle, on ne fait rien, on n'est rien. Avoir la reconnaissance de quelques-uns en n'ayant même plus la reconnaissance de son propre corps, je trouve cela absurde. Mais où vais-je ? Je comprends que je n'écoute plus cette enveloppe qui m'envoie des signaux monstrueux pour me calmer. Je suis dans ma bulle à ne pas vouloir voir ma maladie. Je prends conscience que je m'engage sur le mauvais chemin et que le handicap n'est pas loin. Il me faut arriver à travailler avec implication sans considérer mon travail comme ma maison. Je repense soudain à une comparaison que ma mère me faisait souvent lorsque j'étais petite. Elle comparait la vie à une chaise et me demandait pourquoi cet objet est stable. Tout simplement parce qu'il y a quatre pieds égaux. Dans la vie, on a quatre piliers qui nous empêchent de tomber s'ils ont chacun la même valeur. Notre famille, notre vie affective, notre boulot et nos activités personnelles. Si dans un des piliers, le travail par exemple, nous sommes submergés et nous nous retrouvons avec des heures sup, nous tombons directement de la chaise. Cette image est restée dans un coin de ma tête sans vraiment que je me l'approprie ni que je réfléchisse à si je l'applique sincèrement dans ma vie quotidienne. Je comprends enfin que cet équilibre est loin de régner dans ma vie. C'est décidé, je retourne chez Euronews, mais avec légèreté. Je n'ai rien à prouver à personne.

Première prise de conscience

J'ai un autre déplacement, à Doha, au Qatar, mais cette fois je n'irai pas du tout de la même manière. Comme si j'avais reçu une décharge électrique qui m'avait réveillée pour que je commence à changer mes habitudes. Je perçois aujourd'hui le danger et les conséquences sur notre corps de ces ambiances stressantes et oppressantes… **Résolution prise. Le travail ne dictera jamais ma vie, mais le**

travail la stimulera. Plus jamais je ne mettrai de stress dans mon travail. Non, je ne suis pas d'accord avec le fait que nous devons passer par des moments super difficiles pour être heureux au boulot (et même dans la vie en général). On peut travailler comme des acharnés à condition d'être respectés pour qui on est et ce que l'on fait.

Depuis mon diagnostic, je ne sais pas pourquoi mais je me suis mise à écrire. Chaque jour, j'essaie de poser mes mots sur ce que je ressens. Un moyen peut-être d'extérioriser ce que je ne veux pas montrer. Nous sommes le 11 septembre, et à la lecture de ces premières pages d'écriture, je me rends compte que deux choses en ressortent : je réfléchis beaucoup sur l'écoute du corps et de l'esprit et sur l'impact de mes émotions sur mon physique. Dois-je creuser dans cette direction ?

La réponse à cette question se précise. Mon contrat chez Euronews se finit en décembre et je suis censée retrouver un stage pour compléter mon CV en janvier. C'est décidé, je ne chercherai pas une nouvelle entreprise mais je partirai à la recherche de cette connexion entre les émotions et le corps, pour rebrancher tous ces câbles défaits, avant de prendre n'importe quelle autre décision.

Un projet, une vie à connecter

Je continue d'écrire sans vraiment savoir où je vais et ce que je cherche derrière ce carnet. Il m'aide à faire le point. Je me présente : « Je ne suis rien de plus ordinaire qu'une étudiante de 22 ans, diplômée d'un cursus d'école de commerce… Sauf que moi, j'ai ce petit intrus qui s'est installé dans mon corps et qui me donne envie de comprendre comment nous pourrions être plus heureux avec des choses extrêmement simples...

D'où vient ce champignon vénéneux ? On ne sait pas. Pourquoi touche-t-il plus de femmes que d'hommes ? On ne sait pas. Comment le traiter ? On ne sait pas encore... Bon... Apparemment, je suis mal barrée. Apparemment seulement ! Parce que, à y réfléchir, tout reste donc à découvrir... Moi, je comprends que c'est une maladie neurologique propre à chaque personne.

Premier obstacle : le DÉCOURAGEMENT. Deuxième obstacle : le découragement. Troisième obstacle : vous savez lequel... La meilleure défense ? L'ATTAQUE ! Et pour ça, j'ai une arme qui désarme tout : L'OPTIMISME. »

Mon projet prend vie !

Nom de code

Un beau jour, on m'a diagnostiqué une SEP. Une quoi ? Une sclérose en plaques. Mais cela reste un détail, car on m'a surtout diagnostiqué une Super Envie de Partir. Tout est clair dans ma tête. SEP/Super Envie de Partir ? « *What else ?* » Merci George, je vais me concentrer sur un rêve, mon dessein et je vais l'appeler « Seper Hero » ; « pour donner envie aux autres d'aller plus haut... ».

Un voyage tout compris

Je commence à monter mon projet qui me donne des ailes et me permet de croire que tout reste possible face à la maladie. Je suis chez moi sur mon canapé, et je commence à tout mettre en place sur papier. Oui, cette fichue connexion se fera par un voyage. Comment expliquer ce qui est si clair dans mes pensées, mais si difficile à verbaliser ?

Je pars d'une réflexion simple : on a tous un CORPS pour bouger, un ESPRIT pour penser et une ÂME pour s'identifier. Je partirai huit mois à travers trois pays, pour m'aider à remettre en place ces trois piliers. Pourquoi partir ? J'en rêve depuis longtemps.

Un ordre bien établi

Cet ordre est bien précis, car commencer par son âme et finir par son corps n'a pas de sens. Que voyons-nous, lors du premier contact chez un individu ? Son corps. Je souhaite donc maîtriser la chose la plus physique au début. Comprendre d'abord celui-ci avant d'aller chercher le mécanisme des pensées. Gérer mes sensations, comprendre mes courbatures, ressentir mes fourmillements, tout simplement découvrir le fonctionnement de cette enveloppe. Réussir à dissocier une poussée d'une simple réaction physique !

Je veux pendant trois mois avancer juste avec le corps et mon sac à dos pour marcher et grimper en mettant mon cerveau sur pause et arrêter d'interpréter ou de penser. Après cette première étape, l'esprit interviendra pour réussir à maîtriser mes pensées. Je ne sais pas encore ce qui va se passer, mais tout ce que je peux planifier c'est un séjour dans un monastère bouddhiste pour m'aider à les canaliser. Je veux rencontrer ces pratiques et ces méthodes ancestrales qui ont déjà fait leurs preuves, pour ensuite essayer de toucher l'âme.

Reste à expliquer cela à mes neurologues.

Partir loin

La Nouvelle-Zélande est une évidence pour éprouver **mon corps**. Cette terre lointaine et insulaire m'offre un vrai retour aux sources. Vous n'ignorez pas combien ce pays est photogénique ni que les sports d'aventure y règnent en maîtres ? Je l'ai donc bien choisi pour la beauté de ses paysages et l'authenticité de ses terres, de sa population pas encore submergée par *Homo touristicus*. Je commencerai par là. Pays idéal pour marcher, grimper, camper et transpirer. Mais l'une des raisons principales est qu'on peut traverser le pays du Nord au Sud grâce à ses deux jambes. J'y expérimenterai donc mon corps. Ce corps que l'on pense connaître ou à qui on ne pense pas tout simplement. Qui le connaît réellement ? Ce corps en lien direct avec mon diagnostic. Comment réussir à lui faire confiance pour qu'il ne me trahisse pas avant l'heure ? Ce corps que l'on veut maîtriser, j'irai le ressentir et passer trois mois à son écoute. Une fois l'étape de la Nouvelle-Zélande passée (je l'espère sans complications de santé !), je serai probablement plus apte à comprendre et à écouter mes pensées.

Pour l'esprit, c'est déjà inscrit dans ma tête : la Birmanie. Depuis très longtemps, c'est le seul pays d'Asie qui m'attire énormément, tant par son histoire politique et son icône féminine que par la force de cette population à la bonté naturelle sans calcul ni vice (c'est ce que j'imagine dans ma petite tête de Marine) ! Ce pays représente à mes yeux la pureté et l'innocence. Je choisis ce pays qui a dû apprendre à se débrouiller pour vivre sans liberté. Comment l'esprit peut-il nourrir et assouvir notre être, surtout lorsque votre corps est contraint, défendu, interdit de bouger, de sortir, d'être, d'exprimer ses pensées... ? Comment vit cette population complètement baignée dans la spiritualité ? Comment a-t-elle pu supporter ces années de dictature sans perdre espoir ? La force de l'esprit... ? Rencontrer des héros du silence est une réelle source de motivation. Cette étape marquera une première pause dans ce périple. La quête du sens de l'existence dans un monde privé pendant des décennies de liberté et d'expression. Se recueillir est bon pour chacun de nous, je ferai donc une retraite dans un monastère bouddhiste pour découvrir la méditation et gérer les pensées que mon esprit n'arrive plus à trier. Je vais passer deux mois à le questionner et l'ouvrir aux autres ainsi qu'à moi-même.

Après cinq mois d'initiation personnelle, je veux toucher le but ultime de mon voyage : **l'âme**. En fait, c'est quoi, l'âme ? Existe-t-elle vraiment ? Où est-elle ? À quoi sert-elle ? Comment vit-on avec elle ? J'imagine une entité abstraite aux contours flous que j'aimerais entrevoir. Après m'être penchée sur mon corps et mon esprit, l'âme m'apparaîtra-t-elle... ? Cette rencontre se fera dans le dénuement le plus total : les steppes de Mongolie. Deux mois pour intérioriser, sans doute, mes cinq mois de découvertes. Pourquoi la Mongolie ? Tout simplement pour la communion avec sa nature (c'est le pays où il y a le moins d'habitants au kilomètre carré)... si loin de notre civilisation. Je suis intriguée par cette population où l'homme suit encore les saisons, pour son habitation. Je me représente Dame Nature comme maîtresse de ce pays face à l'Occident qui a grandi dans un bocal ! Je finirai par la Mongolie pour être au plus proche de moi-même. J'aimerais traverser la steppe à cheval et aller à la rencontre des Tsaatan, si j'y arrive... Ici, pas de place pour les réseaux sociaux, pas d'électricité ni d'eau chaude : le dépouillement total ! La solitude reste, sans doute, le meilleur moyen de découvrir son âme. La langue des signes sera mon seul langage...

Et le « hero » dans tout ça ?

Pendant plus de sept mois, j'espère partir à la rencontre de personnes dont la vie, la façon d'être et les actions font d'elles de véritables héros du quotidien. À leurs côtés, je veux tenter de comprendre comment elles perçoivent leur corps, leur esprit et ce qu'elles font et pensent de l'âme dans tout cela ? J'imagine que ce sera la meilleure des prescriptions pour renforcer mes défenses immunitaires et combattre cette SEP dont on ne sait pas grand-chose. Régulièrement, j'essaierai de faire un point avec mon neurologue afin qu'il me suive pendant ce périple.

L'antidote

Ce voyage me permettra, je l'espère, de réussir à vivre avec ce diagnostic mais surtout de donner envie aux autres « SEPER » de prendre le même chemin. **N'oubliez pas vos rêves, ce sont vos meilleures armes pour vivre dans ce monde devenu fou.** Une autre phrase me vient à l'esprit : « Ils ne savaient pas que c'était impossible, alors ils l'ont fait » (Mark Twain). Ce voyage sera pour moi une manière d'apprendre à me connaître vraiment, à, je l'espère, affronter la vie différemment, mais surtout à faire taire ce que le mal-a-dit. Chaque maladie effraie et paralyse de l'intérieur. Le mal est partout, sous différentes formes et nous parle tous les jours. Le voyage sera mon remède, mon antidote. Mon initiative se veut un outil de réconfort pour garder espoir, ne pas oublier ses rêves mais le plus important, « écouter notre cœur ». Par cette aventure, j'entends déposer de l'espoir et de la confiance dans mon cœur et celui de chacun. Je suis bien consciente que je suis la première bénéficiaire de ce projet, mais que je serai aussi la première à avoir envie de le partager avec le plus grand nombre. Mon objectif est simple : faire naître chez chaque malade une énergie positive et une confiance en la vie.

Parlons peu, parlons bien...

Étant encore étudiante et ayant déjà emprunté de l'argent pour mes études supérieures, un problème se pose. Comment financer ? Je suis obligée de faire appel au soutien et à la générosité d'autrui afin de m'aider à réaliser ce dessein. Le but de ce voyage est de rassembler les morceaux de mon être que la SEP semble avoir éparpillés le temps d'un diagnostic. J'envoie une idée de cagnotte à mes proches par le principe du crowfunding. La peur m'habite encore à l'idée de lever le voile. Annoncer une maladie n'est jamais simple mais imaginer mon projet sur les réseaux sociaux me fait froid dans le dos ! Je ne veux pas prévenir tout le monde, je suis dans le contrôle. L'étiquette « sclérose en plaques » m'effraie et le regard qui en découle me paralyse. Il me faut du temps et le temps n'est pas dans les réseaux sociaux. En un clic, la page de mon projet peut se retrouver sur l'Antarctique. J'ai besoin de préparation.

Quelques jours après, j'arrive au bureau et je reçois un message. « *Salut Marine, comment vas-tu ? Je suis sous le choc et extrêmement désolé de ce qui t'arrive. Je te souhaite le meilleur dans ton projet. Courage. Je suis là.* » Tout ce que je ne voulais pas. Mais comment est-il au courant ? Comment sait-il tout ça ? Que se passe-t-il ?! Je parcours mon fil d'actualité Facebook, mon projet de financement a fuité. Je ne comprends pas, j'explose au bureau. C'est bon, tout le monde est au courant. Je ne peux plus me cacher. Je suis à terre...

Je m'enferme dans la salle de réunion et essaie de remettre mes idées en place. Je me concentre et relis doucement mon projet. « *Quel est le but, Marine ? Détache-toi du regard des autres, c'est la première des barrières à retirer. Relis ta présentation, Marine. Ce que tu écris dans ton projet, fais-le Marine... Fais-le !* » me dis-je. D'un coup la pression disparaît comme si j'avais besoin de cette anxiété pour avancer. Mauvaise habitude, à changer... Malgré ce coup d'adrénaline, je savais que c'était le bon chemin. Ôter le masque face à ce que le mal a dit.

Je reprends le travail, le ventre noué, en me disant : « *Laisse faire, fais confiance...* » J'arrive à reprendre mes idées et retourne à mon clavier sous le regard de tous les occupants de l'open space. J'abandonne le contrôle et laisse mon cœur à ses peurs.

Le boomerang

Le lendemain, je me connecte. Deux cents partages déjà, pour une cagnotte censée être dédiée aux proches. Je n'en reviens pas de cet engouement et de cet impact grâce aux réseaux sociaux sur mon projet SEPER HERO. C'est un boomerang émotionnel que je reçois à chaque participant... Quand vous voyez des gens que vous ne connaissez ni d'Ève ni d'Adam vous verser de l'argent, vous êtes sous le choc. Pour ma part, je suis proche de la syncope ! Des dons accompagnés de messages de jeunes, des étudiants, des enfants, il y a de tout. J'ai le souvenir d'un message bouleversant d'un petit de 13 ans souhaitant participer car sa maman est atteinte de la maladie. Il s'excuse en me disant qu'il pourra m'aider la semaine prochaine, car il n'a pas encore son argent de poche... mon cœur explose. Je suis en larmes. Bouleversée par la force de cet amour pur et authentique. Je ne sais plus comment le gérer... J'en pleure encore en y repensant. Je suis si émotive face à toute l'entraide et l'écoute qu'il y a eues... c'est déstabilisant. La cagnotte qui grimpe me fait devenir toute petite. Tout se concrétise, je ne peux plus faire marche arrière. Obligée d'aller jusqu'au bout. Je vois de plus en plus clair, le cœur a pris le dessus. Je me sens redevable de tout cet amour qui me tombe dessus. Plus de 300 participants et une cagnotte bouclée en moins de 3 semaines. J'ai du mal à réaliser. Autant de soutien concret était inespéré... 13 000 euros d'amour récoltés en si peu de temps, tout cela me donne la sensation que l'espoir et l'envie d'y croire sont bien là et plus forts que tout... Ce projet va se réaliser grâce aux autres. Ce projet, c'est le mien certes, c'est le vôtre aussi, mais c'est le nôtre sûrement. Je ne suis plus seule, je suis accompagnée de tous ces participants qui sont déjà dans mon sac à dos. Ce projet est en train de se construire avec un peu de chacun.

Ma nouvelle maison

Je dois maintenant m'équiper pour partir marcher. Ma mère file chez Decathlon pour un premier repérage du matériel à ne pas rater. Elle raconte mon projet, le responsable demande à me rencontrer. Quelques jours plus tard, je rencontre Fabien, 26 ans et responsable du Decathlon Parly 2. Il est interpellé par ce projet et souhaite m'aider. Il propose de m'équiper pour mon voyage... Je déambule avec un conseiller pour remplir un panier offert. Je ne dis rien, le panier se remplit à vitesse grand V et je suis incapable de parler tant je suis émue. Des chaussettes au sac à dos, de la tente aux chaussures de marche jusqu'à la GoPro. Je repartirai de Décathlon équipée de la tête aux pieds... C'est une fois de plus surréaliste. Rien ne peut m'arrêter après cette cagnotte et ce partenaire tombé du ciel. Je lui demande : « *Comment te remercier ? – Fais ton projet jusqu'au bout. Ça suffira* », me répond-il. Une nouvelle dose d'amour en pleine poire ! Une force immense explose dans mon cœur et l'envie de réaliser ce projet et de le partager ne cesse de grandir ! Rien ne pourra plus m'arrêter.

Quelques jours avant le départ, je me demande comment remercier chaque personne. Je réfléchis. Une seule solution : réussir à réaliser ce projet qui sur le papier m'effraie. Je crée une page Facebook, pour que toutes ces personnes qui m'ont aidée puissent suivre mes aventures. J'ignore vraiment ce que je vais écrire et relayer, sachant que je n'ai jamais écrit d'article et encore moins touché une caméra.

Compte à rebours

Ultime bénédiction

Nous sommes à deux semaines du départ, mon voyage commence bien... ironiquement parlant. Dissolvant sur mon cahier de voyage offert par ma mère pour Noël. Ça sent le roussi et j'ai l'impression que les maladresses ne vont faire que s'enchaîner. Pour le moment, je suis à Rome avec mon copain. Y aller était un rêve et c'est l'occasion de se retrouver avant d'être séparés. Nous rentrons dans une petite église où je traîne un peu ; Max flâne en admirant la décoration, sans but particulier. À la sortie de l'église, je demande à un homme si par le plus grand des hasards le pape serait à Rome. Il me murmure « oui » à l'oreille, ne souhaitant pas ébruiter l'info face aux touristes. Je me sens privilégiée. Il me donne un petit prospectus en me disant : « *Demain il fait une conférence sur le sacrement des malades, essayez d'y aller même si vous n'avez pas le papier pour rentrer, vous verrez à l'entrée.* » Pardon ??? Limite il me donne son 06. Le pape est donc à Rome et en plus il fait une conférence sur le sacrement des malades ! Je rigole tellement je trouve ça improbable... Nous sommes tous les deux super contents de tomber le week-end où le pape est ici, mais surtout qu'il y ait une conférence spécialement pour les malades comme moi. On se réveille tout excités, et très émus à l'idée d'avoir peut-être la chance de le rencontrer. Huit heures du matin, nous voilà sur place pour essayer de rentrer avec zéro ticket ! Miracle, on passe les portes sans remarque des vigiles. À la fin de la conférence, le pape se retire par l'allée principale, s'arrête de temps en temps pour bénir ou serrer une main. J'ai une chance sur mille qu'il s'arrête devant moi... il le fait... et me serre la main. Je me souviendrai toute ma vie d'avoir eu la main du pape entre les miennes et de sa bénédiction. Je pars du Vatican assez émue, moi qui ne vais jamais à la messe et qui crois sans vraiment savoir pourquoi... J'en profite pour aller me faire confesser, je trouve ça stylé de le faire ici. Si je pouvais me vider de tous mes péchés avant d'aller marcher, je serais plus allégée ! Après une journée forte en émotion pour nous deux, nous passons notre dernière soirée à Rome. Je me sens soulagée, protégée, je ne sais que dire, comme libérée de toute inquiétude ou peur de décoller.

Ultimes préparatifs

De retour sur Paris, je commence à faire un petit point de ce qui pourrait me manquer, mais j'ai vite compris que ça me démoralise plus qu'autre chose. Quelle assurance va me prendre en charge pour une SEP diagnostiquée moins de six mois avant le départ ? Personne, ou du moins ils ne prendront pas en charge mon rapatriement s'il est en lien avec elle. Je suis donc mal barrée. Je prends tout de même une assurance, vraiment par principe, car ma SEP ne rentre pas dans les grilles ! J'ai bien sûr évité de le notifier à mes parents.

Ensuite vient le problème du blog ou de la page Facebook. Voici mon point commun avec ma grand-mère : on ne comprend rien. Donc je dois choisir de faire les deux ? l'un ou l'autre ? Je me rends vite compte que ça me procurera plus de galères et de stress que de plaisir. Ayant très peu Internet durant le voyage, la page sera plus simple que le blog.

L'émotion monte

Après un autre week-end riche en émotion, avec mes copines cette fois-ci, me voilà de retour face à mon calendrier et le jour J approche. J'ai le cœur qui bat de plus en plus chaque jour, mais cette fois c'est un battement que je ne connais pas. Comme quoi je suis loin de découvrir toutes les sensations que mon corps peut me procurer.

Ma chère famille, mon père, ma mère et ma sœur, est si forte et me soutient d'une manière incroyable. Ils sont bien sûr extrêmement différents, mais similaires sur un point : leur amour. Ils ont tous les trois réussi à mettre de côté leurs peurs et leurs angoisses de voir leur fille ou sœur partir seule pour ce long voyage. Ils ont tous eu un rôle fondamental, nécessaire pour masquer leur peur. Au début, quand je leur ai annoncé mon souhait de partir et de faire ce projet, il y a eu des pleurs, beaucoup de pleurs... Mais ils ont vite ressenti mon souhait que l'on me fasse confiance. Têtue comme je suis, ils savaient sûrement que je ne changerais pas d'avis. Au lieu de me contrer, ils ont décidé de m'accompagner. Ma mère est donc à fond ; elle aurait pu partir à ma place, et puis c'est une battante : quand elle s'investit, rien ne peut l'arrêter. Je crois qu'elle m'a un peu contaminée ! Je pense qu'elle savait au millimètre près la taille de mon sac et le nombre de chaussettes ! Ma sœur a très peur, je le ressens. Elle est à mes côtés et m'envoie ce qu'elle peut. Ses sourires, ses regards sont si intenses et remplis d'émotion... c'est tellement fort de voir sa petite sœur comme ça. « *Protège-toi sœurette, je te comprends* », me dis-je sans parler. Elle est là tout près, me soutient en essayant de laisser ses émotions de côté. Mon papa, lui, est plutôt celui qui essaie de relativiser. Un peu maladroit de temps en temps, mais si spontané avec ses blagues dans tous les sens pour masquer ses angoisses. Il ne peut s'empêcher de pleurer, sensible comme il est. Je tiens ça de lui aussi ! Je ne pouvais pas avoir meilleurs supporters et piliers qu'eux. Voir ma famille à mes côtés, investie, sensible, émue et convaincue que j'y arriverai, est le plus beau des cadeaux. Quant à mon copain, il n'a rien lâché, il ne s'est jamais arrêté de me booster, motiver et encourager. Pas évident pour lui, ni pour n'importe quel amoureux de laisser partir sa copine à l'autre bout du monde pour si longtemps.

Le départ

Ce n'est qu'un au revoir

Trois jours plus tard, le réveil sonne, c'est le départ. Je suis très silencieuse et me prépare pour l'aéroport. Je pars en direction de Roissy, avec mon père, ma mère copilote et Max à mes côtés. Héloïse, ma petite sœur, travaille, elle nous rejoint en transports en commun. Je sens qu'une bombe à retardement est en train de remplacer mon cœur... Je m'enregistre, on me donne mes tickets : direction Auckland. J'ai bien dû rester deux minutes à regarder ce bout de papier... je le fais. Je pars...

Quelques minutes plus tard, Romane et Leora, deux de mes meilleures potes, débarquent à l'aéroport pour me faire une surprise et m'accompagnent de leur amour pour cet envol. Les larmes explosent, le cœur se serre. On se dirige vers le premier restaurant pour boire une bière tous ensemble. Mon ticket à la main, cette fois je vois flou mais je sais pourquoi ! Je serre ma famille dans mes bras, mes amis, et finis par mon amoureux qui a été là depuis le lit d'hôpital jusqu'au décollage... Je prends les Escalator, ma sœur passe les barrières, me rattrape, en pleurs, me serre si fort pour me dire à quel point elle m'aime et à quel point elle a peur. Je la regarde, la rassure comme je peux.

Elle me glisse une lettre dans la main et fait demi-tour... si fort et émouvant cette séparation avec elle que je sens si fragile... Je lui crie un énorme « je t'aime » et un gros « merci »... les Escalator me font descendre toute seule, je me retourne une dernière fois pour leur dire au revoir d'un signe de la main... je passe le contrôle de sécurité, me voilà de l'autre côté.

Décollage

Je viens à peine de rentrer dans l'avion. J'ai le cœur qui explose d'émotion. Je ne savais pas que mon cœur pouvait ressentir autant de choses d'un coup... il est bien trop petit pour gérer toute cette émotion trop puissante. Je suis si heureuse d'avoir réussi à monter dans cet avion, car c'est tellement plus simple de parler que d'agir. Là, j'ai le cul dans l'avion et je ne sais pas où je vais, mais j'y vais ! Je ne sais pas comment j'ai réussi, mais j'y suis. J'ai envie de mûrir, de grandir, d'ouvrir mon cœur et mon cerveau qui étaient tous en train de disparaître ou du moins de ne plus exister à leur juste valeur. Mon stylo tremble et en plus ma tablette est pourrie ! Je n'arrive pas à poser mon cahier. J'ai envie de hurler dans l'avion mon excitation et mes remerciements ! « Merci ! » Le voilà, il est sorti ! Je n'ai pas réussi à me contenir, ça a surpris mes deux voisines d'entendre crier à côté d'elles. Pourquoi garde-t-on tout pour soi ? par peur du regard des autres ? Toujours les autres, encore les autres. Mes émotions ne font qu'augmenter au fur et à mesure des annonces des hôtesses de l'air. « Bouclez votre ceinture », « Préparez-vous au décollage ». Je me prépare plutôt à l'arrosage !

Merci à vous tous pour votre soutien plus énorme que la taille d'une montgolfière (super comparaison que je fais depuis que j'ai 5 ans). Merci pour votre confiance, merci de m'avoir épaulée et écoutée tout au long de ces derniers mois bourrés d'inquiétudes mais de certitudes à la fois ! Merci à vous tous, chers inconnus, d'avoir cru en mon projet et de me permettre à l'heure actuelle de décoller... Je vous aime tellement fort ! Je suis assise au siège 85 H, et je suis à côté de deux nanas qui me regardent chialer comme un bébé. Elles doivent sûrement se dire : « *Va-t-elle renifler tout le voyage ?* » « *Désolée les filles, mais je ressens un besoin de me vider complètement. Désolée voisines, mais ça va être l'orage ce voyage.* » Je suis sincèrement heureuse d'être dans cet avion et excitée de comprendre et de découvrir ce qui m'attend à l'autre bout du monde, même si je suis loin d'imaginer comment tout cela se passera. Je vais réussir à gérer ce stress pour ne pas éveiller cette sclérose... J'ai le cerveau qui travaille tellement, c'est usant, je ne peux m'arrêter de penser et d'imaginer ou d'interpréter. Musique dans les oreilles, décollage imminent. Je ferme les yeux et je me laisse décoller le cœur qui bat, les yeux mouillés. Je suis heureuse, libérée.

Corps

— Don't worry, I am cool !

NOUVELLE-ZÉLANDE

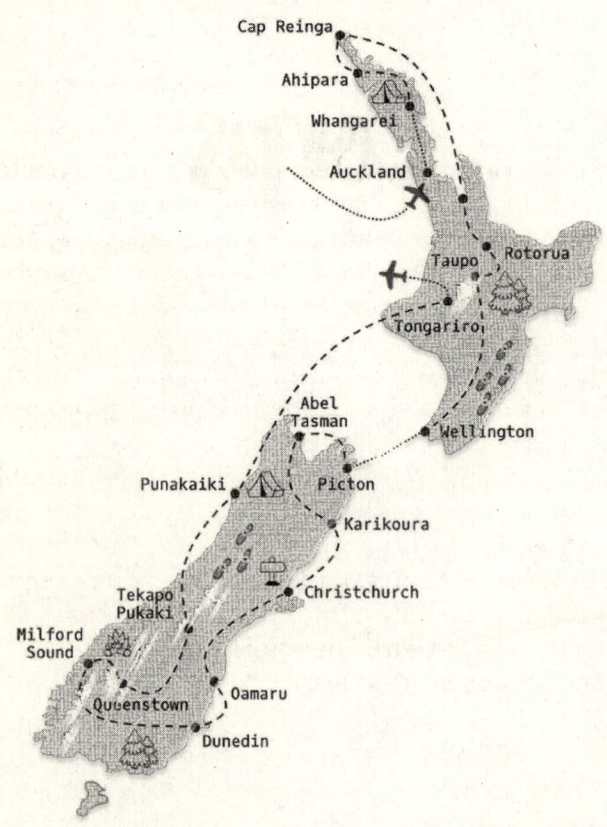

Arrivée à l'aéroport, je ne sais pas où me mettre ni où aller... Je n'ai jamais ressenti un truc pareil. Où dois-je aller ? À qui dois-je parler ? Vais-je me perdre ? C'est vraiment étrange comme sensation, je suis un peu perdue, enfin littéralement perdue, car je ne sais pas vers qui me tourner pour discuter, en qui avoir réellement confiance. Moi qui suis loin d'être timide, je ressemble en ce moment à une enfant de 5 ans...

C'est étrange, cette sensation d'être vulnérable et de me rendre compte que je suis encore très prisonnière de mes appréhensions bien ancrées dans mon cerveau. Ça me permet déjà de prendre conscience de tellement de choses sur moi. Mes peurs, mes anxiétés, mes faiblesses alors que je viens seulement d'arriver.

First point

Première chose à faire avant de trouver un backpack (une auberge)... aller dans un bar avec toutes mes affaires et commander une bière ! J'ai promis à Max de faire ça.

J'en découvre un, j'y vais, je me retrouve dans un bar sur l'une des rues les plus connues d'Auckland. Étrange impression que d'y aller, de commander une boisson et de se poser toute seule en terrasse. Je me sens à la fois libre et heureuse d'être arrivée. La bière bien fraîche, le soleil tapant, le sac à dos en compagnon et un sourire si puissant.

Après cette bière bien rafraîchissante et les premiers échanges avec mes voisins de table, je prends le premier backpack que je trouve pour pouvoir me poser et essayer de m'organiser.

Objectif Nord-Sud

Débuter par le nord de l'île du Nord et descendre jusqu'au sud de l'île du Sud, voilà mon but. J'arrive dans une auberge, on m'indique mon dortoir et l'horaire d'une petite présentation. Le genre de chose en groupe que je déteste un peu, voire carrément. On insiste en me demandant d'y aller. J'y vais donc et je découvre alors beaucoup de personnes en couple ou entre amis préparant le départ ou l'achat d'une voiture pour un road trip !

Auto-stop ou encore

Après la présentation et le speech sur les différents packages bus qu'on pourra acheter, j'ose poser la question de « l'auto-stop », moyen pour moi de peu dépenser et donc d'économiser pour la suite du séjour. Je suis vite démotivée par le gérant de l'auberge qui souhaite vendre ses tickets...

Pour ma part, n'ayant pas le permis, la voiture j'oublie. De toutes les manières, je ne veux pas du tout voyager en voiture seule au volant ou avec un binôme. Je souhaite vraiment être seule, mais pas avec mon ticket de bus. Je préfère mon pouce ! Je décide de suivre cette idée d'auto-stop que je trouve beaucoup plus excitante.

Je prends une journée pour visiter Auckland, récupérer une carte SIM et régler les petits détails pour débuter mon voyage. Je me dirige vers le premier magasin pour acheter une carte routière bien détaillée. C'est acté, je ferai de l'auto-stop. Rester assise dans mon bus pour aller du point A au point B ne me fait définitivement pas vibrer !

Cette idée commence sérieusement à m'exciter, me donnant un sacré défi à relever. **Être face à mon stress ! C'était bien le but de mon départ ! Le stress est la première chose que je souhaite essayer de mettre de côté.** Choisir le stop est pour moi le meilleur moyen de rencontrer, partager mais surtout dépasser mon stress et mon impatience… Je suis certaine que de voyager comme ça me procurera plus que n'importe quel autre acte car je ne me suis jamais déplacée de cette manière et qui plus est, je n'ai jamais eu pour objectif de traverser tout un pays. *Toujours plus, Marine !* Après cette décision, tout est plus clair. Plus de préoccupation de bus, de tarif, d'horaires, de jour de départ, plus rien. Je dois uniquement me soucier de trouver la première route qui se dirige vers le nord. C'est la « road number 1 ».

Lot's of folks

Tout commence au bar Little Sunshine, au sixième étage sur le rooftop de l'auberge. Ray, le « capitaine », vient me parler. C'est un Maori avec une tête de nounours, un cœur gros comme une pastèque. Il me parle pour savoir d'où je viens et commence à me poser diverses questions. C'est la première personne avec qui j'évoque mon projet.

Étrange quand même d'arriver seule dans un bar où tout le monde est déjà bien installé entre potes. J'arrive avec toutes mes affaires et j'attends qu'on vienne me voir. Enfin non, pas exactement. Je fais des sourires tellement forts à tout le monde que cela doit en devenir oppressant pour les autres...

Une fille vient directement me parler, une Tahitienne. C'est tellement cool et d'un côté je me déteste à ce moment-là car lorsqu'elle arrive vers moi, je suis trop contente et en même temps je me dis à moi-même pendant une seconde : « *Elle est sacrément vulgaire !* » Car elle est à moitié nue, la nana. Qui suis-je pour juger cette fille que je connais depuis deux secondes ?! Qui suis-je pour porter un jugement sans même la connaître réellement ? « *Va vite falloir changer ça ma petite, car tu es en train d'aller droit dans le mur !* » À ce moment-là, j'ai un réel électrochoc avec cette réaction. Je me dis : « *À partir d'aujourd'hui, Marine, plus jamais tu ne juges qui que ce soit. Plus jamais tu ne trouveras qu'une autre personne est étrange. La plus étrange c'est toi, à vouloir stigmatiser les autres. Le pire c'est d'être dans l'ignorance de cette attitude et de penser que tu as raison !* »

Au fur et à mesure, je ne tombe que sur des personnes incroyables, profondément gentilles et tellement généreuses. Un sourire, un partage, une entraide. Leur vie ne fonctionne pas comme la mienne. Depuis maintenant trois jours que je suis arrivée, j'essaie de parler à tout le monde. Vous pouvez l'imaginer, mon anglais est loin d'être parfait et c'est très français d'avoir peur de parler dans une langue étrangère. Peur qu'on se moque de nous, mais au final c'est tout simplement parce que nous sommes les premiers à rire d'un Français ne sachant pas parler une langue étrangère ! Je me lance et mets de côté mon ego. Je veux découvrir mais surtout prendre le temps d'écouter les autres. **Je me rends compte à quel point l'écoute des autres est importante dans notre quotidien.** C'est étrange, car je viens seulement d'arriver depuis quelques jours et je ne sais pas pourquoi, de nombreuses choses me sautent à la figure. Je ne comprends pas trop ce qui se passe. *« Mais, vous allez vous calmer oui ! »* Car maintenant, c'est au tour de mon ego de venir me dire « hello ! ». Je comprends que lorsqu'on veut toujours avoir raison, c'est qu'au final on a peu confiance en soi.

Je rencontre alors cette Tahitienne qui me raconte un peu sa vie ici, en Nouvelle-Zélande. Elle m'oriente, me conseille sur le début de mon voyage et me recommande de continuer de parler avec Ray. Je demande à ce dernier où je peux rencontrer le plus de Maoris possible, car je souhaite découvrir la population la plus authentique, et il m'indique deux villes dans le Nord en me précisant que le jour de la fête nationale approche ! Après cet échange, j'ai mon trajet en tête. Il ne me reste plus qu'à le tracer sur une carte.

Go to the North

Je commencerai par monter dans le Nord pour la fête nationale, dans la ville des Maoris, Paihia ! Quelle excitation ! La Nouvelle-Zélande me paraît énormissime en richesses et en découvertes. J'ai trois mois pour la découvrir. Je m'apprête à partir dans le Nord en auto-stop quand soudain je rencontre un garçon, Antoine, qui a entendu que je partais vers le nord de l'île. Il me propose de m'y déposer en voiture. Il vient de l'acheter quelques minutes auparavant. Parfait ! Je saute sur l'occasion, balance mon sac à dos dans le coffre, excitée de quitter aussi rapidement Auckland ! Soudain une autre personne, Nicolas, qu'on ne connaît pas, se greffe à nous dans le van, cinq minutes avant le départ ! Nous voilà tous les trois, aux profils plus que différents, en route pour le Nord. Nico, parapentiste, 40 ans mais 20 dans sa tête, s'improvise copilote de notre cher Antoine, 23 ans, chef cuisinier, et moi minime de 22 ans dans le coffre ! J'ai trouvé un boulot dans le Nord pour bosser dans un surfcamp, et les deux cocos ne savent pas trop où ils vont pour le moment. Au final, ils se motivent pour essayer de se greffer au plan surfcamp qui les tente pas mal !

On arrive pour notre première nuit de campement. Le décor est vraiment dingue. On campe près d'une ferme au milieu de nulle part et face à la mer. Rien autour, seuls des animaux comme voisins ! Nicolas, lui, est l'expert du camping, il a tout le matos de l'explorateur ! Contrairement à moi qui demande à quoi sert une sardine. Drôle de paradoxe ! Première nuit sous ma tente : l'enfer ! Je mets ma tente trop près de la mer, souhaitant avoir une bonne vue ou du moins m'en rapprocher ! Au final, c'est la pire idée du siècle… « *Cimer la débutante !* » Le vent est si fort que ma tente bouge énormément. Il pleut, enfin du moins je le pense ! Je me retrouve durant la nuit tétanisée à penser que je vais sincèrement m'envoler, car j'ai mal planté ma tente ! Je n'ai jamais autant mordu mon sac de couchage et je laisse ma lampe frontale allumée toute la nuit. Je crie « *Y a quelqu'un ? Y a quelqu'un qui m'entend ?* » Le lendemain, je me réveille comme si je revenais de mission commando ! Je retrouve mes voisins de campement qui ont dormi au chaud dans leur voiture. Nico, le pro, déjà debout bien équipé en train de siroter son café ! Je sors de ma tente et rien qu'en me regardant ils rigolent déjà. Ils comprennent le cauchemar qu'a été ma nuit ! « *Enfoirés je vous ai appelés, j'ai eu trop peur… !* » Ils ne pouvaient s'empêcher de se foutre de moi ! Je déguste mon petit déj' préparé par Antoine. Toujours pratique de voyager avec un chef cuistot. Il nous transforme des tomates-œuf au plat en une assiette étoilée ! Sa recette : « *Mets de l'amour dans ta cuisine, Marine ! – Ouais, c'est ça Antoine, mets de l'amour, haha !* » C'est à mon tour de me foutre de sa gueule ! Après ce petit déjeuner, on reprend la route.

Après cette nuit incroyable, nous prenons la route direction le Nord-Est. On rentre dans les montagnes, je vois des paysages à couper le souffle au vrai sens du terme, des moutons de partout et une vue à pleurer. Après quelques jours à leur côté, tout se passe très bien ! Pour le moment, je suis toujours dans le confort sans connaître réellement les galères du stop. Je suis super émue de ce début de périple. On se connaît depuis vingt-quatre heures, mais le feeling passe super bien. J'ai tout de suite l'impression de voyager avec deux grands frères ou deux bons potes que je connais depuis longtemps ! Pour moi qui ne suis pas trop girly, c'est parfait d'être avec deux mecs ! Je me fixe dans ma tête de ne pas rester avec eux, car je sens que je commence vraiment à m'attacher. Quand on reste trop longtemps avec des personnes, on se prend d'amitié et on n'ose plus partir seul. On s'oublie vite à travers les autres. C'est exactement ce que je ne voulais pas ressentir, la dépendance. Le plus dur dans un voyage, c'est de ne pas suivre un groupe par facilité mais de poursuivre son projet initial : le mien est d'être seule et de traverser la Nouvelle-Zélande en auto-stop. Je me fixe donc vite une deadline pour continuer toute seule et je profite pour le moment car la séparation approche.

Paihia

Le lendemain, on se retrouve dans un squat. Une espèce de maison désaffectée dans la ville de Paihia pour la fête nationale de la Nouvelle-Zélande. Je suis dans la ville où le traité a été signé entre les Anglais et les Maoris. Je suis donc au bon endroit pour comprendre l'histoire de cette union. Cette population est incroyable, car ils sont vraiment séparés en deux. Les Maoris intégrés et les autres, beaucoup plus sauvages avec des racines inoubliables. Debout à 4 heures du matin pour arriver sur une plage avec le lever du soleil. Je ne sais pas trop ce qu'il va se passer, mais on m'a dit de venir sur cette plage très tôt pour voir la cérémonie… une plage silencieuse, sans touriste pour prendre des selfies… Au loin, j'entends des chants et j'aperçois les rames des pirogues qui se lèvent et heurtent la mer en direction de la plage. Je commence à me poser des questions sur ce qu'il va se passer. Au fur et à mesure, j'aperçois une puis deux puis trois puis quatre énormes pirogues. C'est déjà impressionnant. Elles arrivent les unes après les autres, avec en tête de bateau le chef de la tribu. Premier bateau qui se pose sur le sable. Le chef fait descendre tout le monde et les fait se placer en ligne sur la plage. Ils sont à moitié nus, vêtus seulement de plumes et d'une peau de bête pour cacher leur sexe. Des piercings avec des coquillages et des tatouages sur le visage, des fourrures sur les épaules ou des feuilles d'arbre en guise de manteau. Je suis dans un film et je cherche la télécommande... c'est surréaliste. Je regarde à droite et à gauche pour voir si des caméras de télévision sont là. Rien du tout. MERCI RAY... D'un coup, les Maoris commencent à se mettre à chanter et crier leur chant en dansant un haka complètement survolté... Ils vivent pour leur terre, leur appartenance à une partie de la nature. Ils se sentent redevables de cette terre qui leur a été offerte, mais surtout ils ne lâcheront jamais leurs croyances. Ensuite, la deuxième pirogue parvient au rivage. J'observe alors que le deuxième chef de tribu se place en face du premier. Brève salutation et deuxième haka face à face ! C'est impressionnant. L'homme redevient animal un instant. Les deux tribus dansent et chantent chacune leur tour pour montrer leur appartenance et leur volonté de se battre pour leur territoire. Je suis à côté d'un Maori qui m'explique brièvement ce qu'il se passe. C'est une cérémonie qui permet aux vieilles tribus de revendiquer ce qu'elles souhaitent et la manière dont elles le veulent. La plage est remplie, mais que de Maoris. Des chants, des danses, des hakas, des rituels complètement fous partout. Une cérémonie très forte marquée par un profond respect.

Je ne peux m'empêcher de nous comparer. Je me demande pourquoi on a perdu l'amour de nos terres et pourquoi on ne se sent plus personnellement concerné quand un traité va être signé. Ce sont plutôt des questions que je me pose personnellement. Ils aiment tellement leur nature et leur île. J'ai des frissons de voir une telle culture et une telle envie de la revendiquer. Je ne pouvais pas mieux découvrir cette population qu'en étant ici le jour de la fête nationale. Je pense à toutes ces tribus dans le monde qui réclament des choses qui paraissent ahurissantes pour nos civilisations, mais qui sont si naturelles au final.

*Après ce stop maori, je mets quelques jours pour assimiler ce que je viens de vivre sur cette plage au lever du soleil... J'ai vu une population qui vit pour elle et non pour une économie qu'on lui demande de suivre. J'ai le sentiment d'être mise dans une boîte, forcée à écouter ce que celui qui est censé être plus cultivé, plus performant, plus important me dit d'être. Ne dois-je pas me responsabiliser plus ? Je me sens de plus en plus dépendante et de moins en moins confiante. Je ne souhaite pas partir dans un débat, qui plus est seule avec moi-même, mais je me rends juste compte qu'**exister pour ce que nous sommes et ce que nous souhaitons vraiment est difficile**. Je suis admirative de voir des personnes suivre leur croyance, crier leur patriotisme et aimer leur différence. Leur force sur leur visage questionne mes racines. Je ne pensais pas que ce stop maori, censé être une distraction et un amusement pour moi, me ferait repartir avec un cœur qui pleure*

et une envie de sortir de cette boîte de conserve...
Je n'ai pas l'ouvre-boîte pour le moment, mais ça
commence sérieusement à bouillonner. C'était le
Grand Rex en direct ce soir !...

Cap à l'ouest !

Ahipara

Après ce premier arrêt hors du commun je reprends la route, en direction de l'ouest cette fois-ci. Destination Ahipara pour le surfcamp. Le principe ? Je m'occupe du jardin en échange d'un logement et de quelques cours de surf ! Je ne veux pas y rester longtemps, je suis impatiente de découvrir la pointe de l'île du Nord, son terminus.

Le cap Reinga

Je n'ai jamais vu un paysage comme celui-ci. Je campe dans un camping aux alentours du cap. L'arrivée sur ce campement reste inoubliable. Rien autour, uniquement une délimitation pour éviter aux chevaux de venir piétiner ta tente, du sable transparent, une eau turquoise et des mouettes. Rien de plus dépaysant et ressourçant. Cet endroit de la Nouvelle-Zélande a une histoire bien particulière : selon la culture maorie, c'est l'endroit le plus spirituel de l'île. Le nom du cap provient du mot maori *reinga*, signifiant « les Enfers ». J'irais bien me brûler les ailes plus souvent à cet endroit.

Un autre nom maori pour le lieu est « Te Rerenga Wairua », signifiant « le lieu du grand saut de départ des esprits ». Pour les Maoris, c'est ici que les âmes des morts vont au cap rejoindre l'au-delà. Un endroit tout trouvé pour moi !

Après ce dernier stop, je me sépare des garçons. Gros tour du van pour m'assurer de n'avoir rien oublié. Après avoir passé vingt-quatre heures sur vingt-quatre à leur côté, ça me fait bizarre de m'en séparer. J'ai un gros pincement au cœur, mais aussi une excitation de commencer toute seule. On dit au revoir à notre cher Nico au bord d'une plage de kitesurf, lui décide de rester dans le Nord. Antoine me dépose quelques kilomètres plus loin sur un parking. On échange un simple check comme si on se revoyait demain. Il part vers Coromandel, la pointe est de l'île du Nord où il a trouvé un boulot pour trois mois. Me voilà toute seule sur le parking, j'avais oublié les kilos du sac à dos... C'est étrange, j'ai l'impression de les connaître depuis toujours ces deux loustics ; nous sommes tous les trois tellement différents, mais au final hypercomplémentaires.

Toutes les personnes incroyables que nous rencontrons apportent une petite pierre à nos vies. Merci de m'avoir permis de commencer ce voyage à vos côtés. Je ne suis qu'au début, mais je me rends compte que le chemin va être long pour combattre mon stress qui, je m'en aperçois, dicte ma vie et mes pensées. Grâce à vous les gars, je débute mon voyage d'une manière différente. J'aurai au moins appris à jardiner, et pas que le potager... ! Quand on vit en communauté, beaucoup de choses remontent à la surface, ce qui n'est pas évident à gérer au début. **S'adapter, écouter, partager...**

L'heure est à la découverte du rythme à prendre entre le poids du sac à dos, les pauses parking, les meetings en station-service, mais surtout je ne dois pas laisser mon cerveau sur le bas-côté et oublier mon portable aux toilettes ou ma carte dans la machine. Une habitude pour moi...

Walk on a good side

Ma première marche commence au nord d'Auckland. Mes baskets sautent toutes seules dans mon sac à dos, ça promet ! Je suis impatiente de commencer ma première petite marche néo-zélandaise... Trois heures pour débuter, ça va aller ! Premier test pour mes chaussures de marche !

Premiers pas difficiles, mon corps est à la peine, ma volonté bat le rappel. On se rend vite compte que notre corps sans notre tête est impuissant. Vous voulez me voir ? Je suis le genre de folle qu'on croise sur le chemin à hurler : « *Allllllezzzzzzz !!!! Tu vas avancer Marine, écoute ton corps et ferme-la !!!!!!!* » Oui voilà, c'est souvent le genre de discussion très intense et élégante que j'ai avec moi-même pour me motiver.

Après cette première marche assez sportive, je reviens à la base du campement. Pour cette fois, j'ai eu la chance de pouvoir laisser mon gros sac à dos à un couple, Anna et Pierre, qui commençaient à ranger toutes leurs affaires pour partir mais qui m'ont promis de m'attendre. Je suis mon instinct. Je sens quand je peux faire confiance ou pas. C'est très étrange, mais quand vous êtes seule, le moindre petit pressentiment est multiplié par dix. Je ne peux l'expliquer, mais quand je le sens je ne me pose vraiment aucune question.

Mon corps me parle

Premier exercice qui me permet de me mettre face aux courbatures, à la transpiration, aux fourmillements et aux pertes d'équilibre. Tous ces petits détails si déstabilisants au début de mon diagnostic, je les retrouve ici, mais la paranoïa, elle, n'est plus là. J'essaie de la remplacer par l'analyse et l'écoute. Ce n'est pas simple, je commence par parler à ma sclérose. Je lui parle tout le temps, comme à un compagnon de voyage. Et elle l'est. Je lui demande beaucoup de choses pour notre colocation. À sa place, j'aurais rendu les clefs depuis longtemps ! On se connaît à peine et elle a déjà une liste de critères à remplir. **Je me force à ne pas penser ni réfléchir, mais uniquement à marcher et écouter.** Dommage, pour le moment l'esprit est encore trop présent. Pour une première marche, je n'ai jamais autant cogité de ma vie. Mon esprit par les pensées est trop présent. C'est étrange, mais quand on arrête de parler, on pense et on observe plus. On a tous quelque chose avec quoi on a du mal à cohabiter. Comprendre d'où cela vient est difficile mais nécessaire. Le silence permet de s'écouter davantage et d'essayer de comprendre par où commencer.

Seule face à sa tente

Après cette belle journée, je retrouve le campement et récupère mon sac. Anna et Pierre quittent le parking en me faisant signe de la main. Je reste plantée là cinq bonnes minutes en me disant : « *Bon là, tu es vraiment seule, va pas falloir t'inquiéter.* »

Je commence à déballer ma tente pour installer mes affaires. Je reste assez concentrée, de peur d'oublier quelque chose. Je la plante, cette fois pas face à la mer mais derrière une petite colline près de la rivière ! Au final, à ma grande surprise, je la monte super vite. Assez fière, je me retourne comme si j'attendais que mes potes ou d'autres personnes me félicitent. Mais je suis seule. C'est étrange cette sensation de solitude où personne ne peut te voir ni te parler. Tu ne dois te contenter que de toi. Je n'ai pas trop l'habitude, moi qui suis constamment en train de compter sur tout le monde pour faire un truc. Là il n'y a que moi pour faire ou ne pas faire et gérer les conséquences. Je n'ai qu'une seule envie : m'étaler dans mon sac de couchage. Mais avant, je pense quand même à ma douche... J'essaie de construire un petit coin assez « cocooning », comme dit ma mère ! J'ai envie de me sentir en sécurité pour la première nuit seule sous la tente. J'installe toutes mes petites affaires autour de ma tête. Imaginez-vous après avoir marché vous endormir dans votre tente paumée au milieu d'un champ, avec comme voisine une rivière et comme berceuse le bruit des vagues et des mouettes... Dit comme ça, c'est idéal et ça fait rêver, mais dès que la nuit tombe tout change. On ne voit plus ce vert ressourçant des montagnes, ce ciel bleu si relaxant, et tous les bruits se transforment… Oui, je commence à flipper.

Je vais vite prendre ma douche, car je ne me suis pas lavée depuis quatre jours, plus une marche au compteur… ça commence à faire beaucoup, enfin plutôt à sentir pas mal. Si l'on peut appeler ça une douche, je parlerai plutôt de tuyau. Je suis bien belle toute nue avec ma lampe frontale et tous les insectes se posant sur mon visage attirés par la lumière. Ce tuyau pour se laver n'est pas très pratique, mais je me sens déjà mieux après cette eau gelée !

Une fois installée, je commence à me détendre et à réfléchir à cette belle journée. Je suis toujours prisonnière d'une pensée en lien avec ma sclérose avant de m'endormir. Je ne maîtrise pas encore et j'ai peur d'elle, ou du moins peur qu'elle se réveille. Au final, le vent me ramène à la réalité. Ça se remet à souffler très fort. Au-dessus de ma tête, ma tente se plie jusqu'à toucher mon nez. Je commence à prendre une grande bouffée d'oxygène et à me dire : « *Ça va aller Marine !!!* » D'un coup, je repense aux quatre coins de la tente pour vérifier si je n'ai rien oublié ! Comme si chaque sardine devait être à son poste d'attaque et de défense. D'autant plus que je suis loin d'être douée pour le plantage de piquets. Ma tente remue beaucoup, c'est l'enfer ! « *Pourvu qu'elle ne s'envole pas, et moi avec. Ça commence à secouer beaucoup trop là, bordel !* » Le stress monte, cette fois je suis vraiment seule s'il se passe quelque chose ! Ce n'est pas rassurant du tout. Je pense à une seule chose, les yeux grands ouverts : me réveiller demain matin pour retrouver la beauté du paysage. Après deux heures de lutte en pensant aux couleurs, aux mouettes, au sable et à tout ce que je viens de voir avant de rentrer dans ma tente, je commence à m'endormir ! La pluie me réveille deux heures après. Le bruit est multiplié par dix sous une tente. Je découvre tous ces bruits et mon cœur qui s'emballe, mon esprit qui pense à ma sclérose et mon corps tout crispé dans le sac de couchage. Le bruit de la pluie me fait flipper mais me donne aussi l'envie d'aller faire pipi ! Littéralement impossible de sortir de ma tente, nuit noire, il pleut et je flippe, tout simplement. Je peux toujours rêver pour aller aux toilettes ! L'envie est bien trop pressante. L'idée de prendre une bouteille me vient, mais me dégoûte à la fois... Pas le choix... J'ai donc utilisé une bouteille. L'enfer, jamais j'aurais pu penser faire ça, mais tant pis, impossible de sortir...

Bon, après cette première nuit horrible toute seule sous cette tente où j'ai eu l'impression de décoller à chaque coup de vent et avec comme voisine ma bouteille d'urine, me voilà réveillée avec une tête bien gonflée ! Je suis encore un peu paniquée de ne pas pouvoir gérer mon stress et ma peur. Ça va venir avec le temps, je suis déjà satisfaite de ne pas avoir pleuré... Il pleuvait tellement fort, le vent aussi était violent, plus tous les bruits étranges... J'ai pensé à tellement de choses cette nuit... heureusement que le lendemain, la nature me remercie d'avoir tenu en m'offrant cette plage paradisiaque où les mouettes surfent sur leurs vagues... C'est frustrant, car le matin tout est calme, le soleil se lève, les oiseaux chantent et moi je sors comme si je venais de vivre une guerre... Quand vous voyez des gens arriver souriants et frais comme une baraque à frites, vous vous demandez si vous n'avez pas un problème...

C'est tout de même étrange de se recentrer sur soi-même et d'essayer de mieux se comprendre. J'ai l'impression que mon cœur est quand même pas mal enfoui sous beaucoup de carapaces pas encore atteignables, ça viendra avec le temps...

Bon allez, il est 7 heures du matin, je vais essayer de tout bien ranger sans oublier d'éteindre ma super lampe frontale tellement sexy qui a fait office de bouclier, après avoir rangé mes affaires mais surtout galéré à plier ma tente et tout le reste. Je me pose en face de la mer avec le vent qui me fouette le visage. C'est terriblement agréable ! Cette sensation est si puissante et unique ! **C'est une impression assez étrange de communion et de proximité avec la nature qui nous laisse exister pour ce que nous sommes, car la nature nous a fait comme ça !** C'est bizarre de dire ça, moi qui n'ai pas vraiment grandi proche de la nature. Née citadine et vivant en appartement, je suis loin de me rendre compte du bonheur que la nature nous apporte. Je n'ai encore rien découvert, mais je ressens quelque chose de très fort depuis mon arrivée. Ces paysages, cette liberté, ces odeurs et ces couleurs... Cette sensation que rien ne peut m'arriver à part si la nature le décide pour moi. Je découvre seulement maintenant ce que la nature peut procurer comme sensations et encore je suis loin de voir ce qui m'attend.

Route vers le Sud

Après avoir donné des news à mes parents, à mon amoureux et à mes amis, je rejoins la route pour le Sud ! C'est étrange, mais parfois j'aimerais tout couper et vivre comme je veux sans donner de nouvelles… ! Je le ferai bientôt, mais pas maintenant, ça ne va pas aider mes parents et encore moins mon couple. *Réflexion pour moi-même : avant les textos et messages n'existaient pas et les gens vivaient très bien, voire mieux. On a tout le temps besoin de donner des nouvelles et de partager ce qu'on vit, au détriment de ce que nous sommes en train de faire là, maintenant, tout de suite. D'où vient ce besoin d'être connecté ?* Ça fait du bien de vivre et de voyager ou d'agir sans argumenter ou expliquer pourquoi tu fais ceci ou pourquoi tu vas par là… On vit tout le temps à travers ce que les autres pensent ou pour montrer que notre vie est stylée avec nos snaps ou autre. Mais au final, on profite tellement moins du moment qu'on est en train de vivre. Je ne sais pas pourquoi, mais je repense au nombre de cafés entre copines à Paris ou ailleurs, où mes amies passaient plus de temps à envoyer un snap ou à prendre des photos dans une seule optique, publier pour montrer qu'elles s'amusent bien. « *C'est pour qui cette photo ? Pour toi ? – Nan, je ne pense pas…* » N'est-on pas dans la démonstration superficielle d'un bonheur rêvé ?

Pouce time

Je rêvasse en pensant à ça sur le coin de la route, quand soudain une camionnette s'arrête.

Le conducteur ouvre sa fenêtre et m'indique son chemin. Je lui souris, il me sourit : c'est parti ! Je monte dans le coffre et me case entre deux sacs de blé et une machine à laver. Pourquoi avoir choisi de faire du stop, me direz-vous, avec tout ce qu'on peut dire et entendre dans les médias ? La peur de ne jamais arriver à destination, de perdre du temps... Je comprends les angoisses et elles sont miennes, enfin particulièrement arriver en retard ou ne jamais atteindre le but. Le stop est le moyen de transport le plus stressant, le moins sûr et le moins confortable. Premier exercice de gestion du stress. Oui je sais, j'aurais pu gérer mon stress d'une manière différente, mais je trouvais ça idéal pour débuter mon voyage. Gérer les imprévus, les aléas, les difficultés, l'attente et la confiance... ça va devenir mon remède.

Me voilà repartie sur les routes. Sac à dos de 25 kilos. Je comprends qu'il faut que je fasse le tri ! Après 100 kilomètres, je décide de m'arrêter sur une aire d'autoroute et de vider toutes mes affaires. La fameuse peur de manquer, alors qu'au final on n'a vraiment pas besoin de grand-chose pour être bien. Commencer par se détacher des : « mon », « ma », « moi », « mes ». Cela me rendra tellement plus libre.

J'ouvre mon sac sur le bas-côté de la route près d'une station essence. La moitié de mes habits sera donnée aux personnes croisées ! Je repars au bord de la route le pouce tendu, avec un sac plus léger, le sourire encore gêné et le regard qui n'ose toujours pas fixer les conducteurs.

Pouce encore

Cette sensation d'être sur la route, libre d'aller où je le souhaite et de décider est une expérience unique. Lever son pouce est super gênant au début. Ça m'arrive même parfois de le retirer. La première sensation est la plus forte et il faut vite essayer de la mettre de côté. Tout est là pour placer en avant notre ego, nos peurs face aux regards des autres. Mais qu'est-ce que je fais sur cette route ? Ils me regardent et ils ne s'arrêtent même pas ? Je fais quoi sur cette route perdue au milieu de nulle part ? On se sent vite ridicule quand on ne contrôle pas ce qu'on fait ou que c'est tout nouveau. Mes débuts en stop ne m'ont pas aidée à vouloir continuer... Je marche longtemps. Je transpire comme jamais. Pour une première expérience, c'est hyperdécourageant... Je tombe sur une première voiture pas très aimable, moi qui m'attendais à tout le contraire. On me dépose ensuite sur une intersection au milieu de nulle part, pour trouver une autre voiture. Après trente minutes d'attente, une autre voiture arrive. Une camionnette de voyage avec deux Néo-Zélandais. Je monte, déçue de ma première expérience... Je comprends vite que face au premier obstacle et à la plus petite difficulté, je suis tout de suite déçue et souhaite faire marche arrière. C'est souvent comme ça dans la vie quand on attend quelque chose de spécial ou d'excitant. On espère tellement qu'on s'attache à l'espoir d'avoir ce qu'on souhaite. On est forcément déçu s'il ne se passe pas exactement ce qu'on attend. Comme la réalité n'est jamais tout à fait celle qu'on imagine, la déception ou l'envie ne fait que grandir... C'est précisément ce que je suis en train de vivre : les deux premiers stops étaient durs et pas évidents physiquement et psychologiquement, et j'espérais tout le contraire.

Il s'agit de mettre en application ce que je souhaite. Je comprends doucement que demain je vais remettre mon pouce et continuer de voyager comme ça, mais avec une autre manière de voir. L'adrénaline prend vite le dessus, l'excitation et le détachement sont plus que présents. Le regard des autres automobilistes me fait marrer au lieu de me gêner. Il suffit de changer la manière de voir les choses et l'expérience est mille fois mieux gérée !

Le lendemain, me revoilà sur la route avec mon gros sac mais cette fois je n'attends rien, je n'espère rien, si je dois marcher quatre heures je marcherai. C'est le but. Cinq minutes après avoir mis mon pouce, une voiture s'arrête. Génial, je saute dans le coffre direction le Sud. Il faut savoir aussi que toutes ces décisions ne sont pas prises à la va-vite comme ça. Je ne me suis jamais sentie aussi proche de mon corps et de mes ressentis depuis que je décide de voyager « en pouce ».

Au boulot !

Je commence à travailler dans différents woofing pour être hébergée gratuitement. Les boulots qu'on me propose depuis mon arrivée me correspondent bien. Ça risque d'être drôle et je me sens prête.

Seulement une semaine que je suis arrivée en Nouvelle-Zélande et déjà je prends conscience de beaucoup de choses. Comme l'importance des peurs et de ne pas contrôler ce qui m'entoure ou même les caprices que je peux m'imposer !

Plusieurs choses ressortent de ces expériences de jobs. Ma peur de me tromper alors que toutes les décisions reposent sur moi, qui ne suis pas toujours à l'écoute des autres.

Des plantes, des plages et des planches de surf

Pendant tous ces boulots-là, je suis littéralement coupée de tout réseau. Pas d'informatique ! Quel bonheur ! Je me sens si heureuse et si paisible, c'est dingue ce bonheur face au détachement de ce qui au final nous handicape le plus. Je me pose zéro question sur comment gérer ma page Facebook, mon blog, comment faire ma vidéo correctement ou non. Aucune de ces pensées ne me traverse l'esprit. Mais paradoxalement, des interrogations d'un autre ordre m'arrivent à l'esprit. Comment être heureux, en toute sincérité, sans être dans le superficiel ou dans d'autres dérives ? **Où se trouve le bonheur, l'ultime, le vrai, le profond, le pur, le sincère ? Comment trouver l'équilibre parfait entre sa vie et celle des autres ? son boulot et sa liberté ?** Voilà tout ce à quoi le désherbage (au sens propre du terme, cette fois-ci) me fait penser.

Mettre les mains dans la terre, cultiver les patates, redresser les plants de tomates... Je ne pensais pas que toutes ces heures seule dans les potagers m'auraient fait autant réfléchir sur ma manière de voir la vie et d'analyser les choses. En une semaine de jardinage, je suis passée par toutes les émotions. Je ne savais pas qu'à travers la terre, les racines et les mauvaises herbes, je ressentirais autant de sensations différentes. Comme quoi nous ne sommes pas si éloignés de la nature.

Un vrai festival

Après ces différents boulots dans le nord de l'île, je me dirige de plus en plus vers le sud. Sur mon chemin, on me parle d'un festival de musique, l'un des plus gros de Nouvelle-Zélande. Je n'ai pas du tout envie d'aller à un festival, mais je me dis que ça peut être une expérience d'y aller seule. C'est sur mon chemin, j'ai tout pour manger et dormir avec moi. Il ne me manque plus que le culot d'y aller toute seule. Je me motive à faire du stop pour y accéder.

On me dépose sur une route à vingt minutes à pied. Arrivée devant le grand festival, il y a des vans et des voitures partout. Que des groupes d'amis... ou du moins en apparence. Je suis l'une des seules à arriver à pied pour prendre mon ticket. J'ai de la chance d'avoir un ticket vraiment pas cher puisque je n'ai pas de place de parking à prendre en plus. Je commence à m'installer. Pas de chance... Je me rends compte, après avoir tout mis en place, que les toilettes sèches vont être mises juste à côté. L'angoisse ! Je dois tout défaire et replanter ma tente ailleurs alors que le festival commence. « *Allez Marine, dernier coup de motivation et replantage de piquets !* » Ça me fera de l'entraînement.

Je me sens vraiment libre, c'est fou comme expérience. Rien, personne, pas de potes à attendre ou autres. Que des gens à découvrir et rencontrer. Au début, c'est quand même très étrange. Je m'avance dans le festival et je découvre le tout avec un œil d'enfant. Il est à côté de la mer, presque sur l'eau... L'ambiance est bon enfant entre tout le monde. Je rencontre de superbes personnes. Je ne reste qu'une seule nuit, mais ça commence déjà à me plaire. Je passe une soirée fantastique sans dépenser un dollar, car je suis si heureuse que je n'ai même pas besoin de boire et de m'enivrer. Je suis ravie de réaliser cette expérience qui, je pense, m'aurait effrayée ou pas attirée il y a quelques mois de ça...

Soi pour seul compagnon

Je continue mon chemin vers le sud le lendemain matin. C'est étrange comme notre corps s'habitue à tout ce qu'on lui demande de faire tant que l'on est à son écoute. On s'arrête quand il est fatigué, on le motive quand il en a besoin. On le considère, tout simplement. J'étais si loin de cette écoute à Paris et je découvre sa communication à 22 ans, à l'autre bout du monde. Entre deux auto-stops, je m'allonge dans l'herbe la tête levée vers le ciel. Il y a du vent, les fougères se balancent de droite à gauche. J'entends et ressens le vent sur mon visage, comme pour m'encourager à arriver jusqu'à destination. Les abeilles bourdonnent et butinent tout autour de moi, c'est agréable et rien ne peut m'enlever ce bonheur pur après des kilomètres et des kilomètres de marche.

La solitude est quelque chose qui se découvre chaque jour d'une manière différente. Le début est source d'interrogations, on a peur d'être réellement seul. On est à la recherche de quelqu'un, d'un regard pour parler ou échanger. ***Et au fur et à mesure, notre corps nous apprend à vivre mieux en étant uniquement avec nous-même.***

Vous devez commencer à le comprendre, je suis le genre de personne à parler et à chercher à attraper un sourire pour pouvoir discuter et surtout bien rigoler, mais cette fois sur la route, sous ma tente, je n'avais que ma vieille carcasse et mon sac à dos comme compagnons. La solitude nous permet de rencontrer davantage de personnes. On paraît beaucoup plus accessible. Mais on a toujours une certaine méfiance vis-à-vis de l'autre et plus confiance en nous quand on est accompagné. Lorsque l'on est seul, on est davantage dans l'observation et moins dans l'action pure et simple. Ça nous renforce et permet alors de mieux nous entourer et de nous faire épauler. Aujourd'hui, je me rends aussi compte à quel point nous ne sommes rien à côté de la nature. Je me sens comme une petite fourmi. J'essaie chaque jour d'être plus à l'écoute et de regarder davantage autour de moi, sans penser à photographier ou même à faire partager ce que je vis aux autres. La nature nous envoie une énergie unique, authentique, sans ingrédient chimique, mais nous oublions trop vite son importance et sa force. C'est une vraie thérapie.

Quant à ma petite sclérose, j'y pense de moins en moins. J'ai toujours des pensées en m'endormant, en lui demandant de ne pas me lâcher. Mais la chose la plus intéressante est que j'arrive à m'écouter, à ressentir et à percevoir, à comprendre ce que j'ai besoin de faire. Je m'écoute vraiment et lorsqu'on s'écoute il ne faut pas avoir un bac plus 10 pour comprendre et voir directement l'impact physique et psychologique que ça peut avoir. Je marche beaucoup chaque jour entre mes auto-stops ou même pour arriver au campement ou faire les marches qui sont autour de chaque campement. Je ressens des sensations si fortes sur certaines parties de mon corps, des courbatures à des endroits que je n'aurais jamais imaginés avant. **Mais j'essaie de comprendre et de faire la différence entre un corps qui s'exprime et une sclérose qui explose.** C'est drôle, car j'ai toujours ma pochette de survie avec mon petit ruban rouge dessus, que mon neurologue m'a donnée en cas de poussée. Je n'ai jamais fait aussi attention à une pochette dans un sac. Est-elle écrasée ? Où se trouve-t-elle ? Je fais mes marches avec, je vérifie dès que je peux que j'ai toujours cette potion magique. Au fur et à mesure, je me rends compte que j'y pense de moins en moins. Comme si cette pochette me rappelait ma maladie, mais que mon cerveau, lui, l'oubliait au fur et à mesure. Je suis certaine que chaque jour sera un pas supplémentaire pour cette colocation.

*Je me souviens d'une femme rencontrée quand j'étais jeune qui me disait : « **Marine, ouvre ton cœur et écoute-le...** » Je ne comprenais pas bien du haut de mon 1,20 mètre. À vrai dire, je n'avais jamais vraiment compris ce qu'elle entendait par cette phrase et je pensais plus à des discours un peu perchés, même si j'étais captivée. C'est comme si on te disait « fais ceci, fais cela », mais que tu ne savais toujours pas où se trouve la clef. Comment aller du point A au point B sans GPS, mais avec une carte et une boussole dont tu ne sais pas te servir, car tu suivais toujours ce fameux GPS qui réfléchissait pour toi. C'est un peu ça, cette phrase... Ouvre ton cœur et écoute-le... ? C'est vrai que d'écouter son cœur, c'est comme déchiffrer une carte écrite en chinois ! C'est simple* à dire, mais si difficile à faire. Cependant, je suis certaine que ça restera la clef du bonheur. Je suis loin de mettre ce principe en application, loin de le comprendre et de le percevoir. Je suis de plus en plus certaine que c'est en faisant ça qu'on y arrivera. Il y a tellement de choses qu'on oublie ou qu'on n'ose pas faire, uniquement par peur. Je repense à cette phrase, car depuis qu'elle me l'a dite, elle me trotte dans la tête sans que je comprenne vraiment ce qu'elle signifie. Or pour la première fois, j'ai le sentiment que j'ai écouté une minipartie de mon cœur en m'envolant pour la Nouvelle-Zélande. Je suis en train de faire du stop, et pour la première fois au bord de la route, je sais que je suis sur le bon chemin. Étrange, car j'ignore ce qui m'attend au bout et le trajet n'est en rien sûr, mais mon cœur lui l'est.

Pas si seule

Après avoir fait 2 825 kilomètres, j'embarque sur le bateau avec Albane. Une rencontre plus qu'improbable sur l'île du Nord. Vous vous souvenez de mon stage chez Euronews, juste avant de partir pour mon projet ? Eh bien ma boss Albane a décidé aussi d'arrêter son boulot après que je suis partie, et de faire une pause en Nouvelle-Zélande avant de rentrer sur Paris pour trouver un autre poste. Je l'ai appris bien après. Quel paradoxe de la croiser ici, par le plus grand des hasards en plus. Partager ma tente avec mon ancienne directrice de stage, je n'aurais jamais pu l'imaginer au 44, avenue des Champs-Élysées ! Cette fois, ce ne sont plus des sourires coincés et des dialogues réfléchis et serrés du cul (oups !), mais des fous rires à la voir mal à l'aise sous la tente. On va dire que les rôles sont un peu inversés. Nous discutons et je l'embarque dans quelques auto-stops ! Elle rentre bientôt sur Paris, son retour est déjà réservé. C'est marrant de voir une personne avec laquelle on a travaillé dans un contexte complètement différent. **On se rend vite compte que chaque personne est exceptionnelle et que l'environnement qui l'entoure ne reflète en rien sa personnalité.**

Nous voilà par le plus grand des hasards en Nouvelle-Zélande à nous préparer pour embarquer sur l'île du Sud...

« Vogue à l'âme »

J'embarque sur cet énorme paquebot. Avec mon regard d'enfant, impressionnée pour un rien, je monte et m'installe sur le toit. À cet instant, je ne comprends pas ce qu'il m'arrive, mais une émotion très forte commence à monter. Je repense à tous les échanges et les rencontres depuis le début du voyage, la cinquantaine de voitures prises, les campements plus féeriques les uns que les autres, mes débuts de camping un peu folklo ! Et mon bonheur maintenant de dormir en tente. Tous mes souvenirs s'entrechoquent et me serrent la gorge. J'essaie de me calmer, je ne suis même pas encore installée ! **J'ai trouvé la force de ne pas suivre les rencontres et les propositions, mais de ne rester qu'avec moi-même.** Je retrace dans ma mémoire tous les moments où j'ai eu des propositions pour me greffer dans un van et faire la suite du trip avec d'autres voyageurs. Continuer le voyage seule en n'ayant jamais fait cela auparavant, oui c'est possible. Évidemment, il est beaucoup plus pratique d'avoir un coffre, un frigo, une voiture, à la place de ses jambes et de ces kilos sur le dos. Vous avez déjà, je pense, tous vécu ce moment où tous vos souvenirs arrivent et l'émotion est trop grande pour tout contenir ; au final, pourquoi contenir quand ça doit sortir ? Pourquoi contenir quand ça doit exploser et pourquoi forcer notre cœur à garder des émotions faites pour arroser l'émotion des autres aussi ?

Le bateau si gros, si majestueux, s'éloigne doucement de la côte néo-zélandaise. J'ai l'impression de laisser un peu de moi de l'autre côté, comme si une partie de mes peurs restaient avec mes sardines oubliées sur les différents campements. Je me sens plus légère.

Naissance de Rosy

Soudain je me mets à penser à ma sclérose. Je suis en train d'écrire un article pour informer que je passe sur l'île du Sud, mais je ne peux plus voir ce mot sclérose. **Je ne voyage pas uniquement pour ça, mais pour être déjà bien avec moi-même et ça, on en a tous besoin, malade ou non.** Je commence aussi à trouver ce mot sclérose en plaques extrêmement lourd et laid et pas stimulant ; comme si ce mot immonde ne voulait pas me lâcher. Soudain je me dis : « *Mais pourquoi ne pas donner un petit nom à ma sclérose ? Pourquoi voyager avec une maladie ?* » Ça commence à me soûler vraiment d'avoir ce truc immonde comme compagnon de voyage. Je me dirige vers Albane comme si j'avais une super annonce à lui faire ! C'est une nouvelle de dingue pour moi, de vouloir rebaptiser ma maladie. Je ne sais pas encore comment. J'arrive accoudée sur la rambarde avec au loin les côtes néo-zélandaises qui commencent à disparaître au fur et à mesure. Je regarde Albane et je lui demande : « *À quoi te fait penser sclérose ?* » Elle me répond : « *Je n'en sais rien... à quelque chose de pas ouf en tout cas...* » Je lui répète : « *Sclérose en plaques sclérose en plaques* » plusieurs fois... Je lui dis que je souhaite lui trouver un petit nom mignon. Elle rigole, et se répète « sclérose » plusieurs fois à voix haute. On se regarde, elle me dit d'un regard hésitant « rose » et enchaîne avec d'autres petits prénoms. **Je lui réponds « ROSY » et c'est parti.** J'ai ma nouvelle copine à mes côtés pour voyager. C'est si émouvant, les larmes montent, le cœur explose de joie. Je suis sur le ponton, j'ai nommé ma maladie Rosy et je sens que c'est le début d'une longue aventure. **Ce petit mot de quatre lettres est synonyme d'amour et de paix, a contrario de sclérose.** Avec ce simple petit mot posé dessus... L'émotion est énorme. J'essaie de me contrôler, mais en apercevant l'île du Sud, je ne peux plus contenir mes larmes. Je suis tellement émue et je pense que je n'ai jamais ressenti cette sensation auparavant. Le soleil est au zénith... je ne trouve pas les mots pour décrire les couleurs et les magnifiques côtes sauvages.

Je repense à toutes ces personnes ayant des Rosy aussi et qui m'ont contactée depuis le début de mon voyage. Toutes nos Rosy ont peur d'aimer la vie. Ce que je comprends. C'est étrange, mais j'ai l'impression d'avoir découvert la clé en appelant ma sclérose Rosy. C'est juste un mot sur quelque chose, j'en ai conscience, mais ce mot change tout à mes yeux. Ce mot me fait réaliser en quelques minutes à quel point il est puissant. L'émotion de pouvoir avancer sans un boulet au pied est une délivrance. J'ai envie de le crier, mais surtout j'ai envie de prendre chaque personne m'ayant aidée et de lui dire dans l'oreille : « *Ne vous inquiétez pas, notre Rosy est arrivée, on va s'en sortir. Ça va aller !* »

Je repense à toutes ces personnes qui m'ont aidée à concrétiser mon voyage, qui m'ont permis d'être ici et qui elles aussi ont une Rosy dans leur vie ! Merci, mais je vous promets que vous allez marcher avec moi !!! Cette fleur imagée dans mon cerveau m'aide terriblement. **Avoir une jolie rose à la place d'une sclérose, c'est tellement la classe !** J'ai commencé par jardiner en Nouvelle-Zélande, j'ai ensuite trouvé des boulots uniquement dans les potagers depuis mon arrivée et là je rebaptise cet intrus du nom de cette fleur si gracieuse et piquante à la fois. **Les épines sont là pour te rappeler à l'ordre et te dire de ne pas oublier de désherber, sinon elle risque de faner. Surtout ne pas oublier que la finalité des épines reste de protéger la fleur magnifique, donc ne pas oublier le chemin pour accéder à la beauté du monde.** À moi de commencer à faire fructifier les conseils des premiers fermiers rencontrés pour arroser, couper, retirer, semer et récolter. Une fleur dans ma vie, et tout devient tout de suite beaucoup plus agréable et complètement en corrélation avec la plantation.

On dirait le Sud

Le bateau arrive à quai et je descends en regardant une dernière fois derrière moi ; quelques épines sont tombées dans le Nord, à moi d'éviter celles du Sud !!! Continuer d'écouter mon corps et suivre mon cœur : pour cela une marche de 80 kilomètres m'attend demain. Une abeille vient d'arriver pour me rappeler que le paysage est plus joli que mon papier ! Ce soir-là, je vois le plus beau coucher de soleil de ma vie, au bord de l'eau avec ma tente et mon sac à dos. **Je suis sur les galets mon regard se perd sur la mer... « Tout est possible » ; je ne sais pas pourquoi je pense à ça, mais cette immensité est aussi grande que ce que notre corps peut réaliser. On est dans une boîte de création infinie intérieure.**

La marche Abel Tasman

Ce qui m'attend est physique. Cinq jours en autosuffisance. Une grande première pour moi qui n'ai jamais campé en France ! J'ai décidé de faire la marche la plus longue avec une boucle par le nord qui rajoute 20 kilomètres. Je commence par le nord et je redescends... bonne idée pour croiser le moins de monde possible, cependant on débute par des montées assez difficiles à faire avec un sac à dos bien rempli ! Pourtant, je l'ai complètement vidé en laissant quelques affaires dans un petit magasin au départ de la marche et je les récupérerai au retour. Je n'ai donc que ma tente, très peu d'habits et du ravitaillement à base de barres de céréales, soupes de tomate et boîtes de thon. On se met en marche avec Albane.

Je rêve, m'émerveille et voyage davantage à chaque pas qui foule le sol. Cette verdure et tous ces bleus si différents me font retomber en enfance… J'ai 4 ans et je découvre pour la première fois les couleurs… complètement ébahie par tout ce que je vois et ce que je contemple dans le calme et la sérénité. Je manque de trébucher tout le long de la marche tellement mes sens sont en ébullition. Le calme. Le silence. Je suis loin de tout ce qui peut me faire peur ou m'inquiéter ! Je ne suis qu'avec moi-même et la nature est mon premier soutien. C'est long avec un sac à dos de 18 kilos…

Deuxième jour de marche. Toujours aussi rude. Je crie et insulte cette foutue rose ! Elle en prend pour son grade, vous ne pouvez pas imaginer. À peine baptisée, elle se fait insulter ! À chaque pied devant l'autre, je ressens de plus en plus mon corps ; mes mollets, mes muscles, mon dos et mes jambes.

Une pause, je suis allongée sur une plage paradisiaque, le bruit des vagues comme berceuse, la couleur turquoise de l'eau et les arbres au vert éclatant comme peinture. Sans compter les quelques oiseaux qui survolent cette mer incroyable ! Je ne pense à rien, j'ai la tête vide pour une fois. La plage est déserte avec ses grains de sable d'une multitude de couleurs différentes ! Il y a des gros troncs d'arbres échoués un peu partout sur le sable. Ce qui prouve bien que cette côte est sauvage. Je ne pensais pas réussir à passer cinq jours en autosuffisance comme ça. Enfin, je parle trop vite. « *Calme-toi Marine, tu n'es qu'au deuxième jour.* » Je m'enflamme grave ! Quand je marche, je crie, je hurle, je vide ma haine, ma peur, mes angoisses, et mes jambes avancent de plus en plus vite... C'est une manière forte et naturelle de vider son stress ! Quand les côtes me rappellent mes muscles douloureux, je sens monter en moi la peur de ne plus ressentir un jour cette douleur au final si importante et stimulante. **Je crie pour me rappeler que ma SEP n'arrêtera pas cette sensation de marche et d'écoute de soi et que je continuerai le combat.** Elle ne m'ôtera pas ces ressentis qui permettent de vivre et d'avancer ! Parfois ça brûle, ça pique, ça fait mal, mais ça reste des sensations que je souhaite toujours avoir...

Les heures s'enchaînent. Je ne sais plus quel jour nous sommes, plus de batterie sur aucun de mes appareils ! Aujourd'hui c'est une courte marche, mais je suis bien trop fatiguée pour continuer. Je me couche sur une autre planète avec le sentiment que tout le chemin que je parcours doit être fait et toutes les rencontres aussi. J'étais près du feu hier soir pour me réchauffer avant d'aller me coucher, car le soir il fait sacrément froid. Un jeune homme, d'où vient-il ? Je n'en sais rien. Il arrive pieds nus de nulle part et s'installe avec nous. Il commence une tirade sur le corps et l'impact qu'il a sur chacun d'entre nous. Comment se fait-il que je le rencontre comme ça deux minutes avant d'aller me coucher près d'un feu et qu'il débarque ainsi pour discourir sur le lien si étroit que nous avons avec nos pensées et notre corps ? Un messager ? Comme s'il fallait que je le rencontre, que je l'écoute, que j'échange avec lui. Il m'a dit des choses si fortes sur moi et ma personnalité. Il m'a fait comprendre que je cours à la recherche d'un positivisme constant, que l'équilibre parfait n'existe pas et reste donc impossible à atteindre.

Il me dit que c'est la beauté de la vie, que je dois ouvrir mon cerveau et mon esprit et que tout ira mieux. Merci pour l'invitation inconnu ! Encore cette question d'ouverture que je ne comprends pas bien. Je suis toute chamboulée par son discours. C'est une conversation très puissante, mes mots n'auront pas assez d'impacts pour expliquer réellement tout ce qu'il a voulu me laisser comme message. Je dis donc : « *Écoute, on peut se retrouver demain pour parler et faire une interview sur ta vision de la maladie ?* » Il me répond : « *Oui mais tôt, car je pars de bonne heure.* » Je vais me coucher très tourmentée et intriguée par cette conversation passionnante et toute nouvelle pour moi.

Le lendemain, je me réveille et me rends compte qu'il n'est plus là. Finalement, il apparaît au loin près de la plage. Super heureuse, je le rejoins, j'arrive auprès de lui pour qu'on puisse s'installer près de l'eau confortablement sur le sable et qu'il réponde à mes questions. C'est magnifique, le ciel est rose, les oiseaux chantent. C'est cucul, mais c'est exactement ça. L'eau est turquoise, le bruit des vagues retentit entre deux questions. L'interview de cet homme face à la puissance de notre corps dans notre vie m'a cloué le bec, je sens qu'il veut me faire passer un message, mais lequel ? Je l'écoute comme une élève bien sage avec son maître. On se quitte. Il doit partir. Je reste assise sur cette plage, troublée face au soleil qui se lève.

Dernier jour, mes jambes marchent toutes seules, l'une passant devant l'autre sans réfléchir. J'avance et je ne parle pas. Je sais qu'il me reste cinq heures de marche devant moi et que tout se passe dans ma tête actuellement. Trente-cinq degrés, heureusement le sac est plus léger sans la nourriture ! Je n'attends qu'une seule chose : apercevoir au loin Motueka, la ville où je dois arriver et où j'ai laissé toutes mes affaires avant de partir. Quand nous attendons de voir quelque chose ou un signal pour nous indiquer combien de temps il nous reste, c'est toujours l'inverse qui arrive, aucune nouvelle et rien en vue ! **Il ne faut pas se mettre de limite et ainsi ne rien espérer et être agréablement surpris par ce que la vie nous offre.** Moi qui râle à Paris lorsque je dois sortir acheter une baguette de pain en face de chez moi, je ne pensais jamais réussir à faire 80 kilomètres en autosuffisance, sans gîte à l'arrivée avec eau et nourriture. Rien à part vous et votre sac à dos ! Comme quoi tout est possible dans la vie !

Perdue dans mes pensées, j'aperçois au loin un pont qui traverse la mer pour déboucher sur une route. J'y suis presque, il me reste une heure, j'ai le sourire jusqu'aux oreilles. Je ne sens plus mon sac, l'émotion commence à monter... D'un pas décidé, avec un cœur qui bat à 100 kilomètres à l'heure, je pose mon premier pied sur le pont pour arriver au béton. Gagné ! Je n'en reviens pas, j'ai réussi à finir cette marche sans que Rosy ne se manifeste. D'un côté, je l'ai beaucoup arrosée... Ma transpi a bien coulé. J'ai les mollets et tout le reste du corps qui se contractent. Je remonte mon sac, déterminée à franchir la ligne d'arrivée ! Le pas s'accélère, je ne sais pas comment, n'ayant plus vraiment la force physique, mais la force mentale a pris le relais. **Objectif droit devant, l'esprit est à fond derrière le corps et à ce moment-là tout s'inverse ! Le corps est porté par les pensées !** « *C'est bon putain !* » Mes jambes courent, mes yeux, eux, pleurent, mais ce sont des larmes de joie. Quelle fierté d'avoir terminé ! Je me retourne et regarde Albane tellement fière de nous. On se saute dans les bras en pleurs, on se porte mutuellement ! On a réussi !

Je trace ma route

Avec mes mollets écrasés par la fatigue, je me dirige vers le petit magasin pour retrouver toutes mes affaires laissées dans un sac-poubelle au départ. Le retour est épuisant psychologiquement, car si je suis heureuse d'être arrivée je dois reprendre la route et remettre sur mon dos les kilos du début du voyage ! Je m'étais habituée durant ces cinq jours à avoir un sac plus léger. Je m'arrête dans la première auberge trouvée, de la ville la plus proche pour pouvoir passer la nuit et me reposer afin d'attaquer la prochaine journée d'auto-stop comme il faut ! Je ressens tellement de choses dans mon corps. J'ai l'impression que le dialogue entre lui et moi s'est établi pendant ces cinq jours de marche. Je mesure ce dont il a besoin et ce que je dois faire pour le mettre d'aplomb ! Je l'ai aussi beaucoup remercié de ne pas m'avoir lâchée durant cette marche. Ce sont les débuts d'une vraie communication. Rosy a beaucoup transpiré et je pense que de transformer l'image d'une maladie en une fleur que nous pouvons aimer et entretenir lui a donné envie de me laisser tranquille !

Nouvelle séparation... cette fois c'est avec Albane. Après de belles aventures partagées toutes les deux, nos chemins se séparent. Sur la route, on échange un bisou et un gros câlin pour se donner des forces mutuellement ! Merci Albane d'avoir été là et cru en moi. Me voilà en tête à tête avec Rosy.

Chinese backpack

Heureuse de pouvoir prendre une douche après cinq jours à me laver dans la mer. Le sel commence à me gratter... lorsque j'arrive à l'auberge, je ne suis vraiment pas présentable. Les dreads ont remplacé mes cheveux, ce à quoi s'ajoute une fatigue lisible rien que sur mon visage. À peine ai-je posé le premier pied que je rencontre une Chinoise, très souriante. Je m'attendais à tout sauf à une personne ayant envie de me parler vu la tronche que je tirais. Mais là, cette jeune fille arrive, me prend mon sac à dos et m'indique ma chambre. Rien que son sourire me réchauffe le cœur. Il ne faut pas grand-chose pour donner du bonheur à quelqu'un. Je m'écroule sur mon lit et deux heures plus tard, lorsque je me réveille, elle m'a cuisiné un petit plat avec une étiquette « pour Marine ». À ce moment-là, j'ai envie de pleurer sans vraiment savoir pourquoi, un mélange de fatigue, de joie, d'étonnement, mais surtout aussi de beaucoup d'émotions dues à la marche qui s'expriment. C'est vrai que j'ai besoin de me poser un petit peu. J'ai le cœur à vif, ouvert à 360 degrés et je m'imprègne de tout ce qui m'entoure. Me retrouver à nouveau toute seule est aussi dur à gérer. Un besoin d'amour, d'affection, de câlins saupoudré d'une grande fatigue, ce n'est pas un bon mélange... Le sourire et la bienveillance de cette jeune Chinoise resteront à jamais dans mon cœur. Je mange ses petits légumes et son poulet à la crème super bien cuisinés et je retourne faire une petite sieste.

Les rencontres qui sont sur nos chemins ne sont pas un hasard, chacune d'elles est une source de bonheur et d'échange intense. Je comprends combien je pouvais être dans une bulle avant. Moi qui me pensais ouverte d'esprit, sociable et à l'écoute des autres... Au final, pas du tout. J'étais ouverte pour moi mais par rapport à qui, à quoi ? Je me rends compte que l'ouverture aux autres est pure quand elle est dénuée de vices et de jugement. Elle est pure quand elle accepte l'autre totalement tel qu'il est. Eh bien oui, j'étais loin de ça et j'ai encore beaucoup à apprendre des autres sur mon chemin.

Le soir en me réveillant, je m'installe sur la table de la cuisine avec ma carte et mon crayon à papier pour continuer de tracer mon trajet et m'organiser afin de savoir de quel côté je vais partir dès le lendemain. À ce moment-là, une fille s'approche et s'installe à côté de moi pour discuter. Au fur et à mesure, elle me dit que c'est son anniversaire et m'invite au resto avec deux de ses copines. Pour résumer, je suis à peine arrivée dans l'auberge qu'une Chinoise me fait mon déjeuner et le soir je suis invitée à un anniversaire. Cette pause riche en rencontres et en émotion m'a remplie d'une très grande force qui va m'aider à me lancer dans 200 kilomètres d'auto-stop pour atterrir à Kaikoura ! Rosy commence à comprendre qu'elle ne sera plus maîtresse de ma vie mais qu'elle va devoir apprendre à vivre à deux !

Les joies de l'auto-stop

Après un gros petit déjeuner, je pars pour quarante-cinq minutes de marche avant d'arriver au meilleur endroit pour faire de l'auto-stop. Au final, un truck s'arrête et me rapproche du point d'intersection. Ensuite un deuxième énorme camion qui transporte des voitures neuves s'arrête. Je suis étonnée, car il y a déjà deux passagers à l'avant ! Ils me proposent de monter dans l'une des voitures sur la remorque. C'est exactement ce que je fais. Je suis dans une voiture neuve à l'arrière avec mon sac à dos ! J'admire les paysages dans une voiture à l'arrêt mais qui avance. Plutôt original. Je traverse toute la côte ouest dans des voitures plus étranges les unes que les autres ; des camions, des trucks, des coffres, des charrettes, des tracteurs, avec des hommes, des femmes, des jeunes, des sourires, des discussions, des conseils, des propositions d'hébergement par temps pluvieux, et même des lourdingues (sans gravité, heureusement), ou plutôt un plus exactement...

Loin des yeux, près du cœur...

Arrivée près de Christchurch, je partage la route avec une sangsue qui ne pense qu'à me peloter. Je ne sais comment m'en débarrasser. Je serre les dents me persuadant qu'il ne me touchera pas. Il est 13 heures, je suis plongée dans mes stratagèmes pour m'extirper de cette voiture. Il est 1 heure du matin en France, mon portable sonne... Je le sors de ma poche, intriguée. Mon père ? Pourquoi m'appelle-t-il si tard ? Je ne le sens pas... je réponds un peu sceptique : « *Allô papa, ça va... ? – Oui Marine ça va... Je t'appelle pour te dire que...* » Je le coupe : « *Papa quoi ? Dis-moi !* » La peur parle à ma place. Silence... il reprend : « *J'ai une bonne nouvelle à te dire, Dady a rejoint les étoiles ! – Pardon... ?* » Je ne dis plus rien, mon souffle s'arrête et mes jambes se mettent à trembler... Tellement dur, tellement violent. Je ne sens plus mon cœur... Je lui pose la question : « *Haha c'est une blague, papa ?* » Je n'y crois pas. Je ne veux pas y croire. Je sens dans sa voix son émotion. C'est sérieux, mais j'espère me réveiller. « *Dady ? Plus ici ?* » Je comprends en quelques secondes qu'il dit vrai. Je n'arrive plus à parler, mes mains compressent le téléphone que j'ai envie d'exploser par la fenêtre ! Si seule, et loin de ma famille, de mes proches ! C'est horrible comme sensation, j'ai envie de tout exploser et de hurler à la fois. Je veux vite sortir de ce camion de l'angoisse et ne plus être à côté de cet inconnu répugnant qui partage malgré moi cette intimité. Pourquoi maintenant ? Pourquoi là ? À vrai dire, je pense qu'on n'est jamais satisfait du moment ! Mais comment gérer la mort à des millions de kilomètres ? Et comment se dire qu'il a rejoint les étoiles... je n'ai pas eu le temps de lui parler, d'échanger mes dernières pensées avec lui. Rien, juste un coup de téléphone à l'autre bout du monde. En une seconde, un ouragan de souvenirs se heurte à mon esprit. Je suis loin d'être prête. Comment gérer la mort d'un proche, qui plus est d'aussi loin. J'avais besoin de lui dire tout ce dont j'avais besoin. Mon père est si paniqué en me l'annonçant. Super maladroit, ne sachant vraiment pas comment me le dire, conscient de mon attachement... Mon grand-père vient à peine de mourir et mon père m'appelle directement ; il est tard en France et il n'a pas encore eu le temps de prévenir toute la famille. Je suis la première des petits-enfants. Surtout, comment l'annoncer à sa fille seule à l'autre bout du monde... il doit avoir peur de me faire trop de mal !

C'est incroyable l'impact physique que ce genre d'annonce peut avoir... souffle coupé, impossible de parler, le ventre noué, la gorge desséchée. Je saute de la voiture de cet homme oppressant et m'enfuis en courant... Je n'avais en aucun cas envie de lui parler ou qu'il essaie de me consoler ! Je voulais être seule, mais surtout ne pas m'arrêter de courir. J'attrape mon sac à dos à l'arrière du camion à moitié ouvert. J'ai fait tomber deux trois trucs sur le chemin. Aucune envie de faire demi-tour pour les ramasser. Je cours, sans m'arrêter, sans savoir où je vais... Je ne veux pas m'arrêter et me retrouver seule à pleurer sur le bas-côté de la route. J'ai bien dû courir une heure avec mon sac sur le dos. Je repassais en boucle les deux phrases de mon père, j'avais de la haine envers lui de me l'avoir annoncé comme ça, j'avais de la haine envers tout ce qui m'entourait, même mon Dady ! « *Pourquoi es-tu parti aussi vite ?* » De toutes les manières je hurle, je crie, j'insulte Rosy d'être dans ma vie et de m'avoir poussée à venir ici ! Mon portable n'a plus de batterie et la pluie se mêle aux gouttes sur mon visage. Je cours, je sais que je ne suis pas loin de Christchurch, l'une des plus grosses villes de Nouvelle-Zélande.

... Près des yeux, loin du cœur

Arrivée à Christchurch, je prends le premier backpack que je trouve sur ma route. Je rentre trempée des yeux aux orteils, épuisée. J'ai de la chance d'avoir une chambre tout de suite, c'est souvent complet ici ! J'ai un lit de disponible dans un dortoir de dix... plus intime, ce n'est pas possible ! Je sens que je risque de pleurer toute la nuit. Être dans un backpack plein à craquer avec cinq lits superposés complets n'est pas l'idéal pour s'isoler et vivre sa peine en tête-à-tête avec soi-même !

J'ai en arrivant un besoin de câlins et d'amour immense. Je saute dans les bras de la première fille que je croise en laissant mon sac à dos sur mon lit, comme si je la connaissais depuis mille ans. Je ne sais pas ce qu'il se passe, mais j'ai tellement besoin de serrer fort quelqu'un – et non plus seulement mon sac – dans mes bras ! J'ai besoin d'amour, mais surtout d'être proche de quelqu'un... Entourée de couples ou de groupes de personnes, je ressens encore plus la sensation de solitude. Je la serre fort, la regarde en pleurs et lui dis merci. Elle reste choquée mais me rend à son tour un câlin, sans vraiment comprendre pourquoi elle fait ça. Je la remercie et pars dans la salle de bains pour essayer de me calmer et de vider tout ce que j'ai sur le cœur... Je passe ma nuit dans cette petite pièce au carrelage gelé à pleurer toutes les larmes que je peux et me souvenir de mon grand-père qui quelques mois avant fêtait Noël à mes côtés. Dans ces moments-là, c'est très frustrant de ne pouvoir parler à la personne avant qu'elle s'envole. Je ressens de la culpabilité, suis submergée de toutes sortes d'interrogations... Je n'arrive pas à y répondre et attends de pouvoir me calmer avant d'appeler et de parler à ma famille. En plus, quand mon père m'a appelée il était 1 heure du matin, donc je savais que j'avais toute la journée pour pleurer car en France tout le monde dormait et personne n'était encore au courant que Dady s'était envolé dans la nuit...

Surtout ne pas baisser les bras !

La mort comme la maladie font partie des choses qui peuvent nous transformer et nous faire devenir une tout autre personne. La phase d'acceptation prend le temps qu'il faut, mais elle est fondamentale pour retrouver son équilibre… Comment accepter ? C'est tellement facile à dire et si dur à faire. J'ai tant de haine envers ma sclérose… déjà qu'elle me fait sacrément chier et en plus elle m'empêche d'être près d'une personne qui a eu un rôle très important dans ma vie. En l'espace de vingt-quatre heures, je sens que je me transforme complètement. Je suis loin d'écouter ma Rosy et mon cœur ne fait qu'en vouloir à tout ce qui m'arrive.

Je parviens à joindre ma famille durant la nuit. Après de longues discussions, ils me conseillent tous de rester en Nouvelle-Zélande. La décision est difficile à prendre. Je me sens lâche de rester, mais d'un côté je pense, comme eux, que c'est nécessaire. C'est horrible d'être tiraillée entre être présente pour l'enterrement ou continuer à marcher pour ce que j'ai commencé à entreprendre ! C'est le chaos dans mon cerveau ! Mon copain me rassure en me disant qu'il sera à l'enterrement pour moi, bien que ne connaissant pas forcément toute ma famille.

Christchurch a subi un tremblement de terre en 2014 ; moi, je suis en train de vivre le mien. Je décide d'y rester plusieurs jours pour me détendre et reprendre des forces avant de continuer à descendre vers le Sud, entamer une traversée vers la côte ouest et arriver à Milford Sound. Je dois y réserver une chambre seule pour suivre en direct la messe d'enterrement de Dady. J'ai 350 kilomètres à faire en une journée pour arriver à temps. Après cette annonce à Christchurch, j'essaie de courir, de marcher pour tenter de me rapprocher de ma famille comme je peux, je fais une petite vidéo pour Dady, en espérant qu'il la regarde du ciel, et je rédige un petit message pour la messe. C'est un moyen pour moi de me sentir près de lui. Maintenant je me prépare à partir !

« Je te jure Dady que je vais me battre et continuer de marcher, mais va falloir que tu m'aides. Ça commence par cette traversée ! Je n'y arriverai pas sans toi. OK ? Tu vas me porter et m'aider à avancer ? Comment réagir face à ta mort ? Comment réussir à comprendre que tu es plus heureux dans les cieux qu'ici ? N'oublie pas que ta petite fille sera près de toi demain pour t'accompagner ! Maintenant bouge-toi et aide-moi à marcher pour nous deux ! Je t'aime. »

Toutes ces interrogations sont lourdes et sans réponse pour le moment... Ma petite sœur est d'une grande aide pour moi. Elle va lire mon discours et m'a énormément épaulée pour que je continue mon projet. Grâce à ma famille, une fois de plus, ce qui m'habite est une envie comme jamais de prendre mon sac à dos pour marcher, réussir à gravir ces volcans pour mon grand-père, mais surtout pour montrer à Rosy qu'elle n'est pas près de s'arrêter de transpirer.

Cette nouvelle décuple mes forces. Je pense que je pourrais marcher des jours sans m'arrêter. Cela me fait passer par tous les états émotionnels et me rappelle à quel point Rosy peut aussi se manifester si je reste comme bloquée en mode « colère » ou « tristesse »... Voilà une nouvelle étape à traverser dans mon voyage. Beaucoup d'émotion incontrôlée... une tristesse immense et une peur qui réapparaît face aux épines de Rosy. Peur que face à ce chagrin immense, elle commence à se réveiller... Je dois transformer cet envol en force.

À l'ouest toute !

L'odyssée vers les étoiles

Finalement, je me prépare à quitter ce backpack de Christchurch si peu intime. Je préférerais pleurer en faisant du stop sur la route que dans mon dortoir ! Mon réveil sonne, je range mes deux trois bricoles et je pars faire du stop pour descendre vers le Sud. Albane, apprenant la nouvelle, me rejoint à Te Anau pour une nuit, avant que je ne parte pour une longue traversée de 350 kilomètres. Heureusement qu'elle a fait ce crochet pour m'aider à évacuer mes pleurs dans les bras d'une personne que je connais. Elle m'aide à me ressaisir et à reprendre des forces ! Merci Albane...

Le lendemain, c'est parti pour une longue journée de route. Je me réveille et pour la première fois je mets vraiment quinze minutes à réussir à soulever mon sac ! Je commence à penser que mon Dady s'est glissé dedans en secret... Je dois arriver à Milford Sound le soir. Je veux absolument participer à la messe par Skype et pour cela je dois à tout prix avoir une chambre et Internet. Je quitte l'auberge avec un sourire, je remercie Albane qui est venue exprès pour me donner tout son amour et une motivation énorme afin de réussir à faire tous ces kilomètres pour lui !

C'est fou comme on attire du monde en souriant ! Le sourire, c'est la vie ! Oui je sais, ce sont mes phrases perchées, mais je le pense si fort : quand on sourit on attire du positif, j'en suis certaine. Je viens de me faire trois amis sur la route en souriant. Cet envol prématuré m'a donné une force inouïe... L'homme est bien constitué ; même si la tristesse est immense, nous sommes des machines de guerre à nous tout seuls. Mon cœur saigne mais ma volonté de marcher coule dans mes veines. Nous pouvons transformer ce qui nous entoure et dépasser ce qui peut nous paralyser. Ma haine envers Rosy s'est dissipée et je commence à me remettre à parler avec elle. J'ai l'impression que c'est elle qui me soutient maintenant, et qu'elle ne se réveillera pas du tout à ce moment-là ! C'est étrange que je ressente ça, mais j'éprouve un apaisement si grand dans mon corps face à cette disparition ! Je me murmure : « *Prépare-toi Rosy on va marcher. Beaucoup marcher...* »

Comme par hasard, je tombe sur quatre grands-pères au début de mes auto-stops. J'ai l'impression qu'ils m'aident à commencer mon périple. Je fais des rencontres incroyables sur mon chemin. Je passe d'un camion à une voiture puis à une moto pour finir à moto avec une « tirette » à côté... je ne me souviens plus du nom... un side-car. Encore des sourires, des conseils, des discussions. Des choses simples mais qui vous remplissent le cœur de bonheur, d'autant plus avant un enterrement à distance. Comme si la vie faisait bien les choses pour m'aider. Je me persuade que ce sont des signes qu'on accepte ou non de voir. J'ai décidé d'accepter, ça m'aide à avancer.

Après 350 kilomètres de stop, de la pluie, du soleil et des sandflies (les moustiques infernaux de Nouvelle-Zélande), j'arrive en forme en bas de Milford Sound. J'ai réussi ! Je suis là dans l'auberge qu'il fallait avec une chambre et Internet. Waouh, grand luxe ! Première chambre toute seule ! Je suis heureuse d'être arrivée ici à temps et d'avoir tout traversé en une demi-journée. Je n'en reviens pas, tout s'est enchaîné parfaitement… **il faut faire confiance**. Quand je commence à m'inquiéter de ne pas y arriver, je ferme les yeux et pense fort au fait que j'y crois, en chassant toutes mes pensées négatives. Dans tous les cas, Dady sera avec moi !

Pas évident d'être seul ce soir. Je sais que toute ma famille est réunie et que l'enterrement est dans quelques heures. Max part seule pour me remplacer ; quel bonheur de le savoir là-bas, j'ai l'impression d'y être aussi ! J'essaie de me préparer, même si je n'ai pas grand-chose à faire. Réveil mis à **3 heures du matin** pour le vivre en direct. Je trouve une peluche sous mon lit, je la récupère, ce qui me permet de la serrer fort, si fort que j'en oublie que ce n'était pas la mienne. Je participe à la messe, en direct de Ploumanac'h en Bretagne, grâce à Max et l'appel vidéo. Je vois ma si belle grand-mère, en vareuse rose, souriante, entourée de tous ces enfants. En l'apercevant, l'émotion est trop forte. Je l'aime tant et la savoir affronter cela m'attriste encore plus. Elle est bien entourée, je le sais, mais j'ai juste besoin de l'embrasser. Quand ma sœur arrive sur l'autel pour lire ma lettre, l'émotion redouble. Moi à des milliers de kilomètres et elle en train d'essayer de lire mes quelques lignes… Je pleure sans m'arrêter dans cette petite chambre de dix mètres carrés. Ma connexion coupe après mon discours. Impossible de me reconnecter. Je pars marcher quelques instants de nuit pour me détendre et ne pas devenir folle à vouloir débrancher tous les câbles de la maison. En rentrant, la connexion revient, je vois la fin de la cérémonie et aperçois ma chère grand-mère. J'ai le temps de lui envoyer un baiser et un signe de la main alors que l'émotion de son côté est aussi très forte. Je m'effondre, mes mains transpercent la peluche, mon cœur tombe. « *Mamie, mamie, mamie...* » Je les laisse pour le cimetière et m'endors comme une enfant, apaisée d'avoir pu un tout petit peu participer. Je me sens plus légère et sereine. J'avais tout de même encore un mélange de haine et d'amertume envers ma rose d'être arrivée dans ma vie et de m'avoir empêché de serrer mon Dady avant qu'il s'envole. Une colère un peu injustifiée... qui avait tout simplement besoin de sortir.

Seperti

Je me réveille le lendemain matin sous une pluie démentielle. Pas grave, j'ai la banane. Je prends mon sac à dos, je remercie l'hôte et « seperti » sur la route pour Milford Sound. Ça ne s'annonce pas très drôle par cette pluie... d'autant plus que les voitures ne veulent pas forcément s'arrêter quand tu es trempée...

Le stop apprend beaucoup sur soi-même, comme ne pas perdre son sang-froid et essayer de rester calme face à tous les faux espoirs. C'est assez frustrant quand personne ne s'arrête et qu'on vous regarde avec un petit signe désolé de la main et que la voiture est vide ! Et paradoxalement, c'est assez enrichissant. Inconsciemment, ça apprend la patience et l'acceptation de ne pas avoir tout, tout de suite.

N'ayant pas eu le temps de beaucoup manger ces derniers jours, j'avais été dans une petite épicerie avant de partir afin de me faire un repas de rêve ! En arrivant sur mon campement, je plante ma tente et je vais déposer dans la cuisine commune mon sac de nourriture qui me fait saliver rien qu'à l'idée de le cuisiner tout à l'heure. Je vais me promener un petit peu près de la rivière avant d'aller m'écrouler dans mon sac de couchage ! Au réveil, j'arrive dans la cuisine commune ; je cherche mon sac partout, impossible de le trouver. Quelqu'un l'aurait-il emporté en pensant que c'était *free food* ? Je ne sais pas. Triste et déçue, j'essaie de relativiser. Je pars directement du campement pour aller me poser près des montagnes. J'essaie de garder la pêche, de toute manière avec un décor pareil, il est impossible de se plaindre... même si je commence vraiment à avoir faim.

Expo à taille réelle

Point positif, il ne pleut plus, je continue la route vers Milford Sound. La nature est à couper le souffle, tous les problèmes disparaissent face à cette beauté. Fermez les yeux et imaginez-vous – enfin si vous fermez les yeux vous ne pourrez plus lire –, mais imaginez-vous des montagnes puissantes avec des cascades immenses se jetant dans une eau d'un bleu éclatant. Elles se reflètent sur le lac. C'est gigantesque, féerique, utopique. Cette beauté est ma force, je ne pensais pas qu'un jour la nature pourrait me procurer de telles sensations. Nous sommes tout petits à côté d'elle. Je me rends compte à quel point je ne savais pas ouvrir les yeux avant... il a fallu qu'on m'ôte la vue pour que je réalise la chance que j'ai de pouvoir voir les couleurs et la beauté des reflets ! Je suis assise sur les petits rochers en bas des montagnes, seule face à ce tableau. Ma vue n'a jamais été aussi claire et mes ressentis aussi multiples !

La gentillesse n'a pas de frontière

Ce spectacle ne cesse de m'ouvrir l'appétit. Je ne rêve que d'une seule chose, dégommer la plus grosse pizza du monde. J'ai repéré à l'entrée de la ville un petit restaurant italien. Je m'imagine le fromage fondant dans ma bouche avec une pâte qui croustille et une petite sauce piquante. J'arrive à trouver deux voitures pour me descendre vers la ville. Au resto, je m'installe directement à une table, demande une carte et commande une carafe d'eau. Un couple de Coréens assis à la table à côté me regarde comme si j'étais un extraterrestre. Je leur souris et la femme commence à me parler. C'est dingue comme avec un sourire on communique. Impressionnée par la taille de mon sac à dos, elle entame la conversation. Au fur et à mesure, on rigole, on échange. J'ai l'impression de les connaître depuis longtemps. Cette simplicité est uniquement due au fait que nous sommes sans jugement, barrière ou retenue. Elle est enceinte et a pris des vacances avec son mari avant de retourner en Corée. Après avoir bien parlé de leur vie et répondu à deux trois questions sur mon voyage, elle veut porter mon sac, mais est vite découragée. On rigole beaucoup. Ils quittent tous les deux le restaurant. Je finis paisiblement ma pizza. Au moment d'aller régler, je me rends compte qu'ils ont payé mon repas et même laissé un sac de fruits et de biscuits pour la suite de mon voyage... Je n'en reviens pas, je regarde vite dehors mais ils ne sont plus là... J'ai discuté avec eux vingt minutes... La gentillesse à l'état pur... Rien de mieux pour continuer mon voyage. Anecdote au passage : j'oublie mon sac de fruits dans l'auto-stop me ramenant au campement ! C'est un couple super agréable qui s'est arrêté... tant mieux, ils en profiteront. Plus le voyage avance, plus je me détache et me concentre sur l'immatériel.

En règle générale, il est difficile d'essayer d'aller de l'avant. Quand un obstacle arrive, on a souvent tendance à se dire que tout va s'effondrer et on ne voit plus le futur de manière positive. Je comprends ces derniers jours que rester confiant face à quelque chose que nous n'avons pas prévu ni voulu est l'un des premiers pas pour être bien. Il est important d'essayer de reprendre du recul et de se dire que ce mal-être ne va pas être présent vingt-quatre heures sur vingt-quatre durant toute notre vie. Ces petits moments de difficulté ou d'insécurité m'apprennent à relativiser mais surtout m'ont fait découvrir des choses sur mon être intérieur. Notre corps nous aide à temporiser, mais quand on est trop concentré sur nos pensées, elles prennent le dessus et il est alors impossible d'écouter ce corps. C'est notre premier pilier avant d'essayer de trouver des solutions dans tous les sens. Prenons le temps de regarder, d'écouter et d'essayer de nous focaliser sur lui uniquement dans un premier temps. À chaque fois que j'ai agi ainsi, il s'est avéré que tout est rentré dans l'ordre très vite. Alors que si j'actionne mes pensées, c'est terminé. L'imagination se met en place et je ne sais plus comment avancer. Les « si » et les « mais » ne remplaceront jamais nos actions.

Check-up neuro sur la route

Après maintenant presque deux mois sur la terre néo-zélandaise, je me souviens des points neurologiques préconisés par mon neurologue, pour faire un bilan de mon état de santé. Je n'y ai pas trop prêté attention depuis mon départ. J'ai ça dans un coin de ma tête, mais pas l'envie de le faire réellement. Au moment où je pense à ce petit check-up à faire médicalement parlant, sur le bas-côté de la route, une voiture s'arrête, je monte. Coïncidence extraordinaire, une infirmière est au volant. Je lui raconte mon voyage et le pourquoi de ma présence ici ; elle soigne des scléroses en plaques dans son hôpital. Rencontre improbable une fois de plus. Elle me dépose à un rond-point pour que je puisse facilement trouver une autre voiture.

Je suis en chemin vers Queenstown. Un gros 4 x 4 s'arrête, un homme au look assez sérieux baisse sa vitre. Je lui fais confiance et ouvre la porte. Assise à côté de lui, il commence à me parler ; je ne sais pas pourquoi, mais je raconte mon projet, et il me dit qu'il est neurologue ! Comment dire... serais-je dans une salle d'attente improvisée sur le bas-côté de la route ? Une infirmière pour vérifier ma température et une consultation dans un 4 x 4 avec un neurologue. Il me pose des questions sur mes symptômes et mon état depuis mon voyage. C'est bien cela, consultation gratos entre deux auto-stops ! Il me dépose à mon troisième point de chute, on échange un câlin, un sourire, et il me donne son numéro de téléphone si j'ai un souci en Nouvelle-Zélande. Je ne pensais pas que les consultations étaient aussi rapides dans ce pays. Que demander de mieux ? Moi qui pensais à ça une minute avant, j'ai tout eu ! Je suis si remuée de tomber sur une consultation médicale en plein milieu de l'île du Sud qu'après cette dernière voiture, je m'arrête trente minutes sur le bas-côté pour réaliser et reprendre mes esprits. Je commence vraiment à me poser des questions sur le hasard... et sincèrement à ne plus y croire... au hasard.

Quand la musique est bonne

Arrivée à Queenstown, je me promène sur un ponton quand Jules, rencontré lors d'une marche, me parle d'un certain pianiste qui joue incroyablement bien ! Je ne m'attends à rien, mais commence à entendre ces quelques notes qui caressent mes oreilles. Je me rapproche délicatement à côté de son piano, seul face au lac. Surréaliste. Pour qui joue-t-il ? Le lac, le vent, les éléments, le paysage... Je m'assois sur un petit muret qui surplombe l'étang face à son piano. Il ne me voit pas. Il est déjà ailleurs avec ces notes qu'il envoie à ce public silencieux, respectueux. Aux premières loges un lac, au balcon le vent qui caresse nos joues et emporte les notes. C'est plus que de la musique. D'où vient cet homme qui réussit en quelques notes à ouvrir nos portes et briser nos murs ? Je reste là, mon cul scotché sur ce mur froid. Impossible de bouger. Tout mon corps est paralysé. Je suis comme hypnotisée par cette musique ! À Paris, mes amies se moquaient souvent de moi avec mes phrases à deux balles : « *La musique c'est la vie, la musique changera le monde* », etc. Je ne savais pas pourquoi je balançais ce genre de phrases ridicules. Ce soir, je le comprends pour la première fois, je l'expérimente. Devant cet homme paisible dans un décor infini, mon cœur s'envole... Je découvre ces sensations secrètes que peut procurer une musique... Elle résonne toute seule dans nos veines, dans notre corps, et atteint nos pensées.

Ce *piano man* s'appelle Mathias. Il est à l'image de son piano, ouvert au vent, à l'imprévu. Le piano est à nu, on voit les cordes et les petites touches qui dansent comme un ballet et nous racontent l'histoire de la vie ! Il me transporte autant que lui plane, vole. Sa musique m'emporte et m'éloigne de tout conflit, de tout problème.

Après ma soirée passée à l'écouter, je ne pense qu'à une seule chose : faire une petite interview de lui et de ce qu'il ressent en jouant. Mais ce soir j'en suis incapable, l'émotion est trop présente. Je retourne à mon auberge en repensant à sa tête en arrière, les yeux fermés, ses doigts qui bougeaient dans tous les sens, comme si la musique dirigeait sa vie ! Le lendemain, je reviens au même endroit à la même heure et lui demande après trois heures de musique si je peux me permettre de l'interviewer. Trop de questions à lui poser. Il accepte et me donne son numéro. Le lendemain, tout excitée et heureuse de le découvrir, je le retrouve. Il est à la terrasse d'un café, accompagné de sa petite fille blonde de 5 ans. On commence à échanger et je sors mon téléphone pour lui poser mes questions. Il est très naturel, authentique, le reflet de sa musique... Je lui pose plusieurs questions sur sa passion, sa vie. Après cette rencontre autour d'un bon chocolat chaud près de la place où il a l'habitude de jouer tous les soirs, il reprend son piano sur roulettes, le positionne en face du lac de Queenstown pour commencer à jouer. Toute la place est transportée par sa musique mais aussi par lui, tout simplement. Ce qu'il dégage, c'est ce qu'il souhaite partager.

En route vers Mount Cook

Le lendemain, je décide d'aller vers Mount Cook pour une longue marche.

Depuis que je suis arrivée sur l'île du Sud, j'ai changé ma manière de faire du stop. J'ai créé une petite pancarte que je ne lâche plus. Je n'écris pas le nom de la ville dessus, surtout pas ! Car dans le cas contraire, si jamais j'ai un doute sur le conducteur, je n'ai pas la possibilité de dire : « Non je ne veux pas me rendre là-bas. » Je pose donc d'abord la question de la direction et j'adapte ma réponse. La meilleure des surprises reste tous les sourires que je reçois dès que les voitures lisent ma pancarte « DONT WORRY, I AM COOL ! ». Même si elles ne s'arrêtent pas, les sourires me facilitent l'attente.

Je me mets en route. J'attends dix minutes et une voiture s'arrête : deux Allemands, une fille et un de ses potes qu'elle a rencontré quelques mois plus tôt. Ils roulent tous les deux vers Mount Cook aussi. Ils me déposent à mon campement, car eux ne restent pas la nuit ici, cependant on se donne rendez-vous le lendemain matin très tôt pour commencer la marche ensemble.

Je suis prête et déterminée. Plus de deux mille marches à grimper sur une montagne ; exercice assez physique. Dès les cinq premières minutes, je comprends dans quoi je me suis embarquée. Sept heures, aller-retour, m'attendent... Je galère dès les deux premières marches ! Je vois les Allemands partir comme s'ils allaient grimper l'Everest avec une fusée au fessier pour faire plaisir à Dame Merkel. Montre à la main, chrono à taquet, lacets faits, et moi je comprends avec qui je me suis embarquée. Au début, je fais des blagues pour les détendre un peu, mais je réalise vite que ce n'est pas leur délire. Je commence à me dire : « *Oooh putain ça va être l'enfer !* » Je suis déjà épuisée... je reprends mon rythme pour ne pas trop me fatiguer. Vingt minutes plus tard, ce ne sont que des silhouettes au loin dans les escaliers. Je ne les vois plus. Je suis un peu énervée au début de les voir me laisser seule galérer dans la montagne. Ce n'est pas grave, je continue ma marche, déterminée à arriver jusqu'en haut.

Au fur et à mesure, je commence à prendre le rythme et mon corps s'habitue de plus en plus. Je suis de mieux en mieux. J'admire la beauté du paysage et essuie toutes les cinq minutes avec un bout de tee-shirt mes gouttes sur le visage. Je suis bien, en sueur, mais bien. L'arrivée est proche. Subitement, je ne sais pas ce qu'il m'arrive, je suis pris d'une envie de redescendre brutalement. Je commence à entamer une discussion avec moi-même, comme d'habitude. « *Marine, tu fous quoi là ? Allez, on finit, tu es folle ! On y va go go go !* » Mais impossible de continuer... Je n'ai jamais fait demi-tour depuis le début de mon voyage, dans aucune marche, même si je dois mettre mille ans je finis mais là, c'est étrange... je ne comprends pas ce que j'ai.

Alors que j'ai déjà fait les trois quarts de la marche, je ne m'arrête même pas en haut pour me reposer, j'enchaîne la descente directement. En faisant demi-tour, je remonte mon sac à dos et descends même en courant. Je sors mes écouteurs

et je ne m'arrête pas de courir, comme si je volais en sautant toutes les marches. Je me sens si bien. Je me sens libre comme l'air ! Impossible de m'arrêter. Je double des personnes sur la descente, elles me regardent toutes comme une folle qui saute et court sur ces escaliers glissants et rocheux. Cette descente, je la fais d'une traite, je ne m'arrête pas une seule fois... Arrivée en bas, j'ai la tête qui va exploser, rouge de sueur, et mon cou est devenu une piscine ! Mais qu'est-ce qu'il m'a pris ?

Tinny for ever

J'entame à pas lents la marche dans une petite vallée quand soudain je tombe sur un couple. La femme est assise sur un tronc d'arbre et son mari est à côté. Ils me sourient en me voyant souffler comme un buffle revenu d'expédition. Je ne sais pas pourquoi, mais je m'assois à côté de cette femme sur le tronc d'arbre. Je prends une gorgée d'eau qu'il me reste et entame la discussion. Ils me posent plusieurs questions et, alors que normalement je mets un peu plus de temps à raconter mon projet, je réponds spontanément et explique pourquoi je suis en Nouvelle-Zélande. Là, je croise le regard de Tinny... elle me regarde les yeux brillants, et me dit qu'elle est aussi atteinte de sclérose en plaques. Ses yeux sont émus, les miens sont choqués de rencontrer cette femme au pied d'une montagne perdue au milieu de nulle part. Après avoir fait demi-tour subitement sans savoir vraiment pourquoi... tout devient clair dans mon cerveau. Je laisse les émotions de côté et lui souris en la serrant fort dans mes bras. « *Désolée, je suis un peu mouillée* », je lui glisse dans l'oreille ;

elle rigole et me serre encore plus fort ! Après une brève conversation, elle me raconte son diagnostic qui la paralyse et l'empêche de faire beaucoup de choses depuis qu'elle prend les traitements. C'est la dégringolade dans son esprit, dans son cœur et dans son corps. Elle se met à craquer en m'expliquant qu'elle voulait monter cette montagne, mais que ses jambes ne peuvent suivre à cause des hautes marches que je viens de sauter. Je la prends sous le bras, car elle a des difficultés pour avancer, et on commence à entamer la marche toutes les deux. Quelle force énorme. On est bras dessus bras dessous au pied d'une montagne à se donner des ailes. Je ne sais pas ce qu'il s'est passé, mais à ce moment-là, j'ai ressenti le besoin de lui transmettre la dose d'amour que j'ai reçue de toute la communauté Seper Hero et tout ce qu'on essaie de faire ensemble depuis le départ. Je lui envoie toute la joie, l'amour et la confiance qu'elle n'avait plus dans sa vie. On parle longtemps toutes les deux et ce qu'il y a de plus incroyable, c'est qu'elle a eu exactement les mêmes poussées que moi aux mêmes intervalles de temps. La paralysie des jambes, puis de la main puis des yeux... la même Rosy dans un corps différent. Je lui raconte mon image de la rose et on essaie de trouver des petites solutions pour elle. Elle doit partir avec son mari et ses enfants. On échange nos coordonnées. On se fait un câlin comme si on se connaissait depuis toujours. Je sais que je vais garder contact avec Tinny. J'essaie de lui transmettre tout ce que je peux et quand je la vois disparaître au loin avec sa famille, c'est à ce moment que mes émotions arrivent, je les ai juste mises sur retardateur le temps d'une rencontre. Je réalise la puissance de cette rencontre en la voyant partir, la puissance de cette montagne, la puissance des mots face à la peur et l'importance de se mettre à la place de l'autre. Ces rencontres sont ma force pour tous les kilomètres qui arrivent, elles me donnent tellement d'énergie. Je m'en nourris pour essayer d'avancer.

Finis les hasards. Ce mot vient de sortir définitivement de ma vie. Comment puis-je encore y croire... Il me reste 6 kilomètres avant de retourner au campement. J'avais prévu de le faire en stop, mais suite à cela, mes jambes parlent toutes seules et je ne compte même plus m'arrêter de marcher. J'ai besoin d'être seule et de pouvoir vider toute cette émotion prise et donnée à la fois. Je ressens tellement d'amour, une peur si présente chez elle que j'ai besoin de tout vider. J'entame ces 6 kilomètres avec mon sac dans un flux continu de larmes. La nature comme spectatrice et consolatrice à la fois. J'arrive au campement émerveillée et encore sous l'émotion de ce qu'il vient de m'arriver. Je rentre dans mon sac de couchage et m'endors en un battement de cils !

Quel réveil incroyable ! L'émotion est toujours bien présente. Je mets du temps à réaliser où je suis, par quoi je suis entourée... des montagnes à perte de vue. Quand j'ouvre mes yeux, je me sens si petite face à cette immensité et cette hauteur des montagnes. Aucune photo ne pourra raconter ou illustrer la beauté du lever du soleil et ce calme déstabilisant... Je sors doucement de mon refuge pour regarder et m'oxygéner davantage grâce à cette œuvre d'art que Dame nature a dessinée.

L'aventure, c'est l'aventure

Il est 17 h 30. Je suis dans mon campement et je regarde la carte pour cibler la prochaine ville. Je me rends compte qu'il y a une marche incroyable à faire à 40 kilomètres d'où je suis. Je regarde ma montre avec un air pensif et dubitatif sur le temps qu'il me reste pour me décider à partir ce soir afin d'y passer la nuit et de pouvoir faire la marche demain matin. Une seule et unique route pour s'y rendre ?! Donc plus de chance de trouver une voiture qui va dans ma direction ?! Je rassemble mes affaires en quelques minutes et me dirige vers cette petite route à la sortie de la ville.

Les six premières voitures ne se posent pas la question de s'arrêter, elles ne me regardent même pas. Je commence à me dire que ce n'est pas gagné. Je regarde ma montre : « *Quarante kilomètres à faire ? C'est bon, ça va le faire tranquille avant la nuit !* » Après vingt-cinq minutes, toujours rien. Il commence à se faire tard. Soudain une voiture s'arrête, un jeune homme me propose de me déposer à mi-chemin car il habite dans les terres. Je me dis : « *Allez j'y vais, ça sera toujours ça d'avancer.* » Arrivés au milieu, il me dépose dans un virage au milieu de nulle part et me donne son numéro si jamais j'ai un problème pour planter ma tente dans son jardin, en haut de la montagne. Il m'explique où ça se situe, je ne comprends pas bien mais j'ai l'impression que c'est trop loin. Dix minutes plus tard, je me rends compte que la nuit commence à tomber mais surtout que je n'ai pas du tout de réseau pour joindre qui que ce soit. Je commence à paniquer. Je suis entourée de forêts et je n'ai ni batterie ni réseau. J'attends encore quinze minutes ; si aucune voiture ne se présente, je n'aurai pas le choix, et devrai camper ici. Aucune voiture à l'horizon. Je dois planter ma tente pour la nuit. Je choisis un endroit, pas près de la route, c'est trop dangereux, entre les conducteurs ivres, malintentionnés ou le risque de me faire écraser. Je décide de rentrer dans la forêt, mais je flippe vraiment trop. J'y rentre donc sans m'y engouffrer, en regardant derrière moi si je vois bien encore la route pour ne pas être totalement perdue et puis surtout vérifier que je n'entends pas une voiture arriver. R.A.S.

Il me reste quelques minutes pour planter ma tente avant qu'il ne fasse nuit noire et que cela ne devienne trop compliqué. Je prends sur moi, monte ma tente et essaie de penser à plein de choses positives pour me changer les idées. Je n'y arrive pas vraiment. Je regarde autour de moi si je ne vois pas de trucs étranges. Je n'ai pas envie de faire de feu ici. C'est formellement interdit lorsque l'on fait du camping sauvage. Je me dis que ce n'est que pour une nuit, je me lèverai avec le lever du soleil pour marcher et faire du stop.

En rentrant dans ma tente, j'ai le cœur qui bat d'être perdue au milieu de nulle part. D'autant plus que le vent, les bruits des brindilles et des feuilles se transforment en sons étranges. J'essaie de fermer les yeux, mais je n'y arrive pas. J'aurais aimé écouter de la musique, mais plus de batterie nulle part. J'entends de temps en temps le passage des voitures qui roulent et qui disparaissent en s'éloignant. C'est étrange d'être seul dans un bois qu'on ne connaît pas. Je commence à me remémorer les livres lus et le petit documentaire vu sur les animaux de Nouvelle-Zélande : loup ? tigre ? lion ? non ! si je ne me trompe... ours ? haha question... C'est en me remémorant tous ces animaux que je commence à m'endormir. Je suis bien évidemment réveillée toutes les trente minutes par un bruit étrange de la nature ou de la route. J'ai mis ma tente à un endroit où les voitures ne peuvent pas me voir en conduisant. Mais j'entends un bruit étrange s'approcher de ma tente. « *Des pas d'homme ? Non je ne pense pas c'est un bruit trop petit. Mon imagination ? Pas du tout.* » Je me pose la question dix fois. « *Marine, tu inventes ou c'est la réalité ?* » Non, je n'invente pas du tout. Il y a vraiment quelque chose. J'essaie de me calmer et de m'imaginer un petit écureuil ! Je réussis difficilement à vaincre ma peur. Le sommeil a gagné. Je m'endors confiante, il ne va rien m'arriver.

Après cette nuit assez flippante, je me réveille étrangement fraîche comme un gardon, mais surtout contente d'avoir géré la situation. Je regroupe tout rapidement et me retrouve sur cette route. Je bois ma bouteille d'eau par petites gorgées pour en garder pour la suite. J'attends à peine une minute, une voiture s'arrête directement. Elle m'invite dans le premier petit café de la ville pour m'offrir mon petit déjeuner. Waouh, la classe ! Génial pour une addict des petits déj ! Après ce festin, je suis surmotivée pour aller marcher. Je me souviendrai à jamais de cette folie d'être partie à deux heures du coucher du soleil. Bonne leçon pour la prochaine fois, amusante en y repensant !

Quand on vit un imprévu ou quelque chose qui ne correspond pas à notre plan, l'angoisse, la peur et même l'énervement vont crescendo. Mais ensuite, avec du recul, on en sourit et on voit cela comme une aventure, un souvenir parmi d'autres dans notre drôle de vie. Il faut parvenir à relativiser et à envisager l'imprévu en se disant qu'on va trouver une solution. Celle-ci arrive beaucoup plus vite que prévu si on ne s'enferme pas dans une boîte à double tour. Je reste aussi impressionnée par la rapidité de réaction et la capacité à se débrouiller lorsque l'on est seul face à soi-même. La solitude est génératrice d'idées et nous force à puiser en nous des réflexions que l'on n'aurait jamais eues si on avait été accompagné. Quand on est deux ou plusieurs, on se repose sur l'autre, on vide son stress sur lui (ou eux). On est vite dépendant des personnes qui nous entourent, surtout quand ça ne va pas !

Corps à corps

Dès le début de la marche, je réalise ce qui m'attend. Une montagne se dresse devant moi ; mon premier réflexe est de faire demi-tour pour ne plus voir l'obstacle. Bon signe ! Cette sensation que je ressens me donne l'envie de faire le contraire. Le début est toujours le plus difficile. Avancer sans penser. Arrêter de mouliner et de faire le hamster qui fait tourner sa roue en restant sur place. Les premiers pas enclenchent tous les warnings d'un corps qui soudainement vous rappelle son existence. « *J'existe et je te fais le sentir.* » « *Bien reçu, mais vas-y mollo !* » Notre cerveau a la fâcheuse habitude de se focaliser sur ce qui nous dérange, nous fait mal ! On veut s'en débarrasser. Il y a toujours cette même barrière à franchir ! Il faut dépasser le cap des mollets qui nous rappellent que ça les fait souffrir de marcher, de notre dos qui ne pense qu'au repos et de nos cuisses qui rêvent de transat. Une fois cela fait, vient alors un chant mélodieux qui est celui d'un corps qui soudainement « prend corps ». Il est là, il existe, il parle.

Pendant cette marche, j'ai commencé à écouter mes doigts de pieds, à ressentir mes mollets, mon genou et même mon cou. J'ai essayé de m'approprier toutes ces sensations qui m'étaient jusqu'alors inconnues. Au fur et à mesure de la marche, j'ai l'impression que mon corps est une véritable colocation entre moi et des membres et des organes plus ou moins bruyants ou dérangeants. Les jambes, les oreilles, le pouce, la langue et même les cheveux se réveillent, s'entrechoquent, soupirent comme si l'un supportait l'autre et réciproquement, drôle de machine.

Après quatre heures de marche et d'écoute, je me sens invincible. Une puissance s'installe en moi et l'itinéraire ne me préoccupe même plus. J'explose de bonheur et de joie de découvrir ces sensations nouvelles, inconnues sur mon autoroute de la vie à Paris ! Je réalise à quel point j'ai tout dans mon corps pour être heureuse et à quel point j'ai oublié qu'il avait besoin d'être écouté. Je ne contrôle pas mes larmes, je ne contrôle plus rien. J'ouvre les yeux sur la beauté de ce corps. J'apprends à le découvrir et à vivre avec… Je commence à apercevoir ce que je suis venue chercher dans ce pays isolé. L'euphorie m'emporte, je cours subitement comme si j'étais quasiment arrivée ! Du grand n'importe quoi. Je m'arrête vite et reprends mes esprits. Au compteur, il me reste encore deux heures et demie à marcher. « *Calmos, Marine, ne t'excite pas trop !* »

C'est une longue marche, mais je suis heureuse de l'avoir faite. Pas de musique, pas de portable, rien, mon sac à dos, ma nourriture et une carte pour me repérer. C'est magique cette communion avec la nature. Pourquoi se sent-on bien dans la forêt ? Pourquoi se sent-on libre en mer loin de tout ? Pourquoi arrive-t-on à respirer dans les montagnes et marcher dans la neige pour oublier nos problèmes sous nos pieds ? Nous construisons notre vie en opposition avec ce que nous sommes au fond de nous. Bien sûr, nous n'allons pas changer le monde et notre vie quotidienne en plantant des platanes dans notre salon. Je sais très bien que j'enfonce des portes ouvertes et que je ne propose pas de solution miracle… mais j'essaie de prendre conscience qu'il est possible de réussir à nourrir notre corps autrement que derrière un ordinateur. Oui il est possible de réussir à trouver son équilibre et d'apprendre à se détacher de tout ce qui nous entoure. Autorisons-nous à nous écouter afin de nous sentir mieux et moins prisonniers de nos peurs.

Je découvre actuellement la puissance de la nature sur mon corps, sur mon esprit, sur tout. La puissance de la beauté des paysages agit sur ma créativité et mon envie de partager. Je ressens alors la sensation de m'être fait passer pour une victime de tout ce qui m'entoure mais que le problème ne vient pas du tout des autres, mais tout simplement de moi. Tout ressort d'un coup durant cette marche ; je repense à mon ancienne relation amoureuse, à ma manière de reporter souvent la faute sur l'autre, alors que le problème vient tout simplement de moi, de mon égoïsme alors que je prétends que je suis super altruiste. Mon ego alors se réveille et pointe du doigt ma façon d'agir de temps en temps et ma difficulté à pardonner. Toutes ces choses se heurtent, me sautent à la figure, mais je suis seule à pouvoir les comprendre pour essayer de lâcher prise sur toutes mes croyances ou préjugés sur la vie, sur tout !

Après cette ascension bourrée d'interrogations et de remises en question, je me pose sur un rocher qui surplombe toute cette montagne. C'est somptueux ! J'aperçois tout, les lacs, les rivières, les arbres dressés comme une offrande. Il n'y a personne. Le vent effleure mon visage et me rafraîchit. Un mot me vient : Merci. Je n'ai pas de réponses précises mais je suis soulagée, je ne peux mettre de mots dessus, mais Rosy a compris.

Après cette longue randonnée, je pars me coucher dans le camping à 5 kilomètres de la montagne, je prépare mes affaires et comme tous les jours je m'oblige à écrire dans mon petit carnet tout ce qui me passe par la tête ; même quand je n'ai rien à dire, je le dis. Mettre sur papier des idées, des émotions me permet de trier mes pensées et de mieux avancer. Je m'endors en souhaitant bonne nuit à Rosy, stylo à la main et tête écrasée sur mon cahier.

De la force pour deux

Le lendemain, j'entame une longue traversée à pied. Je me fixe deux auto-stops et ensuite de la marche sur le bas-côté. Je marche depuis deux heures avec toutes mes affaires sur le dos, quand soudain un pick-up s'arrête. Je balance mon sac dans le coffre, je suis super contente de parler avec quelqu'un et de découvrir cet homme qui semble avoir une trentaine d'années. On entame la conversation, on rigole, on échange et soudain il me parle de sa maladie après une question banale : « *Tu fais quoi dans la vie ? – Je suis fermier, mais suite à ma maladie j'ai dû m'adapter. – À bon qu'est-ce que tu as ? – Une sclérose en plaques !* » BIM ! J'exulte, à ces mots j'ai l'impression d'avoir gagné au Loto !!! Je lève ma main pour taper dans la sienne en criant : « *Oooh, moi aussi j'ai une Rosy !!!!!* » Tout heureuse et contente, avant de me raviser confuse et même gênée de mon enthousiasme. Le jeune homme éclate de rire, surpris de mon délire ! Je me calme vite pour ne pas paraître trop perchée. « *C'est qui Rosy ?* » me demande-t-il l'air dubitatif. Je lui explique, il écoute, il ne parle pas pendant de longues secondes, me sourit. Pas un mot, un regard intense, un peu bouleversé tout en me regardant sans lâcher la route des yeux : « *C'est cool ton idée* », me dit-il avec un grand sourire. On commence à échanger tous les deux. Il me raconte sa vie, mais malheureusement je suis déjà en bout de piste, j'arrive à l'intersection où il doit me déposer. « *Tu es la première personne plus jeune que moi que je rencontre ayant une sclérose en plaques, mais surtout c'est dingue de voir que tu n'as pas changé ta vie.* » Notre conversation se poursuit. Au fur et à mesure je comprends que toute sa voiture est entièrement automatisée. Il est handicapé des pieds au bassin. Je ne sais plus où me mettre. Il me dépose à l'intersection. La voiture s'est arrêtée, mon cœur aussi. Il garde les mains sur le volant. « *J'ai l'habitude de planter des patates, je te promets je vais planter un rosier et je vais l'arroser.* » Je prends sur moi pour ne pas exploser en pleurs devant lui. Ces paroles me scotchent, je suis livide. Je me rapproche de lui, je le serre fort dans mes bras pour nous donner de la force mutuellement, mon cœur bat à mille à l'heure, le sien aussi. On va y arriver, on va continuer de croire et d'aimer la vie. Je descends du pick-up, je vais à l'arrière pour récupérer mon sac à dos. En prenant mon sac, juste à gauche je vois deux roues... les roues de son fauteuil roulant que je n'avais pas vu quand j'ai balancé mon sac... Je m'arrête net, la main sur mon sac, impossible de le sortir. Mes yeux sont fixés sur les deux roues, je ne peux m'en détacher, je suis comme figée. En un quart de seconde, mon cerveau bascule. Je mets le curseur sur action, je tire mon sac tellement fort que je recule de deux mètres en arrière... Mon seper conducteur klaxonne, me fait un signe de la main et s'en va au loin. Je le regarde s'éloigner, je prends mon sac, le mets sur mon dos ; je ne sens plus son poids. Une nouvelle force m'habite, la sienne, merci.

Plus question de faire du stop pour arriver à destination, je marcherai pour deux, non, on marchera à deux ! Devant moi, 20 kilomètres. Je n'ai pas fait 300 mètres que déjà une voiture s'arrête pour me proposer de monter alors que mon pouce était rangé. Je refuse d'un sourire. J'ai besoin d'évacuer cette rencontre et cette émotion qui me submerge. Pas une mais trois voitures s'arrêteront, me proposeront une aide. Quand vous cherchez, elles ne s'arrêtent pas et quand vous ne cherchez pas elles vous tendent les bras ! Curieux non ? Pendant mes quatre heures de marche, je me repasse en boucle cette rencontre. Le hasard n'existe pas, je n'y crois plus.

Après avoir parcouru les 20 kilomètres sur le bord de la route, en faisant plusieurs pauses dans les magasins sur le bas-côté, j'arrive juste avant la nuit sur le campement pour planter ma tente. Je la dresse, rentre à l'intérieur. Ces 20 kilomètres m'ont achevée, je m'effondre tout habillée dans mon sac de couchage. Je me sens vide mais bien. En une seconde me voilà déjà repartie, mais cette fois au fond de mon sac de couchage.

Ma pochette de maladie n'existe même plus. **Mon sac à dos est devenu ma maison et mon cœur, mon passeport pour avancer.**

Last woofing but not least !

Avant de remonter vers le Nord, je viens de trouver un woofing pour travailler en échange d'un logement gratuit. Petite pause pour faire mes lessives et me poser plus d'une journée au même endroit. L'endroit est perdu au milieu de nulle part. La mer, des mouettes, une auberge, zéro magasin et une plage sauvage. Je suis intriguée par cet endroit rien qu'en imaginant le paysage. Je trouve une voiture pour m'y accompagner, j'arrive sur le lieu du woofing et là, je tombe sur un couple de propriétaires allemands ! J'arrive tout sourire et leur demande comment ils vont : ils sont surpris, j'ai l'impression de leur demander la lune... Ils me questionnent tout de suite sur mes compétences. « *Tout m'intéresse !* » Pas de réponse, un sourire et ils m'accompagnent pour me montrer ma chambre : un dortoir avec six lits, et donc cinq autres woofers. Je suis tellement heureuse d'avoir un matelas, mais surtout grand luxe, j'ai un oreiller pour dormir. Ça fait longtemps que je n'ai pas dormi dans un lit.

Le soir, on me propose de manger un œuf ! J'accepte avec envie... Je passerai toute la nuit à vomir un bœuf ! Je ne sais pas ce qu'il se passe. Je me tords de douleur toute la nuit ! C'est horrible...

je ne comprends pas. Mais surtout, mon premier jour de boulot commence le lendemain. Au petit matin, je ne ressemble à rien. Je suis malade pour ma première journée, ça commence mal... « *Keep calm, me dit ma petite voix. Marine, ce n'est pas grave. Tu es juste malade, tu as mangé le mauvais œuf.* » Je n'ai pas fermé l'œil de la nuit et c'est vraiment la première fois que je suis malade aussi fort que cette nuit-là. Mes amis me donnent la journée pour me retaper. Ouf, ça passe.

Vingt-quatre heures plus tard, je suis debout, au taquet, prête pour la journée. Je demande ma tâche. J'écope de la tondeuse ! Elle sera ma copine pendant deux jours. J'éclate de rire, je n'ai jamais touché une tondeuse de ma vie. « *Vous n'avez que ça comme habits pour passer la tondeuse ?* » me demande-t-il. Je lui réponds que oui ! Short en jeans et baskets... En face de moi, je me retiens de ne pas rire, j'ai un proprio qui disparaît dans sa combinaison de survie et ses gants de martiens. Pas une mèche qui dépasse. Il a déjà son casque sur les oreilles pour ne pas entendre le bruit de la tondeuse ! Il peine à la démarrer... j'angoisse... Cinq, six essais plus tard, voilà la tondeuse qui pétarade. Il m'explique en hurlant le process pour arriver à démarrer le moteur. Il a déjà oublié qu'il a un casque sur les oreilles et me hurle à la gueule ! La situation est cocasse. Je manque d'exploser de rire... Rapidement je reprends mon sérieux, mais ça ne va pas durer. Il me montre les deux propriétés où l'herbe doit être coupée. À peine a-t-il disparu de mon champ de bataille que la tondeuse s'arrête. L'horreur. Je regarde autour de moi pour voir s'il n'est pas dans le coin et me cache derrière la maison pour essayer de la démarrer de peur de ne pas y arriver ! Une fois, deux fois, dix fois, trente fois, impossible, le moteur ne redémarre pas... Les minutes me paraissent une éternité ; après vingt minutes, dernier essai, après j'abandonne et j'irai voir MacGyver, le roi de la tondeuse ! Miracle, elle démarre ! C'est promis, je ne l'arrêterai plus ! Elle ira jusqu'à la panne d'essence ! Je commence à tondre, mais curieusement je me sens espionnée ! Ça n'a pas manqué, quelques minutes plus tard, il déboule sur la pelouse et m'indique de repasser à tel endroit car j'ai raté une petite touffe rebelle ! Le premier jardin se termine avec pas mal de remarques sur l'art de bien couper !

Place au second terrain d'expérimentation !!! En arrivant, je vois l'énorme jardin et la hauteur de l'herbe. Les choses se compliquent, l'herbe est bien plus haute ! « *Bon Louloute, ça va être un peu plus costaud mais tu vas y arriver, tu es entre de bonnes mains.* » Je me surprends à encourager ma tondeuse. Je commence la coupe en partant en diagonale, j'opte pour un dégradé avant la coupe finale. Et me voilà quelques minutes plus tard à délirer avec ma tondeuse en dessinant des cercles, des carrés, rien de très militaire ! Je ne me rends pas compte que je commence à délirer. Mon casque rouge antibruit m'isole encore plus. Je suis dans le monde de la découpe et je laisse place à ma fantaisie. Loin d'imaginer qu'à quelques mètres de là, j'ai mon boss livide qui peine à se retenir devant toutes mes facéties ! Il me fait des grands signes pour que je revienne à un découpage plus rectiligne ! Je n'entends rien. Je suis seule dans mon monde. Je danse avec ma tondeuse. Il me regarde, abattu et horrifié ! Soudain, il est face à moi et met sa main sur mes ciseaux. Il me fait alors un signe pour que j'enlève mon casque. Il se penche vers moi d'un air soucieux ! Je réponds aussitôt à ses craintes : « *T'inquiète tout va bien ! Comment allez-vous ?!* » lui dis-je avec un grand sourire ! Il me recadre tout de suite : « *Rectiligne Marine, rectiligne !* » Il a dû le répéter cinq fois ! Je le regarde, un peu gênée d'avoir fait des ronds et des diagonales sur sa pelouse, mais il reste assez d'herbe pour rectifier ! J'avais prévu, haha... ou pas !

Quatre heures de tondeuse dans la matinée. L'après-midi, ils se sont dit : « *Allez la nouvelle, à l'électricité !* » Je débarque sous la maison pour changer les câbles et essayer de faire passer des connexions de je-ne-sais-quoi sous le plancher. Après cette journée très musclée, je vais me poser sur les rochers qui bordent au loin cette plage si sauvage et cette maison où plus un poil ne dépasse. Grâce à qui ? Grâce à Bibi !

J'aime ces moments où je ne pense à rien. Cette sensation d'attachement disparaît pour laisser place à la beauté du paysage qui me nourrit. C'est tellement stimulant. Je me détache de plus en plus des choses, mais prends un plaisir fou à regarder ces paysages qui sont splendides et que mon cœur n'a jamais su apprécier. C'est incroyable toutes ces vagues qui viennent s'abattre et goûter un instant à l'humanité ! Aussitôt arrivées sur le sable, elles repartent au loin dans l'infiniment pur... Tout ce courant, cette puissance et cette violence que j'aperçois avant d'arriver sur la plage me donnent des frissons et me font comprendre que je ne suis pas encore parvenue au bonheur simple et ultime que ce voyage va me procurer. Deux mouettes, des vagues, du vent, une lumière jaune puissante, des nuages au loin voilant le rose ou rouge du coucher de soleil. Arrêtons de nous *cacher ou d'attendre toujours quelque chose. Je me rends compte que je suis toujours en train d'attendre des choses de ceux qui m'entourent. J'aimerais tellement toucher du doigt le plus profond de mon cœur mais d'un cœur amoureux ou émotif, mais d'un cœur vrai sans interface. Savoir où je veux aller et apprendre à m'accepter comme je suis. Apprendre à aimer ce que je fais et qui je suis devenue. Voilà l'amour auquel je pense. **L'amour de soi.** Arrêter de fonctionner pour les autres, mais commencer par aimer son corps, réellement. Commencer par l'écouter, pas uniquement dans une marche mais tout au long de la vie.*

Ça fait deux jours que je ne marche plus et je dois réussir à continuer d'écouter ce que me dit ce corps malgré cette petite pause. J'ai actuellement des fourmis partout dans les pieds, mes jambes sont lourdes et engourdies. Étrange, car je n'ai strictement pas marché, je ne me suis pas non plus coincé une jambe. Je prends ça comme une indication de mon corps qui me dit que j'ai raison de parler d'amour. Après ce sourire que je lui fais, mes fourmillements disparaissent. L'imagination, le dialogue, l'écoute : on met ce qu'on veut dessus. Pour le moment, je suis sûr que Rosy essaie de m'indiquer comment elle est en train de pousser. Nous sommes nos meilleurs conseillers et cela personne ne peut nous le retirer. Il faut savoir s'aimer pour ce que nous sommes.

Après ces différentes tâches très masculines confiées, je reprends mon tablier de femme de ménage cette fois-ci. Pour une bordélique, je ne sais pas ce qui est le pire ! En route pour nettoyer, changer, repasser et récurer : tout ce que je n'ai pas fait depuis longtemps. Je suis de corvée ce matin pour le fameux truck transformé en chambre d'hôtel haut de gamme.

Déjà presque une semaine d'écoulée, des rencontres formidables et deux paris tenus ! J'ai réussi à magnifier la chambre qui paraissait complètement froide à la base et qui est devenue plus conviviale que jamais à la fin de cette semaine et réconcilier trois Allemands toujours ensemble à parler dans leur langue et une Canadienne très exclue.

C'est dingue comme la différence fait peur en général. Dès qu'on sort une personne de sa zone de confort, le jugement et l'analyse de la différence arrivent directement. Être différents, ça veut dire quoi ? C'est la question que je me suis posée plusieurs fois durant ce séjour. Penser différemment et être physiquement différent font peur à beaucoup d'entre nous. Moi la première au début, je me posais beaucoup de questions sur les autres et l'importance du regard qu'ils portent sur moi. Je remarque que plus on a peur d'être jugé, plus on juge l'autre directement. Pour moi, les différences sont tellement importantes, je ressens qu'elles sont la clef pour me faire réagir et avancer. Je n'imagine pas un monde où nous aurions tous les mêmes centres d'intérêt. C'est stimulant de rencontrer l'autre et de s'ouvrir. La peur de l'autre est normale, nous n'avons pas l'habitude au début, mais sortons de tout ça et acceptons-nous d'abord, sinon nous n'accepterons personne ! Le bonheur est dans le partage et dans le fait d'admettre qui nous sommes et où nous allons. Je suis tellement heureuse ici, car je suis en train de travailler sur tous les a priori que je pouvais avoir sur des gens avant même de les rencontrer. La différence nous fait grandir...

Une remontée tous azimuts

Au bout d'une semaine, c'est l'heure du départ, je rassemble mes affaires, dis au revoir à tout le monde et me dirige vers la route. Soudain, une jeune fille s'arrête avec une très jolie voiture dont je ne me souviens plus du nom. Je rentre dans sa voiture en prenant soin de ne pas la salir. On discute et elle me rapproche d'un croisement pour remonter dans le Nord. Au fil de la discussion, j'échange et on se découvre mutuellement. Elle angoisse d'un rien, le moindre truc de son passé mais surtout de son futur. C'est le chaos dans tous les sens, maniaque et ayant peur des autres, elle a tout de même décidé de se lancer et de partir toute seule. Je suis touchée par le courage tellement incroyable de cette jeune fille qui se voit comme la pire des nanas égocentriques, bipolaires et tout ce qu'on peut imaginer ! Elle est à l'antipode du voyage et de la découverte. Je ressens directement ses angoisses et son calcul de tout, mais surtout sa volonté d'avancer et de changer. Ce trajet est intense pour toutes les deux. Elle me dépose dans un bar perdu au milieu de nulle part où un gang de motards s'est arrêté pour picoler une bière avant de repartir foulard sur le nez et tatouage sur le gosier ! On se serre très fort pour se donner des forces mutuellement sur nos chemins différents. Je quitte sa voiture parfumée pour retrouver les gros gaillards accoudés au comptoir. Je m'éloigne, il fait super chaud avec un ciel bleu délirant. Les motards m'ont donné soif ; je m'accoude aussi au comptoir pour commander ma bière et me dirige dehors pour la savourer.

C'est à ce moment-là que je me suis rendu compte de la puissance de s'accepter. **La puissance d'être soi-même.** *L'amour au final, on l'utilise toujours pour les autres. On ne l'utilise jamais pour nous. « Oui me dis-je, ça me fait du bien d'aimer mes proches, pourquoi m'en empêcher ? » Il ne s'agit pas de s'en empêcher, mais de ne pas oublier que l'étape la plus importante, c'est soi. Je suis en plein dialogue avec moi-même...*

Cette bière bien fraîche me monte vite à la tête. J'ai une vue sur la montagne avec un tabouret sur une petite table en hauteur. Le soleil cogne sur mon chapeau qui me protège. Mon cerveau est en surchauffe. Je réalise encore l'incroyable coïncidence d'une rencontre qui me fait avancer. Cette nana dans cette voiture de luxe qui semblait avoir tout pour être heureuse était en fait dans la même quête. Apprendre à dompter ses peurs, à maîtriser ses angoisses et les imprévus qu'on a tous quels que soient notre situation ou notre niveau de vie ! Je comprends que **nos petites voix, si on les écoute, nous mettent toujours sur le bon chemin**. Je n'avais rien en commun avec cette fille et pourtant cette rencontre improbable m'a fait découvrir la pertinence de cette petite voix... Après avoir longuement réfléchi et commencé à transpirer un peu avec cette chaleur, les motards me demandent où je vais. Par chance, ils vont dans la même direction. On me montre du doigt un side-car, je serai donc la passagère d'un biker pour 50 kilomètres sur ces routes sinueuses qui vous perdent dans un décor de rêve ! Mon pilote a pris mon sac à dos et moi je suis tranquille, assise dans ma petite coque de moto à regarder défiler les paysages et à me sentir grisée par la vitesse et le vent. Je pars dans un nouveau délire. Après la jeune fille et sa jolie voiture, me voilà accrochée aux deux-roues d'un gang de motards sur la Road 22.

Après les motards et plusieurs kilomètres à pied, je terminerai ma remontée dans l'urgence absolue ! Après plus de deux mois de stop, de pancarte, de sourires, de rencontres, de patience et de désillusion, me voilà coincée à 100 kilomètres de l'arrivée et il me reste une matinée ! Pour ces derniers kilomètres chrono, je monte à bord de deux poids lourds qui pour moi vont se transformer en Schumacher ! Course gagnée, je monte sur ce ferry où il y a quelques semaines j'ai créé Rosy...

Je suis très émue de quitter cet endroit. Je laisse tant de souvenirs et tant d'émotion. Une nature unique qui me transporte et dissèque mon mètre soixante. En quittant le rivage, un tsunami d'émotion me transporte. Je vais plus vite que le ferry ! Je ne me rends pas compte, je suis en larmes mais avec le sourire. Tout s'entrechoque, rencontres improbables, voire providentielles ! J'aime ces montagnes, mais d'un vrai amour, comme si elles étaient des personnes... Mon corps est au plus haut de sa forme. Je me souviendrai toute ma vie de ce moi unique, puissant. Je me sens si redevable à cette nature qui m'a fait avancer, je veux l'embrasser ! Merci île du Sud pour tes paysages beaux, sauvages, arides, vierges et lunaires ! Merci à vous les sandflies qui me rappelez grâce à mes piqûres que vous avez aussi votre territoire à protéger de l'envahisseur que je suis ! Même si vous m'avez bien bouffée, la leçon est passée ! Merci.

Derniers pas en Nouvelle-Zélande

La dernière étape m'attend, celle que je n'avais pu réaliser au début à cause du temps et qu'il avait fallu reporter. Son nom sonne déjà comme un défi : le Tongariro Alpine Crossing. Cette annulation m'avait marquée et je m'étais promis de ne pas passer à côté. Ce sera ma dernière marche. La plus forte, la plus puissante...

Premier jour

Première étape. J'arrive sur le campement que j'avais vu il y a maintenant deux mois et demi mais que j'avais visité uniquement en superficie. Je n'y étais restée qu'une nuit. Les conditions météorologiques n'étant pas prometteuses, nous avions dû quitter les lieux... Cette envie d'y retourner était plus grande que tout, je savais qu'il me fallait faire cette marche. Déterminée, qu'il vente, pleuve ou grêle, je ne voulais pas quitter la Nouvelle-Zélande sans l'avoir effectuée. Arrivée sur place, le frais est au rendez-vous, mais le ciel bleu aussi. Je sors des gants et un bonnet vert fluo prêté par Jules, rencontré quelques kilomètres plus tôt. Cette fois ce n'est pas une journée comme je comptais le faire au début : je me lance dans trois jours de marche. Je ne sais pas du tout ce qui m'attend, mais je sens que ça va être intense. C'est ma dernière marche et je suis prête à l'arroser, à transpirer, crier et contempler une dernière fois ce paysage sublime... La pression monte déjà. Je commence à questionner mes jambes puis mes mollets. Je ne m'arrête plus, passant du dos au cerveau, je finis mon scanner avec les oreilles ! Je m'endors emmitouflée dans mon sac de couchage. Avec cette question qui me trotte dans la tête sans en sortir : vais-je vraiment y arriver ? D'autant plus que le froid est au rendez-vous. Ça descend jusqu'à −7 °C au campement du soir.

Nourriture achetée, sac prêt, vêtements chauds trouvés ou prêtés. Je suis prête à escalader. Le réveil sonne. Cinq heures du matin. Je me prépare, regroupe mes affaires, encourage Rosy et « seperti » ! Jules me file des gants et une grosse paire de chaussettes pour me protéger du froid. J'ai le cœur qui palpite et le sourire jusqu'aux oreilles. Dès les premiers kilomètres, je commence à me fixer l'objectif de grimper le volcan le plus haut du parcours, le mont Ngauruhoe (2 291 mètres). « *Prépare-toi on arrive avec Rosy...* » La première journée restera la plus longue et difficile, car nous avons 20 kilomètres à faire sans compter le volcan, mais je souhaite le rajouter. Aucun chemin balisé, des éboulis de lave sous nos pieds, une crête rocheuse et un sommet dangereux à éviter s'il y a une augmentation de l'activité volcanique. J'aperçois la fumée au loin qui sort de la roche comme si le volcan bouillonnait de l'intérieur... Mon sac est beaucoup trop lourd pour le porter jusqu'au sommet. Je le retire difficilement de mon dos, le laisse en bas de la montagne ; je n'ai jamais laissé mon sac au milieu de nulle part comme ça. Ma pochette de traitement est dedans, je ne la considère même plus comme vitale. Quand je pense au début du voyage où je ne pouvais m'en séparer de peur que Rosy ne se réveille. Elle se réveillera sûrement un jour, mais pas aujourd'hui, j'en suis certaine ! Pour le moment, elle aussi a envie de montrer à ce volcan, malgré ces 2 291 mètres de haut, que

Rosy est belle. Comme si je la gérais parfaitement. Je suis seule face à elle et à cette montagne. Je le ressens comme un vrai combat, comme si rien ne pouvait interférer entre nous deux. Pas de sac, pas de traitement, pas d'ordonnance, pas de bouteille d'eau, rien. Mon corps, mes jambes, mes mollets, mes yeux qu'elle avait décidé de m'ôter et ma main gauche dont elle avait décidé de s'emparer. Je vais utiliser tout ça pour me hisser, me diriger, mais surtout nous allons faire équipe, utiliser tout ce corps à deux, dès les premiers pas sur ces cailloux glissants. Je ressens une émotion énorme, comme si elle me parlait ; j'ai des frissons partout. Les yeux pétillants et les mains déterminées à s'accrocher aux rochers ! Au loin j'aperçois plusieurs marcheurs se laissant glisser sur les côtes... pour redescendre... Je ferme les yeux un instant et repense à tous ces moments de mon voyage, tous ces regards, ces sourires, ces messages. Il n'est pas question de faire demi-tour. Je lève la tête, mon cœur palpite, l'objectif est fixé... Ça va être dur...

Dès le début je me rends vite compte de la galère, un pas en avant dix en arrière. Un pas, cent cailloux qui bougent. Tous ces éboulis de lave sous mes pieds me font glisser. Les premiers mètres me font comprendre qu'il en reste encore 2 280 à grimper. Au milieu, des nuages arrivent de tous les côtés. Je vois beaucoup de personnes qui décident de faire demi-tour. Ils crient : « *La vue sera cachée si les nuages arrivent.* » Je meurs d'envie de faire pareil. D'autant plus que la journée est loin d'être finie... mes doigts s'agrippent sur les plus gros rochers pour essayer de me hisser. Je me retrouve dans le nuage de la tête aux pieds. Impossible de voir devant ni sur les côtés et encore moins derrière moi. Je suis dans le flou, ça me rappelle celui que j'ai eu au challenge quand j'ai perdu la vue, mais aussi en septembre avant mon événement chez Euronews. Le champ se rétrécit, les idées noires arrivent, la peur monte ! Je ne vois plus rien. Je suis dans le flou total à ne plus voir vers où je dois me diriger. Je me pose quelques minutes, reprends ma respiration et réfléchis : *je continue ou je me laisse glisser ?* D'un coup, mon cerveau se trouve les meilleures excuses pour se laisser glisser. La mauvaise partie prend le dessus directement. « *À quoi bon monter, Marine ? Les nuages sont partout, tu ne verras rien. En plus, il va bientôt faire nuit. Tu n'auras pas le temps d'arriver à l'autre campement.* » Pendant un instant, je me dis que je n'y arriverai pas. Et puis là, je ne sais pas ce qu'il se passe. Je commence à réaliser la manière dont je réfléchis, je me mets à hurler ! « *Rosy tu n'y arriveras pas une troisième fois ! Deux fois tu es partie avec mes yeux, mais cette fois ce n'est pas parce que je ne vois pas autour de moi que je vais rester là ! Tu vas le monter ce volcan ! Non seulement tu vas le monter, mais tu vas jeter toutes les roses de la planète dans le cratère !* » En une fraction de seconde, mon cœur se remplit d'une force inexplicable. Je pousse un cri de rage pour continuer de me hisser ! Les yeux fixent un point au loin, c'est flou, on ne voit rien mais on grimpe toutes les deux. Je ne sais pas où je vais ni comment je vais faire pour me diriger, d'autant plus que c'est assez dangereux ! Tant pis. « *Allez Rosy, on va y arriver. Rien ne peut nous arrêter, on est partis !* »

La force est là, mais elle vient de tous ces sepers qui me soutiennent depuis le début de mon voyage. Je repense à chaque participant de ma cagnotte, à chaque message de cette communauté. Tout cet amour, ce soutien, cette aide et tous ces partages me font décoller ! De toute façon, on n'y arrive jamais seul... Mes bras me hissent, mes jambes me poussent, mes yeux me guident et mon cœur crie MERCI ! Grâce à cette force invisible que je viens de recevoir de la part de toutes ces personnes, mon corps grimpe comme une machine. Je ne sens plus la douleur. Mon cœur avance plus que mon corps. Je ne me rends même pas compte que j'ai dépassé le nuage. J'aperçois de la neige sur une roche rouge sang. C'est magnifique. Je respire à moitié, et je continue de regarder vers le haut. *« Allez Rosy ! On y est presque. »*

Après ce premier palier rempli de neige, il reste encore une bonne montée raide où on doit faire attention au cri des randonneurs qui peuvent à tout moment hurler « Roooocccckkkksssss » pour nous prévenir si un caillou glisse sous l'un de leurs pieds. À plusieurs reprises, j'ai dû hurler à moitié essoufflée en en pulvérisant quelques-uns. J'aperçois au loin la pointe du cratère, mes jambes me font mal et mes mollets aussi. Mes bras eux réussissent à me hisser pour les derniers mètres. Je suis le ventre collé sur la paroi du volcan quand au fur et à mesure le corps arrive à se redresser...

Je mets du temps à comprendre que j'ai atteint le sommet. Je découvre toutes ces couleurs aussi multiples que mes émotions. Mon cœur explose, je fonds en larmes en comprenant que j'ai réussi à monter sur ce volcan déconseillé par plus d'un. Je récupère le plus de cailloux possible pour les jeter dans ce cratère. Symboliquement, j'y ai envoyé toutes les Rosy au fond pour en faire une bonne compote. À chaque caillou lancé, je me sens plus légère. Je m'arrête un instant face à cette immensité et cette beauté que je suis incapable de décrire.

Cette lumière si puissante et ces nuages disparus. Je manque de vocabulaire je pense pour la décrire telle qu'elle est. Après cet aperçu de toutes ces montagnes, volcan, lac émeraude, ciel bleu en contraste avec les couleurs vives des pierres sur lesquelles je suis assise, les larmes coulent. J'ai envie de distribuer, de partager ces émotions avec toute cette communauté si forte et si intense depuis les premiers jours. Mon cœur a besoin d'extérioriser tout ce que cette montée m'a procuré. Toutes mes émotions sortent en même temps, j'ai l'impression d'avoir jeté tous les cailloux que je trouvais sous mes pieds dans le cratère du volcan, comme si toutes nos idées noires, nos peurs, nos inquiétudes s'étaient évaporées dans ce bouillonnement du volcan !

Après avoir scruté le paysage dans les moindres détails, il est l'heure de redescendre pour poursuivre le parcours qui est loin d'être terminé. La descente est une piste de décollage. Mes chaussures glissent toutes seules sur ces rochers de lave. La chaleur remonte et réchauffe mes chevilles, car le volcan est actif et dégage de la fumée sous les pierres. Je n'ai jamais vu un paysage pareil, un mélange de surréalisme et d'apocalypse. Des éboulis de lave partout, de la fumée qui sort du sol, mais au loin des lacs émeraude qui adoucissent ce paysage aride. Je commence à me projeter dans la descente. Sans réaliser au début la vitesse à laquelle je surfe sur les cailloux. Je ne m'arrête pas et continue de sauter, déraper et glisser comme si j'avais fait ça toute ma vie. Je skie sans neige et avec mes chaussures de marche aux pieds. Après être descendue en très peu de temps, je récupère mon gros sac à dos en bas pour continuer le crossing. Je suis encore tout émue de voir la hauteur et de comprendre que je viens de le monter. J'ai le sourire au point culminant et une Rosy fière de ne pas m'avoir lâchée !

Je dois reprendre mes esprits pour continuer mon chemin. L'arrivée sur le campement est à chaque fois une délivrance, dernier effort pour monter la tente avant le dîner. Je découvre la hutte perdue sans électricité. C'est excitant je trouve d'arriver dans un endroit inconnu au milieu de rien... Je savoure ma petite soupe à la tomate pour me réchauffer avant les kilomètres du lendemain matin. Ma tente est plantée face aux montagnes et au coucher du soleil. Quant au volcan Ngauruhoe, il est juste derrière moi au loin, éclairé par les derniers rayons de soleil... Je suis fière et heureuse de m'endormir à côté et de le regarder en me disant que j'y étais. Il m'aurait nargué si j'avais dormi à ses pieds sans y être allée. Les montagnes comme spectateurs et une cascade en tant que voisine : c'est splendide.

Je suis seulement sur le premier campement. Je me demande ce que les deux autres me réservent. Ce soir, pas d'électricité dans le refuge pour faire à manger, on est tous avec nos lampes frontales sur le front pour éclairer nos assiettes. Nous avons une drôle d'allure avec cette lampe sur le front. On galère tous pour se retrouver et quand on parle à d'autres, leur lampe nous éclaire le visage tellement agressivement qu'on s'exprime en langue des signes et les yeux plissés. On prend tous dix ans.

Deuxième jour

Le lendemain, j'attaque la deuxième journée sur un paysage lunaire. J'ai l'impression de marcher pour toutes les roses qui me suivent, mais celles qui m'ignorent aussi. Pour le moment j'ai encore du pain dans mon sac, deux boîtes de thon et des barres de céréales. Dès 7 heures du matin, je commence déjà à avoir froid. Je me suis endormie avec mon bonnet, mes gants, mes chaussettes, mes collants et mon pantalon −4 °C au compteur. La nuit s'est super bien passée, je me suis écroulée en rêvant de cette première journée. Mais au réveil, le froid me glace de l'intérieur et je n'ai pas de boisson chaude pour me réchauffer. Il ne reste plus qu'à marcher ! La deuxième journée fut la plus facile sportivement, mais intérieurement je réalise comme mon corps est présent et prends conscience de cette communication que j'ai avec lui.

Troisième jour

Les conditions météorologiques du lendemain sont loin d'être bonnes. Le temps va se couvrir, le brouillard et la pluie seront au rendez-vous. Les deux premiers jours furent plus que parfaits, il faut bien un peu d'intempéries. Dernière journée... le vent souffle déjà et la pluie coule à torrents. Les derniers kilomètres sont difficiles, cinq heures de marche à faire sous le brouillard, la pluie et le vent. Très vite, mes chaussures se transforment en piscine et mon pantalon commence à glisser. Le vent souffle fort et mon sac à dos est toujours aussi lourd. Je n'ai pas l'impression qu'il se soit vraiment allégé. Les chaussettes mouillées, je glisse dans mes chaussures. Après être tombée plusieurs fois, avoir traversé des rivières, des montagnes et des forêts, l'arrivée est proche. Je vois le panneau et au loin j'aperçois le village du départ.

C'est dingue ce que nous ressentons tous près du but. On est si fier et si ému à la fois, c'est une compote de beaucoup d'ingrédients... J'arrive en traînant des pieds... Je m'écroule devant le panneau Tongariro, le sourire et le soulagement sont bien présents, mais les yeux trempés aussi. Fière d'y être arrivée. Merci à mon cher ami Jules de m'avoir supportée ce dernier jour sous cette pluie et avec cette humeur de chien mouillé. Merci pour toutes ces rencontres sur ce chemin, à mes ampoules, mes mollets et ma Rosy d'avoir grimpé, enjambé marché et couru sur ce parcours. Merci à cette beauté de la nature qui m'était inconnue. Je ne pensais pas un jour pouvoir marcher dix heures dans la même journée. J'ai hurlé, pleuré, rigolé, chanté : en trois jours on a le temps. J'ai traversé les lacs émeraude, les étendues arides et désertes, les paysages féeriques, les rochers, les rivières. Un environnement qui se transforme sous mes pieds tous les 10 kilomètres ! Les dernières heures de marche furent très difficiles, mais l'arrivée est plus forte que tout le reste.

Il me reste une nuit dans un lit avant de repartir le lendemain rejoindre mon pote Antoine que j'ai rencontré lorsque je suis arrivée sur cette île. Il travaille dans un restaurant à Coromandel, sur la pointe est de l'île du Nord. C'est le seul endroit que je n'ai pas visité.

Coromandel

Ce n'est pas évident de se motiver à faire du stop après trois jours de marche ! Déjà quatre heures écoulées, j'attends la dernière voiture pour me déposer à Coromandel. Un 4 x 4 un peu boueux s'arrête, avec au volant un vieil homme de 60 ans environ. Béret sur le front et cigarette au bec, il me regarde. Je le sens bien, j'ouvre la porte arrière pour déposer mon sac à dos, et je tombe nez à nez avec une biche morte étalée sur la banquette. Je me raidis d'un coup avec des frissons dans tout le corps. Il m'observe en souriant ; je ne souris plus du tout. Je dépose alors mon sac au pied du siège avant. Je monte quand même ; je ne sais pas, mon instinct me dit de monter. Et là, deuxième coup de frisson, le fusil se trouve au milieu de nous deux et le conducteur a des taches de sang sur les doigts. J'essaie de me rassurer comme je peux… « *C'est normal Marine c'est un chasseur, c'est le sang de la biche étalée derrière.* » Je réalise un peu dans quelle situation délirante je me suis mise ! Le chasseur, assez discret, ne parle pas trop, il conduit et me regarde du coin de l'œil. Ce qui ne me tranquillise pas forcément. Il ressent mon stress et me rassure direct avec sa voix bien cassée : il ne va pas me manger, sa femme va lui cuisiner un bon magret, ha ha ! Ça m'a détendue, mais pas trop quand même. D'un coup notre esprit devient un vrai radar repérant le moindre signe ; c'est hallucinant comme on réfléchit vite et comme on analyse une situation sans s'en rendre compte pour s'échapper, courir, ouvrir la porte le plus rapidement possible. Petite montée d'adrénaline inutile, on finit par rigoler au prochain virage ; il me propose un morceau de gibier mais je suis déjà bien chargée, je ne peux pas accepter. Je descends et j'aperçois une dernière fois cette énorme biche étalée la bouche entrouverte sur l'arrière de la voiture.

Préparation à l'esprit

Ravie de continuer à pied, je marche quelques mètres avant d'atterrir dans ce petit coin de paradis. Je viens d'apprendre que le gérant du restaurant où travaille Antoine tient un centre de méditation ; c'est juste hallucinant de finir le corps en mettant un pied dans l'esprit avant la Birmanie. C'est même complètement improbable alors même que je m'apprête à décoller pour le pays le plus bouddhiste de la planète. J'atterris sur une colline perdue au milieu de nulle part qui surplombe toute la péninsule de Coromandel. La maison est en bois avec d'énormes vitres face à la mer et aux plaines. Des bougies et de l'encens parfument la maison immense bordée de poutres en bois. De la musique en fond sonore très relaxante. C'est grandiose. J'allais découvrir et faire ma première expérience de méditation. Excitée mais assez méfiante, j'ai envie de poser plein de questions : comment ça se déroule, comment ça se passe ? Que dois-je faire et comment ? Il ne m'indique rien, mais surtout ne m'explique pas du tout comment cela va se dérouler. « *Tu verras* », répond-il à mes premières questions. Nous descendons dans la forêt pour rejoindre une partie du centre dédiée à la méditation du soir. Je regarde partout, comme si c'était une cachette secrète à ne pas dévoiler. Alors que pas du tout, il fait juste nuit. En descendant les quelques marches, j'arrive devant un énorme arbre. Plus un bruit, le vent souffle discrètement et fait bouger les feuilles de ce géant de la nature. Des personnes se sont installées tout autour mains jointes au milieu de la poitrine : nan ce n'est pas une secte, rassurez-vous !

Je regarde tout cela comme un enfant parachuté dans un dessin animé. L'atmosphère et l'ambiance sont si pures et intenses. Les énergies sont tellement puissantes. Je ne m'y connais pas du tout, mais n'importe qui aurait pu le ressentir. Personne ne parle, tout le monde est autour de cet arbre avec un grand sourire. Soudain, une femme arrive, avec une élégance et une délicatesse incroyables. Elle prend un bâton arrondi caché dans l'écorce de l'arbre et donne délicatement un coup dans ce qui est pendu à l'arbre sur une table en cuivre ronde accrochée à l'une des branches. Un son très calme et agréable sort. Après cela, un long temps de silence commence, un peu long à mon goût ; je ne sais pas du tout quoi faire, je regarde à gauche puis à droite discrètement pour voir comment font les autres. En fait, ils ne font rien, donc j'arrête de regarder. D'un coup, tout le monde commence à se saluer avec les mains jointes au milieu de la poitrine. C'est tellement étrange, j'ai envie de rire mais d'un côté je trouve cette sensation si singulière que je souhaite comprendre. Un chant commence autour de l'arbre. C'est d'une force, les voix sont sublimes, ils disent de respecter la nature qui nous permet de respirer. C'est super fort. Ce chant me transporte. Ensuite je suis le rythme, tout le monde se met en file indienne et nous commençons par marcher pieds nus dans le jardin avant de rentrer dans la salle de méditation. Ça paraît un peu bizarre expliqué comme ça, mais c'est super fort. Je n'ai jamais marché à la file indienne les mains jointes pieds nus dans la nature avec des inconnus. Mais il y a réellement quelque chose d'indescriptible qui se passe sous nos pieds... Après cette courte marche, nous arrivons dans la salle de méditation. L'odeur ? l'atmosphère ?

tout est agréable et relaxant. Je ne sais pas du tout ce que je fais là ni comment et où m'asseoir. Je prends un emplacement au hasard. Mince, le hasard n'existe pas : je me retrouve à côté du gérant de la méditation. Étant la première à sa gauche, il faut connaître les rituels pour passer le thé ou autre à la personne à gauche, je ne sais pas du tout quoi faire, ça en a fait rigoler plus d'un. La séance commence, je me sens bien. C'est tout ce que je peux décrire. Ce bonheur est simple, pur, je n'ai besoin de rien d'autre. Nous sommes les genoux croisés assis par terre, les yeux fermés. Dès l'instant où mes yeux se ferment, les pensées ne font qu'arriver dans tous les sens sans jamais s'arrêter. L'atmosphère est très particulière, d'une simplicité et d'une relaxation ultime. Après ces minutes de silence, un chant commence à retentir dans la pièce ; c'est magnifique, toutes les personnes se mettent à chanter, moi je me mets à exploser en pleurs au vu de la puissance que cette musique dégage... je ne sais pas ce qui m'arrive, je ne peux pas m'arrêter, essayer de me contenir, de me retenir, tellement gênée de renifler dans ce silence parfait. Tout le monde sourit et chante, c'est exaltant. Je n'arrive pas à retenir ces trop grosses larmes. Après cet ouragan assez gênant, je me lève, je ramène mon coussin à l'entrée, et je ne trouve pas trop les mots. Je pense que pour chaque personne découvrant la méditation pour la première fois de sa vie, ce moment reste gravé à jamais dans ses pensées. Je vais me coucher et je pars le lendemain pour Auckland.

Cette première expérience m'a complètement bousculée. Je m'apprête à décoller pour la Birmanie bientôt. La vie fait bien les choses. Quelle était la proportion de chance que je finisse ce premier stop du corps avec une séance de méditation dans l'un des plus beaux endroits de Nouvelle-Zélande ? Après cette expérience de méditation, je suis vraiment tellement bien dans mes baskets. Je comprends qu'il est temps de découvrir l'esprit et tous ces messages incompréhensibles. Je ne comprends rien à ce que je viens de faire, mais l'inconnu m'attire. La deuxième étape doit commencer. Cette première expérience m'a donné envie d'aller plus loin.

Auckland

C'est l'heure de quitter Coromandel. Je me dirige sur la route en direction d'Auckland, 191 derniers kilomètres sont devant moi. Le moral est là, mais l'émotion aussi. J'utilise une dernière fois mon pouce sur cette terre incroyable. Avant de commencer, je reçois un message. La jeune fille à la jolie voiture qui avait peur de beaucoup de choses vient de me dire qu'elle a laissé sa BM pour essayer le stop. Son message me remplit de joie et même encore plus pour ces derniers kilomètres. Elle qui avait peur des hommes, des autres, et surtout d'elle-même je pense, se lance en auto-stop. C'est incroyable la force que nous pouvons tous avoir au fond de nous. Une voiture fait demi-tour. Ce sera avec l'Argentine que j'embarque pour finir ces kilomètres. La chance ! Il va jusqu'à Auckland et me dépose devant mon auberge. Retour en ville après trois mois de balade dans la nature. Je suis heureuse de rejoindre le point de départ en bonne santé et sans avoir eu aucun souci. Mais dès que j'arrive dans la ville, je suis bien perdue. Ça bouge de partout ; j'ai pris l'habitude d'attendre des heures sans rien, uniquement la montagne, les oiseaux ou les moutons comme compagnon. Je retrouve les gens qui marchent plus vite que leurs pieds. Je découvre un backpack hors de la ville pour goûter aux joies d'un matelas et d'une douche chaude. C'est un bonheur.

Le grand moment arrive, mais durant ces deux jours de transition à Auckland, j'ai rencontré des personnes incroyables. On a beaucoup ri, ces derniers jours se sont transformés en fous rires et en partage immense. C'est dingue les liens que nous pouvons tisser en si peu de temps. Je me sentais proche de toutes ces personnes comme si je les connaissais depuis toujours ; c'est souvent comme ça quand on est loin de notre confort personnel, on est beaucoup plus ouvert mais surtout à l'écoute des autres. C'est incroyable. Je quitte cette fabuleuse auberge où je me sentais comme à la maison. Mes amis me raccompagnent sur le palier, direction l'aéroport. Je n'ai qu'une seule envie, retrouver toutes ces personnes à un autre endroit de la planète, mais surtout garder contact avec chacune d'entre elles.

Je suis comblée par ce premier stop. Aucun regret, que des souvenirs incroyables. Mon corps, lui, a pris un coup et je pense que c'est la première fois de sa vie qu'il s'est senti écouté. Déstabilisant de se sentir écouté après 22 ans de boulot. Il a enfin le droit de protester. Je suis tellement heureuse d'avoir parcouru 6 686 kilomètres. Mille rencontres et une rose qui repart grandie et solide ! La Nouvelle-Zélande se termine ici à Auckland où elle a débuté... Trois mois que je suis arrivée dans ce pays plus qu'incroyable... C'est grâce à toutes ces rencontres inoubliables, ces marches indescriptibles, ces émotions inexplicables sur la route que je finis cette première étape.

Esprit

Un silence bavard

BIRMANIE

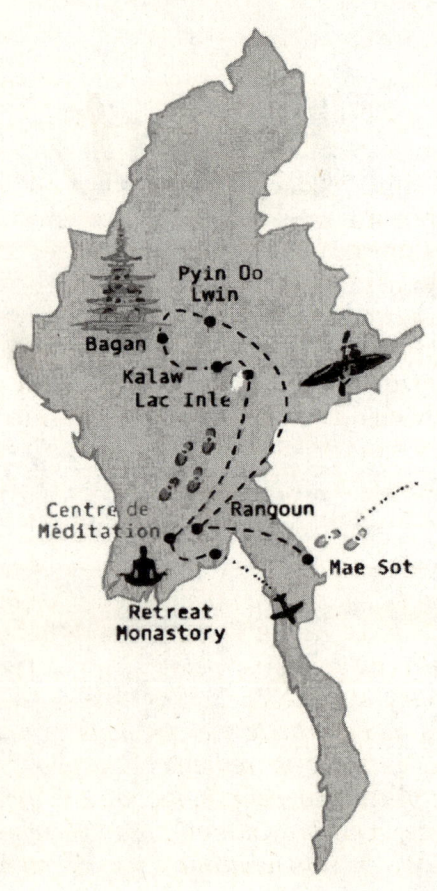

C'est bon, je décolle, le cœur aussi. J'ai envie de serrer ma voisine. Décollage imminent vers Kuala Lumpur, je ne sais pas où je vais exactement pour le moment. Je suis heureuse de partir à la découverte de l'esprit et de la Birmanie, mais j'ai l'impression de laisser une partie de moi sur cette île que je viens de traverser en entier. Je me souviens de la boule au ventre que j'ai eue à l'aéroport auprès de mes proches avant de décoller pour ce long voyage... Je m'envole pour Bangkok pour faire mes papiers birmans et mongols.

C'est assez étrange ces vagues de souvenirs qui arrivent d'un coup en pleine figure, cette évolution que je peux ressentir aussitôt... Toutes ces rencontres, discussions, peurs, joies, émotions sont violentes et fortes à la fois. Elles m'ouvrent les portes de l'esprit. Je me souviens encore des premières nuits sous ma tente à ne pas vouloir aller aux toilettes par peur de me faire manger par une araignée. Quelle évolution ! Ma tête déborde et mes mollets s'en souviendront à jamais même si avoir des pastèques à la place des mollets commençait à m'ennuyer un peu. Merci à toi Nouvelle-Zélande pour m'avoir offert un nouveau regard sur mon corps et me donner la force de tailler cette rose découverte sur tes terres. Merci à tes paysages d'avoir sculpté ma carcasse, de l'avoir embrassée pour lui communiquer les secrets de ta force !

Je me penche vers le hublot pour évacuer mes souvenirs face à ce temps qu'on ne maîtrise pas et qui nous file entre les doigts... déjà un an. À la même époque, j'étais sur mon lit d'hôpital à découvrir le mot barbare de sclérose... J'ai trois escales pour digérer ce mot dans le cœur et dans les veines. Merci.

Merci à cette nature qui vous incite à vous transcender, qui vous claque et qui vous caresse ; qui vous émerveille, vous donne envie de marcher et qui vous met par terre quelques mètres plus loin. Curieux ballet que ces va-et-vient incessants entre ces forces qui vous poussent et vous freinent, mais dont le seul objectif non officiel et subtil est de m'apprendre à m'aimer à travers un corps qui a du mal à avancer. Comme un médicament naturel à la portée de tous. Chaque jour elle a été là. Présente. En silence ! Invisible puissance de la beauté qui vous invite à vous surpasser. Étrange toutes les sensations qu'elle me procure. À la fois de la haine, quand je ne reconnais plus mes mollets à cause des sandflies ou que le vent souffle trop fort et défonce littéralement toute ma tente, mais ça me permet d'apprécier encore plus les 90 % de bonheur qu'elle m'offre. Présente dans les bons comme dans les mauvais moments. Sans elle, qui suis-je ? Elle me donne tout. C'est elle qui me nourrit chaque jour et comme elle je suis juste une fleur avec une vie éphémère... Je m'enfonce dans mon siège. Mes émotions sont plus fortes que ma volonté. Je me tourne pour cacher mes larmes. Ce n'est pas un hasard que la vie soit bien faite. La réponse est à côté de nous. Merci à mon cœur de m'avoir guidée et merci à moi de l'avoir écouté...

Une heure plus tard, je commence à sentir une bonne odeur de curry ; je n'ai pas eu le temps de manger avant d'embarquer, je suis affamée. Ravie, je prépare ma place pour accueillir le festin. Je descends ma petite tablette, range mes affaires sous le fauteuil. Je n'ai pas les couverts, mais c'est comme si. Toutes les hôtesses arrivent et je vois les plats passer sous mon nez, mais aucun ne s'arrête sur ma tablette. Tout le monde est quasiment servi, sauf moi. Je me renseigne pour savoir pourquoi. L'hôtesse approche, regarde sa liste, me fixe toute souriante : « *Désolée mademoiselle, vous n'avez pas réservé de plateau...* » Mes deux voisines, elles, récupèrent leur plat à l'odeur de dingue. De toute façon quand j'ai faim, tout sent super bon pour moi. Même les plateaux de l'hôpital ! Je la regarde et je ne comprends pas : « *Mais madame, comment ça, il faut réserver, ce n'est pas inclus dans le billet ? – Nan mademoiselle, il fallait payer en plus. Si vous voulez, je vous donne la brochure et vous payez sur place.* » Vexée, je regarde et 30 dollars pour un petit plat de conserve, non merci, tant pis, j'attendrai l'escale... sans me rendre compte que j'ai huit heures devant moi. L'avion se transforme en curry. J'ai tellement faim. J'essaie de me rendormir pour ne pas piquer à ma voisine son pain ou son fromage.

Arrivée à l'escale, je ne sais pas ce que j'ai, mais c'est la première fois de mon voyage que je me sens vraiment seule. Je souhaiterais avoir quelqu'un avec qui parler ou échanger, mais je n'ai que mon sac à dos et mon café car à l'escale, la seule chose d'ouvert ce sont les kebabs ou les riz épicés. Il est 5 heures du matin et je n'ai pas envie d'infliger à mon estomac des épices trop relevées qui peuvent vous faire regretter votre faim ! Le changement de culture est brutal. Je rêve encore de mes montagnes et ma tente va sérieusement me manquer. Je ne veux pas m'en séparer, mais je vais devoir la renvoyer en France car la garder pour toute la Birmanie alors que je ne vais pas camper est inutile. Mon sac fait 24 kilos ; si je peux m'alléger, c'est mieux. Je ne vais garder que les ustensiles de cuisine et la nourriture pour la Mongolie.

Dernier avion à prendre avant d'atterrir à Bangkok où je vais m'occuper d'obtenir mes visas et permis pour accéder en Birmanie et en Mongolie. Ensuite, je traverserai la frontière à pied à Mae Sot pour la Birmanie. Voilà le plan !

Bangkok

Arrivée à 9 heures du matin, j'ai sacrément « la tête dans le cul ». Je n'ai qu'une seule envie : faire une sieste avant d'attaquer les visas dans cette ville qui bouge et bouscule tellement.

C'est drôle, quand on va chercher sa valise à l'aéroport, on se positionne toujours au plus proche de la sortie, comme si c'était un jeu de trouver sa valise en premier. Elle tarde à arriver. Je l'aperçois et saute dessus. Je récupère mon sac à dos qui ne m'avait pas manqué. Prochain objectif, un distributeur de billets de banque. Je n'ai pas une tune en poche, mais je vais sans doute devoir prendre un taxi... je sais qu'il va falloir que je négocie le tarif, mais je n'en ai pas la moindre envie. Je suis exténuée par ces quatorze heures de vol. Je n'ai rien envie de faire. Je demande au premier agent de l'aéroport de m'indiquer un distributeur. Il me montre la direction. J'y vais sans vraiment me souvenir de la direction qu'il vient de m'indiquer. Quelques instants plus tard, je me retrouve devant un bureau de change... Je suis une automate perdue sans aucune force... j'ai du mal à garder les yeux ouverts. Avant de réaliser que je me suis trompée d'endroit, on me tapote dans le dos : « *Excuse me ?* » Encore un chauffeur de taxi qui veut me vendre sa course... Je me retourne semi-énervée, les yeux à moitié fermés. En une demi-seconde, j'ai les yeux grands ouverts, exorbités, j'ai la bouche figée, pas un son ne sort tant l'émotion est forte. Mes mains tombent, mon sac à dos également. Je n'arrive pas à croire ce que je vois. En face de moi, comme si de rien n'était... Max. Impossible. Quel choc. Je mets peut-être trois, quatre, cinq secondes à comprendre que c'est bien lui. Lui non plus n'en mène pas large. Le temps pour lui s'est également figé. Et je sens qu'il est tout aussi surpris que moi d'être ici à Bangkok, au fin fond de la Thaïlande, alors qu'il y a deux jours il était censé être sur un bateau entre la France et l'Angleterre... Je ne réalise pas ce qui se passe... je m'effondre dans ses bras, émue, rassurée, choquée. Je recule plusieurs fois pour me dire que je ne me trompe pas de personne ou que je ne le confonds pas avec quelqu'un d'autre. Nan c'est bien lui, à Bangkok. J'ai plein de questions, mais pas la force d'en émettre une... il me serre dans ses bras lui aussi, sans doute pour s'assurer que c'est bien moi. Je suis tellement sous le choc. Pas un mot ne sort de nos bouches. Max me prend la main pour me tirer de l'aéroport et commande un taxi. Visiblement, il a tout bien préparé. C'est le moment où on commence à se regarder et à comprendre que nous sommes tous les deux dans un taxi à Bangkok ! C'est quoi ce bordel ! Ce sont mes premiers mots. J'éclate de rire en même temps que je pleure. Les questions arrivent en avalanche... j'ai l'impression que lui non plus ne sait pas trop pourquoi il est là. Il savait que je faisais une pause papiers d'identité à Bangkok. Il a tout simplement voulu me retrouver entre mes deux stops. C'est surréaliste. « *Comment as-tu su quand j'arrivais ? – J'ai reçu ton billet Marine, que tu avais envoyé par hasard, et j'ai tout noté. – Mais tu es arrivé quand ? – Hier... j'ai dormi chez des amis de ton école de commerce à Bangkok. Ils m'ont hébergé, hier soir.* » Je n'en reviens pas... j'ai l'impression que je vais me réveiller. C'est surréaliste, mon mec à Bangkooooooooookkkkkkk ! Après ces deux questions, je suis tellement épuisée et sous le choc que je m'endors dans ses bras. Je suis rassurée d'avoir mon amoureux ici à Bangkok pour cette transition.

Quelques jours plus tard, j'ai toujours du mal à m'en remettre. Je suis sur une autre planète. Le compte à rebours est lancé, car je n'ai pas prévu de rester à Bangkok. Je dois m'organiser pour tous les papiers. Ça va me laisser le temps de décanter... C'est quand même étonnant la force que ça me donne, mais c'est difficile de retrouver un rythme avec une autre personne. J'étais tellement dans ma bulle avec ma tente, mon carnet d'écriture, mes petits articles et mes vidéos. Ça me bouscule. À la joie et l'excitation des retrouvailles s'ajoute un sentiment étrange mêlé d'appréhension et de peur.

J'étais confortablement installée dans mon projet pour lequel j'avais construit toute une organisation qui se voyait soudainement remise en cause par l'arrivée de mon amoureux... Je m'acclimate difficilement à un nouveau rythme... La Birmanie approche, mais c'est malheureusement le projet d'aller en Mongolie qui me retient. Je dois attendre une semaine avant d'avoir mon visa pour ce dernier pays. On décide de larguer les amarres pour le nord de la Thaïlande en attendant la paperasse.

Rencontres du troisième type

Après les quinze heures de train, les marches pour parvenir à notre hébergement, on arrive affamés dans cette auberge sans restaurant. Pas grave. À quelques mètres de là, on décide de louer un scooter à la recherche d'un endroit pour assouvir notre faim grandissante. J'enfourche le scooter, le départ est poussif. Cinquante mètres plus tard, l'arrêt est définitif. Crevaison. En faisant marche arrière, on découvre sur notre droite un restaurant pas très inspirant. Avec un toit à tomber dans votre assiette... On s'y aventure, la faim étant trop forte et la crevaison nous ayant achevés. On commande, quand soudain un groupe de quatre personnes s'installe à notre table ronde alors que la place ne manquait pas... Pourquoi sont-ils à notre table ? On leur sourit, on les accueille, ils sont français. On entame la discussion sur des sujets sans importance. Parmi nos quatre invités surprises, en face de moi, l'un d'entre eux me regarde fixement. Son regard devient insistant, il semble me questionner sans rien dire... quand soudain, il lâche trois mots qui m'empêchent de sortir les miens : « *Je suis atteint d'une sclérose »*, prononcés entre deux bouchées... Comment, dans ce restaurant improbable caché au pied d'une montagne dans le nord de la Thaïlande, un Français a-t-il pu s'asseoir à mes côtés en me disant que lui aussi était atteint d'une SEP ? J'ai du mal à réaliser. Mais je sais que cette rencontre a un sens et que je suis sur le bon chemin. Je regarde Max les yeux brillants. Comme si je voulais lui transmettre une partie de mes émotions accumulées depuis maintenant trois mois... Je le sens ému lui aussi. Je me retourne vers mon compagnon seper, on tombe dans les bras l'un de l'autre. Que nous arrive-t-il ? Cette accolade aussi inattendue qu'incongrue, surtout en face de Max, est comme une décharge d'énergie. Pas évident pour lui d'être parachuté dans ces émotions incontrôlées. Je mesure la difficulté pour lui de vivre ce genre de moment. Il semble dépassé par la situation, il ne sait pas trop quoi dire. Mon nouveau seper camarade me regarde, intrigué. Il est étonné de mon jeune âge, et je lui explique mon projet. On se pose beaucoup de questions et on arrive à la même conclusion : **il faut s'écouter avant de décider ce que les autres feront pour nous.** Il n'a pas de traitement et a choisi de se recentrer sur lui avant de prendre un chemin conseillé par autrui. Je finis cette soirée abasourdie. Quel choc, mais surtout quel sens donner à tous ces hasards qui nous transportent et nous renforcent. Merci seper inconnu...

Max réalise doucement la force de ces kilomètres parcourus. Je pense que ça lui fait du bien de comprendre ce qu'il se passe de mon côté. C'est si dur pour moi de mettre des mots dessus. Le lendemain matin, avant de retourner à Bangkok pour récupérer mes visas, nous prenons notre petit déjeuner... Une jeune fille se trouve derrière moi avec son copain. Je ne sais pas pourquoi, je leur demande s'ils connaissent des centres de méditation dans le coin. La jeune fille s'approche de moi et me répond. Je la remercie, mais elle décide de rester à côté de moi. Je ne comprends pas tout au début. Elle prend une chaise et s'assoit juste à côté de la mienne, comme s'il fallait que nous parlions. Elle entame la conversation et nous pose des questions sur notre voyage, etc. On explique rapidement que nous ne voyageons pas ensemble. On parle de sa surprise et de notre avis sur les premiers jours thaïlandais. Rosy est loin dans la discussion, même pas évoquée de mon côté. J'enchaîne avec mon départ en Birmanie dans quelques jours. Elle commence à m'expliquer la retraite de méditation qu'elle vient d'effectuer dans le nord de la Thaïlande, dans une petite ville nommée Pai. Je suis tout ouïe, car je me prépare à faire la même chose dans quelques jours en Birmanie. Et puis d'un coup, elle me regarde et se met à me parler de certains handicaps vécus dans le passé. Ça fait tilt dans ma tête en regardant Max. D'un air : « *ce n'est pas possible... ne me dis pas que tu as une sclér...* » Je ne finis pas ma phrase. Elle rajouta rose... Je n'y crois pas... je n'ose même plus parler... je ne comprends pas, je suis paumée, j'ai l'impression que c'est trop gros pour être vrai. Je croise deux personnes en moins de quarante-huit heures qui viennent me parler spontanément de leur sclérose... pas forcément un sujet commun quand tu voyages. Mais le plus énorme, c'est qu'elles viennent s'asseoir toutes les deux à côté de moi. Je ne comprends pas... Elles m'apportent un regard différent sur la maladie. Une aide précieuse. Elles sont mises sur mon chemin pour réaliser quelque chose, c'est certain. C'est trop gros. Max reprend un coup sur le casque. Il reste sous le choc entre les rires et les larmes. Je suis à l'autre bout de la Thaïlande, perdue au milieu de nulle part, et je commence à avoir des voisines de jardinage. L'émotion est trop grande pour nous deux. Je lui tombe dans les bras et Max craque aussi. On se retrouve tous les trois un peu déboussolés...

Je ne sais pas, mais je pense tout de suite à faire une sorte de petite interview sur sa vie et son témoignage qui pourrait aider beaucoup de personnes à vaincre leur peur, leur faiblesse. N'étant équipée que de mon portable depuis le début pour faire mes petites vidéos et articles, elle me prête un micro et un pied pour pouvoir poser mon portable et faire une interview un peu plus pro ; ça sera cool pour les seper héros. Cette jeune femme de 24 ans, fraîchement avocate, a décidé de partir pour un an à travers toute l'Asie. Guidée par un seul impératif, la méditation. Pendant de longues minutes, elle m'explique comment la méditation a réussi à lui faire vivre cette cohabitation. Depuis deux ans, grâce à la méditation, c'est une nouvelle vie qui s'offre à elle. Loin des peurs et tout dans l'acceptation. Une vie réconciliée qui me fait chavirer. Quelle rencontre ! Quel cadeau. Je la sens, elle aussi, dépassée par notre relation. Elle écoute avec des yeux exorbités mon projet seper hero et cette Rosy que je dépose devant elle après qu'elle m'a offert la sienne. On finit toutes les deux enlacées à ne plus pouvoir se décoller. Je suis en larmes. Elle aussi. Je vous présente Helionor. Une voyageuse accompagnée de son copain argentin. Merci pour ton sourire, ton écoute et ta sagesse. Nous avons nos deux Rosy, mais nous essayons d'y arriver et de nous battre avec pour grandir et affronter nos peurs et nos faiblesses. Commençons par nous aimer nous-même. C'est le début de l'acceptation pour les fleuristes…

Sans le savoir, je viens de me recharger pour le grand départ qui arrive à pas de géant, celui de la méditation. Une montagne infranchissable pour moi. Une idée qui m'est complètement inconnue, complètement abstraite, et que je redoute plus que tout. La Birmanie frappe à ma porte. Je n'ai plus peur de l'ouvrir… quelle coïncidence ! À quelques pas de m'enfermer vers l'inconnu, j'ai une Rosy qui me donne les clefs pour ne pas avoir peur. C'est ce genre de moments si purs que je souhaite emporter avec moi, ces regards, ces sourires ! Je suis émue et contente de cette rencontre, j'ai envie de hurler mes émotions. Pourquoi se contenir tout le temps… pourquoi tout garder dans mon cœur alors qu'il ne veut que parler et crier son amour de la vie ? Depuis le début de mon voyage, les rencontres improbables se multiplient. Je me les remémore toutes, plus improbables les unes des autres. Les mots ne sont pas assez puissants pour exprimer la force de rencontrer une personne atteinte des mêmes pesticides… et je suis heureuse de pouvoir faire vivre ces échanges purs et d'une simplicité déconcertante à Max. Il mesure la difficulté de mettre des mots sur ces partages inattendus.

La séparation approche, mais on s'éloigne moins ignorants que les mois précédents… Je veux continuer ce voyage et je souhaite poursuivre ce projet seule. Il le comprend, même si ce n'est pas évident de voir sa copine partir seule avec son sac à dos vers un endroit qu'elle-même ne connaît pas. La peur est bel et bien là, mais l'envie de le faire est plus forte que tout. Comment trouver le bon remède si je ne connais même pas toutes les racines de mon être ? La force de continuer seule est trop intense et je n'y réfléchis pas une seconde. C'est cependant compliqué de quitter une personne pour la deuxième fois. Plus facile quand vous êtes lancée, mais une deuxième séparation face à l'inconnu qui effraie ne facilite pas la chose. Je suis tellement heureuse de sa surprise. Je n'en reviens pas. Quel bonheur de l'avoir avec moi pour cette transition.

Retour à Bangkok

Nous reprenons le train pour quinze heures de voyage afin de récupérer mes visas birman et mongol. Ce stop thaïlandais m'a permis de faire une bonne transition entre la Nouvelle-Zélande et l'Asie. Quel changement ! Passer des moutons aux montagnes sans voir un individu durant des kilomètres et arriver dans la fournaise thaïlandaise et les kilomètres de bouchon attise ma soif de silence et de méditation Respirer sous des masques de protection, marcher dans ces rues bondées où sans mettre votre pouce vous vous faites alpaguer par quinze tuk-tuks qui se battent pour vous récupérer. Bangkok est une transition asiatique musclée, mais nécessaire.

Une question persiste depuis mon arrivée dans cette mégalopole qui semble avoir grandi trop vite et dans des proportions qui la défigurent. Après la sérénité des Thaïlandais du Nord avec leur sourire et leur accueil chaleureux, je découvre dans le Sud des visages fermés et des mines défaites : que s'est-il donc passé entre ces deux régions ? Pourquoi le développement économique très présent dans le Sud ne s'est pas accompagné d'un développement du bonheur ? Je me pose beaucoup de questions sur cette occidentalisation si rapide ; à qui cela profite réellement ? Au nord, la culture bouddhiste persiste. Je me demande à plusieurs reprises s'ils se rendent compte du changement et de la vitesse de la disparition de leur authenticité. Sont-ils vraiment heureux avec toute cette évolution ? Je ne sais pas.

Bon allez Marine, atterris, tu dois larguer les amarres mais surtout annoncer à Max comment tu comptes partir en Birmanie. Je lui dis mon souhait de passer la frontière à pied. Pas du tout rassuré, je le sens m'orienter vers la traversée en avion. Comme toute personne aurait pu faire. Je ne sais pas pourquoi, mais je souhaite vraiment passer à pied cette frontière. Je trouve cela nettement plus cohérent. J'insiste. Il me connaît et sait que je vais difficilement changer d'avis. J'essaie de m'organiser. Je me renseigne à l'ambassade pour prendre toutes les informations. Les seules que l'on me donne concernent l'existence de trois villes frontalières et la nécessité d'un visa papier. Rien d'autre. Je décide quand même de suivre cet instinct et de rentrer en Birmanie à pied…

Je sens Max content et excité pour moi, même s'il a du mal à dissimuler son inquiétude… Il m'accompagne dans la ville la plus proche de la frontière : Mae Sot. Je profite de chaque seconde de ces derniers instants avec lui, sachant que les deux autres stops esprit et âme seront beaucoup plus silencieux pour notre couple. Avec la retraite de silence prévue au monastère et ensuite les steppes mongoles, la communication sera très limitée. On s'est préparé à vivre en apnée sans signaux, sans appel, sans signe de vie. La tension monte. La peur prend le dessus. On commence à s'énerver pour des bricoles avant de s'apercevoir que la principale raison de cette dispute est l'appréhension de cette nouvelle séparation encore plus difficile car plus totale.

En chemin vers Mae Sot

Pour passer la dernière nuit avant la traversée, nous avons trouvé une petite auberge où nous sommes les seuls clients depuis longtemps, je pense : tant pis, il n'y a rien d'autre dans le coin. On arrive épuisés. Le lendemain matin, coup de massue par le réveil très matinal. On m'a conseillé de passer la frontière au lever du soleil, sans que je sache vraiment pourquoi. J'ai retenu ce conseil. Je rassemble mes affaires, le cœur serré mais déterminé à continuer.

On fait du stop pour se rendre le plus près possible du contrôle de sécurité. Max a préparé son sac lui aussi pour retourner sur Bangkok. Un avion l'attend pour rentrer en France le lendemain matin. Une femme me prend en scooter et m'amène à la frontière, puis repart chercher Max. Risqué. À ce moment, pas de portable pour se joindre et je commence à stresser. Je n'ose pas imaginer de ne pas le retrouver avant le départ… Et comment faire confiance à cette femme : reviendra-t-elle vraiment avec Max ? Je suis au milieu de nulle part avec zéro moyen de le joindre. J'attends bien vingt-cinq minutes quand j'aperçois le scooter dans un trafic effroyable. Ouf ! Je souris en voyant ses grandes jambes faire ramasse-miettes sur la chaussée. Il est là, auprès de moi, mais son esprit est ailleurs. Je le sens déjà inquiet. Il regarde au loin ce pont qui se présente, mais rien n'est visible de l'autre côté. Je n'en mène pas large. Comment vais-je faire ? J'évite le sujet pour ne pas stresser et pour que l'inquiétude n'entache pas notre dernier échange... On se regarde sans rien dire. Nos yeux parlent. Ils sont lourds et graves. Les commerçants arrivent de tous les côtés. Je ne dois pas tarder. Mon ventre est noué avec un triple nœud et ma gorge est incapable de sortir le moindre son. Max est dans le même état. On s'échange l'un des plus gros câlins que la terre ait jamais vus... Je le fixe droit dans les yeux comme si je voulais qu'il me donne de sa force et qu'il reçoive la mienne. Pas un mot ne sort de nos bouches. Puis il me rassure, m'embrasse une dernière fois, je dois y aller... Je pars sans me retourner. Je ne veux pas craquer trop fort devant lui et préfère laisser aller mes sanglots sur le pont et le voir au loin. Je me retiens, me retourne une ultime fois, il a la cigarette au bec comme à chaque fois qu'il est inquiet. Je sens ses yeux fixés dans les miens. Il m'envoie son dernier sourire du coin de la bouche. Je sens que lui aussi est à la limite de la rupture. Il se retient. Je n'entends plus rien autour de moi. Le son a été coupé. « *Il faut qu'on y arrive. On n'a pas le choix. Je dois y aller et continuer. Plus que quelques minutes et je serai en Birmanie. Vas-y Marine. Ne te retourne plus.* »

La frontière

Premier contrôle

Je m'apprête à traverser cette frontière ouverte aux touristes depuis seulement trois ans... Étrange de passer d'un pays à l'autre à pied. J'arrive au premier contrôle policier. L'histoire entre les deux pays est bel et bien présente et les relations ne sont pas les meilleures du monde. Avant de passer au contrôle, une musique retentit soudainement et immobilise tout le monde. Plus personne ne bouge. Tout le monde reste figé sur place comme si on venait de les électrocuter. Je ne sais pas quoi faire. Je ne comprends rien. Je suis dans la file d'attente, avec les yeux écarquillés sur ce qui est en train de se passer. Même le policier à son bureau s'est arrêté de gesticuler. Difficile pour moi de ne pas éclater de rire intérieurement, mais je comprends vite que c'est sérieux. J'ai mon portable dans la main droite et commence à filmer cette scène incroyable. J'entends alors un violent coup de bâton sur la table, juste en face de moi. J'ai forcé un policier à réagir. Le regard furieux, il m'ordonne d'arrêter de filmer. Je ne sais plus où me mettre. La musique cesse et aussitôt la vie reprend son cours. Ce n'était pas un jeu ni un rêve, mais bien la réalité. Je refrène mon envie de rire par peur de me faire refouler à la frontière. Je ne pose aucune question. Ce n'est pas le moment. Je n'ai toujours pas passé le premier contrôle et je me fais déjà bien remarquer. Mes questions attendront. Je suis apparemment la seule étrangère aperçue depuis ce matin et aucun touriste dans cette file d'attente. J'arrête donc de penser et j'essaie de me concentrer sur les raisons de mon séjour en Birmanie. Mon tour arrive et me voilà face au policier que je viens de déranger. C'est bien ma chance ! Deux mots : « *not possible* ». Étonnée, je lui montre mon visa et mes papiers. Il me parle en thaïlandais et ne comprend rien. Je panique. J'ai oublié quelque chose ? Mon visa n'est pas le bon ? Impossible de déchiffrer ses propos. Après quelques longues minutes de discussion gestuelle, il parvient à me montrer un petit prospectus. C'est alors que je comprends que j'ai simplement oublié de le remplir. La pression redescend aussi vite qu'elle est montée. Je complète le précieux sésame et reviens devant lui. Il me regarde sceptique et me demande pourquoi je souhaite partir en Birmanie. Je lui donne les raisons de mon voyage en quelques mots, même si je sais qu'il ne comprend rien. Il m'indique de m'avancer sur le pont. Premier contrôle de passé.

Le pont

J'ai encore quelques mètres à faire avant de monter sur le pont. Je me retourne et aperçois Max, derrière les grilles, les mains accrochées aux barbelés. Je le retrouve pour lui raconter en vitesse la première difficulté afin de rire de mon inquiétude. On échange un dernier signe de la main. Je ne m'attarde pas devant les barrières et m'éloigne en regardant en arrière comme pour m'assurer qu'il m'attendra bien de l'autre côté. Mon cœur bat si fort. Je m'en vais et lâche une nouvelle fois mes larmes. **Au revoir mon amour.** Je commence à m'avancer sur ce pont cerné de barbelés quelques mètres plus loin, mes larmes se transforment en larmes de liberté. J'ai réussi ! Max va terriblement me manquer mais je me sens étrangement bien. Je suis heureuse d'être parvenue à m'écouter. Pouvoir aller où je veux quand je le veux, ne dépendre de personne à part de soi-même est un réel stimulant. Angoissant au départ certes, mais si on l'apprivoise, on se rend vite compte que nous sommes nos meilleurs conseillés. J'ai une banane de folie ! Je sais que nous allons vite nous retrouver. « *Pour le moment, Rosy, on est partis !* »

Passer la frontière à pied est fort en émotion. Le pont est encerclé de grillages. Les sensations sont là, sous mes pieds, beaucoup plus que dans un avion. Ces quelques pas me font traverser ces deux pays, deux histoires, des conflits, des cris et beaucoup de larmes sans doute... Je marche et je pleure. Les briques du pont me parlent. Elles sont vivantes sous mes pieds. Elles ont tellement de choses à me raconter. Je commence à apercevoir le bout du pont.

Deuxième contrôle

Mon excitation chasse vite mes larmes. Comment ce contrôle va-t-il se dérouler ? Un policier me fait signe de la main. Il me montre une feuille blanche et me demande de marquer mon prénom, mon nom et mon numéro de passeport. Il m'indique aussi que je suis la première touriste de la journée. Je ne sais pas pourquoi, mais je suis tellement heureuse de cette nouvelle que je saute de joie, limite à vouloir faire un check au policier. Je me reconcentre pour la suite du contrôle. « *Marine, tu n'es pas avec tes potes, molo !* » « *Attention, tu es à la frontière birmano-thaïlandaise !* » J'essaie de retrouver mon sérieux.

On m'alpague déjà devant la barrière. Je rentre dans un bureau. Face à moi, cinq policiers, la chemise entrouverte avec le ventre posé sur la table. Ils me regardent, bien enfoncés dans leur fauteuil avec le regard suspicieux. L'envie de rire a disparu. Je m'assois sur un tabouret bancal et observe la scène. Les différents ventilateurs des policiers chassent les gouttes de sueur qui inondent leur front. Je rêve de tourner le ventilo sur mon visage, mais ce n'est pas le moment. Je m'éponge le visage toutes les trente secondes. L'interrogatoire commence. Ils me redisent aussi que je suis la première touriste à passer cette frontière à pied aujourd'hui ! Je sens chez eux un air étonné, un peu surpris de me voir passer seule la frontière. « Vous n'êtes pas accompagnée ? » me demande l'un d'eux dans un anglais birman. Je secoue la tête et leur réponds que non. Je suis perplexe. Ils me font faire des photos de face et de profil contre le mur, entre les bureaux et les mégots qui débordent des cendriers. J'ai l'impression d'être dans un film ou d'avoir été arrêtée pour être entrée illégalement dans le pays. Après avoir répondu à toutes leurs questions, je vérifie bien les dates et les procédures de sortie du territoire. Je veux m'assurer de ne pas me retrouver bloquée à la sortie. Je ne comprends pas tout et me dis que j'y réfléchirai plus tard. Je suis seule, au milieu de cinq militaires dans un nuage de fumée de cigarette. Face à moi, un officier le tampon à la main. Il hurle en birman à ses quatre collègues, assis à leur bureau. Moi, j'ai le nez vissé sur ce précieux tampon, prisonnier de cette main qui ne s'abaisse toujours pas sur mon passeport. L'officier semble très sourcilleux.

Quelques minutes plus tard, la délivrance est là. Le militaire ouvre avec détermination mon passeport, prend son gros tampon et d'un geste sec le claque sur mon passeport. Mon autorisation d'entrée... Mon sésame est arrivé. Au fond de moi, j'exulte et hurle un grand : « Yalla ! Merci ! À moi les bouddhas ! » J'ai le sourire jusqu'aux oreilles. Je suis enfin rassurée. Je passe la porte, les salue tous une dernière fois et me dirige vers la foule.

La foire

Des centaines de commerçants annoncent leurs bonnes affaires et l'horaire de leur départ. Je ne sais pas où je débarque. Mais peu importe. Je me sens bien. Cette foule répond à ma joie intérieure. Je me fais alpaguer de tous les côtés. Cela me change de la Nouvelle-Zélande où j'étais sur le bord de la route avec mon pouce fatigué. Tous me regardent avec de grands yeux étonnés et un large sourire devant ce sac plus large que mon dos. Déjà six personnes sont venues me vendre tout et n'importe quoi, des bananes à la carte SIM en passant par du soda pour finir par des taxis... Tout le monde me parle en birman. L'ambiance est délirante. Des camions, des vans, des vélos, des motos partout, on hurle des destinations.

Ma priorité, changer ma monnaie. Mais où ? Dans ce tintamarre aussi coloré que bruyant, c'est comme chercher une aiguille dans une botte de foin. De curieux bureaux de change semblent être installés en plein air, sur le trottoir, avec cinquante personnes autour qui regardent. Je ne connais même pas la conversion. Pour éviter d'être emportée par ce mouvement infernal, je décide de me poser quelques minutes. J'ai besoin de respirer. Je regarde autour de moi. Pas de bureau de change…

Je retire mon sac à dos et m'assois sur un trottoir pour observer la scène qui s'offre à mes yeux. Les passants marchent pieds nus et il fait terriblement chaud. Les commerçants portent leurs cageots et les femmes sont sur le bas-côté de la route principale. Assises sur de petits tabourets de couleurs différentes, elles vendent de la nourriture, des cartes SIM et je réalise au fur et à mesure que ce sont elles les bureaux de change ! Polyvalentes les nanas ! C'est la foire, une belle foire. En parlant avec un premier Birman, je suis effrayée de voir qu'il a la bouche en sang. Un filet rouge vif coule sur ses lèvres. J'ai l'impression qu'il va me cracher une molaire en plein visage. Quelques minutes de plus sur mon tabouret d'observation, et je me rends compte que cette bave rouge dégouline sur presque tous les visages masculins. Je ne comprends toujours pas pourquoi, mais je me dis qu'il doit s'agir d'une coutume locale.

Après quelques minutes sur mon stand d'observation, un Birman vient me sortir de mon isolement. Il parle bien anglais et je me sens en confiance avec lui. Il m'indique où aller pour changer de l'argent sans me faire arnaquer. J'ignore si c'est vrai, mais décide de lui faire confiance. Je n'ai pas trop le choix de toute façon. Seule, je savoure ma liberté d'être là, dans un autre pays culturellement différent. Je change un peu de monnaie pour pouvoir payer une bouteille d'eau et les premiers frais birmans.

En route pour Yangon

Je dois trouver la bonne voiture pour me rendre à Yangon. J'essaie de demander les horaires avec mon petit manuel de poche. Six pages pour pouvoir me guider sur les questions à poser. Chaque personne à qui je demande de m'emmener à Yangon me répond « oui ». Je n'ai que l'embarras du choix. De toutes les façons, j'aurais dit « Tahiti », on m'aurait également répondu « Oui » : le oui birman est un passeport pour toutes les destinations. Je suis dans un état second. Le moindre échange me fait rire. Je suis si heureuse d'être ici. Mélange de crainte et de bonheur.

Magic bus

Je me dirige vers un camion et demande au chauffeur si c'est possible de me déposer à Yangon. Je ne sais pas où je vais, ni comment. Bien qu'un peu sceptique, je m'installe dans ce véhicule... Après avoir déposé mon sac à dos, je les vois qui commencent à démonter les sièges arrière. Que se passe-t-il ? Je suis la première passagère et ne pense pas prendre quatre sièges ? On m'indique que la voiture part dans quarante minutes. Je vérifie qu'elle part bien à Yangon et même si je ne comprends rien du tout, j'ai le sourire qui me barre le visage. Je suis si contente d'être enfin sur cette terre. Pendant quarante minutes, le camion se remplit de personnes et de valises que des passagers lancent en l'air avant de disparaître. Je comprends mieux pourquoi ils ont démonté les sièges. Personne ne parle anglais. Je communique en souriant à tout ce qu'on me dit. Ça m'amuse de ne rien comprendre ! Assise dans le camion, tout d'un coup ma tête cogne contre la vitre. Je me mets debout aussitôt et descends du camion pour comprendre d'où viennent ces secousses qui n'en finissent pas. Je lève les yeux sur le toit du camion et vois cinq hommes en train de hisser sur le toit un frigo, une moto et au-dessus des valises ! Ce spectacle me laisse sans voix. Je ne comprends pas où je suis et ce voyage n'en finit pas de me réserver de belles surprises. Le toit du camion s'élève de plus en plus. Je contemple ce bordel monstre dans lequel je vais embarquer sans pouvoir à aucun moment poser une seule question.

Mon apprentissage birman commence. Je suis venu ici pour faire travailler mon esprit et là, j'ai comme l'impression qu'on me demande de l'oublier... C'est étonnant de voir comme on s'habitue et on s'adapte à des situations qui nous échappent. Je ne sais toujours pas s'ils ont bien compris ma destination et me rassure comme je peux. Écrasée contre la fenêtre, j'ai à peine de quoi asseoir mes deux fesses sur le dernier fauteuil. Nous sommes quatorze dans un camion prévu pour sept. Il n'y a plus un centimètre carré de libre. Curieusement, je remarque qu'ils ont tous un sac plastique, dans les mains pour les adultes et autour du cou pour les enfants. Quelques virages plus tard, je comprends pourquoi. La moitié du bus est en train de vomir proprement dans son sachet. Le rituel est bien programmé, les vomis bien contrôlés. Sur mon épaule droite, j'ai la tête d'un nouveau-né, sur la moitié de mon fauteuil, les fesses de sa maman. Devant moi, vingt heures de route se profilent. Moi qui n'ai jamais eu d'attirance pour les nourrissons, je suis servie... et pour un long moment. Cette situation tellement improbable dessine sur mon visage un énorme sourire. Je ris toute seule. C'est ma première leçon birmane : apprendre à aimer l'inattendu et décoder son message...

Dans ce bus, je vais vite trouver l'explication à ce fameux liquide rouge qui sort de la bouche des hommes. Il provient d'une plante, le bétel, qu'ils mâchent longtemps et qui délivre, à force de mastication, cette couleur rouge sang. Ils crachent tous plus fort les uns que les autres.

Je ne suis qu'au début du voyage. Il va me réserver bien des surprises. Quelques kilomètres plus loin, le bus s'arrête net. Les portes s'ouvrent brusquement et deux policiers jettent un regard suspicieux à l'intérieur du bus. Ils observent bien tous les passagers et m'aperçoivent écrasée contre la vitre. Ils me désignent du doigt. Le policier commence à parler et tout le monde lui répond. Moi je suis pétrifiée. J'ai tout le bus qui me parle. Ils me font des gestes incompréhensibles. Les deux policiers, avec leur fusil dans le dos, ont l'air bien décidés à me faire descendre du bus. Dans la panique, je cherche mon petit carnet de traducteur pour trouver des mots. Impossible de le dénicher. Je stresse encore plus. J'ai peur. « *Ils vont me renvoyer en Thaïlande ?* » Les policiers me font comprendre que je dois leur montrer mon visa. Pas de chance, il est dans mon sac qui croule sous une tonne de marchandises diverses dans le coffre. Je descends en laissant la porte du camion grande ouverte avec toutes mes affaires de première nécessité à portée de n'importe quelle main ! Je suis pétrifiée. Comme une automate, je me dirige vers l'arrière du camion, accompagnée du chauffeur pour m'aider à vider le coffre. Après de longues minutes à y extirper mon baluchon, je présente au militaire mon visa alors qu'à l'autre bout du camion, des centaines de cyclos et de motos longent le camion avec mon sac à l'intérieur bien en évidence et tous mes effets personnels dedans offerts au tout-venant. Je suis paniquée. Impossible de faire le moindre pas. J'attends en trépignant que le militaire ait fini d'examiner mon visa. Minutes interminables, insupportables. Le policier me rend mon sésame et moi je m'envole à l'autre entrée du bus. Mon sac est encore là. Ouf ! Je me hisse dans le bus, gênée d'avoir retardé tout l'équipage ! Tous les regards se tournent vers moi. Avec de grands sourires. Je me sens très mal à l'aise d'avoir bloqué tout le monde. « *Sorry sorry sorry* », dis-je en regagnant ma place. Ce sera mon premier contrôle. Il y en aura trois au total. Je descendrai trois fois du bus. J'ai l'impression d'être un clandestin caché dans un camion avec quatorze personnes pour me protéger. Je suis la seule étrangère, blonde de surcroît.

Après trois heures de route, nouvel arrêt, pour manger cette fois et pour faire refroidir le moteur et les pneus. La voiture fume. Le chauffeur arrose abondamment grâce à un tuyau d'arrosage le moteur et les pneus. Là aussi c'est une première. J'imagine avec le sourire la même chose dans une station-service sur l'autoroute A6. Méfiante, je descends en emportant avec moi mon petit sac et laissant mon gros sac à la protection du hasard. Aussitôt descendue du bus avec mes affaires, un sentiment ridicule m'envahit. Je me rends compte de l'insignifiance de ma méfiance, vis-à-vis d'un peuple qui lui n'a pas ce genre de souci. Je suis là à regarder toutes les deux minutes pour voir si mon portable, mon portefeuille, toutes mes affaires sont encore là dans mon sac. Moi qui ne pensais pas être attachée aux choses... je me découvre dépendante ! Curieuse sensation. J'ai le sentiment que ce sont finalement les choses qui m'attachent, me ficellent. Je me détends un peu et réalise soudainement la distorsion entre ma situation et la leur. Je les vois libres, pas moi. Je suis liée à mes affaires. J'éclate de rire en réalisant à quel point je suis ridicule.

Le ventre réclame sa part. Je commande un riz à une dame dans une petite échoppe au bord de la route qui offre son menu. Elle insiste pour me donner un peu de poisson au curry. Je cède et en goûte un petit morceau. Trois secondes plus tard, un tsunami s'annonce. Je dois foncer aux toilettes, mais où ?! Aucune en vue ici. Sans réfléchir, je fonce frapper à la porte de la voisine du restaurant en espérant qu'elle m'accepte. « *Toilet, toilet, toilet !* » Je crie ma supplique. Une vieille femme m'ouvre la porte, me sourit et m'invite à entrer. Je suis sauvée. Je traverse d'une traite le minisalon pour arriver dans ses toilettes réduites au minimum. Pas de cuvette, pas de papier, juste un bol d'eau. Et moi, en plein milieu de cette délivrance, je comprends alors que j'ai laissé toutes mes affaires dans le restaurant d'à côté... De ce moment de solitude, curieusement, je souris. « *Le détachement est en cours* », me dis-je. Et il est aussi physique que psychique ! Intérieurement, je me marre. Je retrouve mes affaires là où je les avais laissées précipitamment.

De retour au camion, je constate que je suis la dernière à reprendre place. Tout le monde m'attendait. J'ai du mal à cacher ma gêne, d'autant qu'ils comprennent vu ma tête qu'il se passe quelque chose. Deux heures de route plus tard, je ne tiens plus en place. Les conséquences du piment et du poisson refont surface. Je ne vais pas pouvoir me retenir, je dois descendre de ce camion... Zéro communication possible. Je ne parle que par gestes. Je mime pour qu'ils comprennent l'urgence de s'arrêter. Le chauffeur semble amusé et fait droit à ma demande. Cette fois, je laisse toutes mes affaires en plan et bondis du bus pour trouver des toilettes. Jamais je n'aurais pu imaginer en France rentrer chez quelqu'un en courant et lui dire : « *Désolée où sont vos toilettes, je vous en supplie.* » L'enfer ! C'est pourtant exactement ce que je viens de faire. Toutes mes affaires avec mon passeport sont dans ce camion et moi, coincée chez un inconnu, dans une position des plus inconfortables. En sortant, le bus est encore là ; je cours dans sa direction. Tout le monde est à la fenêtre et me regarde. Le chauffeur avance puis accélère. Je panique et pousse un cri en faisant de grands gestes et tout le camion éclate de rire ! En plus de leur gentillesse et de leur compréhension, ces gens ont de l'humour. Mille fois merci.

Une heure plus tard, nouvel arrêt. Là, ce n'est plus mon ventre qui l'impose, mais une livraison qui nous attend. On se sépare d'un frigo qui narguait le vent sur le toit du bus. Tout le monde descend pour débarquer la cargaison. Et nous voilà quelques minutes plus tard à emménager dans une petite maison. À l'intérieur, des hommes peignent le mur. En quelques minutes, tous les passagers ont le pinceau à la main et s'appliquent à redonner une couleur aux murs de l'heureux locataire ou propriétaire. Moi qui étais censée aller à Yangon, me voilà à faire de la peinture au bord de la route dans la maison d'un inconnu. Je ne comprends rien mais suis volontiers. Après quarante minutes de bricolage, les murs ont changé de feuillage. Les livraisons sont faites et je ne comprends toujours pas où j'ai atterri. Pas grave. Je suis dans un lâcher-prise total. Je ne me pose plus de questions. Je deviens birmane. Et on rembarque dans le camion.

Deux heures plus tard, nouvel arrêt. Là, c'est un troc de moto chez un homme d'une quarantaine d'années. Puis quelques kilomètres plus loin, on dépose un gros sac de riz sur le bas-côté de la route où une vieille dame est venue le réceptionner ! J'arrête de chercher à comprendre.

J'ai zéro batterie et aucune idée de ce qui se passe et d'où je me trouve. J'ai répété une ou deux fois au chauffeur : « Yangon ? » Il me regarde avec un grand sourire et le pouce en l'air ! Je me contente de son pouce et m'écrase la face sur la fenêtre après tous ces arrêts. Pas pour longtemps. Quelques minutes plus tard, le bus est arrêté dans un petit village. Quand on ne peut pas communiquer, on observe davantage. On perçoit plus de choses que la normale. En sortant du camion, des dizaines d'enfants m'entourent avec des sourires jusqu'aux oreilles. C'est très émouvant. Je suis toute gênée. Une femme venue de nulle part me file son bébé dans les bras. « *What ?* » Mais pourquoi à moi ? Je ne sais pas faire avec les enfants ! Il me regarde avec ses grands yeux tout ronds. Quant aux autres passagers du camion, ils se dispersent dans tous les sens. Et moi, me voilà avec un bébé dans les bras dans une ruelle avec des enfants inconnus à moitié nus ou avec un tissu en guise de culotte. Soudain, j'aperçois la tête de la maman qui me fait signe dans une maison. Je ne comprends pas si je dois y aller ou rester près du bus. Je rentre dans la maison où l'on me propose à manger, d'aller aux toilettes ou de boire. Je reste assise sur le petit tabouret de l'entrée avec le bébé encore dans les bras. Je regarde ma voisine du bus discuter avec la propriétaire de la maison. Deux copines. D'un coup, un cri retentit, ma voisine me presse, la femme récupère son petit et nous voilà toutes les deux main dans la main à courir en direction du bus. Je remonte tout sourire, ravie d'avoir découvert cette petite famille avec tous ces sourires d'enfants qui vous réchauffent le cœur.

Je m'endors comme un bébé en moins d'une minute. Qu'importe si le camion saute ou décolle à cause de l'état de la route, rien ne pourra me réveiller tant je suis épuisée. La nuit commence à tomber après quatorze heures de voyage. Hâte d'arriver. On s'arrête une heure plus tard pour déposer je ne sais quoi à je ne sais qui. Plus rien ne me surprend après ces multiples rebondissements mais là ce sont mes oreilles qui vont s'émerveiller et me tirer de ma fatigue. Imaginez la scène : le bus pile, il fait presque nuit. J'aperçois par la fenêtre une petite place où plusieurs musiciens donnent un concert improvisé ! Je descends du bus en titubant et ouvre doucement les yeux... Où suis-je ? Les Birmans dansent et la musique réveille mes jambes. Me voilà au milieu d'eux à sautiller, tourbillonner, gesticuler de tous les côtés. J'ai encore du mal à réaliser ce qui est en train de se passer... C'est le voyage de toutes les surprises. Cette petite pause musicale n'est pas pour me déplaire. La nuit s'annonce et je ne sais toujours pas quand j'arrive à Yangon. Tout le monde dort ou parle avec le chauffeur. J'ai l'impression qu'ils se connaissent tous depuis longtemps. Enfin, c'est juste une impression.

Au fur et à mesure, le bus se vide de plus en plus. Je ne vois toujours pas de ville, que de la campagne.

Quand soudain, on s'arrête une nouvelle fois. Une famille avec des bébés et des enfants montent à bord et moi je dois descendre du véhicule ! Je ne comprends rien. Il fait nuit et ma lampe frontale est au fin fond de mon sac à dos. Galère ! Toutes mes affaires sont dans le camion. On doit faire un déménagement de nuit ? Tout semble normal. Je remplis le camion d'affaires et je ne sais même plus ce que je porte. On embarque à une vitesse grand V. J'ai soudainement peur d'avoir fait tomber un truc au sol, ne voyant rien. J'espère juste que toutes mes affaires sont bien là. Les passagers de devant se mettent à me parler. Je suis perdue. Un sentiment de peur commence à m'envahir. Il fait nuit, j'ai zéro batterie, je suis quelque part aux portes de Yangon et je dois me rendre chez Blandine, une ancienne voisine de mon immeuble de Garches, ma ville ! Elle a gentiment proposé de m'héberger pour mon arrivée en Birmanie. J'ignore encore où elle se trouve quand le camion s'arrête soudainement. Il ouvre ses portes sur une nationale où les voitures roulent comme sur une autoroute. Le chauffeur m'indique que je dois descendre. Je comprends alors qu'il ne peut pas me déposer à Yangon et que je dois finir la route en taxi. Je ne suis pas rassurée à l'idée de rester seule dans le noir sur cette nationale. Je n'ai aucune lumière pour m'éclairer ou pour que les voitures me voient. Le chauffeur m'aide à traverser cette route où la limitation de vitesse n'existe pas. C'est comme vouloir traverser le périphérique à Paris. Il essaie de me trouver un taxi sur cette route de la mort ! Personne ne s'arrête. Il me dit de rester là et s'en va questionner autour de lui. Je ne comprends rien à ce qui m'arrive. C'est le stress total. *« Avec qui vais-je partir ? Comment ? Ça va me coûter combien ? Qui parle anglais SVP ?* » Soudain une voiture s'arrête. Est-ce un taxi ? Je ne sais pas, aucune indication. Les deux chauffeurs parlent entre eux. Je monte, ferme les yeux et fais confiance. Tout va bien se passer. « *Tout va bien se passer !* » : je tente de convaincre mon cerveau tétanisé. Le chauffeur de « taxi » me parle en birman que je ne parle toujours pas, ni ne comprends. Je suis épuisée...

Je n'ai jamais fait une aussi longue traversée de ma vie. Je ne compte plus les heures. Je repense à tout ce qu'il vient de se passer et j'explose de rire. C'est nerveux. La folie me guette ! Pendant une heure et demie, je voyage avec deux autres Birmans et malgré la fatigue, impossible de fermer l'œil. Dans la nuit, Yangon fait son apparition avec son manteau de nuit et ses feux multicolores. J'y suis. Enfin presque ! On me dépose dans une rue, mais ce n'est pas la bonne. Quelques minutes plus loin et après avoir parcouru les alentours, j'arrive enfin à l'adresse que j'avais griffonnée sur un bout de papier. Expédition terminée après environ dix-huit heures d'histoires, de rebondissements, de paniques, d'attente, de questionnements, de peur, de doutes. Toutes les émotions d'une traversée hors norme se sont invitées dans cette traversée aussi burlesque que hasardeuse et délicate. Pour le moment, pas la tête d'en discuter. Je salue ma bienfaitrice. Merci Blandine pour ce lit et cet accueil. Je dois dormir. Je suis morte de fatigue.

Yangon

Je ne resterai pas longtemps à Yangon. Je prépare déjà mes affaires pour le Nord. J'ai envoyé un courrier au monastère qui doit m'accueillir dans dix jours pour une retraite de silence. J'ai laissé mon numéro de téléphone sur le courrier et une adresse mail. Je suis un peu sceptique sur cette étape, mais la confiance est plus forte que tout. En attendant une réponse à ma demande de silence, j'ai décidé de prendre un peu de temps pour visiter le nord de la Birmanie. J'ai soif de découvrir cette culture qui m'a toujours intriguée sans que je sache vraiment pourquoi. J'ignore tout ou presque de ce pays mais curieusement, j'ai hâte de me fondre dans ses rites et ses traditions.

Birmanie du Nord

Le départ est fixé le lendemain de mon arrivée avec en préambule treize heures de bus qui m'attendent. Pour le moment, je découvre la Birmanie à travers le prisme des expatriés français. Ce soir, je vais donc dîner avec des Français travaillant à Yangon. Ils ont entre 25 et 40 ans. Le cadre est très chic, avec une carte où il y a mon plat préféré et des concertistes de jazz pour faire swinguer mon estomac. Si l'endroit invite au repos, l'ambiance, elle, m'invite à fuir. En l'espace de quelques mètres, j'ai l'impression d'être en plein Paris. Changement de décor, changement d'ambiance totale. Je viens d'être parachutée dans un univers où je ne trouve pas ma place. En quelques secondes, je prends conscience du choc culturel. Autour d'une même table, des Français se réconfortent les uns les autres face à toutes les misères, et c'est sans doute à celui qui aura la critique la plus acerbe ou à celle qui répandra le mieux son mépris de ce pays qui l'accueille et dont elle profite. Il n'y a pas d'échange. Qu'est-ce que je fais là ? Je ne suis pas à l'aise. J'ai juste envie de prendre mes jambes à mon cou et de laisser mes pâtes au saumon dans mon assiette. Trop d'énergies négatives et de pensées noires pour lever ma fourchette ! Je suis occupée à faire de grands sourires mais je suis ailleurs, je ne suis pas là. Je rêve de ma casserole sous ma tente, avec ma soupe de tomate. J'ai besoin de me retrouver seule. Suite à cette soirée aux échanges bien musclés, je m'éclipse dans un taxi avec une envie pressante, celle d'oublier tous ces propos.

Le lendemain matin, je craque. Comme pour évacuer toutes ces paroles et cette suffisance humaine. Mon cœur explose d'incompréhension. J'ai peur de me perdre, de ne plus me retrouver, de ne plus être moi-même si je reste au contact de ceux dont la critique est devenue un mode de communication. Ce n'est plus le ventre qui me serre, mais une boule qui joue au billard. J'ai mal. Les larmes coulent à flots, les nerfs lâchent. J'essaie de me rassurer. Cette crise est sans doute due à l'épreuve qui arrive dans dix jours et que je redoute tant, mes dix jours de silence, ainsi qu'à un séjour dans le Nord tout aussi inconnu. Je suis au plus mal de mon voyage. Je ne maîtrise plus rien. Et je ne sais pas pourquoi. Je ne vois que du négatif et je souffre de ne pas avoir une personne à mes côtés. « *Calme-toi Marine et souffle. Relativise et arrête d'angoisser pour tout et rien.* » Je commence par un bilan sur mon organisation. C'est nécessaire : je n'ai rien prévu ! L'angoisse redouble. Je hurle à l'intérieur : « *Mais punaise, je ne suis pas comme ça ! Ça ne me correspond pas ! Qu'est-ce qui se passe !* » Je viens d'arriver, j'ai zéro marque, zéro direction, personne, que des inconnus pour commencer cette deuxième étape. Cette culture si différente doit sans doute me faire peur même si je trépigne d'impatience de monter dans le Nord pour découvrir cette population sous un autre angle. L'absence de réponse à ma demande de retraite dans ce monastère participe à ce vide qui s'installe tout autour de moi, alors que je viens de faire une traversée des plus mouvementées. Je suis déboussolée. J'attends la nuit en me rassurant : « *Ça ira mieux demain !* » Je me couche, soûle et soulagée. La nuit va enfin faire son travail de réparation. Demain, je lève le camp à 13 heures...

Pyin Oo Lwin

Pyin Oo Lwin sera la petite ville du Nord qui m'accueillera à 5 h 30 du matin. Le bus me dépose et selon mes calculs et ceux de Blandine, j'ai encore cinquante minutes de marche pour trouver une auberge.

Je marche dans la ville endormie et regarde de droite à gauche, si heureuse d'être arrivée sur ces terres nouvelles. J'observe la vie qui reprend, avec ces petits commerces qui ouvrent leurs portes, ces animaux encore endormis sur la route, ces vaches et ces chevaux qui veillent, ces chiens et ces chats toujours à l'affût. Quel plaisir de découvrir ces ruelles au petit matin, ces commerçants qui se réveillent doucement. Je me retrouve nu-pieds, car mes tongs ont rendu l'âme. Mais comme la vie est généreuse, j'en trouverai vite une autre paire quelques minutes plus loin. Je flâne. C'est agréable. Mon sac est plus léger sans ma tente, si confortable à porter.

Une heure plus tard, j'observe au loin un homme en… costume-cravate ! Il avance d'un pas assuré sur le trottoir d'en face. Il m'aperçoit. Je lui souris et lui fais une révérence en guise de salutation. Il éclate de rire et traverse la route sans attendre pour venir à ma rencontre et m'invite de la main à le suivre. Sans savoir où je m'embarque, je pars à sa rencontre et le suis. Son grand sourire et ses yeux pétillants de gentillesse m'ont poussée dans sa direction.

Quelques minutes plus tard, me voilà devant le portail d'une église, sans doute la seule de toute la région ! Il pousse la porte et insiste pour que je rentre. Je ne comprends pas trop ce qui se passe mais devant son insistance, j'accepte de le suivre et pénètre dans l'église. Scène surréaliste ! Je me retrouve en plein mariage birman avec des chants magnifiques à vous faire croire en demain. L'homme me sourit comme si j'étais sa fille et que j'allais marcher sur le tapis rouge qui conduit jusqu'au chœur. Je rentre les yeux écarquillés avec mon gros sac à dos que je dépose délicatement au fond. Je m'installe pour la cérémonie qui touche à sa fin avec des chants forts et beaux. En sortant, je m'apprête à le saluer et à retrouver le chemin de mon auberge, mais impossible. Mon guide, le père de la mariée, insiste pour que je reste au cocktail-petit déjeuner. Je refuse, trop gênée, mais je cède vite devant leur insistance. Et me voilà quelques minutes plus tard, après treize heures de bus, habillée comme un sac (ou plus exactement en pyjama) à la table des mariés ! J'ai connu un accueil plus difficile. En quelques secondes, tout le monde est à mes petits soins. On me demande si j'ai faim, si j'ai soif. Ils me déchargent de mon sac. Je ne connais personne, mais j'ai l'impression de faire déjà partie de la famille. Un homme qui parle anglais arrive à ma rescousse afin de pouvoir échanger un peu. Il s'installe à mes côtés. J'ai l'impression d'être la mariée. Leur gentillesse me déstabilise. J'en suis presque à chercher la caméra cachée ! La réalité dépasse l'imagination. Quelle force et surtout quel naturel ! Oui, l'Homme existe, je l'ai rencontré. Le bon, le bienveillant, le généreux, le vrai, il existe ! Et il est Birman ! Je serai invitée à dormir et à rester toute la journée. Gênée dans mes convictions de jeune Européenne coincée, je refuse, prétextant que je dois préparer mes affaires. Pendant trois heures, je goûterai à leur façon d'être, de vivre, je me nourrirai de leurs regards où la bonté s'exprime comme un feu qui vous réchauffe en plein hiver. Je les quitte en les remerciant tous chaleureusement. Ils me confient leur numéro de téléphone afin de leur donner des nouvelles et le père de famille se dit prêt à m'aider si j'ai le moindre souci. J'ai l'impression d'avoir un papa birman. Mon sac à dos intrigue. Ils sont choqués par son volume. Et c'est parti pour une séance d'essayage. Toutes les femmes s'y collent et le mettent sur leur dos, avec des rires à n'en plus finir. Je m'éclipse, après avoir fait le plein de câlins et les laisse à leur fête, le cœur chargé et gêné. Merci !

À nouveau seule sur le rebord de la route, je réalise la force qu'ils viennent de me donner. Le pouvoir de ce lien indélébile qu'est la famille avec toutes ses valeurs comme le partage, la bienveillance, la solidarité. Pourquoi ai-je donc été gênée d'accepter leur invitation ? Pourquoi refuser la main tendue ? Sur la route, des questions m'assaillent. Suis-je vraiment aussi ouverte que je le pense ? N'ai-je pas l'habitude d'être ouverte aux autres ? En fait, ne suis-je pas plus fermée sur moi que je ne le montre ou que je souhaite le montrer autour de moi ? On a souvent tendance à être émerveillé par des choses que nous ne faisons pas, non ? Ici, partager avec l'autre ou un étranger est une évidence. Je n'ai jamais vu ça en Europe ou du moins en France. Cette rencontre a bousculé mes principes. Devant autant de générosité et de gentillesse, je me découvre nombriliste et égoïste. Cette famille passe autant de temps à parler qu'à sourire. Envoyer un sourire à une personne dans la rue peut transformer une vie. Chez nous, ça questionne... Envoyer un sourire devient suspect ! Voilà où notre société dite civilisée est arrivée. Comme si le bonheur ne pouvait se partager. Pourquoi est-ce si compliqué de montrer notre bonheur ? Pourquoi ai-je du mal à exprimer le mien ? On contrôle tout. Tellement tout qu'on arrive même à contrôler ce que l'on souhaite partager avec l'autre. Je marche les bras au vent, l'esprit ailleurs... Cette famille m'a donné une vraie claque, celle d'un bonheur qui questionne en vérité.

Good news

Quarante minutes plus tard, j'arrive enfin à mon auberge. Les chambres ne sont pas prêtes. Pas grave. Je me débarrasse de mon sac et de toutes mes affaires qui méritent une bonne lessive. En attendant, je trouve un vélo à louer et pars visiter la ville. Je me rends au jardin botanique dont on m'a parlé et termine ma matinée au bord d'un lac pour commander des sushis. Je suis seule, comme si je n'avais pas encore fait le plein de solitude, comme si je me préparais à cet isolement qui m'attend dans quelques jours. Dans ce petit restaurant, je reste dans l'observation et l'analyse. Quel bonheur de voyager ainsi ! Mon téléphone me prévient d'un message. Je lis. Le monastère m'accepte pour ma retraite de dix jours dans le silence. Je souris de soulagement et de joie. Je me sens bien, tellement bien dans cette ville que j'aimerais commencer ma retraite ici ! Mais pour le moment, profitons de l'instant présent. Je sens qu'il va falloir que je gère des émotions qui me dépassent. Il y a quelque chose de magique dans ce pays. Quelque chose que je ne peux définir. Étrange sensation. La serviabilité et l'aide des Birmans que je rencontre sont incommensurables. À peine arrivée dans un lieu, je peux déjà le percevoir. Alors que je cherchais le jardin botanique, pas moins de cinq personnes se sont arrêtées pour me guider sans rien demander en échange. Cette aide gratuite me perturbe... Et je n'en suis qu'au début... Après cette pause, je rentre à l'auberge pour me reposer un peu. Je fais le tour du cadran et me réveille le lendemain matin.

Chutes d'Anisakan

Au mariage, une jeune femme m'avait indiqué des cascades à ne pas rater. Blandine, aussi, m'en avait parlé. Elles sont à vingt minutes en scooter de l'hôtel. Je tombe sur un Birman qui me propose de m'y déposer. À l'arrivée, je veux le payer mais il refuse tout en me souhaitant de passer une belle journée. Je reste plantée avec mes billets dans la main pendant deux longues minutes en le voyant s'éloigner. Où suis-je ? Je les range dans mon sac à dos et entame la descente vers les cascades. Le chemin est magnifique, je sillonne entre les montagnes. Le terrain est très cailouteux et super glissant. Je croise un chantier où des ouvriers travaillent sous 40 °C. En me voyant passer avec mon petit sac à dos, tous s'arrêtent et me regardent d'un œil intrigué... Ils doivent certainement se demander ce que je fabrique ici, toute seule...

Après une heure de marche entre des fougères qui me rappelle certaines marches néo-zélandaises, je commence à entendre le bruit des cascades. J'accélère, pressée de découvrir cette énième merveille de Dame Nature. Une dernière montée et le spectacle qui s'ouvre devant moi me transporte dans l'infiniment prestigieux. Ces filets d'eau qui se jettent avec force et générosité de ces falaises grisâtres et qui sont traversés par la lumière du jour offrent un son et lumière de toute beauté. Je suis seule, du moins pour le moment. En avançant, j'aperçois trois jeunes, assis sur des rochers à contempler les soubresauts toniques et vivifiants de la nature. Une petite pagode en or a été installée en face de ces chutes. Une quoi ? Je ne le savais pas mais une pagode est ce lieu de méditation et de recueillement qu'on offre au Bouddha. C'est somptueux. Je m'arrête quelques instants sur les rochers en face des chutes d'eau pour admirer. Je retire mes chaussures pour tremper mes pieds. Soudain, les jeunes sur les rochers ont disparu. Ils sont derrière moi. L'un d'entre eux se débrouille comme il peut en anglais et essaie de me parler. Il me demande comment je m'appelle et si je vais bien. C'est agréable d'avoir des personnes qui vous demandent si vous vous sentez bien avant de demander ce que vous faites dans la vie ! Ils m'invitent à me baigner. Je réponds par un gros oui de la tête, mais ils me disent qu'ils ne savent pas bien nager. Ils me questionnent à mon tour : est-ce que je sais nager ? « Oui, je me débrouille. » Et je les vois subitement partir pour revenir quelques instants après avec une bouée. « Prends-la et on t'aidera à revenir si tu n'y arrives pas. » Je prends la bouée et les remercie. Je m'éloigne pour mettre mon maillot de bain quand je les entends tous rire. L'un d'eux me fait comprendre qu'ici on se baigne tout habillé. Il n'en faut pas plus pour me pousser. Je ne réfléchis pas une seule seconde de plus et fais une bombe tout habillée en plein milieu de cette mare bleu turquoise et sous cette eau qui se jette en cascade. C'est d'une puissance et d'une liberté folles ! Cette eau qui me claque sur la tête me fait un bien incroyable. Je suis morte de rire et eux aussi. Ils ont envie de me rejoindre, je le vois bien. Après quelques instants de réflexion, les voilà avec la bouée et moi en surveillante de baignade. Cette baignade dans les rires me fait terriblement du bien.

On se découvre dans l'eau. Ils sont tous les trois étudiants à Yangon et viennent ici le plus souvent possible pour se ressourcer. C'est leur petit coin de paradis. L'un est cuisinier, l'autre encore étudiant et le dernier travaille à Yangon, mais je n'ai pas bien compris dans quoi. Après la baignade, ils me proposent de manger un morceau un peu plus loin dans la montagne. Je les suis et découvre une petite paillote improbable dans un tel endroit. Je commande un riz, car je ne veux pas trop leur faire vivre mes épisodes de camion à courir pour aller aux toilettes. Je vais les épargner. Il me commande du Coca et insiste pour un dessert. Quelques minutes plus tard, je me lève pour régler. Tout est déjà fait. Je n'en reviens pas... Ils viennent même de me racheter une bouteille d'eau pour le trajet retour. Ils sont au petit soin, avec un cœur pur. Ça se voit, se ressent... Ils donnent sans rien attendre. C'est étrange d'être confrontée à ça. Ce qu'il y a de plus étrange, c'est de le réaliser. Ce qui prouve bien que je suis loin d'être dans le don et sans arrière-pensée... Eux n'attendent rien.

Sur le chemin du retour, je vais le comprendre par une simple question : « *Savez-vous où je pourrais trouver un centre de méditation dans le coin ? J'aime énormément cet endroit !* » À ces mots, ils s'arrêtent net tous les trois et me regardent avec de grands yeux. « *Tu es intéressée par le bouddhisme ?! – Absolument, je viens ici pour découvrir l'un des pays le plus imprégné par cette philosophie ou croyance. Je ne sais pas trop comment la définir. Cette technique de méditation m'intrigue et j'aimerais la découvrir...* » Tous les trois se mettent alors à échanger en birman comme s'ils préparaient un plan d'attaque ! D'un coup, j'aperçois des étoiles dans leurs yeux. L'un me traduit leur conversation. Ils ont déjà en tête quatre monastères et me demandent si je veux partir avec eux en scooter pour me les faire visiter et essayer d'en trouver un qui m'accepte.

Ils sont emballés à l'idée de me voir passer quelques jours dans l'un des monastères de leur région. Ils vont consacrer tout leur après-midi à me faire visiter les monastères du coin. Moi qui ai grandi dans une famille chrétienne, je ne sais pas vraiment si je crois pour ma famille ou pour moi ! Je doute fortement de ma capacité à passer un après-midi à visiter des églises où trouver le meilleur office ! Cette force de donner envie de croire de ces trois garçons âgés de 24 ans me questionne. Je les suis, émue par leur enthousiasme. Ils souhaitent tous m'accompagner et sont super motivés. J'insiste : « *Donnez-moi les adresses, je vais y aller toute seule.* » Ils me regardent et me lancent : « *Si quelqu'un nous demande un jour de découvrir l'amour de soi et de Bouddha, jamais nous ne pourrons le laisser passer à côté de cette découverte qui a changé nos vies.* » À ce moment, je me dis à moi-même : « *Bon t'exagères un peu, frérot !* » Comme s'il comprenait, il me regarde, avec un grand sourire... « *On en reparlera.* » Je souris et les suis.

On part à trois scooters pour aller chercher des informations. Je monte derrière l'un d'eux, l'une de leurs copines nous rejoint et fait de même, et nous voilà partis sur les routes de Pyin Oo Lwin pour trouver une retraite express ! Premier monastère, deuxième, troisième, quatrième. Nous les avons tous faits... Ils n'accueillent que des confirmés ou bien les retraites pour débutants ont déjà commencé. Ils sont plus tristes que moi. Mais grâce à eux, mon envie a doublé. Ils ne pouvaient pas me donner plus envie. Je sors mon contact pour le monastère que j'avais déjà contacté dans le Sud. L'un d'entre eux connaît ce centre et décide de les appeler. Après quelques échanges, ils m'assurent que je suis bien attendue pour douze jours dont dix de silence total. En raccrochant, ils me serrent fort en me disant que tout est OK pour celui de Yangon.

Je suis super émue et ravie d'avoir partagé cet après-midi avec eux. Ils me déposent à mon auberge. On s'échange nos numéros pour se retrouver à Yangon. Je suis bouleversée de l'investissement qu'ils ont eu tous les quatre avec leur amie pour m'aider à découvrir la méditation. En partant, ils me souhaitent une dizaine de fois la bienvenue en Birmanie et insistent pour que je les contacte à la moindre hésitation ou au moindre problème. Ils n'ont rien. Je suis censée avoir tout et c'est eux qui me donnent le plus...

En rentrant dans mon auberge, je m'étale sur mon lit, les yeux grands ouverts pendant une bonne heure sur ce qui vient de se passer. Tout se bouscule dans mon être, la manière dont je suis, dont j'ai été et je serai avec les personnes qui m'entourent... Comment suis-je ? Tout ce que je constate, c'est que je suis loin de cet altruisme et de cette volonté d'aider mon prochain. Je suis encore trop centrée sur mon être, je pense. Trop centrée sur ma vie, mes problèmes et l'impact que ça peut avoir sur moi. Je ne comprends plus. Moi qui me considère comme ouverte d'esprit, je me retrouve déstabilisée par cette humanité que je n'ai jamais rencontrée. Cette gentillesse, ces sourires gratuits. Cette main constamment tendue vers son prochain, étranger ou voisin... C'est une philosophie de vie que j'avais oubliée, voire perdue... On est tellement abreuvé d'infos de tous les côtés sur l'individualisme, le moi inconditionnel, qu'on arrive à oublier la chose qui nous rend si heureux : faire du bien. L'homme est mille fois plus heureux en partageant des sourires, en donnant de l'amour gratuit qu'en attendant d'en recevoir ou d'échanger un sourire contre un autre. Cette force est inépuisable ; cette compassion est déconcertante voire trop intrusive pour moi... Je me parle toute seule sur mon lit qui grince dès que je bouge de gauche à droite. Je n'arrive pas à fermer les yeux. Recevoir autant d'amour d'un coup en un après-midi sans rien faire et rien demander est vraiment étrange. J'ai 22 ans et je n'ai jamais ressenti ça avant. Peut-être parce que je n'ai jamais donné de la bonne manière. Je ne sais pas. Je suis émue, heureuse, perplexe, anxieuse, épanouie... c'est un melting-pot de plein de sensations inexplicables.

Il va bientôt faire nuit, je n'ai pas faim du tout. Je vais aller me coucher, car demain je prends la route pour découvrir Bagan, l'une des villes les plus touristiques de Birmanie. Il me reste une semaine avant de redescendre pour le centre de méditation pour lequel je me suis préparée depuis le début de mon voyage. Je savais que je voulais faire ça, même si je n'avais rien réservé ni bouclé en avance. Je viens ici pour ça. Je pense être prête, mais chaque jour je me rends compte que ce qui m'attend est nécessaire, même si je suis loin d'imaginer ce qu'il va se passer durant ces dix jours de silence...

Le mirage de Bagan

Bagan, j'y resterai une nuit. C'est surréaliste, toutes ces pagodes au milieu du désert. Des pagodes à perte de vue, une sérénité et un calme immenses. Plus de dix mille temples et monuments ont été construits à l'apogée du royaume de Bagan, entre le XIe et le XIIIe siècle. C'est féerique. Paysage de film certes, mais c'est étrange il manque quelque chose.

J'ai loué un petit scooter et je pars tôt le matin avant que le soleil ne se lève pour pouvoir être le plus au calme possible, mais surtout être sur une pagode pendant le lever du soleil. Il est interdit de grimper sur certaines. La veille, je les ai listées avec un Birman croisé dans la rue, pour ne pas avoir de problème. Ce sont des monuments déstabilisants. En étant en face, on se sent tout petit. Ces pagodes sont des offrandes pour Bouddha ; des lieux de prière pour méditer, se retrouver et être en communion avec soi-même. C'est tellement étrange comme décor. Rien que du sable, très peu de végétation, comme un désert très sec avec des milliers de pagodes plus ou moins grandes.

Après deux jours de visites intensives, cap à l'ouest pour finir ma petite boucle au lac Inle avant de rentrer dans le centre de méditation...

C'est quand même étrange ce que je ressens. Je trouve cet endroit incroyable, mais quelque chose me dérange. Comme si l'ouverture de ce pays au tourisme international avait déjà corrompu l'esprit birman... Ici, les Birmans semblent avoir perdu leur sourire. Pourquoi ? Cette oasis de paix est devenue une pause à touristes transformée petit à petit en objet touristique qui va s'inscrire dans les manuels. Comment cette industrie du tourisme a chassé les sourires et le naturel qui jusqu'à maintenant m'avait touchée ? Je ne sais pas. Je n'ai pas les réponses à mes questions. Je constate, c'est tout. Et ça m'attriste... Qui aide qui ? À qui profite cette industrie ? Aux touristes ou aux Birmans ? Qui profite de qui ? Qui utilise qui ? Dans ma tête, je n'ai que des pourquoi, des constats qui posent des questions, des changements qui interpellent. Ce pays n'a pas besoin du tourisme pour vivre, il a déjà tout. Sous quel prétexte de développement allons-nous encore pervertir la mentalité de ces gens ? Ce soir, je suis saisie par un mélange de colère et de tristesse. Et si encore une fois ce n'était pas l'importation de notre modèle occidental qui transformait les cœurs et les regards ? Au nom de quoi, me dis-je ? Allons-nous imposer notre vision du monde, notre vision de l'économie, du développement, à un pays dont la richesse est peut-être ailleurs ? Toujours est-il que les Birmans sur cette terre en train d'être « touristiquée » semblent rogner sur leur âme d'enfant...

Kalaw

Six heures de route m'attendent. Je m'embarque pour trois jours de trek dans les montagnes birmanes. Arrivée à Kalaw, je tombe sur un homme d'une trentaine d'années, Ko Saw. Il deviendra mon guide pendant ces trois jours, ou plutôt notre guide car une jeune femme, nommée Eva, se joint à nous pour partir au lac Inle à pied. Le feeling passe tout de suite. Parfois il n'en faut pas beaucoup pour savoir que vous êtes avec la bonne personne. Un seul regard suffit. Je découvrirai quelques instants plus tard qu'elle est d'origine allemande ; intérieurement, je souris... Décidément, les Allemands ont vraiment quelque chose à me dire ou à m'apprendre.

Avant la marche, dernier achat : un chapeau. Ce sont les recommandations incontournables de Ko Saw. J'en profite pour aller au marché. Je tombe sur un chapeau de pêcheur birman en bambou. Parfait, ça fera l'affaire.

Dernière nuit avant le grand jour. Je suis dans une auberge au fin fond de Kalaw, perdue près d'un champ. En allant me coucher, j'entends du bruit sous mon lit. Ça gigote. Automatiquement, je retire mes pieds des extrémités. Pas un de mes orteils ne dépasse. Je me penche du côté gauche de mon lit pour voir d'où vient cette agitation nocturne. Je découvre la bouche entrouverte une armée de petits cafards qui s'en donne à cœur joie. Je pousse un cri : « *Oh my God !* » Il y en a deux énormes visibles et je n'ose pas regarder davantage sous mon lit. Je suis tétanisée... Il est déjà minuit, tout le monde dort. C'est l'angoisse et moi je ne peux plus fermer l'œil ! J'imagine aussitôt le plan d'attaque et l'objectif à atteindre pour détruire l'envahisseur... arriver dans la salle de bains sans toucher le sol. C'est drôle, mais moi quand j'ai peur j'imagine les pires des choses. Objectif : espérer trouver un produit sous les toilettes ou dans un placard. La salle de bains est à 2 mètres, les cafards sous mon lit, et je me prépare déjà à faire un saut comme si j'étais aux JO... Je regarde partout autour de moi, j'ai l'impression qu'ils vont tous me grimper dessus et rentrer dans ma culotte de pyjama ! Sans savoir pourquoi, quand j'ai peur je m'imagine toujours des millions de trucs les plus improbables. L'enfer. Il faut que je me calme, sinon je ne vais jamais dormir et demain lever 5 heures du matin, ça risque d'être impossible. Je trouve un vieux spray sous l'évier où il y a écrit je ne sais quoi en birman. Ce n'est pas grave, c'est quand même une arme... Je pulvérise sans m'arrêter un produit dont j'ignore tout. Toute la pièce en est remplie. Après quelques secondes, je suis encore vivante, mais j'espère que mes cafards sont morts. J'ai l'impression d'être à la guerre avec ma grenade et les soldats cachés dans les tranchées. C'est ridicule, je fais des bonds entre mon lit et le sol. Et j'entends toujours leurs petites pattes qui courent sous le sommier... Je pense que c'est l'un des insectes qui me dégoûte le plus. Je repense au marché thaïlandais où beaucoup de personnes les cuisinaient sur le barbecue. J'essaie de me rassurer comme je peux en me disant que si l'homme les mange c'est qu'ils ne sont pas si immondes que ça ! Je saute sur mon lit, les yeux et les oreilles à l'affût du moindre bruit. Je suis momifiée sous mon drap. J'ai pris mes écouteurs pour ne pas entendre leurs pattes courir dans ma chambre. Le produit n'a pas l'air d'avoir trop marché. Je me force à fermer les yeux et m'endors au bout de quarante minutes...

Le lendemain matin, mon réveil sonne ; premier réflexe, je soulève les draps brutalement comme si je ne m'étais jamais endormie pour m'assurer qu'aucun n'a eu envie de me faire un câlin durant la nuit. Rien à signaler pour le moment. En levant la tête, j'en aperçois un ÉNORME juste sur le mur derrière ma tête. Je fais un bond en avant. Effrayée par leur gros corps noir brillant et leurs pattes : ils bougent et se déplacent comme des guerriers. Je m'habille vite et espère ne pas en avoir dans mon sac. Par précaution, j'essaie de tout vider quand soudain j'en vois en sortir de ma chaussure de marche... « *What the fuck !* » Je pousse un cri et tente de me calmer. J'essaie de reprendre mes esprits. Je vide mon sac à dos dans son intégralité pour pouvoir tout ranger et replier. Il faut que je me dépêche, je dois bientôt rejoindre Ko Saw. Je saute sous la douche ; la seule que je vais pouvoir prendre avant quatre jours. Je m'habille et au moment d'enfiler ma deuxième chaussure, j'aperçois un cafard à côté de la semelle, à l'extérieur. Deuxième bond sur le côté. Je secoue de toutes mes forces la chaussure pour ne pas aventurer mon pied au fond sans vraiment savoir ce que je vais trouver. Rien. Soulagée, je prends mon sac, regarde si je n'ai rien oublié, je les vois me narguer sous mon sommier avant de fermer ma porte. Ça me donne encore des frissons. Je claque la porte, monte pour un petit déjeuner et rejoins Ko Saw à pied... Quelle nuit !

Trek au lac Inle

Avant de partir, je laisse mon gros sac à dos à un ami de Ko Saw pour qu'il puisse l'amener directement au lac Inle en voiture. Je pars uniquement avec mon petit sac à dos. Un K-Way, un bâton, un short suffiront pour trois jours. Jusqu'au départ, j'hésite à annuler ces trois jours de marche. La nuit d'enfer que je viens de passer et la pluie qui s'abat sur nous ne me motivent pas. Je regarde Eva, on sait qu'on pense exactement la même chose. J'attends sa réaction comme moteur. Au final, sans rien se dire, on lance un « let's go ». On attrape nos bâtons et on commence à marcher. « *Allez Ko Saw, on est prêtes. Partons vite avant qu'on ne fasse demi-tour, haha !* » Nous voilà partis dans les collines birmanes. Chaque pas est une nouvelle découverte. Dès les premières minutes dans le sentier, les couleurs me réchauffent...

Premier jour. La randonnée débute par la sortie de Kalaw à pied. Il est 6 h 30 du matin. La pluie claque sur nos épaules, mais la chaleur commence à monter aussi. On entame la traversée d'une forêt avec les sentiers déjà bien boueux. Rapidement, j'aperçois au loin les premiers champs d'un vert éclatant. C'est somptueux. Ko Saw nous indique que nous allons devoir tout traverser avant de rejoindre le premier village. Je suis excitée de passer à côté des premiers fermiers et des premières plantations. Chaque pas me fait découvrir d'autres couleurs ; c'est incroyable, je suis scotchée et reste sans voix. De toutes les manières, je sens que cette marche va me permettre de commencer mes exercices de méditation. Eva est aussi sous le choc des paysages, pas besoin qu'elle me parle pour que je comprenne... Les paysages deviennent de plus en plus beaux... Au moment d'apercevoir les premières femmes pieds nus dans la terre avec un sac en bambou accroché à leur front pour récolter leurs plantations, la pluie s'arrête et le soleil déboule en une fraction de seconde. C'est somptueux. L'eau coule encore sur leurs visages et le soleil éclaire leur sourire. J'en ai la chair de poule.

Au fur et à mesure de la marche, nous rencontrons de plus en plus de fermiers et de Birmans travaillant dans leur plantation. Je les trouve très timides, ils n'osent pas nous regarder dans les yeux ou se sentent gênés quand Ko Saw leur demande de se rapprocher. Je dis à Ko Saw de ne pas les déranger. Je me sens vraiment en sécurité, mais pas à ma place. Je ne souhaite pas les importuner ou les intimider alors qu'ils travaillent. Les femmes nous regardent avec des yeux stupéfaits. J'ai l'impression qu'ils ne voient pas forcément énormément de touristes. Ko Saw m'explique que de plus en plus de touristes empruntent ce chemin pour rejoindre le lac Inle et qu'ils commencent à s'habituer doucement à en voir traverser leur plantation...

On croise également des buffles, qui, eux, font de la résistance et n'arrivent pas à s'habituer à ces non-autochtones. Pourquoi l'instinct d'un animal est-il plus sensible aux personnes étrangères à cette terre ? Sont-ils devins ? À chaque traversée de plantation, ils nous observent d'un mauvais œil. Arrivés près d'un champ que nous devons traverser, certains travaillent avec leur maître pour retourner la terre. Je me souviens d'en avoir vu dans mes livres d'histoire. D'un coup, le buffle nous sent nous approcher, il se retourne et pousse un gémissement. On n'est toujours pas les bienvenus, ça, c'est certain. Durant la promenade, pas un buffle ne nous reconnaîtra comme faisant partie des siens. Ils sont pourtant d'une douceur inimaginable avec les Birmans et d'un respect impressionnant. L'animal ici est sacré, mais celui-ci tout particulièrement. Ko Saw m'explique alors qu'il a dû vendre le sien pour aller à l'école et prendre des cours d'anglais afin de gagner sa vie. Quand je pense que moi, je trichais pour sécher les cours, je me sens toute petite.

Nous parcourons 23 kilomètres dans ces collines et ces paysages de carte postale. Nous sommes accueillis dans une famille d'un village et je vois placardées sur les murs des photos d'Aung San Suu Kyi, la résistante et l'incroyable modèle féminin, un symbole si puissant pour toute la Birmanie. C'est l'une des raisons de ma venue dans ce pays. Je suis tellement impressionnée par cette force psychologique, mentale et physique qu'elle a eue. Je ne m'attarderai pas sur son histoire, mais je voue à cette femme un profond respect et un grand intérêt. Je me souviens alors de tous les articles lus à son sujet. Et je suis là, face à son portrait dans une famille birmane qui a, elle, vécu l'oppression, la guerre et la peur de ne jamais se voir libérée de la dictature de la junte. Je suis dans la réalité et non devant un article de presse au bord d'une terrasse en train de prendre un café. La famille me regarde scotchée devant le portrait et me parle en birman. Je ne comprends pas. Ko Saw me traduit. Il m'explique que tous les matins ils font une prière devant cette affiche pour la remercier et lui envoyer tout leur amour et leur soutien. Ils m'invitent à m'installer dans la salle principale où des tapis sont posés pour que nous puissions passer la nuit. En dessous, nous avons deux buffles comme voisins de palier et au-dessus la place pour faire passer les petits oiseaux. Après le dîner extrêmement copieux préparé par leurs soins, je suis gênée de tout ce qu'ils nous proposent. Après avoir bien mangé, je m'écroule sur mon petit tapis avec une couverture. En voyant le plafond et en entendant les buffles gémir, je me mets à exploser de rire tellement j'apprécie ce changement de vie et la découverte de leur mode de fonctionnement.

Moi qui, d'ordinaire, râle lorsque j'entends des gouttes d'eau tomber sur le lavabo et rompre le silence de la nuit, ici le son de la nature me rassure et me ravit. Ça me fait sourire et je réalise à quel point je me plains pour des choses inutiles et que je dois sérieusement changer. Comment pour le moment ? Je ne sais pas ! Pourquoi ? Je n'ai pas la réponse. Le bonheur n'est pas là où on l'attend et encore moins dans mon confort. Si je ne suis pas dans le partage, dans l'écoute, dans le don, je ne serai jamais heureuse.

Après le dîner, j'échange quelques mots avec Ko Saw qui m'explique que ce sont des amis de sa mère. Je lui murmure que je le trouve splendide. Il respire la bienveillance, la gentillesse, la bonté du cœur. Son visage désarmerait toute personne tant il inspire la confiance. Quelle force dans cette sérénité... Sans même pouvoir échanger, on est déjà contaminé.

La nuit tombe et mes yeux commencent à se fermer naturellement. Je repense à toutes ces couleurs depuis ce matin et m'endors en m'enfonçant dans les plantations verdoyantes. En deux minutes, je suis déjà loin en train de me balader dans ces décors de rêve.

Deuxième jour. Réveil au petit matin. La journée commence tôt. On suit notre guide qui décide de sortir des sentiers battus. C'est assez excitant, car le chemin est de moins en moins visible et on a vraiment l'impression d'être perdus au milieu de toute cette végétation... C'est magnifique. Pour le déjeuner, nous nous sommes arrêtés dans une gare au milieu des montagnes ! C'est étonnant, car depuis ce matin nous traversons des villages qui ne connaissent pas encore l'électricité. Après ces kilomètres, au milieu de montagnes, nouvelle surprise : une voie ferrée. Beaucoup de Birmans autour attendent certainement le passage du train. Je suis dans un univers jamais imaginé, jamais vu, je vis une hallucination.

Je décide de me poser sur un petit tabouret pour reprendre mon souffle et admirer ce tableau vivant. Ko Saw arrive et me propose de me mettre sur le visage une crème pour la peau en guise de crème solaire et de protection. Thanaka, ce n'est pas le nom d'un combattant ou d'un guerrier birman, mais juste le nom de cette crème, dont Ko Saw m'explique la signification exacte. Les Birmanes sont complexées par la couleur de leur peau due au travail dans les champs. Pour la protéger et rester féminines, elles s'appliquent ce breuvage sur leur visage. J'accepte. La couleur est jaune opaque. Ko Saw s'en amuse. Les Birmanes m'entourent et sont heureuses de me voir mettre leur produit sur ma peau. On ne peut toujours pas communiquer, mais nous sommes contents de partager ce moment ensemble. Tout le monde essaie de me la mettre le mieux possible. Comme si j'étais dans un salon d'esthétique. Les garçons, très timides, n'osent pas me regarder. Quelques minutes plus tard, trois femmes venues de nulle part arrivent avec des pots entiers de thanaka et m'en offrent pour la fin de mon voyage. Je me sens gênée et touchée devant tant de délicatesse et d'attention. Je souris, émue, et les remercie très fort.

Soudain, j'entends retentir un bruit de cloche, le train arrive. À ma gauche, les rails sur lesquels des centaines de Birmans sont assis dessus en attendant de l'apercevoir. Dès que le train est à portée de vue, des cris fusent dans tous les sens et des dames surgissent, prêtes à vendre leur nourriture, leurs fleurs ou autres à travers les fenêtres. Le train s'arrête, des visages, des sourires à ne plus finir. Je ne peux regarder quelqu'un dans les yeux sans qu'il me dise bonjour et m'envoie un bisou ou me fasse un signe de la main pour me souhaiter la bienvenue. Une dose d'amour non verbal en pleine face ! C'est incroyable. En quelques minutes, tous les passagers passent leurs mains à travers les vitres pour acheter de quoi se nourrir ou se désaltérer. Les montagnes nous entourent. C'est un vrai décor de cinéma, les Birmanes sont magnifiques. Je suis sur une autre planète. Je n'ai jamais vu ce genre de chose auparavant. J'aperçois derrière, au loin, une dizaine d'enfants moines qui descendent la colline d'en face pieds nus, crâne rasé, mains jointes. L'image est magnifique. J'ai l'impression d'employer toujours le même vocabulaire pour décrire mais aucun autre mot ne me vient. Les toges marron qui descendent la montagne avec ce vert en fond sont un vrai tableau. Ko Saw a dû me répéter cinq fois mon prénom pour me faire bouger du petit tabouret. Mon cerveau s'arrête pour laisser place à ma vue. Plus aucune chose ne compte à ce moment précis. La terre s'arrête, personne ne peut m'atteindre.

Je repense alors à tous ces villages sans électricité ou sans eau potable. C'est choquant de voir le contraste entre notre pays qui croule sous les décorations de Noël ou bien les lampadaires qui éclairent vingt-quatre heures sur vingt-quatre les vitrines de magasins et eux qui sont heureux d'avoir assez de bougies pour s'éclairer. C'est improbable et ça fait beaucoup réfléchir sur la chance que j'ai, mais surtout cela me permet de me rendre compte de plus en plus des choses essentielles. Mais une question me vient... Est-il possible de se rendre compte toute notre vie de la chance que nous avons de ne pas avoir grandi dans un pays en guerre ou sans eau potable ? Est-il possible de grandir dans ce confort et d'en avoir conscience ? Comment pouvons-nous relativiser et apprendre à goûter réellement la beauté de notre pays et la chance que nous avons d'y vivre... Doit-on être dans la misère pour pouvoir comparer et apprécier ? L'homme est-il comme ça ? Ou le devient-il ? Je ne sais pas. Toutes ces questions arrivent comme les wagons d'un train, les unes à la suite des autres...

Tout à coup, je reçois une tape sur l'épaule : un Birman me montre Ko Saw au loin qui attend que je me lève pour le suivre. Je suis partie trop loin dans mes pensées. Je prends une gorgée d'eau et me voilà repartie.

Dernière nuit chez l'habitant avant de rejoindre le lac Inle. Je souhaite passer ma dernière soirée dans la cuisine familiale. Ils sont gênés de nous le proposer. Ce n'est pas grave, j'y vais. Je trouve ça plus sympa pour parler. C'est super comme expérience. Eva est aussi à mes côtés. J'ai tissé une amitié très forte avec elle depuis ce début de marche, mais surtout on se comprend parfaitement. On échange beaucoup sur sa vie et la mienne et j'apprends beaucoup d'elle. Elle est très grande, blonde avec d'immenses yeux bleus, mais plus que ça, elle est curieuse, sensible, intéressante et à l'écoute des autres. Elle se met à la place de chacun et n'est pas dans le jugement. Qu'est-ce que ça fait du bien de rencontrer des gens qui acceptent les autres comme ils sont !

Le dîner est copieux et varié. N'ayant pas d'électricité, ils essaient de nous faire une petite décoration, avec des bougies dans des boîtes de sardines pour nous éclairer. C'est joli. Je vais près du feu avec Ko Saw pour discuter un peu. Nous échangeons sur sa vie, sa famille. C'est passionnant. Une vie personnelle chaotique, une situation pas évidente, mais une gaieté et une joie de vivre immenses. Il est bien, ne demande rien, ne réclame rien et ne raconte rien pour gagner plus. Il est vrai et n'attend qu'une seule chose, qu'on soit heureux dans son pays oppressé depuis des années. Être libre, c'est sa seule envie. Ko Saw finit son discours en me parlant de la puissance du bouddhisme et de la force qu'il en a retenue. Une pureté, un détachement face aux choses matérielles et une compassion qu'il essaie chaque jour d'entretenir. Il me demande d'imaginer ma vie sans compassion. Et ensuite de faire l'inverse... Il me souhaite bonne nuit et part se coucher. Je me retrouve près du feu à cogiter pas mal sur cette dernière phrase. Je repense à ces familles rencontrées sur mon chemin, ces échanges, la plupart du temps non verbaux mais avec des regards et des sourires. Des sourires qui vous transpercent, qui vous donnent envie d'aimer chaque jour encore plus. Il y a quelque chose qui se passe dans ce pays, avec cette population. Un partage inexplicable et une envie d'aimer sans compter ni analyser. Je n'ai jamais ressenti cela avant. Jamais.

Je reçois des gouttes sur ma tête comme pour me rappeler à la réalité. Mon lit m'attend. Nous sommes tous allongés dans la pièce principale avec des petites couvertures qui font office de matelas. Je me glisse dans mon sac de couchage. Pour m'accompagner dans mon sommeil, des gouttes claquent sur mon front... Je n'ai pas le temps de me sentir trempée, je m'endors comme un bébé...

Troisième jour. Le lendemain avant de partir, je pars me promener pour découvrir un peu plus ce petit village. On m'avait indiqué une pagode sur les hauteurs. Je souhaite m'y aventurer avant de finir ce troisième jour de marche. Je commence à suivre le sentier et je vois au loin Eva qui me suit. Un scooter passe à mes côtés. Il s'arrête, je ne réfléchis pas et monte derrière lui. Sans lui demander. Je ne sais pas pourquoi. Pulsion. **Une communication par le sourire va parfois plus vite que les mots et les courtoisies.** Pas de destination, une confiance, un sourire et on y va. Je me retourne sur le scooter et fais un signe à Eva ! Elle accourt et monte derrière moi. Nous sommes trois sur le deux-roues. Il ne parle pas un mot d'anglais, démarre et nous voilà partis sur les collines vers une destination inconnue. Eva me demande plusieurs fois : « *Mais qu'est-ce que* *tu fous, haha ! Pourquoi je t'ai suivie ? »* Je lui réponds, morte de rire : *« T'inquiète, tout va bien se passer ! »* Je suis si heureuse.

On parvient en haut d'une colline, une vue à tomber. On peut voir toutes les plantations... on ne communique même pas toutes les deux, émerveillées de voir où nous sommes arrivées. Je partais pour trouver une pagode, je me retrouve avec Eva, un inconnu birman en haut d'une colline, une vue de carte postale sans rien autour, des buffles, des belles Birmanes en train de travailler dans les champs et moi qui regarde ça avec mes yeux d'enfant. Pourquoi leur visage a quelque chose que je n'ai jamais vu avant ? Il n'est pas vicieux, leur sourire n'est pas intéressé, leur gestuelle pas déplacée. Ils sont tout simplement encore bien trop purs pour mon esprit trop formaté. Le fait de m'en rendre compte signifie qu'il y a un souci dans ma façon de penser.

Au bout de quelques minutes, je me dis qu'il est temps de retrouver la pagode initialement prévue pour ne pas inquiéter Ko Saw. Le chauffeur du scooter comprend très bien que je ne sais pas du tout où nous sommes. On en rigole tous les trois, et il nous demande de monter derrière lui encore une fois. Je comprends qu'il doit retourner dans le village de ce matin pour aller chercher de l'essence. On remonte derrière lui et il nous rapproche de l'entrée du village. Je suis nu-pieds et c'est agréable d'être sans souliers. Au final, on arrive à côté de la pagode. On descend et on échange un gros câlin avec lui. C'est étonnant, car les Birmans sont très timides habituellement et assez distants. Après plusieurs minutes de montée, on parvient au pied de la pagode. Nous nous asseyons à l'entrée et des enfants arrivent. Quatre exactement, de 3 à 9 ans. Ils sont si étonnés de nous voir ici ! Par chance, j'ai mon cahier d'écriture avec moi : je déchire quelques pages pour pouvoir transformer ces marches en atelier coloriage. Chaque personne se met à faire un dessin, c'est super fort. On commence par essayer de comprendre leur prénom. Ils repartent tous avec leurs œuvres. J'ai l'impression de leur avoir offert un appartement. Vêtus de rien, ils ont le cœur plus gros que le mien. J'ai une petite dans les bras, pendue à mon cou, ses yeux percent les miens. J'ai du mal à la lâcher pour rejoindre Ko Saw. Après ces échanges de coloriage et de dessins, on continue notre périple. Il ne faut pas trop tarder à redescendre pour aller chercher nos affaires et reprendre la route. Je suis heureuse de vivre ces moments uniques avec les familles et de comprendre vraiment d'où ils viennent et comment ils vivent. Comment prient-ils et comment partagent-ils tout ce qu'ils ont, jusqu'à leur lit ? Comment une population peut-elle être aussi accueillante… ?

En retrouvant Ko Saw pour finir notre troisième journée, je comprends que c'est déjà la fin. Vingt-trois kilomètres le premier jour, vingt le deuxième et dix-sept pour aujourd'hui… Je suis très proche de mon guide. J'ai l'impression qu'il a beaucoup de choses à m'apprendre sur la vie et l'histoire des Birmans. Comment être plus proche de notre cœur et de la réalité des choses qui nous entourent ? Je fais quasiment toute la route juste à ses côtés pour continuer d'apprendre et parler avec lui. Sa mère doit aller à l'hôpital : elle est gravement malade, et je réalise la chance que j'ai d'être née France, mais surtout de pouvoir entretenir ma Rosy à Paris. Merci à notre médecine de nous aider à affronter certaines maladies si difficiles à guérir dans d'autres pays. C'est si facile de l'oublier...

Mais pourquoi est-ce difficile de trouver un équilibre entre le soin, l'excès de soin, la peur de manquer de soin, les conséquences du soin, la peur d'être mal soigné ? On passe d'un extrême à l'autre... Comment trouver l'équilibre ?

En parlant de maladie, où en est ma Rosy ? Je n'ai jamais été aussi en confiance avec elle. Mon corps est au top. C'est alors que je comprends pour la première fois depuis mon départ que je n'ai pas ma trousse de survie avec moi. Celle à l'intérieur de laquelle il y a un traitement à prendre en urgence en cas de poussée. Ma boîte de secours est restée à Kalaw, à trois jours de marche. Alors que je suis en train de parler à Ko Saw, je m'aperçois soudainement de cette absence et m'arrête net de parler. Je suis ailleurs et un sentiment immense de liberté m'envahit. J'ai envie de pleurer de joie. Ko Saw me regarde avec un grand sourire, il a bien vu qu'il se passait quelque chose, il pose sa main sur mon épaule, me fait un large sourire et s'en va... Il y a encore quelques semaines, je ne pouvais pas passer une seule journée sans vérifier qu'elle était bien là, pas écrasée par mes affaires, bien rangée et protégée. Et aujourd'hui au milieu de nulle part, à trois jours de marche de cette trousse, je souris et j'exulte à l'idée du pas que je viens de franchir... Je suis libre. Cette réalité me plonge dans un profond silence.

Pendant une heure, je marche seule sans rien dire, les yeux vissés sur mes souliers. Je comprends que je suis sur le bon chemin ; chaque pas est une victoire et de les voir avancer me transcende

*et me donne une joie inouïe. J'ai envie de crier :
« J'ai réussi ! » « Oh là ! calme-toi Rosy ! Tu n'as
rien fini encore, ma cocotte ! » Ça me fait du bien
de le comprendre et d'être sûre que ce voyage est
la meilleure chose faite depuis vingt-deux ans. Je
suis si heureuse d'être ici et je prends progressivement conscience de l'importance de mettre un
pied devant l'autre, au sens propre comme au
figuré. Mes yeux ne lâchent plus mes souliers qui
avancent, déterminés.*

La pause rafraîchissante m'extirpe de mes pensées et me ramène à la réalité. Il fait chaud et j'ai soif. On s'arrête près d'un buffle sur lequel cinq enfants sont assis, comme sur un poney en bois. Mais c'est un buffle, un vrai... Trois tonnes de muscles.

*Ces marches deviennent de vraies méditations
et cet après-midi j'en ai pris pour mon grade.
Mes pieds m'ont fait comprendre que ma tête
disjonctait souvent par des excès d'autorité complètement incompréhensibles... Pourquoi y penser sur un sentier de 30 centimètres de large ?
Parfois j'ai des montées de stress ou d'anxiété
difficilement contrôlables, et là je m'en prends à
la première personne présente dans mon champ
de vision. Je peux être lunatique et je ne saisis
pas encore d'où cela peut bien venir... J'ai envie
de comprendre de quoi j'ai peur et pourquoi je
n'arrive pas à être détachée et calme face à ce
qui m'entoure quand je ne le contrôle pas ni
ne le décide. Que ça soit dans mon couple ou
dans mes relations, j'aime avoir le dernier mot.
Ça peut être formateur, mais de temps en temps
destructeur pour moi et les gens qui m'entourent.
Difficile de me rendre compte de ça et de ne pas*

avoir quelqu'un à mes côtés pour parler français et échanger, une amie ou une personne qui me connaît. Je suis seule en train de marcher avec toutes ces pensées qui se heurtent sans avoir de réelles réponses… Pourquoi je me pose constamment des questions ? Pourquoi mon cerveau ne s'arrête pas de réfléchir ? Où se trouve le câble pour débrancher s'il vous plaît ?

Cinquante-trois kilomètres déjà parcourus, il me reste 7 kilomètres avant de toucher le but. J'ai hâte d'y être et de découvrir ce fameux lac ou plus exactement cette étendue mythique. L'image de ses pêcheurs trotte dans mon esprit depuis le lancement du projet. Pour le moment, je suis encore à côté de Ko Saw en train de profiter de nos derniers échanges… En trois jours de marche, il est devenu un ami. Comment à chaque rencontre, autant d'émotions si pures et si simples peuvent-elles s'installer entre deux personnes si différentes ? Elles sont incontrôlées, spontanées et libérées de tout conformisme. Le cœur parle avant le cerveau. C'est comme si nous redevenions animal avec un instinct plus fort que notre raison. Je dirais même qu'il se passe une vraie réaction énergétique naturelle entre deux personnes inconnues. Face à un cœur aussi ouvert et généreux, on est vite déstabilisé ; moi-même je ne parviens même pas à donner un centième de ce qu'il m'offre.

L'heure de la séparation arrive. Ko Saw nous dépose au bord du lac et nous indique une pirogue qui nous permettra de traverser le lac et de rejoindre la ville à l'opposé d'où nous sommes. Avant de monter à bord, on se serre très fort dans les bras et on lui remet un dessin qu'on a fait avec Eva. C'est un portrait de lui avec son chapeau et son bâton de pèlerin. Nous montons dans la pirogue motorisée et pilotée par un de ses amis. Il reste seul sur la rive. On le sent ému, tout comme nous. Au revoir, grand frère birman, ton souvenir demeurera indélébile ! Arrivées de l'autre côté c'est Éva à qui je dois dire au revoir… même si je suis habituée à voyager seule, j'ai toujours un pincement au cœur en quittant chaque personne ayant partagé un bout de chemin avec moi.

Première expérience du silence

Mon monastère arrive à grands pas et depuis mon arrivée dans le Nord, tout m'y prépare. Je me sens de plus en plus prête et comprends de mieux en mieux ce qui m'attend. Mais une dernière chose doit être réglée. J'ai la chance d'avoir signé l'Argentine comme échange universitaire pour mon master 2. Afin de valider ce projet, je dois passer un oral d'espagnol. Ça ne pouvait pas mieux tomber, perdue en Birmanie. Super, moi qui parle anglais depuis quatre mois, je dois essayer de réviser quelques mots d'espagnol. J'ai tout oublié. Je décide de me rendre dans un hôtel pour avoir Internet. Je passe mon oral d'espagnol dans le hall d'un hôtel birman dans lequel je ne suis même pas cliente. J'ai le temps de noter des phrases sur un bout de papier. Je le passe avec le sourire et laisse le futur décider pour moi. Zéro stress ! Au moins, je suis débarrassée et je n'aurai pas à y penser dans ce monastère. Je ne vais déjà pas m'arrêter de réfléchir, donc si je peux essayer de m'alléger l'esprit ça ne me fera pas de mal.

Durant ce passage au lac Inle, j'ai rencontré une multitude de personnes. J'ai l'impression que ça devient une drogue de découvrir les autres et leur histoire. La rencontre m'apaise et me stimule. On me propose de partir avec plusieurs personnes rencontrées la veille pour faire un tour en pirogue. Je suis partante et embarque avec eux. Ce voyage sera l'un des premiers silencieux… et sera très atypique. Nous sommes éblouis par ce paysage, la beauté des pêcheurs debout à l'avant des bateaux avec leur rame accrochée à leurs pieds, les oiseaux volant à côté du bateau et les plantations multiples de fleurs et de végétation qui bordent la rive. Mais surtout ces sourires à n'en plus finir. La découverte durera tout un après-midi.

J'en ai eu plein les yeux certes, mais mon cœur est bien trop chargé après cette première étape au nord de la Birmanie. Je souhaitais découvrir un peu du pays, rencontrer des locaux et j'ai réussi ! Je désirais – et désire encore – surtout comprendre l'amour de la méditation que chaque Birman a et renvoie. Je n'ai pas touché encore à ce dernier dessein, mais je suis intimement convaincue que cette force et cet apaisement qu'ils ont ou qu'ils renvoient proviennent de cela. Ces premières étapes en Birmanie me permettent de mettre un pied dans cette réalité sans vraiment savoir comment. Je ressens cela comme indispensable pour ce qui m'attend. La suite de mon voyage commence dans deux jours. J'ai le sentiment que la préparation a été bien faite, maintenant je ne sais pas si je vais tenir, mais au moins je pense avoir fait les choses dans le bon ordre. Quarante-huit heures plus tard, je dois prendre mon bus pour redescendre dans le Sud et arriver à Yangon. Treize heures de route s'annoncent.

Premier monastère

Nous sommes le 6 juin. Avant de monter dans le taxi qui m'amènera au centre, mon portable sonne. Étonnée, je décroche. Je suis stupéfaite d'entendre qui est au bout du fil. Mes amis birmans rencontrés à Pyin Oo Lwin dans la cascade se sont souvenus de mon entrée au monastère ce jour. J'entends leur voix m'encourager, mais surtout me rassurer et me convaincre de ne pas lâcher ! Je suis chamboulée par cet appel. Ils ne mesureront jamais la force qu'ils viennent de me donner. « *Ils se sont souvenus de moi... ils se sont souvenus de mon entrée ce jour-ci.* » Je n'en reviens pas. Quel cadeau ! Je monte dans le taxi, méditant sur ce dernier échange qui finalement rend cet inconnu attirant, mais questionnant. « *Combien de personnes seront là ? Serai-je toute seule dans ma chambre ? Vais-je craquer dès les premiers jours ? Comment réussir à ne pas bouger ? Stop Marine. Tu verras, merde.* »

L'entrée

Le taxi me dépose. J'aperçois le panneau « Dhamma Joti Vipassana Meditation Centre ». J'y suis. Je pousse la porte et arrive dans une petite cour. Je regarde autour de moi, comme si j'avais atterri sur une autre planète. Je suis à l'affût du moindre bruit ou de toute personne que je pourrais croiser. Je suis le petit chemin avec un panneau indiquant l'accueil. En arrivant, je vois des Birmans à leurs bureaux avec des personnes répondant à des questionnaires. Je ne comprends pas bien où j'atterris et par quoi je dois commencer. Un jeune d'une vingtaine d'années m'indique de patienter sur le côté. Après dix minutes d'attente, c'est à mon tour. Je m'assois et essaie de bien me concentrer, comme si j'allais passer un entretien. Il me donne un papier où des questions me sont posées : les raisons de ma venue, comment j'ai trouvé ce centre, qui j'ai contacté avant d'arriver, etc. J'ai donc expliqué l'intrusion de ma Rosy sur papier et ma volonté depuis longtemps de découvrir cette culture bouddhiste et les joies de la méditation... Je remets le questionnaire rempli, donne mon passeport et il vérifie mon visa.

Il m'indique dans un anglais hésitant qu'en tant qu'apprentie méditante, je dois aller voir le gérant du centre pour m'entretenir avec lui. Je pense tout de suite que j'ai oublié ou fait une bêtise. Je comprends peu après que chaque novice doit passer par le bureau du responsable pour s'assurer qu'il est au courant de toutes les règles et qu'il est vraiment prêt à mettre son confort et sa langue de côté. Quelques minutes plus tard, me voilà face à lui. Il commence à me poser plusieurs questions sur ma motivation et mon envie de découvrir cette méditation. Je réponds que je me suis préparée psychologiquement. Il insiste sur un ton grave et suspicieux, tout ce à quoi je ne m'attendais pas ou du moins ce que je n'avais pas envie d'entendre. « Vous sentez-vous prête à ne pas quitter le centre jusqu'au douzième jour ? » Je mets bien cinq secondes à répondre avant de lâcher un oui déterminé, mais intérieurement je flippe... Il enchaîne d'une voix grave : « *Savez-vous que beaucoup de touristes partent avant la fin ? Allez-vous faire pareil ?* » Pourquoi me demande-t-il ça ? C'est vraiment aussi dur ? Ça commence à m'inquiéter.

« *Non monsieur, je vous promets de faire de mon mieux.* » Il me demande de lui promettre les yeux dans les yeux de rester jusqu'au bout. Je le lui répète donc, dans les yeux. J'essaie de lui montrer ma volonté réelle et non touristique de faire ce séjour. Il m'explique qu'il ne supporte pas les gens qui viennent ici et qui prennent cette retraite à la rigolade ou le lieu comme un centre de détente et qui partent au bout de deux jours. Je comprends alors que l'exercice n'est pas simple. J'essaie de ne pas y penser et de rester concentrée sur la manière dont je vais gérer la chose. Je lui souris une dernière fois. Il me regarde, me renvoie un grand sourire beaucoup plus doux et sincère que ses premiers mots. Je lui tends la main comme gage de ma volonté, sans savoir qu'ici les maîtres ne doivent pas être touchés... Surpris, il m'observe avant de me serrer la main. On laisse tous les deux échapper un rire et un sourire. Marché conclu. Je sais que ce n'est qu'un papier et que je peux partir dans tous les cas à n'importe quel moment de mon séjour, mais il permet de responsabiliser les débutants, et surtout les touristes souhaitant découvrir cette technique... Certes, ce centre est totalement gratuit ; on y est logé, nourri durant tout le séjour mais ce n'est un hôtel ni un endroit gratuit pour économiser. La seule chose que nous pouvons faire, c'est un don à la fin du séjour.

Je reste pas mal secouée par cet échange assez brutal lors de mes premières minutes ici. Une gérante du centre m'invite à la suivre. Je récupère un drap et une moustiquaire. Je vois au loin une sorte de lotissement à un étage. Des chambres avec une porte en bois devant chacune au rez-de-chaussée et à l'étage. J'espère être à l'étage.

Je ne sais pas pourquoi, ça me rassure. Nous montons et elle me montre ma chambre. « *Yes ! Je suis en haut.* » Elle me demande de m'installer, mais de ramener mes affaires personnelles à l'accueil dans un casier où tous mes biens seront gardés durant ces dix jours. Je n'ai le droit à rien, aucun cahier, aucun stylo, aucun livre pour me divertir, aucune photo pas même un marque-page. J'ai deux habits pour méditer, je prends cinq culottes, et c'est tout. Elle me salue puis me laisse.

En rentrant dans ma chambre, l'émotion est trop forte. Je découvre alors la pièce dans laquelle je vais dormir et vivre pendant douze jours dont dix sans pouvoir parler ni me divertir. L'émotion d'être enfin arrivée à cette étape s'ajoute à la peur du manque, mais surtout à la force et l'envie d'aller jusqu'au bout… Ce cocktail d'émotions est bien trop fort. J'explose en pleurs, je me pose sur mon sommier et observe tous les recoins de ma chambre qui ressemble plus à une cellule. Les murs sont poussiéreux, le sommier et le sol également. La moustiquaire est trouée et j'entends les gouttes du lavabo qui claquent sur l'évier, aussi lourdes que les larmes sur mon visage. Je me lève pour aller voir les toilettes, je tombe sur une fourmilière installée derrière et une fenêtre au-dessus qui ne se ferme pas. Puis dans la salle de bains, rien d'autre que du carrelage, une sortie d'eau pour se doucher et un lavabo bancal qui fuit. J'ai un ventilateur accroché au plafond qui fait un bruit d'aéroport dès qu'on l'allume. Je suis vraiment au plus mal, je vois tous les détails horribles et je n'arrive pas à m'imaginer ici pour aussi longtemps… Mes fenêtres n'ont pas de vitre, mais une toile trouée recouverte de morceau de scotch, permettant de faire un petit courant d'air. Mon cœur est lourd de peur, mais aussi de l'envie d'y arriver. Un vrai paradoxe. Je sais que je suis sur le bon chemin et que je dois rester, que je dois le faire. Mais oui j'ai peur, oui je suis terrorisée. Je me motive... « *Marine tu vas voir : c'est la bonne solution. J'en suis certaine.* » Dans mon canapé à Paris à écrire ce passage de mon voyage, d'un coup mes larmes montent et se transforment en torrent, rien qu'à l'évocation de ce souvenir : je suis dans ce monastère, j'y suis bel et bien. Je suis dans ce centre de méditation avec ma Rosy et mon sac à dos, comme prévu. Tout était écrit et j'ai réussi à suivre le chemin sans dévier, ni annuler.

Je suis heureuse que ma Rosy m'ait accompagnée jusqu'ici. Je repense soudain à toutes mes conversations quelques jours auparavant avec ma famille et mes amis. Je me souviens de leurs mots, de leurs encouragements, de leur confiance et de leur force pour me pousser. J'ouvre une dernière fois mon carnet pour écrire et vider mes larmes avant de le laisser dans mon casier à l'accueil. Mon stylo tremble, mes jambes aussi. Je me sens si proche de toi, Rosy. Si proche, j'ai l'impression de t'entendre, j'ai l'impression que tu sais aussi pourquoi je suis ici. Tu sais très bien que c'est pour toi, et grâce à toi peut-être, que je suis ici. « Grâce ? » Je saurai le dire à la fin... Je ne serais jamais arrivée jusqu'ici sans toi. J'entame un discours intérieur très fort avec elle. Assise par terre à regarder le plafond les yeux noyés et le cœur serré, je me sens de plus en plus forte et mes émotions s'en ressentent. Il m'est nécessaire de craquer. Je suis la première à penser que je suis capable de vivre avec peu, me doucher à l'eau froide ou dormir par terre. Mais à cet instant, je ne sais pas ce qu'il m'arrive, c'est comme si la peur avait remplacé le reste. La peur de trouver des choses chez moi qui m'effraient, de ne pas réussir à gérer ce strict minimum. La peur d'être face à mes faiblesses sans pouvoir parler. Je décide d'écrire à tous mes proches mes dernières lignes pour leur demander de m'envoyer leurs pensées et de m'aider à affronter ces dix prochains jours. J'aimerais que ma famille entende à quel point je vais avoir besoin de leurs pensées, j'aimerais aussi transmettre tout mon amour à ma petite sœur, ma maman et mon papou... C'est bizarre de dire ça, on a l'impression que je vais mourir... Mais je ressens cette sensation...

« Chers copains, vous devez être au taf ou occupés à faire autre chose mais si vous pouviez penser à moi et m'envoyer des forces, ça risque d'être compliqué, je le ressens déjà... »

Ça va me faire un bien fou de tout vider, mais je ne sais pas comment rester sans bouger quelque part pendant si longtemps. Sans avoir de crampe ou même vouloir parler avec ma voisine de palier. Bon, tout ça je vais le découvrir dans quelques instants. Flippant, très flippant. Je commence à préparer mon sac pour le mettre dans mon casier verrouillé à l'entrée du monastère. « Je vous laisse... Dix jours dans une vie... Ce n'est rien... Allez Rosy, allez Rosy bordel. Allez ! On se ressaisit... à dans dix jours... »

J-1

Le premier jour, c'est aujourd'hui. J'arrêterai de parler après la première méditation. J'ai encore un après-midi pour m'installer et découvrir les lieux...

J'ai prévenu mes proches pour l'absence de nouvelles. Je quitte ma chambre avec mes affaires sur le dos. Arrivée à l'accueil, je les donne et repars dans ma chambre avec uniquement ma tunique. Je m'allonge sur mon sommier pour me poser quelques minutes et accuser le coup. Ça durera tout l'après-midi...

Le seul et unique moment où je pouvais discuter avec les autres méditants, je le passe à dormir pour supporter le choc. En me réveillant en sursaut, je me rends compte que la première séance débute dans cinq minutes et qu'après cela, les dix jours de silence commenceront. En descendant, je vois les autres finir leur conversation. J'essaie de parler avec quelques-unes, mais nous avons à peine le temps d'échanger nos prénoms... Je suis triste de m'être privée de cet échange et je suis trop émue pour me contenir... Une Birmane nous indique de la suivre dans la salle de méditation, le Dhamma Hall. J'y vais, sans vraiment savoir ce qui nous attend. Nous sommes en file indienne devant la porte et chaque méditante est appelée par son prénom et son âge par ordre décroissant. Les plus âgées commencent à s'installer au premier rang, au plus près de la chef méditante. Je ne comprends rien au début. Pourquoi cet appel par nom et par âge ? Pourquoi cette mise en ligne ? Je me laisse porter. Je suis l'une des dernières à rentrer. Ma place est indiquée par une étiquette où figurent mon nom et mon prénom. J'y trouve un coussin bleu en forme de carré pour m'asseoir. Devant moi, 90 % de femmes birmanes, de tous les âges, sont assises en tailleur. La salle est séparée en deux ; les femmes d'un côté et, sur ma droite, la même installation pour les hommes.

On commence par la séance de méditation ; je ne comprends pas trop comment faire au début. Je vois tout le monde autour de moi en tailleur et les yeux fermés. Je les imite tout en ouvrant un œil pour observer si je ne me trompe pas. J'ai l'impression de jouer aux rois du silence comme quand j'avais 4 ans, mais surtout de tricher pour voir si quelqu'un ouvre, tout comme moi, un œil pour se rassurer.

Une musique retentit. La méditation semble être lancée. Je ne sais pas trop ce que ça signifie vraiment. Je découvre par moi-même, car personne ne nous a encore expliqué comment faire. La concentration est loin d'être là. Je passe plus de temps à regarder mes voisines qu'à être calme et les yeux fermés. Je suis assise en tailleur, les mains jointes, et je trouve cette position étrange, mais surtout je commence à me dire : « *Je vais vraiment rester dans cette position pendant une heure ? Oh p... je suis loin d'y arriver.* » Mon cerveau se questionne dans tous les sens. La première heure passe, mais mon esprit est intenable. Dès que je ferme les yeux, des milliards de pensées arrivent dans ma tête : je pense au lézard que j'ai croisé avant de rentrer, à mon copain, à mon emprunt ou bien au mal de tête que j'ai, pour finir avec le fait que j'ai oublié de prendre mon shampooing et que c'est trop tard... Je pense à tout ça en moins d'une minute. Je ne vous raconte pas en une heure de méditation tout ce qui me traverse l'esprit. J'entrevois doucement l'enfer de ces prochains jours... À la fin de l'heure, un chant retentit dans le hall. Je comprendrai par la suite que c'est la clôture de la méditation.

Première méditation finie, le silence commence. Comment vais-je tenir dix jours ? Comment vais-je réussir, moi qui parle même à mes souliers ? Je sors du hall, tout le monde marche côte à côte sans se regarder. C'est la première condition de l'exercice. Rester concentré sur soi-même. C'est très étrange de marcher à côté d'une fille qui va exactement au même endroit que moi sans avoir le droit de croiser son regard... Je ne suis pas à l'aise avec cette attitude. J'essaie de relativiser, sans y parvenir.

En arrivant devant notre lotissement, je tombe nez à nez avec un serpent qui rampe sur le devant des chambres au rez-de-chaussée. À la vue du reptile fin mais long de plus de 1,30 mètre, rampant sur le sol, je me mets à hurler. Tout le monde a vu la bête, mais personne ne réagit sauf moi. Personne ne me regarde, ni ne me répond. Le silence vient tout juste d'être imposé et je suis la seule à l'avoir déjà brisé... Je n'ai pas pu contrôler ma peur. Je suis terrorisée de me dire que le serpent peut se glisser dans ma chambre. Arrivée en haut, je me transforme en inspecteur des recoins et angles droits de ma petite chambre... J'aperçois un lézard, je panique, mais me rassure en me disant qu'il ne se changera pas en serpent. De toute façon, il est bien trop haut pour lui demander de partir.

Vient la question du réveil. Comment vais-je réussir à me lever à 4 heures du matin sans réveil ? Je n'entendrai jamais la cloche. Ce n'est pas possible... Je me glisse sur mon sommier en bambou avec ma moustiquaire trouée. Je regarde une dernière fois les fenêtres au-dessus de ma tête, elles aussi perforées, et prie pour que les scotchs qui tentent de combler ces trous ne laissent pas passer ce serpent répugnant. J'ai de la chance, ces émotions m'ont assommée et mon sommeil s'annonce profond. Je m'endors et rêve que je combattrai le serpent s'il lui venait à l'idée de se glisser sous mon sommier.

J-2

Quatre heures du matin, je dors profondément sur mon sommier loin des serpents, du lézard et des fourmis... J'entends ma porte d'entrée qui s'ouvre : une méditante vient me réveiller, elle s'appelle Geneviève. L'une des seules que j'aie pu rencontrer avant de rentrer dans le silence. Elle ne me parle pas, mais me fait des signes ultrabizarres pour me réveiller. Pas facile de réveiller quelqu'un lorsqu'on n'a pas le droit de parler, de faire de bruit, ni de regarder dans les yeux. J'explose de rire et lui dis : « *Oh merde !* » Elle me fait signe précipitamment de ne pas parler, un doigt devant sa bouche et les yeux à moitié fermés. Je répète en guise de réponse : « *Oh merde, j'ai pas le droit...* » Je ne suis pas encore habituée... Imaginez-vous, vous êtes parachuté dans un monde silencieux du jour au lendemain ; vous voyez un serpent sans avoir le droit de réagir et on vous réveille à 4 heures du matin avec des gestes désordonnés comme un alcoolique bien imbibé qui rentrerait de soirée. Puis au moment de faire demi-tour, elle se cogne à la porte d'entrée de ma chambre. C'est fini, mon rire en escalier déchire le silence du monastère. Impossible de me retenir. Elle se retourne une fois de plus pour me signifier de ne pas faire de bruit. La situation est grotesque et drôle à pleurer. Je sors de ma chambre le plus vite possible pour rejoindre le Dhamma Hall. Je n'arrête pas de me repasser la scène en boucle dans mon esprit. Le fou rire est accentué par la situation et l'obligation de ne pas parler et donc de ne pas pouvoir l'évacuer. « *Marine, ressaisis-toi, tu ne vas pas te faire remarquer ! Arrête tout de suite !* » Impossible, j'explose de rire. Il est 4 h 30, je suis dans la salle de méditation et des visages interloqués se retournent. Je me mords les joues assise en tailleur en revoyant la tête de Geneviève qui essayait de me réveiller sans parler et sans faire de bruit, se cogner contre la porte. Même après une minute de concentration, sa tête revient en boucle dans mon esprit ; c'est affreux... Je commence bien la journée... Treize heures de méditation par jour... je ne suis qu'à la première minute.

La veille, on m'a donné un papier avant d'aller me coucher avec le planning de la journée qui restera exactement le même pour les neuf jours à venir. Treize heures de méditation par jour, levée à 4 heures du matin, deux repas : petit déjeuner à 6 heures, déjeuner à 11 heures et plus rien pour le reste de la journée. Heure du coucher : 21 heures dernier délai. Étant adepte du petit déj', je suis pressée de découvrir ce que je vais manger. Arrivée dans le réfectoire, fini de rire. Je ne sais pas comment décrire, ni comment mettre des mots sur du silence. Je suis dans une incompréhension totale. Je découvre que mon voisin de table, en face de moi, s'appellera... le mur et un bout de papier fixé dessus me rappelant mon nom et mon âge. Nous avons un bol en acier chacun et l'on se sert à tour de rôle dans des bacs énormes où se trouvent du riz, des pâtes ou autres. Ce premier repas sera horrible. Je ne comprends pas ce que je fais et c'est de plus en plus douloureux. J'ai l'impression que je vais devenir folle si je reste jusqu'au dernier jour. Je n'arrive pas à comprendre pourquoi on ne doit pas parler à ce point. Quand je commence à prendre mon assiette pour me servir, c'est très étrange car c'est la première fois que je me rends compte que ça sera silence absolu. Par inattention, je dis deux fois merci quand on me passe la louche pour me servir. Personne ne me regarde ni ne me répond. Pas même un pardon ou un merci, c'est déstabilisant. La sensation que j'ai est simple : transparence. Je n'existe pas. Comme si personne ne me considérait ou ne me voyait. Heureusement, la nourriture est délicieuse, mais je ne pense pas que ma place soit face au mur. En y réfléchissant, je pense n'avoir jamais mangé sur une table collée à un mur sans personne qui pose les yeux sur moi ni ne me parle. Manger seul est une chose, mais manger seul sans pouvoir regarder devant soi autre chose qu'un mur blanc... Je suis choquée par ce ressenti d'inexistence, d'indifférence renforçant l'isolement. Mes voisines ne me regardent pas non plus. Je prends un gros coup au moral à ce moment-là. Il me reste dix jours à tenir... Après le repas, nous avons une heure pour marcher, aller dans nos chambres avant d'entamer la méditation du matin. Je quitte la salle de réfectoire et fonce dans ma chambre pour reprendre un peu mes esprits...

Un tsunami de questions et d'angoisse m'engloutit. J'ai peur de ne pas résister dix jours de plus. Je me pose plein de questions qui m'empêchent de faire les exercices correctement. Je suis inquiète et stressée. Vais-je me transformer après ces dix jours ? Serai-je toujours la même personne ? Est-ce vraiment bon pour moi de faire ça... ? Les Birmans ont l'habitude, eux... mais pas moi ! Pourquoi suis-je là en fait ?

Dernière micromarche avant d'entamer l'ultime séance de méditation du jour. Je cherche désespérément un sourire ou un regard. C'est devenu une obsession. Je souris à tout va comme une folle en espérant que quelqu'un arrive à recevoir mon sourire... Je veux un partage, un échange positif ou négatif, mais un contact humain. Rien. Je ne sais pas ce qui se passe, mais je prends peur. Peur de la folie... Je me souviens alors qu'on m'a dit qu'en cas d'extrême urgence on peut aller parler à la chef méditante... Je me sens dans ce cas. Il m'a fallu moins de vingt-quatre heures pour tirer déjà la sonnette d'alarme... j'ai honte, mais c'est nécessaire... Je vais la voir à la fin de la séance du soir pour lui dire : « *Écoutez madame je suis désolée, mais j'ai peur de ne plus être la même personne après ces dix jours de silence...* » Je ne pouvais pas être plus claire, simple et précise... Elle laisse un temps de silence, me regarde et explose de rire... Étrange de voir cette femme si calme sur sa chaise se mettre à rire à ce qui pour moi est ultrasérieux... Je suis là assise en tailleur en face d'elle, stupéfaite qu'elle rigole autant face à mon inquiétude. « *Elle se moque de moi, ou ai-je vraiment dit une bêtise ?* » Puis elle me répond en une phrase : « *Mais Marine, vous n'allez pas sortir en bouddha de ce centre... Le changement s'opère sur une vie, pas sur dix jours.* » Sans me l'expliquer, cette phrase me redonne le sourire. Je suis rassurée, mais surtout j'ai eu mon premier regard de la journée. Non seulement elle me regarde mais en plus elle me sourit et rit devant moi. Je suis reboostée, remise sur les rails et de nouveau confiante ! J'ai bien fait d'aller la voir... Après cet échange, je rigole de la débilité de ma question mais suis contente de la lui avoir posée. Je retourne à ma place pour la dernière méditation avant d'aller me coucher.

J-3

En plus des méditations, nous avons des exercices à réaliser au cours de la journée. Les premiers jours, l'exercice consistait à se concentrer uniquement sur l'espace entre notre lèvre supérieure et nos narines. « *Quoi ? À quoi ça va me servir de faire ce truc ?* » Le but des trois premiers jours est de ressentir une sensation au niveau de cette petite partie du corps. « *Pourquoi ?* » Tout simplement pour essayer de canaliser nos pensées. Quand on les sent arriver dans tous les sens, on doit rester concentré uniquement sur notre respiration afin qu'elles ne s'accrochent pas mais coulent, voire disparaissent... Pour ma part c'est beaucoup plus complexe car dès que je ferme les yeux, mon esprit part dans tous les sens et demeurer concentrée sur une partie du corps est extrêmement compliqué. Je dois d'abord prendre conscience de ma respiration, ressentir mon souffle sortir et rentrer. Étrange comme exercice, je n'ai jamais fait ça à part chez le médecin quand il me demande d'expirer ou d'inspirer pour écouter mes poumons. D'un coup, je prends conscience que mes pensées sont indomptables. Impossible de les canaliser, impossible de les arrêter... ce sont elles qui me contrôlent. Elles dictent toute ma vie, mes émotions, mes peurs, mes envies... Le but est de ne plus réagir... laisser couler. « *Mais laisser couler quoi, comment ? Avec quel outil... je ne comprends rien.* »

Depuis le premier jour, chaque soir un discours est prévu en fin de journée de 18 à 19 heures pour tous les méditants. Il permet de nous guider et de nous épauler pour la prochaine journée. Aucune personne physique ne nous parle, mais une voix retentit en birman dans le hall du centre pour nous indiquer qu'il est l'heure. Une méditante me fait signe de prendre mes écouteurs pour suivre l'allocution. J'ai la traduction en français. Incroyable ! Je suis si heureuse d'entendre ma langue. Une voix d'homme s'adresse à moi. J'ai l'impression d'avoir un pote au bout du fil. Mais surtout c'est le premier son que j'entends depuis le début de la journée et la première parole depuis quatre jours qui vient chatouiller mes oreilles... Je me sens tout de suite mieux, soulagée, comme si j'étais guidée et écoutée alors que je ne peux pas parler mais juste m'en remettre à mes écouteurs. Il nous rappelle le déroulement de la semaine. Il explique alors la ponctualité à sincèrement respecter pour le bon fonctionnement des dix jours. Me revient à l'esprit la scène avec Geneviève... je me mords les lèvres pour calmer le retour du fou rire... J'ai l'impression d'être en conversation avec cette voix dans mes oreilles. Il commence par expliquer les premières sensations que j'ai pu ressentir. C'est impressionnant. Je bois ses paroles comme s'il était dans mon corps et savait chaque sensation qui me parcourt. Appréhension, peur, inquiétude, perte de repères, analyse et j'en passe. C'est un monologue, mais tellement pertinent. Son prénom : Sn Guenka... Je ne sais toujours pas qui il est... mais il a eu tout bon du début à la fin.

« Mon attention m'a encore fait défaut alors que je suis ici pour observer ma respiration. »

Voilà ce que je me suis dit toutes les secondes pendant treize heures... impossible de rester focus sur cette petite partie de mon visage. Au bout de deux respirations, mon esprit s'échappe. Il est si distrait, si instable, si fugace. Qu'est-ce que c'est que cet esprit incapable d'observer, ni de se concentrer plus de cinq minutes ? Observer sans agir. Observer sans être dans l'action. On est habitué à réagir à tout ce qui nous entoure. Une mouche vole, on cherche à la faire partir ; un picotement, on se gratte ; une sensation de fraîcheur, on se couvre ; un sentiment de peur, on se protège ; on réagit à toutes les sensations bonnes ou mauvaises. On a construit notre manière de penser sur de la réaction permanente. Je ne trouve pas un moment dans ma vie où j'ai réussi à ne pas réagir... à prendre du recul et juste observer ce qu'il m'arrive. Mais pourquoi ai-je besoin de faire ça au final... ? Pourquoi est-ce si mal de réagir comme ça constamment... ? Je repense à une métaphore que Sn Guenka vient de me dire dans son discours. « Imaginons-nous un fleuve et nous assis sur la rive à regarder l'eau qui coule. Laissons nos pensées couler et ne nous attachons pas à elles, qu'elles soient positives ou négatives... » Mais mon esprit, lui, s'attache à une pensée et souhaite l'analyser. Si la pensée est positive, cela me fait du bien ; si elle est négative, je m'agite ou m'énerve. Je réagis à tout. Être au calme et dans l'observation n'est pas donné à tout le monde, en tout cas je suis loin d'atteindre cet apaisement... Comme je n'y arrive pas, forcément je m'énerve dès que mon esprit s'en va pour la centième fois. Je suis encore dans la réaction. Si je commençais par accepter qu'il s'en aille ? Si j'accepte que mon esprit s'échappe, il reviendra de lui-même automatiquement. Il reviendra beaucoup plus facilement que si je m'énerve à me demander toujours pourquoi il n'arrive pas à se concentrer. Où et pourquoi s'échappe-t-il ? Les sujets sont indénombrables. C'est impossible de les compter.

Il n'y a que deux domaines où cet esprit pourrait s'échapper. Le passé ou le futur. Me voilà emportée dans le futur jusqu'à ce qu'un souvenir du passé surgisse. C'est donc ça le fonctionnement de mon esprit ? Refuse-t-il de vivre dans le présent ? Comment peut-on vivre toujours dans le passé ou dans le futur ? Je ne sais pas vivre l'instant présent. Ma respiration m'aide à le comprendre... Souvenirs passés plaisants ou déplaisants, avenir plaisant ou déplaisant, je constate que les pensées sont de deux types ; à chaque fois qu'on est en contact avec quelque chose d'agréable, on se met à réagir ; le désir arrive et l'attachement aussi. On ne s'aperçoit même pas que notre esprit n'est plus du tout équilibré. Il faut que ça se reproduise encore et encore... Pour une pensée désagréable, on parvient tout de suite à se dire je n'aime pas ça, et à la retransformer rapidement en haine ou en aversion. On a une fois de plus perdu l'équilibre et on est immédiatement agité. Tout se bouscule, je n'y comprends rien, il faut que je me fasse ma propre expérience, que j'y travaille pour éclaircir cela...

Il m'explique qu'il faut aller à la source... On se construit sur un mécanisme qui n'est pas forcément le bon. On remarquera qu'un changement s'opère en nous. Pour cela, on doit travailler dur, et pour nous y aider voici les conseils du premier jour : « Il s'agit là d'un travail très sérieux. D'une intervention chirurgicale de votre propre esprit...

Dès lors qu'on intervient, on peut aller chercher des problèmes très profonds qui reviennent à la surface. Il est tout à fait naturel que lorsqu'on incise une plaie, le pus remonte à la surface. Tout le processus qui consiste d'une part à inciser la plaie est un processus désagréable il nous faut faire face. » La métaphore est cheloue... Il faut donc que j'incise cette plaie. « L'inconfort qui en résulte fait partie du jeu. » La plaie est incisée, le pus a commencé à couler, il nous faut y faire face. Mais essayez de le faire avec le sourire. Sans qu'aucune imagination n'y prenne part, je suis consciente que je respire. Je reste équanime, je me contente d'observer cet instant où mon esprit est conscient de la réalité, sans désir, sans aversion ; cet instant est un instant merveilleux. « Une partie de notre esprit est tellement pure. Toutes ces impuretés et négativités sont toujours là. Il y a une énorme explosion, une éruption volcanique sous la forme d'une douleur dans la jambe, dans la tête ou dans le dos. C'est là que les pensées arrivent pour nous convaincre de partir d'ici. Quand on subit une opération chirurgicale, c'est quelqu'un d'autre qui nous opère, on est anesthésié, donc la douleur n'existe pas, mais là on doit effectuer l'opération nous-même. Pas d'anesthésie et on doit faire face à tout ce qui se présente désormais. C'est comme cela qu'on commence à changer le fonctionnement de notre esprit. Il nous faut donc développer cette qualité. » On vient d'être accueilli dans un hôpital. Il nous faut accepter l'idée qu'on doit purifier notre esprit.

On doit donc observer toutes les règles ; je ne peux pas quitter le centre, je ne peux pas sortir. Je comprends alors l'importance de ne pas lâcher. Et comprends pourquoi le directeur a fortement insisté à l'entrée sur sa question : « *Es-tu prête, Marine ? Es-tu prête ?* » Et malgré cela, on se rend compte qu'à l'issue du premier jour c'est difficile ; pour ma part j'ai déjà envie de rentrer. « *Je reviendrai plus tard* », me dis-je... ou : « *Ce n'est pas pour moi. Je ne suis pas prête.* » On doit y faire face courageusement ; je dois extraire toutes ces saletés. Certes ce n'est pas plaisant, mais c'est bon pour moi, je dois y faire face. Quand je vais à l'hôpital, je ne m'arrête pas au milieu pour revenir après. Ferme résolution suivante. Je ne partirai pas... Sn Guenka continue sur les règles à respecter dans ce centre : **le respect des horaires** est essentiel. Chaque minute est très importante. Les heures de méditation doivent être une autre ferme résolution. On n'a pas le droit de s'allonger dans notre chambre ou tout du moins pas plus de cinq minutes. On doit travailler de plus en plus en position assise et à l'intérieur pour le moment en tant que débutant. À ce stade, si on s'assoit à l'extérieur, s'il y a un souffle d'air ou n'importe quoi d'autre, on n'arrivera pas à méditer. Même les yeux fermés, on n'arrivera pas à aller au plus profond. Autre point abordé, **l'absence de dîner**. Il faut être en pleine forme pour méditer. Un quart de notre estomac doit toujours rester vide. Je souris en me souvenant m'être resservie deux fois les premiers jours par peur d'avoir faim le soir. Dernière chose, **le silence**. Notre esprit n'arrête pas de bavarder... mais entre nous, il ne doit y avoir zéro communication par le regard ou par les gestes. On est extraverti toute notre vie. Si on commence à parler avec un autre méditant, on va encore plus enrichir notre questionnement. Toutes les pensées de notre discussion plus celles de notre esprit respectif se mélangeront. « *Ne parlez* *pas, silence total. Vous verrez plus tard tous les bénéfices.* » Ce silence est également important pour d'autres raisons. **Ne pas mentir.** Si l'on brise cela, notre méditation s'affaiblira. « *Ne mélangez rien à cette technique ; à la fin des dix jours vous deviendrez votre propre maître ; mais ne mélangez rien. "J'ai lu des trucs sur ça, j'ai entendu ça ou je pense que c'est mieux d'être ça... Pourquoi ne pas faire cela avec un peu de ceci et cela" ; dangereux de mélanger, très dangereux, nous dit-il. Travaillez exactement comme on vous le dit. Il y a des cas où par ignorance on se retrouve dans une situation où même l'enseignant n'arrive plus à nous aider.* »

Me remettre dans les rails dès les premiers doutes, c'est ce dont j'avais besoin. Je pars me coucher en silence. Ces paroles ont été écoutées et analysées comme jamais. Le seul discours que j'ai de la journée, et que j'aurai chaque jour, est juste avant la dernière méditation du soir. Cinquante minutes avec mes écouteurs. Une personne au visage inconnu me parle et m'explique le déroulement de la journée passée, mais aussi le début de la journée suivante pour m'aider à avancer et me guider. Je ne fais pas que l'écouter, j'ai l'impression de vivre et de manger chacun de ses mots.

En sortant du Dhamma Hall, il fait nuit, je ne sais pas ce qu'il me prend mais je ramasse dix cailloux au hasard... Arrivée dans ma chambre, je les positionne à côté de mon lit. Curieusement, ils sont tous différents ; couleurs, forme et aspérité, du plus foncé au plus clair et du plus gros au plus petit... Je n'ai absolument pas fait exprès, mais le plus gros est le plus foncé et le plus petit est le plus clair. Ils symboliseront l'évolution de mon changement à travers ce parcours initiatique de purification et me permettront de donner une consistance au challenge que je suis en train de réaliser contre moi-même, contre mes pensées, contre mes envies. Ces cailloux m'aideront à tenir, à garder le cap. Je les place en ligne, les uns à côté des autres. Chaque soir, ce sera le même rituel. Je parle au caillou du jour qui est censé emporter avec lui mes doutes, mes peurs, mes faiblesses, mes angoisses de la journée. Puis je le retire de la ligne comme une victoire sur cet exercice de méditation ô combien douloureux et difficile, en symbole de la journée écoulée comme un nouveau défi réussi. Ça me donnera des forces le matin de voir ma ligne de cailloux diminuer, comme on voit la ligne d'arrivée s'approcher. Je les glisserai caillou après caillou sous le sommier. Ils disparaîtront alors de la rangée et je commencerai la matinée moins chargée. Ce seront autant de victoires sur moi-même. Ils seront évocateurs de la noirceur et de la douleur des premiers jours pour atteindre le caillou le plus léger, le plus blanc, le plus pur. Ce geste m'aide terriblement à tenir. J'ai l'impression de vider mon sac à dos rempli de pierres qui m'empêchent d'avancer correctement. C'est fou de voir à quoi l'on se raccroche dans de telles circonstances pour affronter l'abîme du silence. Ils parleront, m'écouteront. Ils prendront avec eux mes peines, mes souffrances, mes doutes mais aussi mes rires, mes joies et mes blagues vaseuses. Ils sont devenus des personnages. Ils sont aussi mon agenda et mes seuls repères. Ces cailloux seront ma boussole, mon guide, mes supporters… J'ai conscience que c'est étrange de parler à des cailloux, mais je suis contente. Heureuse de leur dire chaque soir que leur mission est terminée. Un poids qui disparaît, une émotion aussi… mes cailloux me permettent de rester, je le sais…

J-4

Deuxième jour, troisième jour, ça passe. Quatrième jour, premier changement : interdiction désormais de changer de position durant la méditation.

Malgré les cailloux, je n'y arrive plus... je craque littéralement, je dois sortir du Dhamma Hall pour ne pas déranger les autres. Nous avons l'air de zombies. Personne ne se regarde ni ne parle. C'est toujours aussi déstabilisant. J'ai envie de péter un plomb. Je pars prendre l'air et essaie de vider mon esprit. L'émotion est trop forte et les découvertes sur moi-même sont aussi très puissantes. Je ne contrôle pas ce qu'il m'arrive. Être seule face à ses propres questionnements est difficile mais je comprends que c'est plus formateur que d'avoir le 06 d'une copine à portée de main pour trouver des solutions. De temps en temps face à certains problèmes, la solution est en nous mais on a tendance à vouloir parler et encore parler pour gommer. Enfin, j'ai toujours fonctionné comme ça... Le silence permet de mieux comprendre, mais surtout d'être face à soi-même, sans échappatoire. C'est douloureux... j'essaie de marcher pour me calmer et reprendre la séance de méditation comme toutes les autres. Impossible : au bout de quinze minutes, je retourne à ma place mais je n'arrive pas à me canaliser, je dois ressortir. La séance reprend, mais je reste noyée dans mes larmes. J'y retourne pour finir la séance avant les dix minutes de pause. Je marche dans les deux seules allées que nous avons pour nous dégourdir les jambes. J'ai dû faire déjà cinquante allers-retours. L'allée fait à peine 60 mètres de long.

Je retourne dans ma chambre. Une fleur blanche est posée sur ma chaise, juste devant la porte. Pas de mot, pas de nom. Juste une fleur. Je la prends et je ressens alors une dose d'amour m'envahir physiquement. Cette petite fleur, si belle, si simplement posée, m'a donné une force immense. Je suis bouleversée par la puissance de ce geste si anodin. Je me retourne pour espérer voir une femme me faire un sourire. Mais non, rien. Un geste purement gratuit. **Les actes valent bien plus que les mots.** Cette personne a dû me voir craquer. Ne pouvant me parler, **le silence lui a indiqué le meilleur des réconforts**. Juste une jolie fleur blanche.

Dans mon isolement et le silence, j'ai l'impression de connaître les filles qui m'entourent alors que je ne leur ai jamais parlé. L'observation est quelque chose que nous n'apprenons pas en école de commerce ou en école d'ingénieur ou dans toutes les autres facs ou écoles d'ailleurs. Observer l'humain. C'est bien la première fois que je commence à le faire... Cette observation fait des merveilles dans nos cœurs. Notre corps parle plus que notre cerveau ; ou du moins notre corps est d'une force immense. Je prends cette fleur comme si c'était un nourrisson, j'ai envie de la serrer fort contre moi, comme si c'était mon injection d'amour de la journée. Je la dépose sur le bord de mon lit. La prochaine séance de méditation se déroulera mille fois mieux que prévu. Ici, il n'y a pas de mot pour consoler, de regard pour apprivoiser ni de geste pour rassurer. Il n'y a rien. L'homme connaît mille fois mieux les autres en les regardant qu'en leur parlant. C'est fabuleux... Je n'avais jamais remarqué ça de ma vie. Je peux dire si ma voisine est timide ou plus réservée, j'analyse ses gestes, sa manière de marcher, de se déplacer, de se lever ; des choses qui paraissent si débiles dans la vie de tous les jours, mais révèlent beaucoup de traits de la personnalité... En rentrant de cette journée bien mouvementée, je prends mon caillou de cette journée très chargée. Je le regarde. Il est poli par le temps et il a la forme d'un organe humain avec des veines noires. Cet organe, on dirait presque un cœur...

Le sommeil est également révélateur de tellement de choses. Je n'ai jamais aussi bien dormi de ma vie et aussi profondément. Je me réveille à 4 heures du matin sans réveil et de bon pied... Geneviève n'a plus eu besoin de venir me faire ses grimaces comme le premier matin... À 21 heures, je m'allonge sur ma paillasse en bambou, je suis bien, comme si mon cerveau lui aussi savait que le repos est fondamental pour méditer. Il me laisse donc partir et je m'endors comme un bébé, pour une nuit sans cauchemars...

J-5

Le cinquième jour, arrivée dans la Dhamma Hall, je me rends compte que le coussin bleu de ma voisine de devant est vide. Elle n'est pas là... Je ne sais pas ce qu'il se passe. C'est étrange, mais ça me fait réellement bizarre de ne pas l'avoir en face de moi ; étant derrière, je peux voir toutes les femmes devant. Au moment du petit déjeuner, elle n'est toujours pas là. Je me demande vraiment où elle se trouve. Toute la journée, aucun signe de vie. Au final, je comprends qu'elle est partie à la fin du quatrième jour. Elle n'a pas réussi à gérer. Elle avait l'air si bien. Je m'étais attachée à elle en la voyant le matin devant moi en méditation. Quand on supprime le langage, étrangement, les personnes deviennent beaucoup plus importantes à nos yeux. On s'attache les unes aux autres, comme si nos présences respectives nous faisaient tenir. J'ai appris plus tard que lorsqu'une étudiante souhaite quitter le centre, ils s'organisent pour que personne ne s'en rende compte.

Je me pose déjà trop de questions, je n'imagine même pas si je l'avais vu partir avec son sac sur le dos. En rentrant après la dernière séance de méditation, sa chambre est vide. Le lendemain, une deuxième craque et décide de quitter l'aventure. Deux disparaissent sur mon palier. Ça fait tout drôle. Il faut rester concentré sur soi et réussir à garder la force pour ne pas y penser. Ces deux départs m'affaiblissent. Lors de la pause de méditation du matin, nous avons dix minutes à peine pour aller aux toilettes, marcher quelques minutes et revenir dans nos chambres. Je m'assieds sur mon lit un instant en me demandant si je vais tenir encore cinq jours...

Soudain, un petit oiseau se pose à l'entrée de ma chambre. Il est tout mignon, tout curieux. Comme je le fais souvent, je remets mon destin entre ses pattes, et je me lance comme un pari – vous savez les paris un peu débiles : « *S'il traverse en même temps que moi, ça voudra dire ceci ou cela* », etc. « *Si tu rentres dans ma chambre, je reste...* » Il vient se poser juste en face de moi. Je souris et reprends une gorgée d'eau avant de retourner dans le Dhamma Hall. C'est étonnant. L'après-midi et tous les autres jours je verrai ce même petit oiseau devant ma chambre.

Je suis impressionnée par une méditante assise au premier rang. La plus âgée, une Birmane de

89 ans... Elle tient des heures et des heures assise sans bouger. J'ai tant de questions à lui poser. J'ai envie de savoir ce qu'elle comprend, ce qu'elle ressent et pourquoi elle continue à faire ça à son âge. Dès que la douleur arrive sur mes genoux, mes jambes ou mon dos, je pense fort à elle qui ne bouge pas d'un fil... étonnant... Rester figée pendant des heures... Plus qu'un défi pour moi, un supplice physique et psychique. Mon surnom de Taz donne juste une idée du chantier auquel je me retrouve confrontée. Ne pas bouger pendant une heure, puis deux, puis trois, relève de la torture. Les trois premiers jours, nous avions la permission de bouger, de changer de jambe ou bien même de position si un membre venait à nous chatouiller méchamment. Mais à partir du quatrième jour, finis les essais ; immobilité absolue. Les premières méditations sont difficiles, je tente de déjouer les observateurs de notre méditation en ouvrant un œil par-ci, par-là pour voir si le champ est libre afin que je me repositionne en un éclair. Pas vu, pas pris ! Ridicule ! Très vite, je prends conscience de l'incongruité de la situation. Je ris intérieurement. Méditer et tricher ne vont pas vraiment ensemble. Je me rends vite compte que ça ne sert à rien de faire comme ça et d'essayer de bouger sans qu'on me voie... Je dois découvrir pourquoi c'est si strict. Si je ne le fais pas bien, je ne comprendrai jamais... je tiens une heure, puis les deuxième, troisième, quatrième... heures... je réussis de plus en plus, mais je ne suis pas encore capable de faire toutes mes méditations sans bouger d'un poil... Normal, mon esprit est si agité... Je me considère comme quelqu'un de très actif et surtout la bougeotte est une de mes qualités que je préfère. On n'a pas besoin de me parler pour savoir que mon esprit

dicte ma vie. Cependant, je comprends qu'être plus calme, plus posée, plus réfléchie est primordial pour ne pas prendre de décisions hâtives et foncer sans s'écouter. Apprendre à lever le pied ne veut pas dire changer de personnalité, mais apprendre à mesurer les impératifs, les stress et les actions inutiles...

J'aime bien m'asseoir sur ma chaise devant ma chambre après le déjeuner pour observer un gros arbre planté juste devant notre lotissement. Ses feuilles viennent caresser la terrasse du premier étage. J'essaie chaque midi de compter ses feuilles, je tombe toujours entre 218 ou 222 exactement. Ça me fait un bien fou d'être seule assise en face de cet arbre et de le regarder bouger. J'ai vraiment l'impression qu'il est vivant. C'est étrange tout ce que je ressens ici... mes sensations commencent à se multiplier de jour en jour et mon esprit est de plus en plus calme... Il est de moins en moins agité et de plus en plus concentré sur ma respiration et sur le moment présent. C'est bête, mais avant je ne pouvais faire une séance de méditation sans penser à la prochaine ou même sans penser au jour qui allait arriver... À partir du cinquième jour, mon esprit a déjà évolué et n'est plus focalisé sur tout ce qui va se passer mais reste concentré sur ce que je vis au moment présent et sur la conscience de mon air qui sort et qui rentre. C'est si paisible...

Le silence m'apprend tout ou presque. Il m'ouvre les yeux sur mon environnement, sur mon espace. En quatre jours, il me permet déjà de voir ce que je n'aurais jamais vu en vingt ans de vie, de comprendre d'une autre manière, d'analyser par le prisme d'autres critères. Le silence donne vie à des choses, des objets, des êtres vivants. Ça grouille dans mon cerveau de méditante débutante. C'est la méga teuf ! En quelques jours, ce silence si redouté m'a transmis des langages que mes yeux ont décryptés. Il a ouvert mon cerveau sur des délires et donné carte blanche à mon imagination déjà débridée. Quel pied ! Et voilà que je parle à des cailloux, que je discute avec un arbre et ses deux cent vingt-huit feuilles. Le silence lui-même me parle. Avec lui, je reprends vie...

Je me rends compte que je passe plus de temps à me marrer durant la journée qu'à rester tête baissée sans sourire. Peut-être que nous n'avons pas le droit de rire. Sans me l'expliquer, cela me nourrit. Même me sourire à moi-même. Parfois deux méditantes que je croise me regardent et me sourient. Waouh ! Le bonheur qu'elles m'apportent à ce moment-là est immense. C'est un acte gratuit, simple, rapide et la sensation que ça procure est mille fois plus forte... Je me souviens de moments hilarants partagés avec mes proches ou bien je me fais des blagues toute seule ; ça m'arrive souvent dans le monastère d'exploser de rire d'un coup toute seule dans ma chambre ou durant les minibalades que j'ai le droit de faire... Rire fait tellement de bien. Très vite, pour ne pas sombrer, je crée un univers dans ma chambre vide. Le balai devient un compagnon avec qui je danse, que je sermonne quand je le vois triste et raide comme un piquet adossé au mur, comme si c'était lui qui était à la peine ! « *Tu as l'air d'avoir passé une sale journée mon pote !* » ou j'enchaîne avec *Allumer le feu* jouant avec ses brosses comme micro. Je ris avec mes nouveaux potes de cellule que sont les lézards et les fourmis qui traversent ma chambre avec leur drôle de gesticulation. Tout prend corps, tout est conversation et source de joie. Je m'amuse. Étrange de rire pour un rien, mais tellement bon. Ça dégage forcément quelque chose de puissant dans notre esprit. Ça se sent, ça se voit, ça se ressent. Le rire est un des meilleurs remèdes à beaucoup de choses ; oui nous pouvons rire de tout si le respect des autres n'est pas entravé. Le rire est le symbole même du bonheur...

J-6

L'opération devient de plus en plus profonde. Le discours du cinquième soir malgré mes rires omniprésents était basé sur la souffrance. « Souffrance ? » Ce mot résonne dans ma tête ce matin... je me sens plus faible et l'idée de me sauver d'ici refait surface. Durant la méditation du jour, la douleur est la souffrance première. Après quarante minutes en tailleur, j'ai déjà mal. Mes jambes me brûlent, mes genoux me piquent. Ça devient une vraie torture. Au bout d'une heure, j'ai même envie de m'énerver contre les chefs méditantes. Je les vois si paisibles, sans aucune douleur. « *Mais comment font-elles ?* » Le discours parlait d'« observer sa souffrance ». « *Ça veut dire quoi ? Salut douleur, ça farte ?!* » L'observer sans y réagir et elle devient vérité. C'est dur mais je perçois au fil des heures les bénéfices. Cela passe par « l'équanimité » « *Ça veut dire quoi ça ?* » Rester équanime signifie rester neutre, d'humeur égale, face aux nouvelles ou aux pensées négatives comme positives afin de couper les racines des problèmes... On replante de belles graines pour faire fleurir de la compassion et non de l'aversion. Face à cette souffrance que je ressens, je peine à savoir et à comprendre la force que procure la non-réaction à mes sensations car ça devient de plus en plus douloureux. Je persiste et touche les racines de ces choses que mon être et mon cerveau ont parfois littéralement mises de côté ou voulu oublier. Mais là, l'exercice est tout autre... on me demande **d'accepter cette souffrance**. « *Accepter quelque chose de dur, de douloureux ? Pardon ? Je n'ai pas compris.* »

« *Les impuretés dormantes sont comme des volcans endormis.* » Je comprends soudain à quel point cette technique n'est pas de l'optimisme mais du « travaillisme » et surtout à l'opposé du pessimisme éprouvé hier soir lors du discours. Je m'installe pour la dernière heure de méditation... je ne sais pas ce que je ressens, mais un apaisement immense retentit dans tout mon être. Pour la première fois, j'accepte cette souffrance. « *N'acceptez pas parce que je le dis mais faites-en l'expérience par vous-même. Quand vous le vivrez, vous pourrez l'accepter.* » Je reste sur ces dernières paroles avant d'aller me coucher.

J-7

Je comprends et perçois l'impact et l'importance de cette délivrance qu'est l'acceptation de la souffrance... Je ne suis plus alimentée par de la haine ou de l'aversion... Beaucoup de choses s'éclaircissent. Je comprends de plus en plus ce que je suis en train de faire, mais surtout pourquoi c'est nécessaire. Il ne s'agit ni d'un rite, ni d'une cérémonie religieuse. Je me souviens avant d'y être d'avoir eu ce genre de réflexion sur ces idées préconçues que certains peuvent avoir de la méditation... je vous rassure, ce n'est rien de tout ça ! Car personne ne fait le travail à votre place. Chaque individu doit travailler dur pour atteindre le niveau le plus profond de l'esprit et déraciner ses souffrances qui ne cessent de grandir et de se solidifier.

Ce septième jour, nouvel exercice : **Méditer éveillé**... Concrètement ça veut dire : **méditer tout le temps**, en marchant, en mangeant et en dormant. Oui, j'ai bien dit en dormant. C'est possible. Être conscient de tout ce que nous faisons. Une fois couché, être conscient du moindre mouvement de son corps. Nous sommes pleinement connectés à la moindre sensation corporelle sans réaction de l'esprit. La conscience est bel et bien là. C'est fort. C'est dur, mais je ressens des choses que je n'aurais jamais pu imaginer ressentir auparavant... Je découvre mon corps avec des pensées équilibrées qui ne s'agitent pas et qui restent de plus en plus calmes...

J-8

Mon esprit devient de plus en plus aiguisé, de plus en plus sensible...

J-9

Les sensations sont partout autour de nous, mais aucune sensation n'est permanente. Quand on arrive à comprendre que tout s'envole et que rien ne reste figé, ça nous fait un bien fou. Tout change, tout évolue, tout se transforme. Les sensations en premier. Mais comment réussir à prendre conscience que chaque sensation évolue et ne demeure pas la même ? L'exercice paraîtra simple, mais il mène à une découverte tout autre. Ici, place à l'observation. Dans notre vie de tous les jours, on a constamment besoin de réagir, de ressentir. Il ne faut pas rester concentré dessus, ne pas accorder d'importance à cette sensation. Devenir de plus en plus libre. Ne pas agir signifie ne pas rester concentré sur l'endroit où la douleur apparaît. La voir comme quelque chose en mouvement, d'éphémère et considérer cet imprévu comme quelqu'un qui passe, une eau qui coule ou du sable qui s'envole face au vent qui souffle... D'accord pour les sensations douloureuses, mais qu'en est-il des choses plaisantes ? Ne doit-on plus rien faire de notre vie ? Absolument pas, bien au contraire, cependant notre cerveau et nos pensées sont constamment dans le désir. On s'y attache d'autant plus et la sensation désagréable est bien plus importante car on est sans cesse dans l'attente d'avoir une nouvelle fois cette sensation d'apaisement et de calme. Tout n'est que mouvement, alors à quoi bon tous ces attachements ?

Après ce discours sur l'attachement très perturbant, je sors du hall et ma première réaction est de me dire, inquiète : « *Où se trouvent mes chaussures, ma bouteille, etc. ?* » Je me suis vite rendu compte que les paroles peuvent être comprises, mais si dures à mettre en application... La compréhension n'est que cérébrale, car je n'ai toujours pas réussi à comprendre de l'intérieur l'impact que ce changement pourrait avoir... Je retourne dans ma chambre pour me coucher. En m'allongeant sur mon lit, je retrouve mes deux colocs, Lézard Gaston et Lézard Lagaffe. Je leur ai attribué un petit nom. Gaston Lagaffe, c'est le surnom que mes meilleures copines me donnent depuis toujours. Ils sont mes deux acolytes, certes un peu bruyants la nuit. C'est marrant, car une fois au début j'ai eu envie d'en tuer un qui était derrière moi aux toilettes ; j'ai pris peur et j'ai directement pris le balai pour le tuer. Au final, je l'ai mis dehors, mais ma première intention était de le tuer. J'ai réagi avec beaucoup de haine. Cette peur qui prend le dessus beaucoup plus vite que le reste... c'est déstabilisant comme le silence nous fait prendre conscience de bien des choses, et encore je ne parle que de ce que j'arrive à écrire.

Ce n'est pas parce que je suis comme ça depuis vingt-deux ans ou que je réagis de cette manière face à ces imprévus que je ne peux pas évoluer. C'est faux ; je peux changer. Tout peut changer. À chaque instant, tout se transforme à une très grande vitesse. Rien ne reste pareil, rien... les meubles vieillissent, les fleurs poussent, les tissus s'usent, les envies changent et les peurs grandissent ou disparaissent... De toute façon, je stresse toujours quand je dois organiser un événement ou bien je m'engueule avec mon mec pour des raisons stupides, mais je me dis : « Ce n'est pas grave, j'ai toujours fait ça... » Comme les événements se sont ainsi déroulés depuis vingt-deux ans et que mes relations au final aussi, j'accepte ce stress et cette peur de temps en temps, je m'arrange avec ma conscience. Dès que j'entends le mot « organisation », directement mon esprit va chercher cette réaction déjà planifiée et programmée ! Mais stop à ce mécanisme. Il est temps que je change de mode de fonctionnement et que je ne sois plus prisonnière de mes propres pensées. Dès lors qu'on l'expérimente réellement, cela fait tout de suite une grande différence...

Ce matin, je viens de vivre une méditation incroyable, j'ai des sensations partout dans le corps, c'était super agréable... Arrivé l'après-midi, j'ai des douleurs terribles dans le dos et dans les jambes, tout devient inconfortable. L'angoisse ! J'ai envie de bouger, de marcher. Je suis dans l'attente de retrouver exactement les mêmes sensations... erreur... « *Arrête d'attendre, Marine.* » Dès que je cesse ce processus d'attente, tout redevient normal. C'est hallucinant comment on programme dans notre esprit des réactions instantanées... « *Arrête de penser aux douleurs et laisse couler. Il faut aller chercher loin dans l'esprit pour contrôler.* »

La vérité sera toujours tordue si l'on ne fait pas l'expérience.

> *Sn Guenka nous dit : « Quel est cet esprit vagabond si instable, si faible, si agité, sans paix, sans tranquillité ? Il ressemble à un singe qui bondirait de branche en branche. D'un sujet à l'autre. Comme un taureau en liberté. Une fois dompté, alors toute son extrême puissance se met au service de la société. Cette force se transforme en atout pour la société humaine. Aussi longtemps que notre esprit ne sera pas dompté, il restera très dangereux. Personne ne peut nous faire plus de mal que notre propre esprit. On contrôle tout tout de suite... patience... On doit travailler très patiemment. L'esprit ne peut se discipliner, mais il faut travailler. Personne ne peut le faire à ma place. Quelqu'un qui est parvenu à contrôler son esprit, quelqu'un qui est devenu un être éveillé, pourra vous montrer le chemin. Il nous faut marcher nous-même sur le chemin avant d'atteindre le but. Personne ne peut porter quelqu'un sur ses épaules. Chacun doit travailler. »*

On attend toujours des choses des autres, mais pour évoluer on doit se concentrer sur soi-même. Je dois prendre mes remèdes moi-même. On attend toujours une révélation ou que quelque chose arrive. Mais on oublie trop souvent que nous sommes nos propres maîtres. Si on n'évolue pas nous-même, on ne trouvera pas la solution chez les autres... Je dois faire chaque pas seule. Je vois bien comment je suis quand je ne pose que des problèmes autour de moi. Mon cœur s'agite, mon ventre se noue, ma respiration s'accentue, je suis liée par mes peurs. C'est terrible... Je suis punie ici et maintenant. Je me sens malheureuse et misérable. Nous sommes les premières victimes de nos actes malfaisants...

La vérité est à l'intérieur de soi. Tout cela commence automatiquement à changer. On ne fait que donner de l'importance à des choses à l'extérieur de soi. On ignore tout de nous-même. Avec la pratique de méditation, tout cela deviendra de plus en plus évident. Les mots sont la plus grande arme de notre planète. On peut tuer avec des mots... Quand je me souviens des choses que j'ai pu dire ou de la manière dont j'ai pu parler de temps en temps à certaines personnes de ma famille ou proches, je me reprends toute cette agressivité en plein dans le cœur, comme si pour que ça sorte il fallait que je revive tout dans le sens opposé... Je me prends mes paroles en pleine figure, ma haine et mes pleurs sont multipliés par dix. Dans le Dhamma Hall, j'essaie de me contenir, mais le combat est douloureux... si douloureux que je ressens une chaleur immense dans le ventre. Une chaleur sur laquelle je tente de ne pas m'attarder pour réussir à mettre en pratique l'exercice si difficile des sensations extérieures. Ce combat durera de longues heures... Treize heures par jour de méditation, j'ai le temps de combattre... C'est à partir du moment où on s'observe que l'on se rend compte qu'on est souvent pire que ceux que l'on critique. C'est difficile, mais nécessaire pour avancer... On a besoin d'être dans le noir pour agir et changer. On a besoin d'avoir la tête au fin fond des toilettes pour se rendre compte qu'au final la vie est belle et que nous devons ouvrir les yeux et comprendre que rien n'est encore trop tard. On a tout le temps pour se plaindre et brasser du noir, mais mieux vaut ouvrir notre cœur et réaliser la beauté que nous pouvons faire avec ça ! C'est tellement plus stimulant de voir la beauté de ce que nous avons déjà, mais il faut attendre de perdre quelque chose voire quelqu'un pour se rendre compte à quel point on a de la chance ! La vie passe si vite, autant en profiter et donner aux autres l'envie de l'aimer.

La maîtrise de son propre esprit est complexe, mais possible... en concentrant notre esprit vers la pureté par des efforts justes, des exercices corrects. Je le sais, et on me le répète tous les soirs lors du discours de cinquante minutes exactement. Si votre corps est faible, quelqu'un vous conseillera de faire un exercice, mais si c'est votre esprit qui est malade, comment faire ? Nos pensées sont bien plus malades que notre corps ; la plupart du temps ce sont elles qui agissent sur le reste. *« Rosy, t'as entendu ? »* Je retiens alors les exercices conseillés par ce fameux Sn Guenka ! Il en existe quatre types :

1. S'examiner soi-même. J'ai tel et tel vice, je chasse tous ces vices. *« Bon, ça fait déjà du boulot, par quoi je commence ? »*

2. Examiner et fermer toutes les portes de notre esprit où l'impureté ne s'y trouve pas. *« OK ! Je vais foutre un bulldozer devant. »*

3. Examiner telle et telle qualité. Je dois m'attacher à la préserver, la maintenir, mais surtout la multiplier.

4. Examiner toute qualité qui n'est pas contenue et doit pouvoir y pénétrer.

Conscience attentive, conscience de ce moment ; la conscience ne peut appartenir au passé ; la mémoire, le souvenir, ça c'est du passé. Ce n'est pas l'intention juste. La conscience ne peut pas être du futur. La véritable conscience est celle de la réalité, du présent. Je peine à comprendre, mais au fur et à mesure, se concentrer sur un petit espace du corps permet de dresser un peu mon esprit. Je l'empêche de divaguer et j'essaie de rester concentrée sur ce petit espace.

Le souffle permet de faire des expériences beaucoup plus subtiles. Observez vos sensations : démangeaison, chaleur, fraîcheur, etc., sans y prêter attention. Il y a une sensation de démangeaison : si on commence à y réagir, on doit l'observer pour que ce ne soit plus le cas. La démangeaison empire, mais elle va disparaître. Aucune sensation ne persiste indéfiniment. Parfois vous ressentirez peut-être un picotement ou une sensation d'élancement ou même de douleur, d'engourdissement, d'humidité ; laissez la nature jouer son rôle. Quelle que soit la réalité, notre travail consiste seulement à l'observer sans y réagir. Quoi qu'il advienne, on l'accepte et on l'observe. Il n'est pas nécessaire de nommer ou de mettre une étiquette sur chaque sensation. Voici la technique.

On s'attend sûrement à quelque chose de plus complexe qu'une simple technique d'observation pour aller mieux. Ce n'est pas si évident que ça ; c'est compliqué de le mettre en pratique, mais ça peut guérir une multitude de problèmes. Si rien d'autre n'apparaît, je reviens à l'attention de la respiration. Sans elle, je ne parviendrai pas à aller en profondeur. L'ignorer, ne leur prêter aucune importance. Tout ce qui surviendra au-delà de mes narines, je dois l'ignorer, et c'est comme cela que l'esprit deviendra de plus en plus aiguisé. Pas d'hallucination ni d'imagination. À ce moment précis, vous êtes pleinement conscient de la réalité et ainsi de suite d'instant en instant sans aucune interruption. J'ai souvent souhaité parler des problèmes que je pouvais avoir avec certaines personnes. Les garder pour soi n'est pas la solution, j'en suis certaine ; mais de temps en temps, réussir à aller chercher le problème et mettre son ego, sa détermination à toujours avoir raison de côté est une nécessité. Essayer d'être plus flexible avec soi-même, c'est aller à la source de toutes les souffrances, à l'endroit où elles prennent naissance et où elles se multiplient ; elles doivent remonter à la surface pour que l'on puisse les extirper. Mais pour cela, il faut aller les chercher chez soi et pas chez le voisin...

J-10

Le dixième jour de silence arrive et je ne l'attends plus autant qu'au début. Le rythme est pris et l'apaisement est si puissant que je comprends à peine que c'est ma dernière nuit. J'observe mon dernier caillou si blanc, si petit, si pur... Je le serre contre moi et m'endors avec lui à côté de mon oreiller. J'ai l'impression d'avoir compris beaucoup de choses sur moi, mais je ne suis pas capable d'en parler. Je me réveille pour la dernière fois à 4 heures du matin. Je m'habille et me dirige vers la dernière séance de méditation. Elle sera très forte et très rapide. Je suis pleinement consciente de ma respiration, de ma posture assise et présente au moment T. Dernier petit déjeuner et ensuite, en sortant du réfectoire, l'interdiction de parler est levée. Nous pouvons échanger... en franchissant la porte du réfectoire. Je me dirige vers le lotissement, mais zéro son ne sort de ma bouche... Je suis en train de marcher sur une allée en pierre avec des filles à mes côtés, mais personne ne parle. Plus on avance, plus mon cœur s'emballe, je me retourne vers l'une d'entre elles, elle sort un son... Je suis choquée de découvrir sa voix... Je lui tombe dans les bras. J'avais tellement besoin de câlin... je m'effondre littéralement dans les bras de cette fille. Puis je tombe dans les bras de Geneviève dans le même état... Je ne comprends pas vraiment ce qu'il se passe. Entamer la discussion met plus de temps que prévu. L'envie de parler n'est pas là après dix jours de silence. Je suis bien sûr heureuse de pouvoir parler avec mon amie Geneviève, mais surtout ravie de découvrir certaines filles vues et observées durant ces dix jours. J'ai plus envie de les serrer fort comme signe d'échange que de discuter. J'ai besoin de les remercier. Elles m'ont tellement aidée à tenir.

Je réalise à quel point je suis attachée à l'humain et à quel point cette méditation m'a fait me rendre compte que j'aime ma vie et ce que j'ai pu traverser. Je me rends compte que l'humour est l'un des piliers de ma vie ; sans cela, je ne pourrai jamais avancer. Je finis ces dix jours avec un sourire et une délivrance que je n'ai jamais vécue et je ne suis pas la seule, tout le centre sourit, tout le centre vit et échange, c'est magnifique le bonheur que chacun perçoit au fond de son cœur.

Les hommes ont l'air si apaisés aussi. Il y a une force immense, inexplicable. Aujourd'hui elle est palpable, c'est fort. Avant de quitter le centre, je récupère mes affaires rangées et gardées par les chefs méditantes à l'accueil, puis je remonte dans ma chambre pour me poser quelques instants sur mon lit. Je veux dire au revoir aux fourmis dans mes toilettes, à Gaston et à Lagaffe sur le mur. Mes cailloux sont sous le lit. Je les récupère tous et les glisse dans mon sac à dos. Pas question de m'en séparer. Je prends mon sac sur le dos, me retourne quelques instants pour regarder une dernière fois cette chambre dans laquelle j'ai respiré, parlé, mais surtout vécu des choses incroyablement fortes. Je suis émue d'avoir réussi à tenir, mais les larmes cette fois sont des larmes de confiance et d'espérance en ce qui m'attend. Je ne sais pas du tout comment je vais parvenir à mettre ce que j'ai appris en application dans la vie de tous les jours, mais on verra.

Comment réussir à mettre des mots sur l'introspection la plus profonde de ma vie ? Le seul fait d'écrire me transporte. Mon cœur est d'une légèreté déconcertante. J'ai envie de tous vous interpeller et vous serrer un par un dans mes bras pour vous dire à quel point l'homme est bon et que nous ne naissons jamais mauvais. Nos pensées sont si belles et si fortes ; si chaque personne essayait de se connaître un peu plus profondément, on changerait énormément de choses sur cette terre. On a grandi superficiellement avec notre propre cœur... L'amour qui peut en sortir est inquantifiable. Je n'ai jamais ressenti autant d'apaisement et de légèreté dans mon âme... des choses lourdes ont fait surface, des comportements, des mensonges, des peurs, des inquiétudes, des trahisons, des échecs, des décès, des calculs, des interprétations... tout ça est bel et bien remonté. Des souvenirs douloureux et oubliés de l'enfance, des images difficiles et des sensations inexplicables. La seule chose que je peux transmettre et dire, c'est qu'il est important d'essayer de se retrouver soi-même afin d'être mieux avec les autres. Ce calme, cette écoute, ce silence sont en fait la plus belle des choses que j'ai effectuées dans ma vie. J'en suis certaine... Mettre en pause notre esprit ne peut qu'éveiller notre raison d'exister ; j'ai envie de me sentir utile... J'ai envie de travailler pour une cause légitime. J'ai envie de mettre du sens dans ce que j'entreprends. Je ne souhaite pas rentrer sur l'autoroute de la vie à regarder toutes les voitures rouler à 200 kilomètres à l'heure en ne pensant qu'à demain ou au passé...

Je suis dans une 2 CV, sur une départementale, et je prends le temps de regarder les feuilles sur les côtés, les nuages qui bougent, le vent qui souffle. Pour moi, c'est ça la vie ! Je ne sais pas pourquoi, mais je ne peux m'arrêter de pleurer en comprenant que je viens de trouver mes clefs pour être heureuse, les clefs pour être bien dans ma tête et être posée face à ce qui m'entoure. J'ai pu répondre à tous mes pourquoi, j'ai pu répondre à la peur qui m'oppressait. Merci... à cette technique qui n'est rien d'autre qu'une technique universelle... une technique qui est juste propre à chacun et pour chacun, quelle que soit votre religion. Elle n'effacera en rien vos croyances passées, mais renforcera au moins, c'est certain, votre confiance en vous. C'est la seule et unique croyance qu'elle peut bousculer. Méditer n'est pas une religion, mais une philosophie. Je suis persuadée que je dois mettre de la méditation dans ma vie au retour à Paris... C'est une obligation pour ma Rosy. Je sais que le plus dur commencera une fois sortie.

Retour à la réalité

En arrivant dans une auberge à Yangon, j'ai besoin d'être seule, de faire un point sur tout ce que je viens de vivre... Je repense alors au jour où la méditation était si dure, où je n'arrivais pas à évacuer quoi que ce soit et où la peur et l'envie de partir en courant prenaient le dessus ; mais peur de quoi ? De perdre le contrôle de mon esprit, de mes pensées ? Ne plus contrôler ce que j'ai toujours fait toute ma vie.

J'ai aussi découvert à quel point nous sommes bourrés de *sancara* : ce sont ce qu'ils appellent des pensées négatives sérieusement enfouies au plus profond de soi et qui réagissent directement à chaque sensation déplaisante ou non, enfin bref ce n'est pas clair raconté comme ça, il faut le vivre, il faut le faire. Je me suis aussi rendu compte à quel point mon projet me mettait nue face à mes sensations, mes sentiments, mes opinions... Je n'ai plus de carapace et suis vraiment totalement transparente et honnête avec moi-même. Quel bonheur et quelle force d'être totalement soi. J'étais bien trop attachée au regard des autres avant. Je pourrais en parler pendant des heures tellement je trouve vraiment cette technique si unique, si parfaite...

Le plus difficile fut de rester concentrée sur moi-même et de ne pas recevoir de sourire ni de regard des autres ; même si j'arrivais à en avoir, c'était le néant par rapport à la réalité. Qu'est-ce que j'aime rigoler, j'adore rire, c'est fou comment je me suis marrée pendant ces dix jours. *Alone* dans ma chambre, je rigolais de tout. Mes souvenirs, mes amis, mes monologues interminables, mes attitudes déplacées, mes pensées barges, je me suis rendu compte à quel point j'aimais la vie. J'en suis maître et personne d'autre, rien que moi-même. Je suis seule et maître de mes décisions. J'ai réalisé à quel point j'aime mes amis et à quel point ils m'ont apporté tant de force ces dernières années. À quel point cette puissance d'amour que j'ai avec mes proches est réellement pure. Je ne me suis jamais sentie mal ou trahie par quiconque. C'est beau d'aimer. Mais surtout c'est beau d'aimer les autres comme ça. Je dois trouver un boulot en contact avec les autres, ma vie n'est pas possible autrement. Je passerais à côté. C'est fondamental pour que je sois épanouie avec Rosy... En parlant d'elle, je comprends que durant mes dix jours elle n'était pas forcément plus présente que ça ; j'ai eu des moments forts avec elle, mais pas comme je l'aurais imaginé. Je pensais me prendre ma Rosy en pleine face durant ces dix jours de silence. Je croyais vider tout mon sac, mais rien. Comme si mon sac était déjà vidé et mis à plat. Rosy était une force et non un obstacle durant ces longues heures où l'on réfléchit... J'aurais pu y penser ainsi qu'au pire et m'inquiéter ou je ne sais quoi, mais non. J'y ai à peine réfléchi, aucune peur n'apparaissait, aucune peur ne venait me paralyser, j'étais d'une sérénité totale. Je n'ai jamais pleuré pour elle alors que je venais sûrement grâce à elle ici. Quand j'y pensais, je la voyais belle et fleurissant doucement... je souris et je suis tout de suite rassurée.

Par contre, les pétages de câble n'ont pas manqué, mais Rosy n'était pas concernée. C'est peut-être pour ça qu'elle a insisté pour que je reste. Elle commençait à être épuisée par les autres colocataires bordéliques, stressés et mal organisés ! Je comprends que je passais à côté des sensations et de cet amour si pur depuis longtemps, j'étais loin de cet amour si simple, si sain... lorsque je l'ai ressenti lors d'une méditation. C'était tellement fort. Les pleurs n'ont jamais été aussi forts de toute ma vie je pense... C'était fort et beau et mon esprit bien farouche est revenu à vive allure pour tout contrôler, bordel ! J'ai l'impression d'avoir quelque chose entre les doigts que je me dois de partager ou de distribuer autour de moi, je ne peux pas le garder pour moi...

Je sais que mon traitement est dans cette loi universelle du bonheur... pendant ces heures de méditation, j'ai eu énormément envie de faire des choses que je dois énumérer, car je risque d'en oublier la moitié. Bon déjà, commençons par l'achat de plusieurs feuilles pour écrire et partager cette méditation. Des lettres : voici mon premier projet. Je me jure de le faire. Je vais acheter du papier et toutes les personnes listées recevront ma lettre... Pour être libérée totalement, j'ai besoin d'écrire, j'ai besoin de présenter mes excuses à certaines personnes. C'est tellement facile de faire des reproches autour de soi sans se regarder soi-même... j'ai beaucoup trop fait ça. J'ai pas mal de timbres à coller ! Place à l'écriture et au pardon pur et réel...

Maintenant deux jours que je suis revenue à la réalité de notre monde. C'est plutôt intéressant d'observer la réacclimatation aux vices et aux humeurs des autres, mais aussi aux envies constantes et grandissantes du monde extérieur. C'est marrant comment je me sens si heureuse et si apaisée. Je n'ai jamais ressenti cette sensation dans ma vie. Je ne sais ce qu'il se passe, mais je me sens libérée de toutes mes peurs et faiblesses d'avant, même si je sais qu'elles risquent de revenir à grands pas bientôt. Je ne sais pas trouver mes mots une fois de plus, mais ces dix jours de silence m'ont fait ouvrir les yeux sur beaucoup de choses de la vie que j'avais laissées de côté ou du moins ignorées. « *Arrête, tu radotes Marine !* »

Je largue les amarres demain pour un autre monastère au sud de Yangon. Geneviève a décidé de venir avec moi. Parfait, c'est une petite Canadienne pleine de vie et remplie de joie. *Let's go !*

Deuxième monastère

Arrivées au monastère, nous découvrons un petit village. On se dirige vers le panneau « accueil » pour avoir des informations. J'ai au préalable appelé pour prévenir de ma venue, ils ont accepté et m'ont dit d'arriver dès que je pouvais pour aider.

Dès l'entrée, nous sommes devant une nonne vêtue d'une robe rose et au sourire éclatant. Elle nous souhaite la bienvenue et nous donne un drap pour notre lit. On découvre notre chambre, un dortoir de huit ! Génial ! En installant nos affaires, j'essaie de poser des questions aux autres personnes de notre dortoir pour comprendre le fonctionnement du monastère. Je comprends qu'il y a des séances de méditation à 5 heures du matin et qu'il faut faire vivre le monastère et apporter de l'aide là où l'on peut. De nombreux malades, personnes âgées, retraités viennent vivre ici. Ils mettent la méditation au cœur de leur parcours de guérison. Les situations sont variées et leur parcours de vie aussi. Nous pouvons rencontrer une personne qui vient de perdre son mari, une autre qui souffre d'une maladie quelconque ou bien un homme qui a décidé de quitter son travail. On voit de tout... Chaque personne peut être accueillie gratuitement. Le monastère vit uniquement grâce aux dons... Je décide de vite faire mon lit, impatiente de découvrir de mes propres yeux tout ce qu'il se passe et comment fonctionne ce monastère qui soigne et qui guérit.

Doc Marine

En marchant dans l'une des allées, j'entends une camionnette m'interpeller. Je m'arrête. « *Venez nous aider, on a besoin de renfort pour donner à manger à l'hôpital !* » Je regarde les deux autres filles rencontrées il y a à peine deux minutes... Innocente, je saute dans le camion et motive les autres, qui hésitent à me suivre... Elles montent mais ne sont pas sereines. À l'intérieur, le chauffeur nous donne des masques. Je m'interroge quant à leur utilité. Je suis dans une ambulance avec des seaux remplis de riz et un masque sur le nez... On se regarde toutes, sans savoir la destination. L'une des filles vit ici depuis deux semaines, elle connaît un peu le centre et me dit qu'elle ignore où nous allons... Elle n'a jamais été dans l'hôpital depuis son arrivée... On arrive, et je récupère dans le camion un seau rempli de riz. En passant la porte, on me demande de bien serrer mon masque... Je trouve ça étrange, mais le fais sans vraiment comprendre. C'est tout sauf un hôpital. Des lits à moitié cassés partout, des hommes par terre, d'autres sur leur lit, dans les couloirs... Je ne comprends pas du tout où j'atterris. Je dois passer auprès de chaque malade pour lui donner un bol de riz. Je comprends par la suite que c'est l'excédent que le monastère a récolté qu'il reverse pour l'hôpital d'à côté. Un homme me prend la main au moment de verser des grains de riz dans son bol ; son regard si perçant, ses mains si chaudes et ses yeux brillants resteront à jamais gravés dans ma tête... Il ne m'a rien dit de plus que « merci » et m'a souri. Son sourire... ses yeux... je me sens toute petite. Mais où suis-je ? Je parcours plusieurs salles remplies de patients qui attendent leur bol de riz patiemment, puis un autre bâtiment dédié aux personnes qui vont mourir. Il y a deux moines dans une petite salle. L'un est recouvert de mouches... Avez-vous déjà vu un corps recouvert de mouches ?! Moi, jamais ! On doit changer sa couche remplie de sang ; je ne peux regarder, je sors choquée, tout comme mes camarades.

L'une d'entre elles est très méfiante et craint d'être contaminée, elle ne veut rien toucher... elle m'interpelle : « *Ne touche pas Marine !* » C'est vrai que ça ne m'a pas traversé la tête, innocente que je suis. Je me suis toujours dit : « *Si tu aides les plus démunis, il ne t'arrivera rien.* » Elle me conseille fortement d'arrêter. À la fin du tour, je serre quand même la main à plusieurs patients pour leur dire au revoir. Je ne m'en rends sûrement pas compte, je ne sais pas... je demande à l'homme qui nous a interpellées s'il est infirmier ou médecin : absolument pas, il n'est rien de plus qu'un habitant de la ville d'à côté. Il donne de son temps bénévolement pour changer les pansements, faire certaines piqûres, changer les couches et donner à manger... c'est remarquable. Je suis juste scotchée par ce que je vois. *« Hey ! Ma cocotte, sors de ta bulle dorée, tu es loin de réaliser ce qu'il y a autour de chez toi... »*

Je m'assieds un instant pour reprendre mes esprits quand soudain l'ambulancier improvisé vient nous dire : *« On ramène quelqu'un chez lui ! »* Je me dis directement : *« Oh yes, il doit aller mieux. Génial ! »* Une fois devant l'ambulance, je ne comprends pas pourquoi tous les sièges ont bougé de place et pourquoi il faut installer un brancard au milieu... je monte perplexe. Chacune s'installe sur un fauteuil. Et là je vois le fauteuil roulant arriver... un homme maigre comme jamais, sans cheveu, il paraît qu'il a 27 ans... On l'allonge sur le brancard, toute sa famille est autour. Je comprends au fur et à mesure qu'il va mourir dans les secondes qui viennent et qu'ils souhaitent l'avoir à la maison avant qu'il ne s'envole. D'un coup je ne peux me retenir, j'ai un jeune homme à mes pieds, dans une ambulance avec toute sa famille qui lui tient la main. Des mouches sur son visage, une odeur horrible. Je craque, je ne peux pas me contenir, mais j'ai essayé. Surtout l'ambulancier nous avait indiqué de bien garder nos masques. J'étais gênée d'avoir mon masque comme une Chinoise qui visite Paris et d'avoir toute la famille dans la même ambulance qui amène ce jeune homme mourir chez lui... le père, la main sur le cœur de son enfant pour s'assurer qu'il respire encore... Je pleure. Heureusement que le masque cache mes larmes. La famille est si forte, je n'ai pas le droit... Les mouches se posent sur le visage de cet inconnu, ça me démange, d'un coup de bras je les lui retire et ainsi de suite dans le camion. Ses yeux ne bougent plus, ça bouche est entrouverte, ses mains ballantes, il va s'envoler ; je ne peux pas voir ça. Je ne suis pas assez forte, j'ai besoin de descendre du camion ; l'ambulancier s'arrête brusquement, la famille sort de la voiture et porte le corps dont les bras tombent de chaque côté. Ils claquent les portes. Je suis en pleurs et serre fort la main de ma voisine de droite qui elle n'est pas aussi touchée. Elle doit avoir plus l'habitude ou est plus forte, je ne sais pas. Je ne peux rien dire d'autre...

C'est tellement bizarre ce sentiment que j'ai au fond du cœur, un mélange de haine, d'incompréhension, de remise en question, de négativité, de douleur et d'amour... Je n'ai jamais été aussi proche de la mort. Je pense que je n'étais pas prête du tout, mais au final on n'est jamais prêt à l'affronter vraiment. C'est terrible comme nous ne gérons rien face à la mort. Je suis choquée de vivre ça, je ne m'y attendais pas. Sans rien pouvoir faire, mes yeux se ferment jusqu'à l'arrivée. Au revoir bel inconnu... j'ai vraiment la sensation d'avoir été un pantin dans un zoo qui ne pouvait rien faire. À part sourire comme une débile pour essayer de montrer que nous trouvons cela normal... Je suis tellement triste, tellement émue de voir tout ça autour de moi. Beaucoup trop de haine et de rage arrivent dans ma tête, trop de tristesse...

Chef Marine

En arrivant, je monte dans mon dortoir pour me poser quelques minutes. Je repense à mes larmes devant cette famille qui est en train de voir s'envoler son enfant devant de simples inconnus... Après ce moment si dur, je ne sais plus où me mettre ni quoi faire. On m'appelle en cuisine. Je m'exécute. Je vais aider pour laver le riz avant le dîner. Cette minitâche n'enlève pas le regard de cet homme gravé dans mon cœur mais réussit à me secouer pour mieux continuer.

Arrivée à l'atelier cuisine, c'est très drôle, tout le monde est pieds nus et patauge dans l'eau sur le béton... Les nonnes sont en train de cuire le poisson et les moines s'occupent du riz. Des tonnes de sacs de riz doivent être lavées et cuites pour le dîner. Toute la nourriture que nous avons provient des dons. C'est hallucinant. Je ne peux pas imaginer que cette population si pauvre offre autant de nourriture aux moines. Après avoir nettoyé le riz dans de grands bacs en acier – c'est plutôt drôle comme activité –, j'essaie de faire partir une petite bataille d'eau à la fin... les derniers jours, les moines me lanceront une bassine entière de flotte sur la figure.

Après avoir fini ce boulot, il faut trier de temps en temps les morceaux de poissons ou bien aider à nettoyer le sol qui est souvent plein de détritus. Tout le monde remplit alors des bassines pour nettoyer. Ces parties de nettoyage sont super rythmées, il ne faut pas traîner. Beaucoup de personnes doivent être nourries. Pas le temps de parler à ta voisine de la pluie et du beau temps. On doit laver vite et ça ne rigole pas !

Poux story

En rentrant, je découvre que Geneviève, la pauvre, a chopé des poux je ne sais où… ! Des poux si énormes qu'on peut les voir bouger les uns sur les autres, l'enfer ! On va avec une des filles, Marion, rencontrée dans notre dortoir, dans le centre-ville, pour lui trouver un remède miracle. Elle voyage avec son copain Antoine et fait un gros tour du monde à vélo ! On se retrouve toutes les trois dans un marché où tout et n'importe quoi se vend, à la recherche d'un produit contre les poux ! C'est cocasse. Je n'arrête pas de me marrer ; pas très cool pour Geneviève, mais la situation est si drôle. On se doute bien que l'on n'en dénichera pas… On ramène donc vinaigre, oignon, mayonnaise et huile pour qu'elle puisse se traiter ! Ce n'est vraiment pas facile pour elle, mais on a tout de même bien rigolé ensemble. Elle s'écrase la mixture sur le crâne. Après cette séance de nettoyage, on va toutes se coucher et je m'endors comme tous les soirs avec ma moustiquaire bien fermée de tous les côtés, mais aussi mes bébés scarabées qui persistent à venir se coucher à mes côtés et certaines fourmis qui arrivent à se glisser sur les côtés… Je me suis habituée !

L'avenir nous le dira

Le lendemain matin je me promène dans le Dhamma Hall, où se trouvent tous les malades, retraités ou handicapés. Ils sont tous regroupés ici sur des lits en bambou collés les uns aux autres. Je commence à marcher dans les couloirs afin d'apporter un sourire ou de partager un moment, même si la barrière de la langue est bien présente. Chaque jour, j'aurai mes habitudes. Je passerai pour dire bonjour et promener celui ou celle qui le souhaite... Je me suis prise d'amitié avec l'un d'entre eux que je surnomme Grincheux. Il en a la tête, mais un cœur d'artichaut. Il est paralysé et ne peut plus bouger comme il le souhaite ; il ne peut pas se lever correctement, ni marcher sans aide. Il est toujours sur son lit à dessiner ou jouer de la guitare. Il parle un peu anglais... Le jour où je l'ai rencontré, il m'a pris la main et m'a demandé de venir le voir tous les jours à la même heure. Je suis donc revenue le lendemain à 16 heures. Je m'assois sur son lit et on commence à discuter. Le feeling est immédiat. On rigole déjà comme des dingos.

À côté de nous, un Birman qui a une maladie assez grave, je ne sais pas laquelle, car mon ami non plus ne sait pas exactement, nous fixe tout le temps dès qu'on commence à parler. Il m'annonce qu'il lit l'avenir et qu'il souhaiterait sincèrement me lire quelques trucs sur mon futur. Je n'y crois pas une seule seconde à ces trucs-là, mais je me dis que ça a l'air de lui faire plaisir, donc je vais le faire. Je reviens le lendemain à l'horaire indiqué. Il est très autoritaire, ça me fait rire. J'aime bien ce genre de personnage assez dur au premier abord, mais si bon et doux dans le fond ! Je reviens alors le lendemain à 11 heures. Il a tout préparé... une feuille, un stylo pour que je note tout ce qu'il me dit et il a sorti deux gros livres sur les astres et les planètes... C'est super drôle, il a pris ses lunettes qui n'ont plus qu'un verre. Il les met sur le bout de son nez comme s'il était physicien...

Je suis si émue en parlant de lui. J'ai envie de le serrer dans mes bras. Son sourire, sa guitare, son rire et son regard me manquent tellement. J'étais si heureuse à ses côtés tous les jours... désolée de faire cet aparté, mais écrire ces quelques lignes me déchire le cœur. Je suis bien dans mon pays et lui est toujours là-bas. J'ai le sentiment de n'avoir rien fait de concret pour l'aider, à part lui sourire et partager des moments avec lui. Comment faire pour changer les choses avec mon jeune âge et si peu de moyens... Je ne sais pas encore, j'ai essayé de lui donner tout l'amour possible, mais je culpabilise en écrivant ces mots sur lui. Heureusement qu'au moment où j'écris, je suis enfermée dans ma maison de Bretagne pour vider tout ce que j'ai sur ce cœur qui est bien trop petit pour me remémorer tout ça à distance...

Je reviens donc au récit. Je suis en face de lui avec ses lunettes et son air d'homme politique ! Je prends le même air sérieux que lui et fronce les sourcils pour lui faire un peu peur... Il sourit et redevient très concentré. Il a un stylo dans sa main gauche et me prend la main droite pour analyser mes lignes. J'ai envie de sourire, mais je respecte totalement son sérieux. Je note tout sur un papier, la pluie battante sous laquelle je rentre, imbibe ma feuille qui ne tient pas le choc. Je n'ai plus que les six derniers points dans mon carnet... « *Marine, regarde-moi, je suis sérieux Marine... – Oui oui* », avec un sourire au coin de la bouche. « *Tu auras une vie très énergique, heureuse mais attention Marine, attention... – Haha oui que va-t-il se passer ? – Les doutes vont arriver à plus ou moins grande échelle, en fonction des planètes... Il va falloir que tu sois forte à certains moments.*

Ta planète est Vénus. Durant l'année 2020-2021, il faut que tu fasses attention à ne pas douter, tu devras te faire 100 % confiance à toi seule ! » « *Ouh là là, qu'est-ce qu'il me dit ?* » Il me regarde et insiste bien : « *2020-2021, aie confiance.* » Pour mon présent, il commence à retirer ces lunettes et à me serrer fort la main : « *Tu vas vivre dans cinq lieux différents Marine, entre 2016-2017.* » Il me fixe droit dans les yeux à chaque fois qu'il me parle ! C'est intense, mais si drôle à vivre aussi. Il ne sait rien de mon voyage et ça fait déjà trois lieux… France, Nouvelle-Zélande, Birmanie, il me reste la Mongolie. Où vais-je aller en 2017 pour ce cinquième lieu… ? J'aime bien cette prédiction ! Je rigole en prenant ça au sixième degré, même si ça commence à me perturber un tout petit peu. Il remet ses lunettes et regarde l'intérieur de ma main longtemps, puis son livre, et me fixe dans les yeux… « *En 2019-2020, on va te demander en mariage. – Whaaaatttt ? L'angoisse, je ne suis pas prête.* » Il explose de rire. « *Marine, concentre-toi.* » J'explose aussi de rire ! Ensuite il me montre mes chiffres qui sont les « 2, 4 et 7 » ; mes couleurs « le vert, le rouge, le blanc », mais le plus drôle c'est sa dernière phrase… « *Marine, tu vas devenir quelqu'un de célèbre.* » « *Mais oui allez, on va se coucher !* » C'est vraiment drôle comme échange. Je commence à rigoler avec une Birmane à côté de moi et il me rattrape la main et me dit de bien garder cette feuille où tout est noté. Il est très sérieux, je l'écoute très attentivement… et puis pour clôturer cette analyse, je décroise mes jambes et là mon pantalon craque littéralement ; tout mon pantalon, en plein milieu de ma culotte ! Énorme fissure… Il se plie en deux de rire et moi je suis un peu gênée, mais je redouble de rires.

À ce moment-là, une jeune Birmane orpheline de 20 ans qui est la responsable d'une partie du Dhamma Hall s'approche de nous. Je la croise depuis que je suis arrivée et j'aime énormément cette fille. Elle a un sourire angélique. Elle me demande de lui filer mon pantalon. « *Je ne peux pas rester en culotte !* » lui dis-je. Elle me prête un pantalon. Tout le monde est mort de rire. Moi je trouve ça super drôle de les voir tous s'esclaffer. Ça me fait du bien ! Elle revient deux minutes plus tard, avec mon pantalon cousu et réparé ! Quelle spontanéité et quelle générosité... En rentrant sur le chemin, une femme se promène et me glisse une fleur rouge derrière l'oreille... comme ça, sans rien me demander. Je ne la connais même pas... Acte gratuit. Elle ne parle même pas anglais, mais me regarde en joignant les mains à sa poitrine, me salue et continue son chemin. C'est ce genre de moment où vous restez sur place, interloqué, à comprendre que ce petit geste va ensoleiller votre journée ! **Faire des petits actes simples et délicats pour chacun, c'est là le vrai bonheur... Merci de me réapprendre à aimer.** Ce monastère est une école de la vie dans tous les sens du terme. On m'offre tellement de câlins et de sourires d'une pureté incroyable... Je ressens au fond de mon cœur une espèce de flamme qui est chaque jour un peu plus grande.

L'atelier de Rosy

Un matin après mon tour au Dhamma Hall, je rencontre une jeune fille, Linsey, qui s'occupe d'une classe de petites Birmanes orphelines. Je lui demande si je peux l'aider et l'accompagner pendant ses missions. Elle accepte avec un grand sourire et me propose de la retrouver juste après le déjeuner. Nous voilà parties dans une école très peu visitée où se trouvent cinquante petites Birmanes orphelines du fait de l'abandon, du décès ou de la trop grosse pauvreté des parents. Je découvre au fur et à mesure le lieu, la cour de récréation ; c'est très rustique. Il n'y a rien pour jouer, se divertir. Juste quelques maîtres qui leur apprennent ce qu'ils peuvent. Linsey est là depuis quelques semaines et s'occupe des cours de dessin pour les divertir. Elles n'ont ni trousse ni cahier. On leur apporte alors des feuilles blanches et le matériel nécessaire pour dessiner. C'est la folie dans la classe. Chacune a le droit de prendre une seule et unique couleur pour faire le dessin que Linsey est en train d'effectuer au tableau pendant que je distribue les crayons... Arrivée au bout de la classe, je me retourne et mon cœur commence à se serrer. Toutes ces petites Birmanes sont vêtues de rose et ont le crâne rasé. Elles empoignent toutes leur stylo et se mettent à dessiner la fleur au tableau, tête rivée sur leur papier : une rose... Linsey a dessiné la plus belle rose que j'aie jamais vue. Je suis installée au fond de la classe, appuyée au mur et choquée de voir cette fleur si belle collée sur le tableau et toutes ces petites filles en train de la dessiner et de m'interpeller pour que je regarde si elles dessinent bien... C'est si fort de voir ces Birmanes en rose en train de dessiner cette fleur qui est si significative pour moi. Rosy est bien présente aujourd'hui. Je n'ai rien demandé à personne, et je me retrouve dans une salle de classe où « rose » semble être le mot d'ordre... J'apprends alors à la dessiner, moi qui suis si nulle en dessin. Je me suis mise à côté des enfants pour apprendre à dessiner ma Rosy. C'est un moment magique, j'ai ma place parmi toutes ces roses dessinées et cette couleur. Elle doit être ravie Rosy d'avoir un peu de compagnie. Ça fait longtemps qu'elle n'en a pas et puis ça fait toujours du bien d'avoir des potes qu'on connaît sur son chemin. Linsey ne comprend pas bien mon émotion face à son dessin et toutes ces petites Birmanes… Elle comprendra plus tard…

Après cet atelier-dessin très fort, nous sommes allées dans la cour pour courir et improviser des jeux sans balle ni jouet. On organise un énorme « un, deux, trois, soleil », c'est génial. On rigole bien. Les petites sont si attachantes. Pourquoi tous les moines et les nonnes ont le crâne rasé ? Ce n'est pas pour les poux, rassurez-vous. C'est uniquement pour être détaché de toute apparence physique, rester loin de tout attachement, être tous égaux, sans différence de coiffure ou autre. La récré et le dessin se terminent, il est l'heure de rentrer au monastère pour aller au *rice washing*. Juste avant, je passe voir mon ami dans le Dhamma Hall et rencontre une dame qui souhaite se promener. Je pars avec elle dans le petit village. C'est sympa, on ne parle pas le même langage mais nous nous comprenons par le regard. Je vais à la pagode avec elle. Elle souhaite se recueillir mais ne peut pas y aller toute seule. Je pousse son fauteuil et on passe quelques minutes à méditer dans les pagodes. Au retour, je la redépose sur son lit et fonce au *rice washing*.

La récolte des offrandes

Après cette journée bien remplie, je m'endors comme un bébé. Au réveil, je pars aider les nonnes pour la récolte de nourriture. Dans tous les monastères, les moines et les nonnes vont récolter le matin les offrandes. Les Birmans leur offrent leur nourriture ou donnent de l'argent au monastère pour vivre. Je ne sais toujours pas la signification exacte de ce rituel, mais me voilà embarquée dans un camion rempli de nonnes âgées de 9 à 70 ans toutes de rose vêtues. Dans les rues, elles se déplacent en ligne. La première lance un chant grâce à un mégaphone pour signaler leur arrivée et les autres suivent le rythme. C'est magnifique. En arrivant dans le centre de Yangon, il pleut des cordes mais on sillonne toutes les rues pour récolter les dons des gens. C'est impressionnant, les billets volent par les fenêtres, tout est organisé pour offrir... c'est incroyable. Un fil est accroché à chaque maison en hauteur ou appartement, au bout duquel est suspendue une pince pour mettre les billets et les lancer au rez-de-chaussée. Tout est bien organisé. Les personnes sortent pour leur offrir de la nourriture. Elles sont d'une humilité déconcertante.

Le lendemain, je pars avec les moines. Changement de décor. Déjà, nous n'avons pas de chaussures, nous marchons dans la campagne, dans la boue, puis dans la ville, et dans la boue également. On part dans des quartiers très peu développés, mais les gens sont tous devant leur palier, eux aussi nu-pieds en signe de respect, et ils penchent la tête pour que le moine bénisse la nourriture avant de la récupérer. Je suis la ramasseuse. J'ai un grand sac où je collecte tout ce que je peux et je fais des allers-retours dans le camion pour m'alléger. Les moines récoltent des kilos et des kilos de provisions, c'est impressionnant. Les Birmans pourraient donner leur peau à un moine tellement ils les respectent. Je me sens si petite face à cette générosité immense. Toute une population donne avant de recevoir, voire même sans rien attendre en retour. Pourrions-nous imaginer une générosité quotidienne comme la leur ? Car oui, tous les matins les moines viennent ; ils acceptent de vivre sans aucun attachement, n'ont besoin de rien et acceptent tout ce qu'on leur donne. Les larmes montent une fois de plus en voyant ce peuple si pauvre donner sa nourriture, ses habits... Toute la ville est organisée pour les moines. Des filets pendent aux fenêtres pour donner le plus rapidement possible. La cloche retentit pour prévenir les ramasseurs, donc moi, qu'ils vont lancer quelque chose ; je cours alors pour récupérer l'argent ou la nourriture. Je suis en train de vivre un truc de fou. Je marche pieds nus dans Yangon sous la pluie pour récolter la nourriture avec les moines birmans. Au retour, les moines m'offrent des fruits en guise de remerciements. Tout ce que nous avons collecté sera redistribué à l'ensemble du monastère...

Ces matinées m'ont retournée et le soir, lors du cours de méditation, je comprends de plus en plus le pourquoi du comment. Tout s'éclaircit dans mon cœur comme dans mon esprit. Ça devient une évidence... je mesure combien j'étais renfermée sur moi-même. Je réalise maintenant comment me libérer. Le comprendre est une chose, le mettre en pratique en est une autre. J'en prends de plus en plus conscience aux cours du soir que nous avons après la séance de méditation avec un moine incroyable. Il est remarquable par la beauté de son visage et sa pureté presque palpable... un visage serein, souriant, si apaisé. Un vrai visage de paix et d'amour... Je peux me contenter de le regarder et ça me fait déjà du bien. Mais alors quand il commence à parler... je ne sais pas comment expliquer, il me transporte. Son prénom : Oo Zinn Revata Nanda ! Voilà pourquoi je ne retiens pas tous les prénoms ! Le soir, on médite et il y a un temps d'échange avec lui. Je suis heureuse et chanceuse car il s'exprime en anglais.

Après les dix jours de Vipassana, la méditation sans pouvoir parler, j'ai beaucoup de questions et c'est toujours agréable de pouvoir échanger avec quelqu'un et de compléter la méditation par la discussion. Avoir expérimenté ces deux pratiques et l'avoir fait dans ce sens est très formateur pour moi... Sinon, j'aurais mis plus de temps à comprendre l'importance du silence et celle de canaliser mes pensées pour arrêter ce fonctionnement infernal qui dicte nos actions et nos émotions. Oo Zinn Revata Nanda nous donne de véritables cours sur cette technique. Il nous parle comme si nous étions à la terrasse d'un café pour expliquer sa volonté d'être moine et l'apaisement prouvé scientifiquement, de même que les résultats trouvés... Il s'inspire de ses propres expériences. Il nous apprend plusieurs méditations assises puis debout et ensuite accorde un grand temps de réflexion pour toutes les questions. On se rend vite compte que les interrogations des Occidentaux sont toujours les mêmes. On veut tout, tout de suite. C'est étonnant ce besoin intellectuel et impatient de comprendre. On n'arrive pas à se laisser emporter sans mettre le contrôle de côté. L'apaisement et le calme sont pour nous très lointains et il est dur d'y accéder dans notre vie de tous les jours. Après ces échanges riches et multiples avec lui, toutes les graines sont plantées, à moi de les arroser comme il faut... J'ai beaucoup de choses à découvrir et à apprendre. Ce n'est que le début... je décide d'interviewer Oo Zinn mais aussi Mya Mya qui s'occupe des femmes volontaires et qui nous apprend la méditation. Ils ont tant à nous transmettre, j'en suis certaine. Cette expérience de méditation restera à jamais gravée dans mon esprit, mais surtout je souhaite que ça ne soit que le début d'un parcours de paix et de bonheur dans ma vie...

Bilan

Inquiète de mon départ et de mon retour à la réalité, le lendemain soir, je décide de poser plusieurs questions au moine, en tête à tête... Je ne savais pas si j'allais réussir à maintenir toute cette découverte, toute cette pureté dans mon cœur dans un contexte différent. *« Maître, comment puis-je ramener toutes ces connaissances avec moi et les mettre en pratique... ? – Marine, tu sais, vous avez souvent tendance à tout vouloir tout de suite, vous découvrez quelque chose il faut que ça arrive instantanément dans votre vie, ce n'est pas possible... Mais ce n'est pas pour autant qu'il faut s'en inquiéter. Cette découverte est déjà immense. À toi de la faire fructifier à ton échelle. Je te donne un exemple : dans le passé, imaginons que tu t'énervais à 100 % à chaque fois pour telle et telle raison ; maintenant tu dois baisser ce niveau à 98 % et ainsi de suite... Tu ne peux pas passer de 100 % à 0 %, c'est impossible. – Je comprends ce que vous dites, mais comment faire pour garder la méditation dans ma vie ? – Tu verras que tu n'y arriveras pas au début si tu ne le fais pas tous les jours. Ça sera compliqué, mais n'oublie pas que si la volonté est là, tu dois la laisser fleurir... Je suis certain que c'est le début d'un long chemin. Continue d'écouter où ton cœur te mène et tu verras que la méditation suivra... N'attends rien d'elle, n'attends rien de ce qui t'entoure, tu es maître de tes décisions. Prends le recul nécessaire pour faire fructifier tout ce que tu viens d'apprendre. Ça mettra le temps qu'il faudra... et qui sait, tu reviendras peut-être nous voir... ? – Merci maître... »* Je ne sais pas trouver mes mots ; il a bien ciblé mon anxiété et a totalement dit ce que j'avais besoin d'entendre ; je rentre dans mon dortoir l'esprit apaisé. Ma nuit sera rapide ; à peine allongée, je dois déjà me réveiller pour ma dernière journée...

Avant de quitter le centre, je décide d'aller acheter deux cents roses pour essayer d'en distribuer à un maximum de malades... La rose est une si belle fleur et l'une des plus importantes pour les Birmans. Je ne vous dis pas pour moi. Je pars au marché avec une expatriée qui parle couramment birman. Elle m'aide à porter toutes les fleurs et nous voilà de retour au monastère. Je confie un bouquet de roses à chaque personne pouvant nous aider à les distribuer. Chacun part avec sa poignée de roses à travers les quatre coins du monastère pour donner un peu de couleur et le sourire. C'est super émouvant, ils ne reçoivent jamais rien, et donner une fleur est d'une pureté incroyable. J'ai l'impression de recevoir mille fois plus que ce que nous sommes en train de leur offrir !

Je sens que le départ approche, la Mongolie se rapproche... Je ne sais pas ce que j'ai fait pour eux. Je ne sais pas ce que je leur ai vraiment apporté ; mais eux m'ont beaucoup appris, et m'ont mis face à mon nombril plusieurs fois. Cette atmosphère de partage, cette pureté du cœur, cette innocence face au vice, cette envie d'aider sans rien attendre en retour, cet amour gratuit mais surtout cette envie d'aimer encore plus la vie. Oui, ils m'ont donné tout ça. J'ai découvert ce monastère où la méditation est au cœur de la guérison... soigner son être et son âme avec son propre esprit... je suis tout simplement étonnée de la paix dans les cœurs, de la beauté des moines mais surtout de l'enseignement qu'ils donnent à tous ces retraités, ces malades, ces handicapés, ces malheureux. Mais si on avait ne serait-ce qu'un peu de ce discours chez nous... Je ne dis pas que la maladie disparaît chez eux ou n'existe plus, mais la force de l'esprit est mille fois plus forte que le reste. On oublie à quel point il peut nous sauver ; notre esprit peut porter et nous permettre de réaliser des choses jamais imaginées. Oui, on a tous une force inestimable en nous-même ; on ne sait pas ce qu'on peut vraiment accomplir, et on l'oublie de plus en plus chez nous. Étrange ? On nous déresponsabilise de tout, on devient dépendant du moindre produit, notre être est lié aux éléments extérieurs. Où se trouve notre liberté de penser, de vivre, d'exister pour qui nous sommes vraiment ? Cette liberté s'est envolée depuis bien longtemps. Ce peuple, malgré l'oppression vécue, est beaucoup plus libre que nous.

Je pars de ce monastère en évitant un maximum de monde, je sens que les au revoir vont être beaucoup trop difficiles. Merci ! Ma Rosy a grandi et je continuerai, je vous promets, de suivre ce chemin et d'arroser ce sentier sur lequel j'ai mis mes pieds... Je reviendrai vite, j'en suis certaine. Je vous dis à tous à bientôt... En faisant mon lit, je trouve dessus un dessin... une rose dessinée sur un bout de papier par Linsey... ce papier se met à trembler dans mes mains. Une rose si belle est dessinée dessus.

Derniers instants en Birmanie

J'ai le ventre noué... Je ne rallume pas mon portable tout de suite. Dans mon hôtel à Yangon, j'ai besoin de me retrouver seule et de poser mes idées sur papier, mais surtout de faire le vide sur tout ce que je viens de découvrir durant les deux jours qu'il me reste avant de prendre l'avion pour Oulan-Bator.

Je décide de faire un jogging pour évacuer. En rentrant je me connecte pour la première fois après beaucoup de semaines de silence. Je me rends compte qu'un article a été publié sur la page ARSEP, l'une des plus grosses associations pour la sclérose en plaques... Quelle sensation forte arrive d'un coup ! Je ne comprends pas du tout que c'est mon visage, ni que dans cet article on parle de moi et de ce voyage qui paraissait un peu fou quelques mois auparavant... J'ai de plus en plus de messages de personnes anxieuses et stressées, ce qui est totalement humain et normal... Mais je n'ai pas la solution. Je m'aperçois que ma petite page Seper est de plus en plus suivie et je trouve ça plutôt cool. Je veux partager cette aventure avec un maximum de monde, mais je prends conscience de la peur que cela peut me renvoyer aussi. Recevoir beaucoup de messages de personnes inconnues qui sont terriblement mal et pensent vous aider ne m'aide pas forcément... J'ai peur de me retrouver face à toutes ces personnes, chez qui la souffrance a pris le dessus sur tout le reste. La négativité est si facile à transmettre, est si contagieuse. J'arrive à prendre du recul, mais je reste avec mes petites épaules qui n'ont pas forcément la taille parfaite pour tout supporter. Je dois apprendre à gérer la chose.

Je ne comprends pas comment c'est possible qu'autant de personnes me suivent, je ne réalise pas ; je parle plus de « caca » dans mes vidéos que du Bouddha... mes petits récits contiennent plus de fautes que de mots. Je ne comprends pas, mais je décide de laisser la place à l'incompréhension ! Cette page me permet de mettre un pied devant l'autre. Mon cœur est posé dessus et mes pieds marchent à côté. Je suis liée avec cette communauté qui est si forte et sans aucun jugement. Je connais 10 % des personnes, mais j'ai l'impression d'avoir une deuxième maman ou des amis qui me soutiennent depuis toujours. Face à beaucoup de messages qui me font à chaque premier mot éclater en sanglots, je veux rentrer dans mon ordi pour la ou le regarder et lui dire : « *Toi aussi tu peux foncer.* » Cette envie de partager et de montrer que tout le monde peut réaliser ses projets un peu fous est stimulante, émouvante, puissante... Je ressens tant de chaleur dans mon cœur que j'ai envie de la projeter dans le cœur des messages reçus ! J'ai envie de hurler sur ma chaise : « *Tu peux le faire aussi !!! Fonce !!!* » Parfois ça m'arrive de le crier fort d'un coup sans le contrôler vraiment... Je ne fais pas grand-chose de spécial ; les gens ont l'impression derrière leur ordi que c'est peut-être incroyable, mais non. Chacun peut le faire.

Je remarque aussi que ce voyage m'a de plus en plus ouvert le cœur et que je me protège moins. Je suis ouverte sur toutes mes pensées, mes ressentis, et parfois ce n'est pas évident de gérer les émotions extérieures négatives, car la protection n'est plus là. Mais à ce moment-là, je me dis : « *C'est maintenant que tu dois mettre en pratique ce que tu viens d'apprendre dans les deux monastères.* » Je tente de ne pas réagir et de ne pas prendre les critiques pour moi. Je n'accepte pas alors cette méchanceté gratuite... Quand je vois l'évolution de ma page, je suis heureuse, mais j'ai le cœur serré et crains de ne pas être à la hauteur de leurs attentes. C'est dingue, car cette anxiété reste deux secondes dans mon esprit alors qu'avant, je pense qu'elle s'y serait gentiment installée. **Demeurer soi-même, c'est la chose la plus importante.** Je n'ai strictement rien changé et je ne pense même pas aux personnes, mais plus à ce que moi je ressens à l'instant T en faisant une totale abstraction de ce qui se passe ou se dit autour. J'ai envie de crier : « *Je ne suis pas une Seper Hero, je suis comme chacun d'entre vous !* » J'essaie juste de me débrouiller pour vivre avec cette nouvelle qui aurait pu transformer ma vie en cauchemar. Mes textes sortent du fin fond de mon cœur et ça me faisait bizarre au début d'être aussi vraie, sans carapace, face à autant de monde que je ne connais ni d'Ève ni d'Adam... Tout ce que je sais quand je ferme les yeux, c'est que je suis heureuse d'être moi et personne d'autre... je ferme les yeux, me voilà partie dans mon sommeil, prête à décoller pour la Mongolie.

Je ne pensais pas que ce projet allait m'amener vers autant de réponses à mes questions intérieures, mais surtout vers autant de réponses aux questionnements de ma vie. On est maître de nous-même et on doit accepter notre souffrance. Cette humanité est vraiment belle et riche. Ces différences humaines et actuelles doivent être utilisées pour rassembler les peuples. On doit créer un chemin vers notre bonheur. Je ne resterai pas dans les mots comme je l'ai toujours fait auparavant ; je serai désormais dans l'action, c'est certain. C'est la clef du bonheur. Pratiquer vraiment ! Je ne sais pas pourquoi je ressens cette force dans mon cœur en regardant à travers le hublot de mon avion...

Âme

MONGOLIE

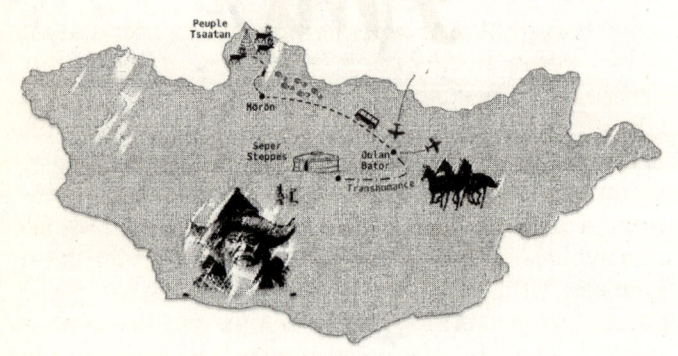

Deuxième avion que je prends au départ de Pékin pour Oulan-Bator et vous ne pouvez pas imaginer ce qui se passe ! C'est juste incroyable comme la vie est bien faite. Il n'y a pas de hasard. Une chose est sûre, depuis que je fais ce voyage je n'y crois plus... Le hasard est notre propre invention. À côté de moi dans l'avion, deux personnes incroyables. On a commencé par une discussion générale et l'une d'entre elles m'a ensuite parlé de son projet, enfin de son boulot qui consiste à travailler les énergies pour soigner des patients. Je lui pose davantage de questions, jusqu'à entendre ces mots, « sclérose en plaques », parmi d'autres pathologies évoquées. Je suis à côté de lui, ne réponds même pas quand résonne en anglais dans sa bouche « *multiple sclerosis...* ». C'est assez hallucinant comme on rencontre les bonnes personnes au bon moment. J'arrive de Birmanie dans un pays littéralement inconnu... Je suis à la troisième étape de ce voyage qui depuis le début me procure des émotions complètement folles. Je sors de deux mois d'introspection intense dans cette atmosphère birmane si calme et reposante. Je m'appuie sur le hublot, pensive et émue de voir au fur et à mesure les premières yourtes, mais surtout les toits aux mille et une couleurs... Je survole des étendues immenses de nature et je vois naître petit à petit cette ville colorée entourée de plaines et de montagnes. Je réalise seulement maintenant que je vais atterrir dans quelques minutes pour le troisième stop de mon voyage ; me retrouver le plus proche possible de la nature, des énergies de mon propre corps, mais surtout clôturer ce voyage avec mon âme qui est le melting-pot d'un corps et d'un esprit... Je ressens une chaleur très forte en entendant les roues de l'avion se déplier, je regarde assez émue mon voisin qui me fait un énorme sourire bienveillant ; mes yeux brillent. L'avion descend de plus en plus. J'y suis presque. J'ai l'impression de remporter mon combat contre Rosy. Je sais que je n'ai rien commencé en Mongolie et que j'ai tout à découvrir. Mais c'est gagné pour moi. J'ai réussi à venir sur cette terre si pure, si grande, si attendue et dont je rêve depuis des années. J'y suis accompagnée. Je ne sens plus aucune épine. Je ne sens que du bonheur et un immense amour envers elle. Je lui parle en frôlant ma ceinture de sécurité. « *Rosy, on y est arrivées. Tu es prête à galoper et à abandonner tes épines à travers ces steppes et forêts.* »

Les roues touchent le sol, je rebondis un petit coup et souris. Mes yeux transpercent le hublot, je suis à Oulan-Bator. Ceinture décrochée, sac rangé, mes pensées n'ont toujours pas atterri... J'ai un énorme sourire. Je n'ai encore rien réservé, rien prévu, je plane mais je n'ai plus aucun doute sur ce qui croisera mon chemin. Quel bonheur de mettre son anxiété de côté, d'avancer sans avoir rien programmé, de rester à l'écoute et d'attendre que les propositions viennent à vous. Au même moment, alors que je souris toujours bêtement à mon entourage, ma voisine de siège me propose un numéro de téléphone, et pas n'importe lequel : « Tenez, je vous donne mon numéro, car je connais très bien la fille du plus grand éleveur mongol. Ça pourra vous aider. » C'est incroyable ! Depuis plusieurs mois, j'ai laissé le planning de côté pour découvrir « l'aquaplaning de la vie » qui vous mène dans la bonne direction. À condition de n'opposer aucune résistance. Je souris à ce petit morceau de papier, plus rien ne m'étonne. Mais curieusement ce n'est pas tant d'avoir ce numéro qui me touche, mais simplement cette attention, ce contact. Cette façon de se sentir guidée, peu importe la route à prendre. Peut-être que ce numéro sera une fausse piste et ce n'est pas grave. Ce petit geste me dit de continuer à faire confiance et à vivre le moment présent. Avant de nous séparer, j'échange quelques minutes avec mes deux voisins. Le premier finit la conversation en m'expliquant qu'il faut entendre les énergies de notre corps et réussir à les analyser pour vivre avec et les comprendre. Il continue de m'expliquer que le médecin qui soigne et conseille selon cette méthode se trouve en Mongolie. Il me propose de le rencontrer et me donne lui aussi son téléphone. En moins de cinq minutes, j'avais deux 06 ! Mon arrivée en Mongolie ressemble à un loto, j'ai l'impression de ne tirer que des bons numéros !

Oulan-Bator

Juste avant de nous séparer, il me balance une histoire d'eau faite de cristaux. Je ne pense pas avoir tout bien assimilé ! « Notre corps est constitué de 80 % d'eau (ça, je le savais), me dit-il en me regardant fixement. Pour cela, nous avons des objets qui sans que nous le sachions guérissent des pathologies et ces objets, ce sont des cristaux. C'est la thérapie par le cristal d'eau... » Je ne suis pas sûre de tout capter. Mais cette rencontre a forcément quelque chose à m'apporter. Intriguée, je pars avec lui pour faire ce test qui me paraît au premier abord bien farfelu... On récupère nos bagages et je dépose mes affaires dans la première auberge trouvée. Je m'endors sans rien demander. J'écrase jusqu'au lendemain, où je retrouve mes drôles de passagers du vol Pékin-Oulan-Bator. J'ai rendez-vous dans un immeuble en plein centre-ville.

Bilan énergétique

Quelques minutes plus tard, je pose ma main sur une plaque qui est censée décrypter toutes les énergies provenant de mon corps... et faire un bilan énergétique de tout mon être. Me voilà bien... vingt-quatre heures après mon arrivée en Mongolie, on prend soin de moi et de mes énergies. Je kiffe. Le bilan de mes analyses très localisées m'interpelle. « As-tu mal à la molaire gauche, puis à la voûte du pied gauche mais aussi au ventre ? » me demande la femme avec assurance. Ce sont exactement les endroits où j'ai une douleur au millimètre près, je n'en reviens pas. J'ai mal à la molaire gauche depuis trois jours, j'ai une douleur au talon gauche aussi et mon ventre me lance de temps en temps. La Mongolie commence bien, je suis conseillée par la « patronne » de cette nouvelle méthode énergétique. Elle me donne des conseils alimentaires et surtout des petits exercices à faire. Grâce à cela, quelques jours plus tard, mes douleurs disparaîtront.

Je quitte les lieux et décide de revenir à pied à l'auberge. Je traverse tout Oulan-Bator. C'est étonnant... On a vraiment le sentiment que tout a été construit vite, sans grande réflexion : un assemblage bizarre, une sorte de partie de puzzle pas terminée. Étrange sensation... des volants à gauche et à droite sur la même route, des feux rouges en hauteur, d'autres par terre. J'ai l'impression que la maquette n'est pas finie. Je suis dans un immense Lego et toutes les pièces ne sont pas encore fixées. De retour à mon auberge, je me fixe quelques jours pour me laisser le temps de m'organiser. Signe d'une époque qui se construit sans prendre le temps, je suis parachutée au septième étage d'une tour infinie. C'est plus un appartement qu'une auberge.

L'hôte de l'auberge est français et s'exprime avec toutes les caractéristiques négatives qui vont avec : pendant plusieurs minutes, il me balance sans retenue un monologue agressif, me noircissant le tableau, en me faisant comprendre que je ne suis pas à la hauteur de vivre ce que les Mongols vivent ici. Je ne comprends pas, je ne dis rien... je l'écoute. Le discours semble rodé. Je ne me laisse pas abattre et je monte le ton pour essayer de remettre à sa place ce briseur de rêves. Je suis fatiguée, je viens de me cogner dix-huit heures de voyage et je ne suis pas en état d'accepter ces vociférations aussi inutiles qu'injustes. Incroyable paradoxe, je sors de deux mois et demi d'un silence immense et il faut que je tombe sur un Français pour me faire péter un câble et m'exprimer à haute voix... Je rentre dans ma chambre énervée et m'effondre en larmes. Je ne me reconnais pas... Cette énergie négative vient de souffler sans doute sur une mauvaise braise. Je ne m'en rends pas compte, il me reste du travail à faire... Je viens à peine d'arriver, mais je n'ai aucune envie de rester dans cette auberge plus longtemps. Je vais me coucher pour décompresser et évacuer toute mon anxiété ; je réalise à quel point je ressens de plus en plus les énergies des autres. Même si je suis remontée, je lui suis pourtant reconnaissante de m'avoir secouée. Cette rude conversation va me permettre de fabriquer des anticorps pour mieux lutter et traverser sans encombre les difficultés qui m'attendent sur ce chemin mongol ! Je suis dans un tourbillon de je-ne-sais-quoi et dans un environnement inconnu. Je viens d'atterrir dans un pays que je ne connais pas, je n'ai strictement rien organisé pour le moment car je souhaite rencontrer et découvrir la Mongolie la plus authentique possible, et pas question de payer 1 000 euros pour une semaine de yourte touristique.

Le lendemain, je me mets en action pour contacter les noms entendus dans l'avion, mais surtout un homme que plusieurs Mongols m'ont recommandé : Côme. L'un des plus vieux expatriés mongols, marié avec une femme mongole : Gerel. Je décide de partir à leur rencontre pour voir ce que nous pourrions éventuellement faire ensemble !

Découverte du gringo des steppes

J'arrive chez eux à Gachuurt, dans la banlieue d'Oulan-Bator, et on commence à échanger ensemble sur ce que je suis venue chercher en Mongolie. Je parle directement à Côme des Tsaatan que je souhaite rencontrer... Il me répond aussitôt : « Ce n'est pas du tout la saison, beaucoup trop de moustiques, c'est marécageux et vraiment compliqué pour y accéder... » Il préfère y aller l'hiver ! Il connaît bien le chemin. Il n'a pas envie de faire plaisir aux touristes comme moi qui viennent pour voir des trucs rêvés. S'il décide de partir avec eux, c'est aussi pour « se faire kiffer lui ». Je commence à cerner le personnage et ça me plaît de ne pas le voir s'adapter aux attentes des princesses qui débarquent et veulent tout voir tout de suite... Impatientes touristes. Il fait son truc et ensuite c'est : « *Tu nous suis ou tu dégages.* » J'aime cette mentalité. Il me propose alors un projet auquel je n'avais même pas pensé... faire une transhumance. Ça consiste en quoi, exactement ? L'idée est d'amener le troupeau jusqu'au point de départ où sont attendus les touristes. Ils attendent un groupe dans deux semaines... Il faut donc bouger les chevaux pour les amener au point de départ du voyage. L'idée me plaît immédiatement. Ça va au-delà de mes espérances. Je ne sais pas pourquoi, mais le feeling passe tout de suite ; je ne suis pas venue chercher autre chose que ça. Je sais que je suis avec les bonnes personnes au bon endroit. Découvrir les steppes non pas sur le dos d'un mais de sept chevaux, c'est mieux qu'un rêve... Ça va sans doute me secouer et pour mon plus grand plaisir. Après avoir validé intérieurement que je partirai avec eux, la discussion bifurque sur la capitale. On commence à parler un peu des premiers ressentis sur Oulan-Bator. Je soumets mon image du puzzle. Côme m'explique tout de suite qu'il a découvert la Mongolie en 1996 et qu'Oulan-Bator s'est transformée beaucoup trop vite en peu de temps... Il n'y avait pas de feu rouge, pas d'éclairage public, les bâtiments modernes n'existaient même pas. Tout est arrivé rapidement et maintenant les constructions ne font que s'accélérer. J'ai tellement de questions à leur poser. Tellement d'interrogations sur la culture, comme si j'avais envie d'avoir un peu du voyage en avant-goût. Je comprends vite que ce n'est pas comme ça que ça marche, mais qu'il faut apprendre à être patient et à tout découvrir au fur et à mesure, surtout sans vouloir griller les étapes... Je sens que mes questions ne sont pas les bienvenues et « Tu verras » est souvent sa réponse. J'avance prudemment. Ne pas heurter leur sensibilité, c'est mon seul objectif. L'impatience touristique se transforme en lâcher-prise mongol. Je finis de boire ma gorgée de bière bien fraîche achetée juste avant d'arriver chez eux, et je leur dis que je reviens dans quelques jours pour participer à cette transhumance. Ils me regardent sans rien dire. Je leur souris, on lève tous les trois notre verre pour sceller notre accord. En mon for intérieur, je ruisselle de plaisir. Avant de partir, Gerel m'indique les choses à me procurer. Je suis tout ouïe et commence à lister tout ce dont elle me parle pour être à la hauteur de la traversée. Plusieurs affaires me manquent... Une grosse cape de pluie étanche, mais surtout des habits chauds car il fait assez frais la nuit.

De retour à l'auberge, mon hôtelier m'accueille avec un sourire. Je suis ravie. Il me demande ce que j'ai trouvé lors de mon expédition de la journée, surpris de me voir bouger dans la banlieue d'Oulan-Bator à peine arrivée. Je lui raconte la proposition qu'on vient de me faire. « Tu as beaucoup de chance... », lâche-t-il étonné et presque envieux. « J'aurais rêvé de faire ça », poursuit-il...

Pour fêter ça, je lui propose une bière. On trinque et je le remercie de m'avoir secouée le premier jour ! Le rapport de force a changé, nos échanges sont équilibrés. Ouf ! Il m'indique où aller chercher mes affaires manquantes et me conseille un marché. Je file finir mes derniers préparatifs. Il me précise bien avant que je ne parte que c'est le marché où il y a le plus de vols. Le sac peut être coupé et les poches vidées sans que l'on s'aperçoive de rien. Je pars donc sans rien, à part du liquide que je cache entre mon pantalon et ma culotte.

Je me retrouve dans un immense marché qu'on appelle le Black Market. C'est impressionnant, il y a tout ce que l'on peut espérer. Je trouve une cape pour les très fortes pluies, mais surtout un bonnet et un pull en laine. J'arrive à négocier de bons tarifs, un jeu auquel je dis oui facilement... De retour à l'auberge avec mes affaires, je rencontre beaucoup de personnes, beaucoup de couples ou de groupes d'amis qui voyagent ensemble. Avec tous le même désir de découvrir ce peuple et ses coutumes millénaires. L'ambiance est chaleureuse, je me sens à la maison. Est-ce la Mongolie qui donne cette chaleur et ce bonheur déjà apparent ? On vient de tous les coins du monde et on a des histoires tellement riches à partager. C'est impressionnant tout ce qu'on a à apprendre et à découvrir des autres. Je reste une nuit de plus dans l'auberge avant de rejoindre la famille de Côme et Gerel...

Départ pour la transhumance

Gachuurt

Ici, personne ne parle vraiment bien anglais et les indications ne sont pas encore traduites... J'essaie de trouver dans la rue des personnes pour m'informer.

C'est la première coupure avec tout ce que je viens de vivre en Birmanie. L'indifférence mongole. Mais quel sens donner à ce mot ? Pour l'instant, je l'ignore ; toujours est-il que là je me retrouve le bec dans l'eau, sans personne pour m'indiquer ma direction. Derrière cette réticence apparente à nouer des contacts avec l'Occidental, je sens avant tout une force et même de la fierté chez ces gens... Je tombe sur des personnes super-aidantes aussi, mais c'est différent... il y a une distance entre le tourisme et leur culture. Après avoir pris mon bus, je décide d'emprunter un taxi car je me suis bien rapprochée. Ils sont simples à trouver, pas d'Uber, pas de pancarte avec inscrit « taxi » dessus, tout conducteur de voiture peut vous prendre. Il suffit de lever le bras ! Me voilà repartie avec un Mongol qui me déposera à Gachuurt. Il est super drôle. Il ne parle pas un mot d'anglais, je sors mon petit livre de traduction et essaie d'entamer ma première conversation mongole. À ma grande surprise, je me débrouille plutôt pas mal car il répond à toutes mes questions et je fais mine de comprendre... Au final je ne saisis strictement rien, mais au moins je peux échanger avec lui et ne reste pas à côté sans dire un mot. Arrivée à destination, je dis au revoir au garçon qui m'a gentiment déposée et il me fait comprendre qu'il ne faut pas trop marcher toute seule par ici, car il y a des chiens errants qui peuvent me sauter dessus. J'ouvre la portière, je suis à quelques mètres de chez Côme. Ils ont trois gros chiens que j'entends déjà aboyer très fort quand ils perçoivent ma voix derrière le gros portail. Je vois un jeune homme perché en haut du portail pour m'ouvrir la porte. Chaque pas est étonnant. J'arrive dans le jardin, vois une yourte sur ma gauche… Je découvre ensuite les deux enfants, Tengis et Tamra, âgés de 17 et 15 ans. Ils sont tous les deux si différents… Je suis dans l'observation la plus totale du moindre bruit ou dialogue. Ils sont assez timides. Tamra, le plus jeune, a l'air un peu fatigué de l'ado qui n'a pas forcément envie de dire bonjour et de parler avec des inconnus. Tengis lui est hyperactif, je le vois déjà couper, bricoler, coller tout un tas de trucs. Côme est le genre de personnage qui ne parle pas pour ne rien dire… C'est assez déstabilisant au début, car j'arrive chez eux, je ne sais pas du tout ce qui m'attend, mais je sens que je vais lever le pied avec mes questions… C'est aussi un travail sur moi de faire confiance et de laisser une fois de plus le contrôle s'envoler. C'est nécessaire pour profiter et être bien.

Je pars avec eux pour une transhumance de trois semaines et ensuite je souhaite garder à l'esprit mon désir de monter chez les Tsaatan, même si je ne sais strictement pas comment je peux faire… Je veux y aller, mais pour le moment je n'y pense pas et reste concentrée sur ce que je pourrais faire pour aider avant le départ… Je les vois trier le matériel. Après une petite heure, on part s'installer sur une grosse table dans le jardin avec une vue sur les montagnes de la banlieue d'Oulan-Bator pour boire une petite bière et commencer à faire connaissance. Tsé-tsé Tsé, l'homme qui a toujours aidé Côme et Gerel dans la construction de leur maison et pour bien d'autres choses, est aussi assis à côté de nous. C'est dingue comme nous avons chacun des énergies différentes. Cet homme m'a impressionnée dès le début ; il a un visage si apaisant. Une vraie tête de sage, très calme et avec un sourire contagieux. On se sent bien sans même lui avoir parlé... En commençant par poser quelques questions sans les assommer, je découvre l'histoire de cette maison mais surtout l'arrivée de Côme sur cette terre si différente de la sienne. Il est vosgien et circassien (trapéziste professionnel). Plus jeune, il est venu en Mongolie comme pour un retour aux sources. L'itinérance est née ici ! Après plusieurs allers-retours entre la France et Oulan-Bator, Côme s'est senti appelé à la conquête de cette histoire riche et mystérieuse. Quelques années plus tard, sa troupe a été conviée à un cocktail organisé par le premier ambassadeur français en Mongolie... Il y rencontra Gerel, une Mongole. Son cœur fut conquis, il est demeuré au pays. Un Vosgien amoureux de la nature et des grands espaces... La Mongolie était faite pour lui... C'était l'occasion d'y rester et d'y découvrir toutes ces richesses cachées. L'immensité l'intriguait et son côté aventurier commençait à prendre le dessus sur tout le reste !

Après avoir déblayé le terrain avec des questions moins ciblées, je n'ai qu'une seule envie, parler des chevaux... Comment sont-ils ? Vous montez comment ici ? Sur le cul, debout, allongés ?! Avec ou sans selle ? Combien de temps ? Toutes ces questions trottent dans ma tête, mais la seule question stupide et absurde que je sors est digne de la touriste la plus idiote. « *Quel est le plat favori des Mongols ?* » Avant même de terminer ma phrase, je sais que ce n'est pas la bonne. Le regard de Côme me le confirme. Typiquement le genre de question à laquelle il ne supporte pas de répondre ! C'est énorme, car on comprend tous les deux que ce n'est pas la bonne question au bon moment. Il me sourit, j'explose de rire ! Je dégaine aussitôt une autre question : « *On va racheter des bières ?* » Fin du malaise. Je réalise toute seule qu'il faut que j'arrête de vouloir savoir, je verrai bien comment ça se passe ! Un poids disparaît d'un coup et je me sens mille fois plus légère. Comme si mon cerveau avait posé bagage chez un parfait inconnu, mais qu'il fallait bien travailler sur ce lâcher-prise pour comprendre la force de ce moment présent. C'est marrant, car chaque chose qui se passe dans ma vie de tous les jours, je peux la rattacher à la Birmanie. Je peux la comparer et mettre en pratique ce que j'ai appris durant ces deux mois spirituels birmans. Toutes ces petites tensions et ma manière de m'en sortir sont en lien avec la Birmanie. Je m'aperçois de la richesse de l'expérience birmane, qui me permet aujourd'hui d'appréhender l'autre d'une façon plus habile et plus vraie.

Le lendemain, on part chez l'éleveur où Côme a déposé ses chevaux. Ici, le langage pour parler de la pluie ou du beau temps n'existe pas. C'est assez intéressant de découvrir cette manière de vivre. Je suis avec eux, et heureusement que Gerel est mongole car pour le Vosgien, les choses ne sont pas simples. Une véritable guerre d'usure l'attend. Ici c'est chasse gardée et il faut être mongol pour se faire respecter. Ils sont coriaces en affaires. Il a réussi à faire sa place dans ce petit village de Gachuurt, mais doit rester vigilant quand son troupeau de chevaux est confié à un nouvel éleveur. Plusieurs fois il s'est fait voler ses chevaux ou ses chameaux. C'est pierre-feuille-ciseaux pour lui… une fois sur deux son bétail est vendu ou maltraité, des chevaux sont retrouvés morts ou des chameaux volés : la liste est longue. Côme a le droit à toutes les galères. Mais après, difficile d'avoir des explications et de comprendre ce qui se passe. C'est seul qu'il doit s'affirmer. Cette fois, il a trouvé un éleveur en qui il a confiance et auquel il croit ! Je pousse la porte pour rentrer chez lui. Je vois l'homme étalé sur sa petite banquette et parlant super fort, lançant un *« Sain sain baino ! »* pour nous dire bonjour. Je m'assois sur un rebord de tabouret et regarde la scène. L'odeur de fromage et de pain grillé commence à me titiller le nez. C'est assez fort comme odeur, mais pas du tout désagréable. La femme de l'éleveur prépare des yaourts, les enfants sont en train de jouer avec des cordes dans les mains. C'est la première famille mongole que je découvre. C'est étonnant, quand on rentre dans la salle principale, tout est dans la même pièce, déjà, mais surtout les enfants sont plus recouverts de terre que d'habits… ils ont les pommettes toutes roses et les doigts tout noirs. J'ai l'impression que ce sont déjà des hommes alors qu'ils ont 5 ans… La mama me propose du thé au lait et commence à parler avec Côme et Gerel en mongol. Je ne comprends bien sûr strictement rien. Je reste à ma place en me faisant discrète. Ce que j'aime, c'est qu'ils ne font pas d'efforts pour s'intéresser à moi, il n'y a donc pas de faux-semblant. Personne ne me pose de questions. Là-bas, ce qu'il y a de drôle, c'est qu'on sent bien que la volonté de se mélanger n'est pas la première caractéristique. Et quand ils te parlent, tu sais que ce n'est pas pour faire semblant ! Je sens qu'il y a beaucoup d'humour entre les deux hommes. Ils se cherchent mutuellement ! Après ce premier échange, je vois Côme contrarié. « On aura les chevaux un jour plus tard », me dit-il... J'avale mes questions. Le temps d'aller les chercher dans les pâtures, ils ont besoin d'un jour supplémentaire. Il se fait tard, la nuit tombe à petits pas et moi je sens que la fatigue vient avec.

Seper feeling

Déjà beaucoup de rencontres, de nouveaux visages, de nouvelles situations en cours et à venir, et mon cerveau, lui, décline toute nouvelle offre. Il est en mode veille. La nuit commence à tomber, c'est l'heure de rentrer chez Côme et Gerel... Je m'apprête à passer ma première nuit avec eux et je me pose des questions. J'ai mis tout le contenu de mon sac à dos sur le corps. Impossible de me réchauffer. Je suis gelée. La fatigue n'aide pas et doit me rendre encore plus sensible au changement de température. Ici pas de chambre ; l'avantage, c'est que les enfants dorment où ils veulent ! Moi de mon côté, malgré mes poils qui se hérissent, je réalise la chance que j'ai de dormir dans cette construction en dur que Côme essaie de terminer depuis cinq ans... À quelques mètres de là, sa yourte qui a vu naître ses deux enfants par − 40 °C. Comment réussissent-ils à passer des hivers aussi rudes ? De quoi est faite leur peau ? de quoi sont-ils faits ? Moi avec mes chaussettes en peau de chameau, mes gros pulls mongols et ma doudoune, je ne parviens pas à me réchauffer et nous sommes en plein été. Vais-je arriver à les suivre ?

Les questions m'assaillent sans me faire perdre mon calme ; je sais que tout va bien se passer. Je ne comprends pas pourquoi j'ai si froid. La seule chose que je ne regrette pas, c'est que j'ai suivi mon instinct... Je pars avec ces gens que je ne connais pas, mais je me sens en totale confiance. Le feeling ressenti a été si fort que le doute ne s'est pas inscrit au planning ! C'est le moment de faire confiance et d'arrêter d'espérer ou d'avoir envie de... Depuis quelques jours, je réalise à quel point c'est important d'arrêter de vouloir être dans la tête des autres. Je remarque tout de même que je ne suis pas encore totalement détachée du regard des autres. Cette bulle est percée mais pas encore vidée. Sous mes couvertures, je repense à toutes ces conversations que je souhaitais lancer histoire de me rassurer et de les rassurer eux aussi. En fait, il n'y avait que moi qui m'angoissais. Eux s'en allaient à leurs activités et j'étais loin d'être l'objet de leur inquiétude.

Je vais me coucher à l'endroit vaguement indiqué par Côme, car ici en Mongolie vous dormez là où il y a de la place et dans n'importe quelle position. Chacun son mètre carré de dortoir. Je m'allonge un peu frigorifiée, quand soudain un sentiment de culpabilité me titille. « *Merde, j'ai souhaité la bonne nuit à personne.* » Je me relève, renfile mes souliers et file dehors dans l'autre lotissement pour aller les saluer. J'ouvre la porte, tout le monde dort déjà sauf la bufflonne. Je referme la porte et me mets à parler à voix haute. « *Marine, pourquoi tu réfléchis trop tout le temps ? Merde, si je veux dormir je dors, si je veux aller dire bonne nuit j'y vais, si je veux faire un truc je le fais et si je veux rester au chaud à dormir sans avoir dit bonne nuit avant, je le fais aussi.* » Pourquoi être obligée de suivre ces codes qui nous forcent à faire des choses dont on n'a pas envie. En Occident, nous avons tous le même travers, celui de paraître plutôt que d'être, de suivre plutôt que d'ouvrir la marche comme si on était seule au monde. On veut toujours être poli et bien faire et dès qu'on sort un peu des règles ou autres, on trouve ça bizarre ou étrange ; au final, on fait beaucoup trop attention à la politesse ou aux manières des autres. Arrêtons de nous mettre à la place de l'autre et vivons à notre place. « *Garde cette curiosité, Marine, mais chasse tes interprétations ! Merde, laisse-toi aller et mets en pratique ce que tu viens de découvrir... le lâcher-prise.* » Deux mots pour une délivrance... Je suis en train d'appliquer ce que j'ai découvert, c'est jouissif !

Après ces premières nuits et journées à Gachuurt, où je caille comme une dingue, je ne sais pas ce que j'ai, il ne neige pas, c'est l'été ici en Mongolie mais je ne sais pas ce qu'il se passe. Je suis vraiment frigorifiée... J'ai pourtant des couvertures, mais impossible de me réchauffer. Je peine à m'endormir en sentant mes doigts de pieds et mains gelés... Pour la première fois de ma vie j'ai dû mettre plus de quatre heures à fermer l'œil... Je respire doucement sur mon lit en fermant les yeux... Mon esprit m'amène aussitôt en Nouvelle-Zélande, le début de mon voyage. Je revois les terres mais surtout j'entends les cris des Maoris. Je souris aux rires birmans et à la beauté des enfants moines. La Mongolie frappe à la porte de mon sommeil, j'ai le sourire, je m'endors enfin... Le lendemain matin, je me réveille avec un rayon de soleil mongol qui transperce mes rideaux... l'heure du grand départ a sonné. Je suis tellement impatiente, tout est prêt de mon côté.

À nous les steppes

Ici, les chevaux ne rôtissent pas dans leur box. Comme dit Gerel, « *ce ne sont pas des poules de luxe* ». Ils passent plus de temps à galoper en liberté qu'à brouter du foin et à être brossés au millimètre près. Ce sont de vrais animaux, pas des chevaux domestiques. Quand on apprend qu'ils passent des hivers à − 40 °C sans chaufferette ni bonnet ou couverture, on se demande comment ils font pour résister en ne mangeant que de l'herbe...

Le départ arrive. J'ai le cœur qui s'emballe à l'idée de découvrir le troupeau qui n'a pas été sorti de tout l'hiver... Avec Gerel et Côme, nous serons leurs premiers cavaliers. Le camion démarre en direction de l'aéroport. Les chevaux se trouvent dans les plaines, juste derrière les pistes. Assise à l'arrière du camion, je découvre petit à petit cette immensité. Que cette nature est belle !

Chahuté de gauche à droite, mon corps est livré à la route mongole. Pendant ce court trajet, je me rends compte que j'ai de plus en plus envie de construire ma vie. Je ne sais pas pourquoi, mais j'aimerais avoir un petit endroit très modeste sans rien à l'intérieur, vraiment, le plus simple possible. J'ai besoin d'avoir un endroit perdu au milieu de nulle part. Proche des forêts, du calme et de la nature... Un petit havre de paix. Les couleurs autour de moi sont incroyables... des nuances de vert à n'en plus finir. Je sais que c'est dans un endroit reculé que je serai le mieux avec ma Rosy. Pas pour toute l'année, mais au moins avoir un endroit où je peux me ressourcer, m'évader et me recentrer. Je pense que l'on a tous besoin de ça. Je me demande pourquoi on est autant de personnes en dépression et pourquoi on va tous marcher dans la forêt quand on a un souci ou pourquoi on veut tous prendre du recul dans la nature quand on se sent oppressé. On prend cela comme un bol d'air frais, mais c'est un vrai traitement qui diminuerait et éviterait beaucoup de maladies. On vit dans des boîtes sans respirer, sans avoir de fleur, d'arbre ou d'herbe autour de nous... on s'est transformé en grande tige sans poil et sans oxygène. C'est normal que le potager de notre cœur n'arrive plus à fleurir. On a besoin de nature pour vivre, on a besoin d'arrêter de courir après notre vie, d'être proche de chaque moment que la terre peut nous offrir. Pourquoi quand on parle de plantes ou d'alimentation, les personnes écoutent d'une oreille et ça ressort par l'autre ? Ai-je toujours été comme ça ? Je ne me suis jamais rendu compte de l'importance des forêts, des plaines, des rivières, des glaciers, des plantes... où sont les plantes chez moi ? J'en ai deux, posées sur une commode, pour décorer mais je ne me rends pas compte à quel point elles sont vivantes et l'effet qu'elles peuvent avoir sur mon esprit, mon corps... « *Ouvre les yeux Marine pour savoir comment continuer d'arroser... car ici ce n'est que le début !* » Je ne sais pas comment sera ma vie en rentrant, mais je peux être sûre qu'elle ne sera pas la même. J'aurai du moins planté des graines... Il faut réussir à appliquer ce que j'ai déjà découvert grâce aux autres dans ma vie quotidienne. C'est étrange de penser à cela maintenant, mais je sens que c'est nécessaire d'y réfléchir... je sais que ça arrivera petit à petit et que le changement ne s'effectuera pas brutalement. Je suis si heureuse et c'est un bonheur si pur que je n'ai jamais ressenti auparavant... J'ai mes crayons de couleur et je fais mes petits dessins sur mon cahier... comme une enfant de 5 ans... Dessiner me débloque beaucoup de pensées coincées. J'ai envie de reprendre les mosaïques que je faisais il y a longtemps, même si je ne suis pas très douée pour les trucs manuels. La Mongolie réveille des souvenirs oubliés et éveille la volonté que j'ai toujours eue depuis mon enfance : dessiner. Je n'ai jamais eu de jouets mais que des feutres et des cahiers pour colorier peindre et coller. Même si je suis loin d'être Picasso... Tout remonte ? Pourquoi là ? J'aimerais me racheter un chevalet aussi pour peindre et faire les dessins qui me font tellement de bien. Je sais que ça sera l'un des piliers à bâtir pour ne pas repartir sur l'autoroute de la vie...

Dans cette camionnette bringuebalante ouverte aux quatre vents, mes pensées et mes questions arrivent de nulle part et de partout. Elles me secouent et m'alertent sur l'absurdité du monde dans lequel on vit. Pourquoi j'y pense maintenant, à quelques minutes de cette chevauchée ? Je ne sais pas... je sais ce qui est bon pour moi en tout cas... Comme si j'avais la clef, mais pas encore la bonne porte. Je commence à ouvrir la prochaine en Mongolie. On verra si celle-ci est la bonne... *« Les steppes, on arrive avec Rosy ! »* Sur ma gauche, une étendue qui m'impressionne déjà. Côme rigole en me voyant comme un enfant... *« C'est que le début ma vieille, accroche-toi... »*, me dit-il.

La chevauchée fantastique

Arrivée sur la plaine, j'aperçois des enfants aux pommettes toujours plus roses les unes que les autres, tenant les chevaux à la main... Côme m'indique celui sur lequel je commencerai cette traversée. Il est nouveau, ils l'ont acheté récemment, le mois d'avant exactement ! On va dire que les premières secondes je ne suis pas très rassurée. J'essaie de parler à mon cheval comme si de rien n'était alors que je flippe grave qu'il parte direct au triple galop ! Côme me passe les rênes, que je prends d'un air déterminé. Je sens l'animal un peu nerveux. Gerel me dit qu'il n'a pas encore de prénom. Je vais devoir le baptiser, mais je ne sais pas encore comment. Celui de Côme est magnifique, avec un crin long qui flotte au vent et une allure de prince ; il s'appelle Zébulon. Avec un tel prénom, je l'imagine déjà galoper comme le prince du désert ! La vue de ce troupeau me plonge dans un rêve éveillé, je les regarde et impossible de me contrôler, je mime déjà comme si j'étais au triple galop sur l'un d'entre eux. « *Reprends tes esprits Marine, arrête de délirer !* » Soudain, je sens un poids excessivement lourd écraser mon pied droit. Je sors de mon rêve violemment : le sabot vient de me ramener à la réalité... mon pied n'est toujours pas dans l'étrier ! Et là, il a mal au point que j'ai envie de hurler. Je pousse brusquement le cheval pour qu'il lève sa sale patte de mon soulier ! Je n'ai pas la même allure que Côme, que je vois chevaucher son cheval comme un vrai cow-boy. Il utilise une corde blanche pour attacher très légèrement les chevaux ensemble et commencer à les faire bouger... Beaucoup de kilomètres les attendent. Ils ont l'air en forme, en tout cas pour le moment d'après Côme et Gerel. Nous voilà tous dessus, le troupeau s'éloigne des voitures et en quelques secondes nous sommes seuls face aux steppes. Cette sensation est immense... et moi qui rêvais depuis toute petite de galoper sans aucun obstacle, aucune barrière, aucune carrière. Ici, il n'y a que des terres à perte de vue... Le rythme est lancé, on part directement au trot puis au galop. Waouh ! quelle sensation de dingue ! Je commence à m'habituer à ma selle et au reste du matériel, car ce n'est pas du tout le même qu'en France. Les rênes sont des cordes, les selles sont plus étroites, et le cheval ne se monte pas à la française non plus. Il y a une bonne assise à trouver. C'est drôle le réflexe que j'ai de faire mon petit trot enlevé, qui fait rire les Mongols. Ils ne connaissent pas ces codes équestres que nous avons inventés pour monter. Ici c'est sauvage, une corde dans la main droite pour faire accélérer le canasson et rien d'autre que les étriers relevés au niveau des selles et un bruit de bouche, « chou », pour faire avancer l'animal. Dès qu'il entend murmurer ce petit mot prononcé sèchement et rapidement, vous décollez comme sur une fusée ! Les chevaux sont extrêmement attentifs aux bruits, aux sons, ils sont à l'écoute de l'humain. On sent qu'il y a une véritable osmose entre l'homme et sa monture. Un petit coup d'étrier et nous voilà partis au galop... Je dois bien tenir le mien si je ne veux pas qu'il me plante. C'est drôle, car quand on est stressé avec les animaux on leur demande tout le temps d'être sympas avec nous. « *Allez mon coco, tu vas être cool ; tu vas être cool avec moi hein ?* » Comme s'il allait me répondre : « *T'inquiète ma poule pas de souci.* » Après quelques minutes, la peur s'est envolée, je suis déjà au galop à côté du troupeau. Le vent claque mon visage et des cris de joie sortent naturellement ! Une pureté déconcertante. Quel bonheur ! Je ne comprends pas comment ils arrivent à se repérer ; tout se ressemble. Il n'y a pas de GPS ici, tout se fait en fonction de la nature. On trace notre trajectoire, on la rectifie, modifie, transforme en fonction du temps, du vent et des pluies. La nature est la boussole mongol !

J'aperçois Gerel sur sa monture. C'est une magnifique Mongole, une très belle femme qui monte comme une cow-girl et n'a peur d'aucune accélération inattendue, bien au contraire. Elle serait plus en train de hurler à travers les steppes, tel un cri de délivrance. Autre compagnon de notre joyeux convoi, Dragon, le chien du clan. Il navigue lui aussi entre les sabots de cette chevauchée fantastique. À l'horizon, le premier camp de yourtes s'allume à l'horizon, on va droit dessus. Il faut savoir que chaque camp de yourtes a la plupart du temps un chien voire deux ou trois pour protéger son bétail des loups ou des voleurs. Deux énormes chiens foncent sur notre convoi. Je me demande ce qu'il leur prend d'arriver à toute allure sur nous comme si nous étions des proies ou des bandits. Dragon commence à aboyer et sort du troupeau pour aller montrer les crocs et défendre notre expédition. Malheureusement, les deux gros lui sautent dessus, la bataille fait rage. Dragon donne des coups de dents, et j'assiste stupéfaite à ce combat violent et déséquilibré, admirant la vaillance de Dragon qui répond présent ! Je hurle avec Gerel pour qu'il revienne au milieu des chevaux afin de se protéger. Il réussit à s'échapper et les chiens lui courent après. Il se glisse entre le troupeau. Je le force à rester là. Côme, lui, est super détendu, il n'en a rien à faire. « *C'est un chien, il sait se défendre* », me dit-il. Je suis étonnée de l'agressivité des deux autres. Jamais je ne serais descendue de mon cheval à ce moment-là. Dragon à l'abri du troupeau en marche, les deux autres chiens continuent d'aboyer et d'essayer d'attraper les queues de nos chevaux… Je rapatrie mes pieds alors que je vois Côme nullement effrayé par ces comportements anodins. Dans ces terres à perte de vue où les frontières n'existent pas, ce sont les animaux qui délimitent le territoire... À ce moment, un aigle survole nos têtes, et Côme accélère au galop. Je suis dans un film... Les aboiements disparaissent. Tout devient extrêmement silencieux. On entend seulement les sabots qui claquent, rien de plus... Le soleil illumine nos visages, la température est parfaite. J'ai tellement de chance de commencer mon voyage par une transhumance avec autant de chevaux et personne autour. Côme et Gerel vont être mes maîtres de sagesse pour apprendre à décoder cette terre ancestrale qui a vu naître tant de grands conquérants...

Tous les jours je vais monter un cheval différent, non pas par plaisir mais par nécessité et par respect vis-à-vis des chevaux. Je vais apprendre à me repérer en montagne. Ça me servira pour la suite du périple. Je bois et écoute toutes leurs paroles. Je décolle dans les steppes ; les premiers galops et trots sont si émouvants...

Me voilà arrivée à la troisième étape de mon voyage. Tout va si vite et étrangement bien. J'ai l'impression que nous sommes plusieurs à ouvrir ce chemin. Je sens ma Rosy au fond de mon cœur qui pleure, elle aussi. On a réussi main dans la main ; quoi qu'on puisse dire ou analyser, on y est. Même si Rosy est toujours ici et ne s'est pas envolée, on l'a fait... c'est énorme. Je pars à ce moment au galop comme une dingue pour sécher mes larmes de joie. Mes jambes claquent sur la selle, mes pieds sont bien enfoncés dans les étriers, mes mains attrapent l'encolure, mon sourire est mouillé et ma voix hurle « MERCI ». Quelle force de galoper sans obstacle, sans barrière, sans pression, sans règles ! Plus de règles... Nous qui grandissons avec des règles même pour aller aux toilettes. Ici il n'y a rien, vous êtes libre dans vos actes, libre dans votre cœur. Pas de radar ou de contrôle de police, pas de feu rouge ou de passage piéton. De l'herbe, des montagnes et des forêts. Je pense à chacun de vous, chers Sepers ! Je suis perchée sur mon cheval et cette traversée, on va la faire ensemble, je le ressens au plus profond de mes pieds, cuisses et mollets ! On va la faire ensemble, c'est certain. Je suis seule avec l'horizon à perte de vue et je hurle sur mon cheval : « *Vous m'entendez, tous les Sepers !? Moi je vous entends et je me souviens de vos prénoms. Fermez les yeux un instant, là où vous êtes, pour être avec moi quelques secondes. Je vous envoie tous ces pétales de roses si belles, si douces et apaisées d'être arrivées jusqu'ici. J'ai envie de murmurer dans chacune de vos oreilles que c'est à votre tour d'être sur ce cheval ou ailleurs. Je me sens tellement prête pour ce départ dans ces steppes, mais à la fois pas du tout. C'est étrange, mais surtout excitant ! Je n'ai plus de mots à part un cœur qui bat à 100 kilomètres à l'heure... un cœur qui claque, mais cette fois pas pour cette sclérose en plaques...* » Durant ce galop, je ferme les yeux comme si je voulais me connecter à eux...

Nous parvenons sur une étendue immense, quand soudain des Mongols arrivent en voiture à notre hauteur en nous demandant de vite partir car une course de chevaux est en cours. On regarde à 360 degrés, rien en vue... On est à l'arrêt en train de refaire l'attelage. Gerel est à terre et prise de panique car son cheval fait de la résistance en partant dans la direction opposée. Ça commence à se compliquer. Je le rattrape *in extremis* et on repart aussitôt. Quand tout d'un coup, une quinzaine de chevaux montés par des gamins transperce notre espace comme une flèche... Derrière eux, un nuage de terre témoigne de la puissance de ce tiercé mongol sorti de nulle part... Comment diriger des chevaux aussi puissants quand vous avez un corps d'enfant ? Le peuple mongol a ses secrets... Je reste là sans rien dire, stupéfaite de ce qu'il vient de se passer.

Deux heures plus tard, j'aperçois le premier troupeau de chevaux en liberté... Mon Dieu, est-ce un rêve ? Je vois une trentaine de chevaux qui galopent tous à côté les uns des autres, avec un magnifique cheval en arrière. Il y a des poulains partout. J'ai l'impression d'être dans mon dessin animé préféré, *Spirit, l'étalon des plaines*. Côme m'explique alors la signification du cheval en retrait. Le troupeau est composé de juments en liberté, avec un étalon qui les protège. Mon Spirit en retrait, c'était lui. Si seulement c'était le cas chez les humains, on ferait des heureux ! L'étalon ne souhaite pas qu'on lui pique ses juments ; quand on passe à côté, le mâle est toujours autour pour bien protéger ou vérifier que personne ne s'approche. Leur crinière et leur poil sont si longs... Les chevaux sont magnifiques, un gabarit beaucoup plus petit par rapport aux chevaux européens. Mais ils sont mille fois plus robustes. Ici la manucure équestre n'existe pas, ni la crème hydratante ou le démêlant. C'est remplacé par l'eau des rivières, la boue pour se protéger des moustiques et le vent pour se brosser le crin. Cette liberté où l'on voit des chevaux galoper sur des kilomètres en troupeau sans restriction ni limite me fascine. Ils sont tous bien groupés pour ne pas s'égarer. Aucun cheval n'est tout seul dans les steppes. Il aurait trop peur de se faire manger. Les animaux sauvages sont la plupart du temps en groupe pour se déplacer, mais surtout se protéger des loups à l'affût d'un bétail égaré !

Après huit heures à cheval à un rythme assez soutenu, on suit les rivières pour avoir de l'eau pour les chevaux mais aussi pour boire ou faire à manger. Côme décide de poser notre campement ici, au milieu des montagnes proches d'une rivière et d'un coin où les chevaux peuvent avoir suffisamment à manger après l'effort de la journée. Je ne me doute pas un seul instant que le pire moment arrive. Je descends de mon cheval et quand je veux poser un pied sur la terre ferme, je manque de m'écrouler. J'ai déjà des bleus monstrueux sur les côtés intérieurs des mollets et ils me brûlent terriblement. J'atterris comme une vieille de 100 ans. Je retire ma selle et mon filet pour laisser brouter mon cheval. Je pense que je suis morte pour deux ans et ce n'est que la première journée... je ne comprends pas pourquoi j'ai aussi mal. J'ai encore trois semaines devant moi à cheval... « *Je ne vais pas m'arrêter là, je ne suis pas une dégonflée* », me dis-je. J'ai la tête rouge comme une tomate et même si je suis complètement flippée de voir mon corps autant déguster, je ne compte pas faire demi-tour... Je ne pensais pas que ça serait aussi physique. Je m'allonge sur l'herbe comme un gros sac. Je fais des étirements, et j'ai le droit à plusieurs fous rires de Côme qui me voit galérer comme une mamie à essayer de toucher mes pieds. Après une bolée de soupe de pâtes, il est 20 h 30 et je suis déjà sous ma tente. Demain, lever à l'aube pour continuer cette traversée. Cette sensation et ce paysage sont uniques. C'est grandiose de découvrir des émotions inconnues. Je souhaite écrire un peu sur mon cahier, mais impossible de me tenir allongée sur mes avant-bras. Trop mal aux épaules. Avant de me coucher, je me mets en culotte pour regarder l'état de mes jambes et mettre un peu de crème sur les bleus énormes. Soudain, je décide d'appuyer de toutes mes forces sur mes bleus pour m'habituer au mal. Ma peau n'est que douleur. Je l'effleure à peine avec mes doigts que ça me brûle déjà. Je me mords les lèvres pour ne pas crier. C'est comme une bosse entre les mollets... Je tente de me rassurer en me disant que demain je ne sentirai plus rien.

On se réveille à l'aube. Je me sens très bien. J'ai toujours mes courbatures et mes bleus, mais le paysage est très beau. Cette nature me régénère. Le soleil transperce ma tente, se reflète dans l'eau et éclaire ces plaines à n'en plus finir. La lumière est incroyable. C'est magnifique. Je récupère une carotte de la veille pour aller l'offrir à mon cheval. Je la lui tends. Limite s'il ne se marre pas. Il me donne un coup de tête qui fait tomber la carotte par terre. Côme et Gerel rigolent en me disant que les chevaux mongols ne mangent pas de pommes ou de carottes comme en France, mais uniquement de l'herbe... Je la récupère et la croque, déterminée à la manger au petit-déjeuner. On plie le campement et nous voilà repartis. Pour ce matin, j'ai toujours le même cheval. Je changerai ce midi !

Quel bonheur cette journée ! Malgré toutes les courbatures, un dos en miette et la tête qui bourdonne à cause du soleil, j'ai eu des sensations uniques et inimaginables. Je suis dehors, il commence à pleuvoir; tant pis, je suis bien. Les chevaux broutent et je suis allongée sur le ventre, dans l'herbe, le menton posé sur mes mains jointes. Mon regard est à la hauteur de l'herbe, je la distingue balayée par le vent, et je vois les montagnes au loin qui se reflètent dans les rivières... Au-dessus de ma tête, un nuage de moucherons comme si j'étais devenue un cheval avec du crottin aux fesses ! Un instant magique en dehors du temps ; je ne pense à rien, comme si la nature sous mes yeux suffisait à mon âme... J'ai l'impression que les bêtes qui naviguent autour de moi sont devenues mes copines. Je n'ai jamais pris le temps de regarder une fourmilière travailler ou bien même de laisser un gros scarabée monter sur mon avant-bras avant ce voyage. Observer, c'est ma première leçon mongole. Observer et écouter... Savoir observer la nature, c'est bien la dernière chose que je savais faire. Le ballottement de l'herbe au gré du vent purifie mes pensées. La nature me sert de filtre... « Comment fait-elle ? Comment arrive-t-elle en quelques secondes à me faire voyager dans mes pensées stimulantes ? » L'observation est accompagnée du calme, c'est le meilleur combat pour aller en profondeur dans nos cœurs... et puis, ce qui est drôle, c'est que j'étais la dernière à aimer m'allonger dans l'herbe par peur d'une visite imprévue... J'avais toujours peur qu'un insecte ne vienne me dire bonjour... Comment pouvons-nous avoir si peur d'un minuscule organisme vivant qui s'égare sur notre bras et qui doit nous faire rire plutôt que déclencher un réflexe d'extermination disproportionné ? C'est drôle de voir les sauts des uns et des autres quand une guêpe arrive près d'une table ou qu'une fourmi se pose sur notre jambe. Je ne pourrai plus jamais voir la nature de la même manière. Je sais qu'elle aussi fera partie de mon traitement. C'est dingue comme l'homme peut changer et évoluer. On ne reste jamais prisonnier de nos attitudes passées. Tout se transforme et nous ne sommes pas conditionnés à rester figés sur notre philosophie de vie, nos principes ou nos idéologies. Je ressens une réelle énergie en étant allongée sur cette pelouse. Je perçois quelque chose d'étrange et d'inqualifiable... Je rêve à ce moment de vous embarquer à mes côtés, pour partager cette beauté difficile à décrire... La vue qui s'offre à mes yeux est digne d'une carte postale, avec les bruits en plus. La chance que j'ai de pouvoir vivre ce moment à 100 % est incroyable. Je viens de faire huit heures de cheval à travers ces steppes imprévisibles. Au fond de moi, je sens que quelque chose de profond a été déplacé. Quoi ? Je ne sais pas... Par qui ? Par quoi ? Je ne le sais pas non plus... mais ce dont je suis sûre, c'est que c'est en lien avec cette nature...

C'est l'heure de dîner, les trois petites tentes ont été dressées. Je repense à Dragon et je suis prise d'un sentiment de pitié de voir ce chien prompt à nous défendre et à partir de l'avant pour faire face à l'adversité. Les autres chiens ressemblent vraiment à des bêtes féroces tellement poilues qu'on ne peut même plus voir leur tête. Ce sont des loups... Ce côté sauvage, abrupt, sans détour est surprenant... j'ai vraiment l'impression qu'on ne discute pas. Je suis dans un univers de survie, où le questionnement n'existe pas mais où l'instinct pilote tout. Ces steppes transmettent un message que je n'ai pas encore décrypté... et pour l'instant ce soir à l'heure du dîner j'ai comme l'impression d'être la seule inquiète de la santé de Dragon... dont le courage me touche. Je pars lui donner le reste de ma nourriture, ce qui fait sourire Côme...

De plus en plus silencieux durant les journées à cheval, on communique avec nous-même. Je passe d'une méditation assise sans bouger à une méditation en trottinant sur mon cheval. C'est tellement agréable de réapprendre à écouter ce qui nous entoure... C'est perturbant au début. Ces steppes ont du caractère.

La montagne mongole est bien différente. Pour les transhumances, le trot en levé est bien trop compliqué et personne ne l'utilise, il faut rester enfoncé dans sa selle, les abdos contractés pour ne pas trop bouger. J'ai rarement eu dans le passé mal aux abdos, mais ici cette chevauchée non-stop les a bien réveillés eux pourtant déjà bien entraînés. Pas le temps de s'apitoyer sur des détails techniques, Côme est toujours à l'affût : « *Marine, ce soir on va essayer de regrouper les troupeaux car hier, des chevaux sauvages sont venus foutre un vrai bordel !* » Dragon étant attaché, il n'a pas pu faire grand-chose pour défendre. Côme m'impressionne, il reste calme en toute situation, même les plus délicates. Car ici, la suspicion est naturelle. En effet, le vol des chevaux est une pratique courante et personne n'est à l'abri. Ce qui amuse Côme et Gerel, car notre petit troupeau qui traverse les steppes à vive allure attise la suspicion des Mongols qui nous voient arriver comme si on venait de commettre un vol. À chaque arrêt dans les yourtes, les Mongols vérifient les chevaux.

Je suis allongée en face d'eux en train de regarder les rayons du soleil qui commence à disparaître derrière les montagnes. J'ai toujours mon corps cassé, mais l'esprit reste éveillé. Les steppes sont sauvages ; c'est étonnant les sensations de nature que nous pouvons ressentir. Certains touristes ont souhaité acheter des chevaux et partir avec eux dans les steppes. L'excursion s'est souvent vite terminée. Soit le cheval est parti, soit il a été volé ; ici pas de policier et pas de bureau des réclamations... Vous êtes seul face aux aléas des steppes soumises à la loi du plus fort, du plus malin. Ce n'est pas la loi de la jungle mais la loi de la steppe et il faut la connaître. Sans elle vous êtes perdu ! Les vrais peuvent y vivre et savoir où et comment camper la nuit. Côme garde toujours une oreille au cas où un Mongol souhaiterait détacher l'un de ses chevaux et partir de nuit avec le troupeau. Ici, dès l'aube, le premier réflexe c'est de compter les chevaux... et même parfois avec un chien bien entraîné comme Dragon qui sait montrer ces crocs aiguisés et aboyer comme un guerrier, le tour est quand même joué. J'apprendrai plus tard que ces vols de chevaux sont ciblés et touchent particulièrement les touristes.

C'est drôle de nous voir avec autant de chevaux pas montés et au galop dans les steppes ; quand nous passons près des yourtes, en un instant, tout le monde sort pour analyser si nous n'en n'avons pas volé. Notre embardée donne vraiment cette impression avec le lasso de Côme qui virevolte au-dessus des crinières pour faire avancer les chevaux, on avance vite. Ils n'ont sûrement pas l'habitude de voir des cavaliers blancs sur leurs steppes. En fin de matinée, on va près d'une yourte en construction. Le propriétaire vient d'arriver et commence à s'installer pour passer la fin de l'été. Les Mongols me regardent à cheval d'un œil perplexe. Je ne monte pas de la même façon qu'eux et ils passent toujours en revue mon cheval pour voir comment il est sellé et si mes étriers sont trop longs, ils souhaitent systématiquement me les remonter. Gerel alors intervient en mongol pour leur dire que tout va bien afin qu'ils ne changent pas toute ma selle !

Au milieu de l'après-midi vient le problème des toilettes. En regardant l'horizon infiniment plat et sans aucun relief, je n'ai qu'une seule option, ralentir discrètement, les laisser s'éloigner et me libérer ou rendre à la nature ce qu'elle m'a donné pour être plus poétique ! Je stoppe mon cheval avec de grandes difficultés, car lui n'a vraiment pas envie de s'arrêter et est lié au reste du troupeau comme un aimant... Mon cheval est difficilement contrôlable et veut vite retrouver ces petits camarades qui s'éloignent de plus en plus. Mais impossible de descendre mon pantalon pendant cinq minutes. Je tiens les rênes dans ma main et réussis enfin à le baisser mon pantalon, tandis que Côme et Gerel disparaissent au loin sans s'apercevoir de mon arrêt. Je suis soulagée, mais pas pour longtemps. Alors que j'ai le pantalon baissé et suis enfin prête à me soulager, c'est mon cheval qui donne l'assaut... Il me traîne sur quelques mètres, mais je réussis à l'immobiliser, énervée une nouvelle fois. Je vous laisse imaginer : rattraper votre cheval cul nu et courir les rênes au poignet, le pantalon baissé pour empêcher le cheval de partir au triple galop rejoindre le troupeau... paradoxalement, intérieurement j'explose de rire ! Je peine à remonter mon pantalon, enjambe mon canasson, quand soudain celui-ci démarre au triple galop alors que je n'ai même pas passé l'autre jambe de l'autre côté. Après une frayeur d'une demi-seconde, me voilà projetée sur ma selle les pieds bien calés dans les étriers... Instinctivement, mes jambes se retrouvent plaquées sur son ventre. Les rênes dans une main, les autres levées au ciel pour crier victoire. Je ne sais pas ce que cette vitesse m'a procuré, mais en tout cas je me sens un peu comme une guerrière mongole. Je me souviens de tous ces films de guerrier à cheval ! J'ai l'impression que mon cheval et moi sommes dans le même film. Au loin, j'aperçois les silhouettes trotter. Toujours mains levées, mollets serrés, je lance un énorme « *yalllllaaaaa !!!* » Voilà ce que ça procure chez moi de faire... Vous savez quoi !!! Les steppes sont parfois plates sur des centaines de kilomètres, donc il n'y a pas forcément beaucoup d'endroits pour aller aux toilettes sans que l'on te voie. Au début, c'est un peu gênant d'aller chercher du papier et d'indiquer à voix haute dans quelle direction vous allez pour ne pas croiser un regard... n'ayant pas l'habitude, c'est assez cocasse au départ ! Imaginez-vous dans vos toilettes sans aucune porte, avec des montagnes à 360 degrés. Pas besoin de désodorisant, ce sont des toilettes fraîches air permanent ! J'invite vraiment tous les constipés stressés à venir en Mongolie, ça risque de vous décontracter !

Plus sérieusement, l'attachement au cheval ici n'a rien à voir avec celui que je connais depuis toute petite. C'est aussi très étrange, leur conception des chevaux en Mongolie. Il n'y a pas vraiment d'attache. Ce ne sont pas des bolides de collection, mais pour eux juste un animal sauvage apprivoisé par l'homme. Ça fait deux jours que nous sommes à cheval huit heures par jour et je croise beaucoup de cadavres de chevaux par terre. C'est assez déstabilisant de voir des crânes des os et des squelettes... Enfin, hier c'était bizarre, Dragon est arrivé avec un mollet de cheval dans la mâchoire mais c'était normal pour tout le monde. Une banalité sur ce territoire. La nourriture ici, c'est vital. Je ne me rends pas compte à quel point j'ai de la chance de pouvoir tout acheter chez moi en France. Eux traversent des hivers à -40 °C, beaucoup de bêtes disparaissent et meurent de faim. L'attache est là, mais pas comme chez nous. J'ai du mal encore à le comprendre, même si ça rejoint le bouddhisme sur le détachement des choses. Celles-ci restent à leur état naturel... Je sens que tout va commencer à s'éclaircir au fur et à mesure...

La journée s'achève, c'était une très longue traversée, longue et physique. Je viens d'arriver au troisième point d'eau. La journée de demain s'annonce dense et sans point d'eau pour les chevaux. Je suis vraiment de mieux en mieux dans la famille. J'ai intégré le clan et m'entends très bien avec les deux enfants mongols. C'est déjà un effort de s'adapter dans une famille en France, mais en Mongolie, où la culture est différente, tout comme leur manière d'être, de penser, de manger et de communiquer, j'apprends bien plus. L'exercice est encore plus intéressant. J'adore déjà les deux loustics, même si on n'a pas encore eu le temps de trop échanger car le soir on les retrouve sur le campement, mais la journée je ne les vois pas car nous sommes à cheval et eux prennent une route différente avec le camion. Ils conduisent le Wax et ne peuvent pas prendre le même chemin que nous. Gerel a commencé aujourd'hui à avoir de grosses douleurs au dos. Ça me fait trop de peine, car elle a l'air de souffrir pas mal. Elle a dû monter dans le camion, car elle ne pouvait plus trotter. Son dos ne tient pas le choc. J'espère que ça va s'arranger. On se retrouve à deux avec sept chevaux à gérer pour les prochains jours... J'ai l'impression de connaître davantage le comportement des canassons au fur et à mesure. Depuis le premier jour, j'en monte un le matin et un autre l'après-midi. C'est assez agréable, car ils sont tous très différents, donc ça me forme davantage pour le reste du périple mongol.

Avant que le soleil ne disparaisse à l'horizon, je décide d'aller faire trempette dans la rivière pour me laver. Je pars avec une serviette et un morceau de savon naturel. Arrivée dans la rivière, l'eau est assez fraîche. Peu importe ! Je commence à me déshabiller tout en m'assurant qu'il n'y a personne à l'horizon. Au début on regarde à droite à gauche par peur que quelqu'un puisse arriver. Je ne suis pas encore habituée à cette immensité. Je n'ai comme voisins que des rochers sous les pieds, une lumière dans le dos et un vent frais qui effleure ma peau en dehors de l'eau. Je suis nue dans une eau cristalline. Retour aux sources, à LA source ! C'est tellement agréable de pouvoir être nue au milieu de nulle part sans que personne ne puisse me regarder ou voir ce que je suis en train de faire. J'ai marché pour m'éloigner du campement et me voilà assise sur mon rocher au milieu de la rivière en train de me laver. Soudain, j'entends un bruit assez fort retentir sur le sol ; je me lève du caillou et aperçois une cinquantaine de chevaux galoper derrière le campement en direction de la rivière. C'est surréaliste. Je suis dans l'eau, le soleil dans le dos, les chevaux au galop comme paysage. Je ne sais plus quoi imaginer. À part moi nue sur l'un d'eux à galoper dans les steppes ! « *Non, je déconne.* » Je suis bien trop émerveillée pour m'imaginer quoi que ce soit. Le troupeau arrive dans l'eau, je suis dans mon bain et eux sont en train de traverser cette petite rivière pour passer de l'autre côté. C'est incroyable. Je retourne sur mon rocher pour admirer cette scène féerique. Je suis dans un conte, plongée dans mes pensées.

Cette nature débordante de nouveautés est indomptable. On essaie de la canaliser dans des espaces clos. Ne doit-elle pas rester là où elle a été créée ? Pourquoi la posséder, pourquoi vivre avec ce sentiment d'appartenance des autres, des biens, des objets... Dès qu'on commence à avoir du pouvoir, on pense détenir des choses. Mais cette liaison et ce désir nous éloignent de notre liberté. La personne laissant les animaux à leur place et vivant dans le respect des environnements et du cycle de la vie restera libérée de ces chaînes en or invisibles de l'intérieur...

Après ce spectacle qui m'hypnotise, je retourne près du campement en marchant sur un nuage. Ma serviette sur l'épaule et mes souliers dans la main droite, je vois au loin un troupeau de vaches bien curieuses venues explorer pendant ma douche les recoins de ma tente ! Étonnée, j'explose de rire et cours pour éviter de réceptionner du crottin sur mon oreiller. Aucun animal n'est enfermé ici. Ils pâturent sur des milliers de kilomètres. Je souhaite bonne nuit à ce petit troupeau de vaches. Je vois Tengis et Tamra morts de rire au loin, me voyant virer les veaux et vaches des recoins de ma tente. Chaque soir, je parle un peu plus avec eux. On commence à devenir de vrais complices. J'ai l'impression d'avoir deux petits frères à mes côtés. Leur rituel avant d'aller se coucher est de planter les piquets pour les chevaux. On doit les changer de place le soir pour qu'ils puissent brouter un maximum. Mais avant cela, ils sont en liberté derrière le campement avec une corde qui retient leur postérieur avec l'antérieur droit ou gauche. C'est assez étrange de découvrir ces cordes pour retenir les chevaux et les faire brouter en liberté sans vraiment les mettre au piquet. Par contre, la nuit, on est obligé de les accrocher pour ne pas les voir partir avec un autre troupeau ou s'égarer trop loin et se les faire voler. On part tous les trois récupérer nos chevaux partis brouter assez loin du campement. Ils se sont mélangés avec d'autres en liberté. C'est magnifique. Je suis encore sous le charme de cette carte postale. Je récupère deux d'entre eux et les garçons se chargent du reste. C'est si fort de les voir mélangés avec leurs amis libres et méfiants vis-à-vis des étranges êtres que nous sommes. En s'approchant d'eux, les poulains se réfugient près de leurs mères et nous pouvons récupérer facilement nos chevaux. En faisant demi-tour, le soleil est en train de disparaître mais nous éblouit avec ses derniers rayons. Le campement est brillant et la rivière dorée. Après avoir mis les piquets, je pars me coucher en entendant mes voisins brouter et le soleil est déjà de l'autre côté.

Ces journées m'épuisent d'une fatigue saine et reposante. Au final certaines fatigues sont nécessaires. Celle-ci commence à devenir une drogue. J'ai besoin que toutes ces émotions procurées par la nature ne s'arrêtent jamais. Rosy en prend plein la vue, mais physiquement elle n'a jamais été aussi sportive ! Sa tige devient musclée et la beauté de ses pétales la protège de voir ses épines qui ne savent plus trop où piquer. Elles ne sont plus dans leurs éléments naturels. J'en ai déjà lâché beaucoup en galopant comme une folle aujourd'hui. Je vais continuer de laisser des traces de cette jolie rose sur ces steppes verdoyantes et sauvages. Elles ont plus leur place par terre que dans mon cœur. C'est pour cela qu'avec le vent et la vitesse, elles ne tiennent pas le coup. **Mes épines face**

au soleil, aux larmes-arrosoir, aux sourires, à la confiance et à l'émerveillement constant, ont perdu l'engrais qui les faisait pousser...
Elles cherchent désespérément la peur, l'anxiété et le stress mais s'accrochent aussi beaucoup au futur et au passé ; ici on est au présent, pas facile pour ces épines de faire leur place.

Ce soir on est tous exténués, extinction des feux à 21 heures. Je suis allongée sous ma tente et repense à toutes ces couleurs que je viens de voir. Le temps est parfait ; nous avons du soleil et du vent sec sur le visage. Les chevaux sont très robustes et aucune autre espèce en France ne pourrait gérer une distance aussi importante avec une allure aussi rapide. Ils sont petits certes, mais ont une endurance de dingue par rapport à la normale. Ils vivent dans la nature depuis toujours. Ils n'ont pas l'habitude de rester enfermés au box à ne faire que manger. Ils bougent, se déplacent constamment pour trouver de l'herbe la plus grasse possible, mais surtout suivre les rivières pour s'abreuver. La nature est en eux et moi en étant sur leur dos, je le ressens comme jamais. Je n'ai pas ressenti cela sur aucun autre cheval dans ma vie. Avant de partir dans ces couleurs pour m'endormir, je repense à Tamra et Tengis au volant du camion. Ils sont tous les deux tellement différents. Rien que de les voir à côté dans la voiture me fait rire ! Tamra, un peu ado rebelle, ne veut pas trop bouger son petit doigt pour aider et encore moins aller sous la douche, mais préfère rêvasser et dormir. Tengis le plus grand est super serviable et peut tout faire de ses mains, c'est hallucinant. Les Mongols font tout avec leur main. Ils construisent, réparent, fabriquent, confectionnent. Ici pas d'assurances qui prévoient tout et vous immobilisent. Cette réflexion m'amuse. Je me pensais débrouillarde... à côté d'eux, je suis plutôt ringarde ! Que fais-je de mes propres mains ? J'ai l'impression de les avoir abandonnées à la facilité, à mon téléphone pour appeler à l'aide, pour un dépannage ou autre service qui nécessiterait un peu de débrouillardise. On a tous cette force de transformer des cartons en cabanes ! Mais on l'utilise moins, voire plus du tout... Il tient vraiment ça de son père. Beaucoup plus maladroit et timide avec les filles par contre... Je compare sans contrôle les ados rencontrés ici avec ceux que je côtoie en France. Ici ça travaille, et pas question de discuter. Ça forme un enfant et le pousse à respecter ses aînés. Tout comme le sport en extérieur constamment pendant deux mois, ça apaise et calme un adolescent. C'est toujours mieux qu'une PlayStation ou qu'un portable... Je m'endors la tête sur mon cahier, rêvant des galops de chevaux, de plaine, de montagne, de rivières et de lumière... et souhaitant bonne nuit aux jolis pétales...

La nature dicte sa loi

Ça fait deux jours que nous n'avons croisé personne sur notre chemin. Je commence à faire ma petite place au cœur de la famille. C'est la première fois qu'une autre personne se joint à eux pour faire une transhumance. C'est tellement agréable de pouvoir monter les chevaux et d'apprendre à les connaître. Je suis de plus en plus réceptive au moindre bruit et comprends de mieux en mieux chacun de leur caractère. Ils se montent tous différemment. On n'a pas pu longer la rivière aujourd'hui, ils n'auront pas d'eau ce soir. Il faudra se lever plus tôt demain pour arriver vite au prochain point d'eau. Un cheval peut tenir quarante-huit heures, pas plus. Après avoir trotté aussi longtemps, c'est important de pouvoir leur donner à boire abondamment chaque soir. Deux Mongols de 18 ans sont arrivés sur notre campement pour regarder nos chevaux. Je ne comprends pas bien au début. Gerel me dit qu'ils sont très curieux mais surtout ils regardent d'où ils viennent. Je ne réalise pas encore à quel point cet animal est important pour eux. Un fameux proverbe mongol dit : « Un mongol sans son cheval, c'est comme un oiseau sans ailes. » Après inspection des lieux, ils partent au triple galop comme des guerriers venus explorer les nouveaux arrivants. Le spectacle de la soirée sera assuré par un troupeau de vaches téméraires, traversant une rivière en furie et dont les courants invitent à la plus grande des prudences. Je peine à suivre du regard leurs naseaux qui fébrilement refont surface après avoir été avalés par le courant ! Aucune perte à déclarer. L'instinct animal ne les a pas trahies. Le troupeau arrive au complet sur l'autre rive. Ouf !

Je retourne au campement pour retrouver Tengis et Tamra. On commence à faire un jeu mongol ; ils m'apprennent un jeu de cartes. C'est assez drôle mais celui qui perd doit se jeter dans l'eau habillé. Comme par hasard, c'est moi qui lance cette idée débile et c'est moi qui perds. Je dois me jeter à l'eau. C'est frais mais tellement drôle. Tamra a beaucoup de mal à aller se laver ; me voyant condamnée à cette douche forcée, il m'accompagne gentiment ! Et nous voilà tous les deux, secoués dans le même bain à remous, emportés par le courant. Nous glissons sur plusieurs dizaines de mètres avant que la main de Tengis nous aide à rejoindre la terre ferme. Baignade terminée, Tamra lavé. Ça fait un bien fou de se laver dans cette immensité. J'ai l'impression que la nature récupère toutes mes pensées et me laisse la contemplation comme compagnon.

J'apprends à vivre à l'heure mongole où la nature dicte sa loi. C'est grandiose de se lever en même temps que le soleil et de s'endormir quand il se couche. J'aime me réveiller et m'asseoir seule en tailleur dans l'herbe ou les fougères saluent en se courbant le roi soleil qui s'annonce. Le silence mongol est aussi parlant que le silence birman. Le petit-déjeuner, ici, se fait de la contemplation de la nature qui s'éveille et les mots et les échanges ne viennent que bien plus tard. Se réveiller dans le silence, sans avoir une radio ou un réveil qui vous déglingue la tête, c'est aussi une vraie expérience. Je ne pensais pas un jour me rendre compte que la nature nous offre tout pour bien dormir, bien manger et bien vivre.

On est là à se bourrer de vitamines ou de Guronsan pour tenir la route. Si on écoutait un peu plus la nature, on irait mille fois mieux, j'en suis certaine. La terre est bien faite et la lune nous permet aussi de fermer les yeux pour mieux s'endormir. Depuis que je me pose dans ce tourbillon d'émotions, je comprends que la nature nous donne tout... Cette population nomade qui suit encore les saisons pour se déplacer et qui est si connectée nous renvoie en miroir nos sociétés contemporaines si millimétrées avec réveil, horaires, dates et rendez-vous. Comment écouter mon être si je suis au septième étage d'une tour à la Défense avec plus d'ordinateurs que de verdure, avec plus de contraintes que de passion, mais surtout avec une lumière artificielle qui me permet de rester travailler tard, très tard... Le soleil lui est déjà parti se coucher depuis longtemps. Mais on ne le regarde même plus, car on ne se regarde même plus nous-même. Quand on comprend la force des saisons, des horaires qui évoluent en fonction du soleil, on comprend que ce n'est pas pour rien que le soleil se couche plus tôt l'hiver et se réveille aussi plus tard. On a besoin de davantage de sommeil l'hiver pour ne pas tomber malade, pour nos défenses immunitaires, pour énormément de choses que la nature avait prévues, mais on ne l'a une fois de plus pas écoutée. Ce n'est que mon avis, mais je sais que cette nature s'endort et se réveille à certains moments, et le hasard je n'y crois plus.

Le chien-loup

Après cinq heures de cheval sur les hauteurs, on aperçoit en contrebas un troupeau de chèvres paisiblement à l'arrêt en train de brouter. Soudain, sans avertir ni montrer aucun signe d'impatience, notre chien Dragon fonce comme une torpille sur ces biquettes endimanchées. Au même instant, Côme et Gerel se mettent à hurler après lui pour le stopper. En moins de deux secondes, la menace étant restée vaine, Côme et son cheval Zébulon entreprennent une descente périlleuse en dévalant la montagne pour tenter de rattraper Dragon avant le carnage annoncé. La scène est surréaliste ; un chien de garde qui se transforme en loup et son maître qui lui court derrière en prenant des risques pour tenter de stopper l'animal dans sa pulsion... tout le troupeau emboîte le pas. Dans la panique, Gerel met le pied à terre car c'est trop risqué de dévaler ce flanc de montagne. Dans cette panique générale, je dois récupérer les chevaux qui prennent peur et se dispersent de tous les côtés et commencent cette descente périlleuse. Pour le moment, impossible de récupérer les chevaux. Mon regard reste figé sur cette scène incroyable. Côme s'arrête à quelques mètres du troupeau et fait un bon de son cheval pour se jeter comme un joueur de rugby sur la gueule de son chien qui retient déjà une brebis. Sauvetage *in extremis*, à la seconde près. La chèvre est sauvée et n'en finit pas de bêler comme pour ameuter toute la vallée ou remercier Côme de l'avoir délivrée. C'est maintenant à lui de se faire entendre. Côme est furieux et sort de ses gonds. Il hurle auprès de son chien en lui administrant une sérieuse correction. Cette réaction aussi forte et même bestiale m'interpelle... Le calme revenu, j'apprends que ce chien-loup n'en est pas à sa première tentative de meurtre. Il a déjà sévi un an plus tôt dans les steppes... Ici en terre mongole, le bétail est la chose la plus protégée. Seuls l'homme ou malheureusement le loup peuvent leur ôter la vie, mais certainement pas un chien de garde. La rudesse des steppes a sans doute réveillé le fauve qui l'habitait. Cinq minutes plus tard, deux jeunes Mongols arrivent près du troupeau et questionnent Côme, toujours à terre avec son chien dans les mains. Je ne comprends pas les échanges, mais je me doute qu'il gère le problème. Je le vois remonter sur Zébulon, mais prends le soin d'attacher Dragon à une corde qu'il tient de la main droite... Pendant ce temps-là, les deux jeunes commencent à inspecter le troupeau. Ils sentent bien qu'il s'est passé quelque chose. Ils examinent soigneusement les bêtes. Nous nous éloignons doucement, mais nous nous sentons observés de loin. Dans ma tête, la scène repasse en boucle. Après avoir passé le col, la couleur des montagnes redonne de l'oxygène à mes pensées. Depuis l'assaut de Dragon, tout le monde est perché silencieusement sur son cheval...

Dans ce décor de cinéma où l'on croise l'infiniment beau, depuis le début cette chevauchée fantastique aux rebondissements multiples, je réalise que la beauté envoûtante des plaines comme le survol des aigles au-dessus de nos têtes s'accouplent harmonieusement avec le danger de mort que ces mêmes plaines et ces rapaces représentent. Tout est réuni. La nature, seule, dicte sa loi. L'homme en fait partie, comme le rappellent ces vautours qui d'en haut savent qu'ils auront le dernier mot !

Je n'ai jamais autant crié à cheval, personne ne m'entend, on n'est pas à la queue leu leu, chacun avance comme il veut et dans la direction qu'il souhaite. On n'est jamais à côté en train de trotter. C'est agréable de ne pas avoir de règles et de pouvoir avancer comme on le souhaite.

Il faut bien écouter le cheval pour ne pas le fatiguer et non satisfaire notre petit plaisir personnel. Cette solitude durant des heures à éviter les trous des marmottes qui sont autant de menaces pour nos chevaux que pour nous, à écouter sa respiration ainsi que la nôtre, même au galop, si importante pour se sentir exister m'ouvre les portes d'un univers inconnu et dont je perçois l'indicible présence. Et si c'était l'âme, mon âme ? Parle-moi si tu es là. La réalité que je suis en train de vivre sur le dos de ces chevaux dépasse mes rêves les plus fous.

Je ne pouvais pas rêver mieux comme début de voyage. J'ai déjà monté la moitié des chevaux. C'est comme un défi personnel de m'adapter à chacun et de l'écouter pour comprendre comme ils aiment être menés. J'ai les rênes dans la main, je guide mais je perçois les différences de monture. Comme si cette proximité avec la nature et l'isolement m'avait donné une meilleure perception du monde animal. Ils sont tous différents et moi cavalier je suis dans l'obligation de m'adapter. C'est cette adaptation-là qui va me faire réaliser à quel point nous aussi, humains, devons nous adapter aux autres. Ma manière de monter doit évoluer d'une monture à l'autre. Si j'arrive aujourd'hui, ici, dans la nature, à manier chaque cheval, je me dis que je pourrai adapter les rênes de ma vie à tous les problèmes que notre monde en mouvement permanent nous impose.

Ces premières semaines dans les steppes à traverser des rivières, à camper au pied des montagnes, à me laver à côté de chevaux, à cuisiner aux pieds des tentes avec leur museau à quelques mètres, m'apprennent à prendre le temps, à vivre au rythme du soleil, à regarder les oiseaux et les chameaux croisés sur le chemin, à découvrir les yourtes et la vie des nomades, à se repérer grâce et uniquement grâce au col des montagnes. Ici, pas de GPS ni de portable pour téléphoner. Voilà de quoi mes journées sont faites : se lever le matin, boire son thé avec le soleil qui commence à caresser mes joues bien rosées, se sentir entière et ressentir son corps au plus profond de son être. Comme si je pouvais ressentir l'eau couler dans ma gorge jusqu'au ventre autant de sensations fortes et puissantes qui doivent bercer ma rose et l'émerveiller en même temps que moi. Ces premiers galops ont retiré la dernière carapace que mon cœur souhaitait garder. Il a succombé, lui, au vent et à cet horizon qui nous rappellent la beauté de la création...

Au pays d'Ikbath

Après des journées entières entre sept et neuf heures à cheval, nous voilà bientôt arrivés sur le territoire d'un Mongol, pas tout à fait comme les autres, Son nom claque déjà comme une marque déposée : Ikbath. Nous sommes épuisés, il reste encore une heure à cheval et on hésite à poser le campement et repartir demain matin. On se motive pour les derniers kilomètres. Après une pause pour donner à boire aux chevaux, dernier coup d'étrier pour passer le dernier col et arriver enfin à destination.

Ikbath, éleveur reconnu, vit dans cette vallée et développe ses élevages. Il y est installé depuis des années. Paysage indescriptible et paradisiaque. On a l'impression d'arriver dans la vallée de toutes les merveilles. Depuis notre départ d'Oulan-Bator, je n'ai jamais vu de l'herbe aussi grasse mais surtout aussi verte. Des troupeaux de chèvres, moutons, chameaux, chevaux, yacks et vaches pâturent tout autour de nous dans une harmonie divine. Chaque avancée avec mon cheval me laisse de plus en plus sans voix. Je ne réalise pas du tout ce qu'il se passe. Des aigles virevoltent dans le ciel. Le décor est angélique. J'ai l'impression d'atterrir sur une autre planète ! Un tableau qui bouge respire et continue d'être colorié pas à pas... D'un coup, j'aperçois des chameaux sur ma droite. Ils sont sans poil, je n'en avais jamais vu des tondus… C'est drôle car ça devient tout de suite beaucoup plus fun mais aussi beaucoup plus fin. C'est magnifique, aucun mot ne peut sortir de ma bouche. Côme et Gerel sont aussi touchés. Je ressens de l'émotion sur leur visage. Ils connaissent le trajet pourtant par cœur, mais l'émotion est toujours aussi forte… Soudain, un troupeau de chevaux passe sur ma gauche. Ils sont sublimes et l'étalon est d'un noir éclatant. C'est trop pour mes yeux. Le soleil va bientôt disparaître, et m'éblouit pour les derniers mètres… je ferme les yeux et me laisse guider comme si je voulais immortaliser ces derniers moments… L'odeur est aussi très forte. Je respire et rejette cet air qui me fait pousser des ailes et oublier mes mollets et mon fessier. J'ai l'impression de voler, de ne plus être sur cette terre. Le cheval me guide, moi je suis. J'ai mon bassin qui l'accompagne avec des va-et-vient. Les derniers rayons sur mon visage me donnent des frissons… Arrivés en haut de la colline, Côme pointe du doigt le campement sans dire un mot. On s'approche. C'est grandiose ! Un vent léger fait surfer les aigles qui guettent en haut des montagnes les nouveaux arrivés et nous rappellent que cette terre est sauvage. Je ne sais pas pourquoi, mais j'ai vraiment l'impression de revivre ce film que j'ai visionné cent fois plus jeune. Le film *Spirit* refaisait surface dans mon esprit. Je suis un enfant plongé dans son dessin animé préféré.

Notre convoi épuisé arrive en haut d'une colline, d'où on aperçoit à une centaine de mètres la yourte du propriétaire de cette vallée magique. Soudain, un air de déjà-vu, deux chiens nous prennent pour cible, si l'on peut appeler ça encore des chiens… Ils sont énormes et ont des poils plus longs que leur taille. Moi qui adore cet animal, je n'oserais même pas les toucher. Dragon est rangé dans le camion, car ils savent la violence de ces loubards... Même sans lui, les deux gros chiens sautent sur le cul des chevaux à arracher leur crin. Je commence à m'habituer à ces accueils musclés, je ne peux m'empêcher de ne pas laisser traîner mes pieds. Arrivés devant les deux yourtes, on accroche nos chevaux au piquet. Ici, en Mongolie, ils ont le museau levé. Pas question de brouter en attendant le cavalier. Des rênes sont accrochées à deux gros poteaux liés par une corde en haut. Je descends de mon cheval pas trop rassurée par les énormes chiens qui reniflent nos pieds. Je vois sortir de la yourte ce fameux Ikbath, qui fait deux fois la taille de la porte d'entrée. Il est immense. On dirait un guerrier mongol. Il est immense et sacrément costaud. Je me dis « *Faut pas le faire chier, celui-là !* » Il serre fort Côme et Gerel, et me donne une tape dans le dos en guise de bienvenue et des « *sain beno* », autrement dit bonjour pour les Mongols. On se sert, on s'accole et on rentre dans la yourte pour boire un bon thé au lait et manger ces apéros fromagers... Je commence à m'habituer au fromage séché. J'en prends quelques-uns et en fais des mouillettes qui atténuent le goût fort de ces fromages authentiques. Nous sommes tous épuisés de cette journée, mais heureux et soulagés d'être arrivés avant la tombée de la nuit. On se motive pour mettre les piquets pour les chevaux avant toutes les présentations familiales. On décide de les mettre près de notre campement. On les desselle et on les fait boire. Je les sens très heureux d'être rentrés à la maison, car ils sont nés ici. Ça doit leur rappeler beaucoup de souvenirs. Côme achète ces chevaux sur les terres de cet éleveur.

Il a confiance en lui. Ils partent brouter dans les collines ; cette liberté est incroyable ! J'adore !

Ils vivent dans deux yourtes différentes. Celle de gauche, que Côme et Gerel leur ont donnée, héberge la « mama », la mère d'Ikbath. Ensuite nous avons Ikbath et sa femme qui dorment dans celle de droite avec leurs enfants. Ils sont donc huit dans la yourte car il y a aussi des cousins présents. Parfois, les enfants vont dormir dans celle d'à côté avec leur grand-mère... C'est très bien aménagé. Il fait bon et c'est très propre ; il y a juste quelques morceaux de viande qui pendent à l'entrée. Je m'assois par terre et observe le dialogue. Quand nous sommes arrivés, des voisins étaient aussi là. Ils riaient et avaient l'air super heureux de nous voir arriver. Un gros bouillon de pâtes au mouton a été préparé. Affamée, mes yeux louchent sur le poêle au milieu de la yourte. C'est le plat principal des Mongols. J'avale mon petit bol de pâtes au mouton entre les doigts. C'est une viande forte, mais on s'y habitue assez vite, enfin je ne sais pas encore pour combien de temps. C'est super bon, je finis mon bol en deux minutes et la mama n'a pas attendu pour me resservir. Je refuse, souhaitant en laisser pour les autres. Elle ne m'écoute pas et prend mon bol pour me mettre une louche. Je finis le deuxième, prête à m'endormir sur le tapis... En quelques minutes, je ne sais pas combien de personnes sont rentrées et sorties de la yourte. Les voisins passent jouer aux cartes dix minutes puis repartent à cheval. Les enfants sortent et rentrent vingt minutes plus tard. Ça vit, ça bouge. Je sens que chacun travaille aussi beaucoup. Les enfants ont l'air de s'occuper des troupeaux avec le géant Ikbath. Et la femme mongole s'occupe de toute la vie à l'intérieur de la yourte. Les rôles sont très délimités ; en sortant de la yourte l'homme est libre de faire ce qu'il lui plaît, à l'intérieur il n'a pas intérêt à lever le petit doigt pour dire quelque chose de travers. Les femmes mongoles ont un sacré caractère. Elles ne se laissent pas marcher dessus, mais surtout dirigent et organisent toute la yourte et s'occupe de toutes les traites. Aucun homme ne peut poser le doigt sur une mamelle ! C'est bizarre à dire, mais c'est comme ça. J'observe leur expression, je n'ai pas de traducteur, je suis fondue dans la masse comme une Mongole à part entière. Côme et Gerel ne me traduisent pas les conversations. Côme aurait pu, mais pourquoi aurait-il pu… je comprends depuis cette transhumance que je le considère comme un Français, mais il a vécu la plus grande partie de sa vie en Mongolie ; il est devenu en quelque sorte mongol. Je ne sais pas comment me positionner au niveau de ma communication. Mais tout devient plus clair et plus limpide ce soir-là. Je le vois dans la yourte ; il a la même attitude que les Mongols et je comprends qu'il n'est pas différent d'eux. Il s'est forgé avec ce peuple et a grandi avec cette mentalité. Ses enfants parlent mongol et sa femme aussi. Je viens de comprendre pourquoi j'ai autant de mal à cerner le personnage. Tête familière mais mentalité inconnue. Je redécouvre Côme. Après toutes ces rencontres, je ne me souviens même pas d'un prénom. On part se coucher pour se réveiller en forme le lendemain matin. Je m'endors tout habillée cette fois. Impossible d'enlever mon pantalon et le reste de mes habits, je suis déjà endormie. Au cœur de la nuit, je me réveille et me glisse dans mon sac de couchage.

Le lendemain matin

J'entends des sabots à côté de ma tente. J'ouvre et tombe sur un troupeau de chevaux à quelques mètres. Je ne pensais pas me réveiller de cette manière. Je sors doucement. Je suis déjà prête pour la journée. Je prends un morceau de pain pour le petit-déjeuner avec un gros bol de thé sur les provisions qu'il nous reste... je n'attends qu'une seule chose, proposer mon aide pour commencer à travailler ! Première journée à terre. C'est étrange de ne pas chevaucher mon cheval, mais ça me fait du bien de reposer mon fessier ! J'aperçois au loin le petit d'Ikbath (je n'ai pas encore retenu son prénom) en train de faire du rodéo sur le dos d'une vache et son plus petit frère sur le dos d'un veau. Le décor est planté, on va se marrer ! Je me rapproche de leur yourte et rentre dedans. Ikbath m'accueille les bras grands ouverts. J'ai mon petit livret pour pouvoir poser une question ou trouver du vocabulaire. La mama est en train de filtrer le lait qu'elle vient de traire ce matin. Je suis assise sur un petit tabouret en face du poêle au milieu de la yourte. Les enfants mongols jouent aux cartes. L'un d'eux me regarde et me propose de me joindre à leur partie. Il essaie de m'expliquer en cinq minutes les règles, mais je ne les comprends pas. Je décide alors de regarder. Au bout de quelques minutes, je commence à saisir les règles. Ils me distribuent des cartes. Il m'en manque peut-être une ou deux que je maîtrise très vite après avoir fait une partie. C'est drôle de commencer à jouer sans avoir quelqu'un qui peut te l'expliquer. Les aînés de 16 et 17 ans n'osent pas me regarder, ça me fait sourire... Je sens chez eux une grande timidité : c'est sûr qu'ils ne doivent pas croiser tous les jours une tête blonde. Après plusieurs parties, Tengis et Tamra arrivent dans la yourte. Tamra, un peu plus sensible et moins « colos » que les autres, arrive avec une petite chèvre dans les mains. Un chevreau, c'est trop mignon. Le troupeau de chèvres étant en train de pâturer, le chevreau n'est pas assez haut pour téter sa maman, il doit rester ici durant la journée sinon il serait déjà mort d'après les enfants. D'un coup, on voit un homme rentrer dans la yourte et hurler un truc en mongol que je ne comprends pas. Je crois qu'on les appelle pour faire quelque chose. Ils sortent, je les suis. On doit courir derrière les veaux et les attraper pour les attacher... je n'ai jamais couru derrière un veau et encore moins pour me jeter sur lui et lui attraper la queue. C'est super drôle. Ils jouent avec nous. Je réussis à en choper deux. Bon début !

Imaginez deux grosses montagnes et, au milieu, des pâtures super riches et deux petites yourtes entourées de troupeaux divers. La seule chose qui me ramène un peu chez nous, c'est l'unique panier de basket posé devant les yourtes. Je ne sais pas trop comment il a atterri ici, mais c'est plutôt cocasse. On me propose de faire une partie ! On commence à faire des compétitions de points quand la balle rentre à l'intérieur.

Après cette petite pause, Côme et Gerel viennent nous prévenir qu'ils partent chercher le groupe. Je suis trop contente de rester ici en attendant leur retour. Je sens que je vais apprendre pas mal de choses, mais surtout ça va me faire du bien d'être plongée dans la vie des nomades. On déjeune avec eux ce midi, encore du bouillon de pâtes au mouton. Pour le dessert, je mange et bois un petit bol de lait ? La mama m'explique que je vais avoir la chance de vivre la première traite des juments dans quelques jours. Les pouliches sont en liberté avec leur poulain et il suffit de récupérer leur petit pour les ramener vers le campement... Je comprends difficilement l'organisation, mais ne recule pas devant la discussion. Ma communication est fractionnée, partagée entre mes pointages de doigts, les mots mongols qui suivent derrière et mes mimiques... En travaillant avec eux, j'assimile plus rapidement le vocabulaire. Tengis et Tamra sont d'excellents professeurs. Ça prend toujours une bonne minute avant de trouver le bon mot mais je vais m'habituer.

Après le déjeuner, je pars me poser près du ruisseau pour faire une petite sieste. Je reste quand même assez vigilante et vérifie qu'il n'y a pas une bête improbable qui arrive sur moi. Ici il y a tellement d'animaux que je ne suis pas encore habituée. Après une bonne heure, je récupère mon chapeau que j'ai déchiré durant la traversée. Une fille de 12 ans me voit galérer à faire un nœud pour que la corde sous le menton reste accrochée. Elle me demande de la suivre avec un geste de la main. Je rentre dans la yourte et elle me sort du fil et une aiguille. Je ne pensais pas qu'à 23 ans en plein milieu de la Mongolie je me retrouverais à faire de la couture pour réparer la lanière de mon chapeau... On ne fait plus rien de nos mains en fait. Enfin moi particulièrement, je ne faisais pas grand-chose de mes mains avant. La fille a la moitié de mon âge, elle tricote et coud parfaitement. Je me sens tout de suite ridicule de ne pas réussir à transpercer mon chapeau sans me piquer de l'autre côté. Au bout de quelques minutes, je lui rends son fil et son aiguille. J'ai plus réinventé le design du chapeau que je ne l'ai réparé. J'entends l'un des enfants dehors parler fort, je sors ma tête et il me fait un signe pour que je vienne avec lui. Je prends un cheval et le suis. Tengis vient aussi. On va chercher dans les pâtures les troupeaux de chèvres pour les changer de place avant la tombée de la nuit ! En apercevant le troupeau, il m'explique rapidement qu'on va devoir les ramener de l'autre côté. Elles doivent bouger pour être en sécurité, mais aussi trouver de l'herbe plus grasse. Le travail commence. Je regarde avec de grands yeux. Le cow-boy mongol pousse un cri avec une corde à la main ! Il la fait tourner pour faire bouger le troupeau d'une centaine de chèvres à peu près. Il me dit de bien rester en arrière pour les faire avancer et de ne pas en égarer sur le passage. Je ne comprends pas tout mais regarde attentivement. Après cinq minutes d'observation, je l'aide et rapproche un maximum de chèvres sur les côtés. Il faut qu'elles soient toutes bien condensées au centre pour qu'on ne les égare pas, mais surtout c'est plus rapide pour les faire avancer. Je suis noyée dans tous ces bêlements. Elles me font mourir de rire. Je ne savais pas qu'on voyait tout le gosier d'une chèvre quand elles poussent des cris. J'ai l'impression qu'elles vont toutes vomir une par une alors que non, c'est juste une manière de dire : « *Allez les grosses, on avance !* »

Après le travail accompli, je décide de monter en haut de la montagne pour regarder le coucher du soleil. Quel luxe d'avoir un cheval et de pouvoir partir au galop, seule en haut de la colline ! Mais m'éloigner du campement n'est pas simple. Je sens soudainement mon cheval se raidir et vouloir faire demi-tour... J'aurai le dernier mot ; quelques instants plus tard, il se met à galoper comme un dingue pour arriver en haut de la montagne, c'est magique. On traverse des champs de fleurs blanches magnifiques. Arrivée en haut, je m'assois sur le caillou où l'aigle était posé quelques minutes plus tôt. Je m'assois et regarde le soleil disparaître petit à petit derrière ces collines. Le coucher de soleil s'annonce rosé… au fur et à mesure le rose a traversé toutes ces couleurs, passant du clair au foncé puis au dégradé. C'était « rosement » magnifique… J'ai l'impression d'avoir pris les ailes de l'aigle et de me sentir libre de voler ! J'ai envie de sauter dans ces couleurs. Je sens des ailes qui me donnent envie d'explorer encore plus loin. J'ai l'impression que cette jolie rose va s'envoler dans ce coucher de soleil pour se fondre dans les couleurs qui sont les siennes. Si douce et belle, je l'aime. Je suis bien, seule, face à elle.

C'est étrange, mais personne ne me manque. Je n'ai aucune pensée pour une personne en particulier, j'arrive à être complètement détachée de tout ce qui pourrait me rattacher à l'envie d'être avec… non, aucune envie de… Je suis bien sans personne ici en haut de ma montagne. J'ai toujours été entourée toute ma vie et cette solitude est tellement importante pour être bien. Être seule, sans copain, sans amis, sans parent, sans boulot, seule… C'est effrayant au départ, mais nécessaire. Notre pilier n'est plus là. Je me suis toujours rattrapée à ce qui m'entourait. Cette fois, il fallait que je me retrouve pour rattraper ma Rosy dans sa floraison. Mais lui demander de grandir avec plus de pétales que d'épines. Pour cela, cette introspection m'est nécessaire… Pourquoi avons-nous si peur de la solitude ? Peut-être parce que l'on a peur de nous-même, quand on y réfléchit bien. Peur de ne pas être aimé, peur d'être mis de côté, d'être oublié. Mais pourquoi tout ça ? C'est tellement génial d'être seule et de prendre du recul sur ses rencontres, ses envies, ses faiblesses et ses forces. On a trop l'habitude de regarder ou de chercher chez l'autre en oubliant que les autres sont le reflet de qui nous sommes. « On récolte ce que l'on sème... » dit le proverbe, mais ai-je récolté ma Rosy pour avoir mal semé ? La vie n'est qu'apprentissage. Mais pour cela, encore faut-il être à l'écoute.

Ici, loin de tout, je ressens un équilibre et un bonheur parfaits, perchée sur ce rocher. Ces peurs transformées, ces angoisses écoutées, ces discussions intérieures considérées, ces pulsions contrôlées... qui a fait tout ça... ? Moi ? Oui, pour la première fois, je peux dire que c'est moi qui marche et qui avance sur ce chemin de guérison. Guérir mon âme face aux anciennes manières de penser et d'agir de notre esprit. Guérir mon âme pour mieux l'apaiser. Comprendre mon être pour ne pas rejeter la graine qui vient d'être plantée, même si ce type de graine n'était pas celle que j'attendais... je suis en train de déposer d'autres graines pour pouvoir m'enraciner à côté. J'écoute mon cœur, je suis heureuse. Quel bonheur de se le dire ! La vie est belle, oh oui ! La vie est dure, c'est sûr. Mais cela nous permet de mieux nous relever. La vie est une fête et ça, je ne m'arrêterai jamais d'y penser. J'ai envie de lui hurler merci.

À ce moment, le vent se lève et mon cheval dresse la tête pour regarder autour de lui. J'ai l'impression que la nature me confirme que j'ai pris la bonne décision. Je récupère mon cheval et le serre fort dans mes bras. Il pose sa tête sur mon épaule sans bouger d'un poil. Étrange pour un cheval mongol. Je glisse un pied dans l'étrier et redescends doucement. Je me laisse guider. Mon cheval est très calme, beaucoup moins excité qu'à l'aller. En arrivant devant le campement, il s'arrête doucement pour que je puisse descendre. C'est étrange ce comportement si doux et calme qu'il a. Je l'amène près de la rivière pour lui donner à boire et le laisse brouter. Je viens de vivre des Instants d'éternité. J'en suis persuadée. Merci.

Je retrouve Tamra et Tengis en train de se chamailler pour un jeu d'échecs. J'arrive à leur table et commence à embêter Tamra. J'adore ces deux garçons. J'ai l'impression qu'on a une relation de frères et sœur depuis le début du voyage. Tengis me pose beaucoup de questions, je sens qu'il est très curieux sur ma vie. Il ne sait pas très bien ce qu'il se passe en France pour moi. Lui travaille toujours dans les steppes avec les chevaux et les nomades, il est loin des cours et des universités. Ça l'intrigue quand même ce que nous vivons chez nous. Tamra lui est un vrai nounours, on sent qu'il est à un âge d'ado rebelle mais ça ne fonctionne pas trop ici, les crises d'ado. Tu es vite repris par la mama mongole ou le père qui t'envoie dans les montagnes pour récupérer les troupeaux. Tu n'as pas vraiment le choix. Les caprices sont vite réglés et les séances de psy coûtent moins cher ici...

Après une bonne soirée tous les trois à danser sur une musique silencieuse, à regarder les étoiles dans l'herbe et à me faire plumer aux cartes, je pars enfin me coucher. Avant de rentrer sous ma tente, je lève les yeux. Je ne peux plus les baisser, les étoiles sont devenues des planètes. Pour la première fois je les vois scintiller avec une telle puissance... Pas de lampadaire ni d'électricité autour.

Rien d'autre que les montagnes et les ombres des animaux. Une étoile filante à droite, une de plus à gauche. C'était astronomiquement beau. Je ne sais pas comment le décrire. J'ai l'impression de nager dans l'espace. Je m'allonge dans l'herbe à l'extérieur de ma tente pour admirer ce ciel aux mille lumières. C'est si beau. Au final, je m'endors à l'extérieur bien emmitouflée dans le *dell* (l'habit traditionnel mongol) que Gerel m'a prêté avant de partir. Au milieu de la nuit, j'ouvre les yeux. J'ai l'impression que les étoiles vont me tomber dessus. C'est grandiose. Je souris endormie et ouvre ma tente pour m'y glisser. Dernière étoile filante pour me dire bonne nuit. Je repense à ce vieux proverbe mongol qui raconte que « le ciel nocturne est comme un miroir, chaque étoile reflète la position d'un Mongol sur la plaine. Il n'y a pas deux cieux identiques, car les Mongols vont et viennent, vivent et meurent, comme les étoiles. » Savoir que ce peuple continue de se déplacer grâce aux étoiles m'émerveille... je ferme les yeux dans ce tableau lumineux...

La douche 5 étoiles

Au matin, je vais prendre ma première douche depuis plusieurs jours. Je ne compte plus. La question que beaucoup doivent se poser : « Mais comment fais-tu pour te laver ? » Je suis loin des douches, du jet à pression ou du bain à bulles, mais encore plus loin des toilettes. Le confort d'être assis est remplacé par l'équilibre parfait des jambes, que cela soit de nuit, de jour, sous la tempête ou le froid... La douche quotidienne et le shampoing tous les deux jours voire tous les jours n'existent pas... Résultat, je n'ai pas fait fuir mon entourage et je ne me suis jamais sentie aussi bien ! C'est marrant car je me vois encore à Paris demander à mes copines si je ne sens pas la transpi ! Sympa la pote ! J'ai toujours eu peur de sentir mauvais... je me renifle sans cesse les dessous-de-bras dès qu'il n'y a plus personne à l'horizon. Je me fais souvent surprendre par un ou deux amis qui explosent de rire me voyant paniquée à l'idée de sentir mauvais ! Pourquoi des gens qui travaillent physiquement dix fois plus en extérieur transpirent dix fois moins ? Je ne sens pas comme à Paris, mes cheveux sont propres alors qu'ils ont fait trempette il y a deux semaines déjà... Curieux non ? Au final, on s'habitue très vite, ça ne fait pas de mal à notre corps, ni à notre peau Allez aux toilettes dans la nature est tellement plus agréable qu'entre quatre murs. Je ne dis pas que je m'arrêterai au bois de Saint-Cloud à mon retour, mais peut-être... En tout cas aucun Mongol ne transpire et ne sent mauvais ici ! Quand je pense que nous dépensons chaque année des milliers d'euros pour atténuer les odeurs de transpiration que nous émettons... En ces terres si reculées, ces gens qui se lavent mille fois moins que nous et qui s'activent beaucoup plus ne sentent jamais mauvais !

La douche publique !

Je me dirige vers le petit ruisseau pour me rincer un peu... Même si c'est super froid, je dois y aller. Je prends une casserole de cuisine et un petit savon. C'est plutôt drôle d'avoir comme voisines des vaches. Après m'être mise en culotte et soutien-gorge au milieu des montagnes, je suis tranquille pour me doucher mais je reste vigilante et vérifie que les taureaux ne vont pas me charger. Je n'aurai pas trop de chance de m'en sortir. Je prends un peu d'eau pour me tremper de la tête aux pieds. Après m'être bien mouillée, je me décale vers l'herbe pour me savonner. Ne voulant pas mettre du savon dans l'eau, j'ai dû faire plusieurs allers-retours et évacuer l'eau sur l'herbe ! J'ai les pieds dans la boue mais le haut du corps propre. Toutes les vaches ont arrêté leur mastication et me regardent fixement, immobiles. C'était vraiment déstabilisant. Elles ne doivent pas comprendre d'où je viens. Alors que je suis debout sur la pelouse, ma tête pleine de savon tout comme mes mains et mes pieds noirs de boue, j'entends ce fameux « chou » que les Mongols crient à leur cheval pour avancer. Je me décale et aperçois au loin tout le troupeau de chèvres qui foncent vers moi ! Ce sont les deux garçons timides d'Ikbath qui arrivent droit sur moi alors que je suis en petite culotte et avec de la mousse partout ! Prise de panique, je n'ai pas le temps de me rincer et j'enfile vite mon pull et mon pantalon en grimaçant... Ce n'est pas tellement agréable mais c'est si drôle à voir de l'extérieur. J'ai les cheveux tout blancs de mousse et les mains recouvertes de savon, et je souris comme si de rien n'était... Ils passent devant moi en me faisant un grand sourire, je ne sais pas si ce salut est pour moi ou pour mon nouveau style... Je les vois partir au galop en rigolant. Je me sens très con, mais tant pis ! Je me déshabille et recommence, car la boue a sali tout le reste. Les vaches se sont arrêtées de boire et me regardent peiner pour la seconde fois... Après cette session douche en public, je remonte au campement récupérer des affaires sèches. Au loin, tous les enfants sont dans l'herbe allongés, ils ont l'air tous super concentrés. Je les retrouve en pleine partie d'échecs. Un jeune homme de 7 ans, en face, Tamra, 15 ans... Je m'approche et regarde les deux joueurs. Tamra me propose une partie avec le petit ; je suis partante. Je viens d'apprendre les règles brièvement la veille. Je repense soudain à mon arrière-grand-mère maternelle qui est championne d'échecs en Bretagne : Mamoune. Elle a 98 ans actuellement et continue de jouer à ce jeu qui, d'après elle, lui fait garder sa tête. Elle m'a toujours dit de faire du sport et d'entretenir ma mémoire avec des jeux de cartes ou de combinaisons. Je n'ai jamais vraiment écouté pour les derniers ; je ne suis pas très douée aux jeux de cartes, d'échecs ou de mémorisation... faudrait que je m'y mette avant de perdre la tête ! Je commence le jeu en souriant pour elle ! En quelques secondes, je me rends bien compte que les combinaisons et les tactiques ne sont pas héréditaires pour moi ! Je me fais plier en deux par ce petit de 7 ans. Tamra et Tengis sont pliés en quatre. Je le laisse m'achever et décide de prendre ma revanche au basket avec les aînés d'Ikbath. Le terrain de jeu est atypique. Je suis entourée de troupeaux de toutes catégories avec au milieu un petit enclos où l'on vient travailler le bétail : tonte, traite, marquage, débourrage... L'ensemble gardé par des montagnes qui se font face et qui sont traversées régulièrement par des rapaces dont les ailes jettent ici et là leurs ombres inquiétantes... Dans ce décor où la nature est exacerbée, une petite touche anachronique me fait sourire. Devant la grande yourte principale trône une moto d'un autre âge, posée sur sa béquille. Alors que je prends ma revanche devant le seul panier de basket des steppes, la mama (la femme d'Ikbath) sort de sa yourte et appelle ses enfants fermement. Je suis les enfants toujours sans rien comprendre ; c'est agréable de se laisser porter par les événements et de faire confiance à ce qui m'attend...

La traite des chèvres

Je découvre notre nouvelle mission : ramener le troupeau de chèvres et de boucs dans la petite carrière pour s'occuper de la traite. J'ai déjà trait des vaches à la main, mais jamais des chèvres. Je regarde comment ça se passe. La femme d'Ikbath et leur fille ont un tablier, je demande à les aider. Elle me donne un gros seau et me demande d'aller me laver les mains pour ne pas infecter les mamelles des chèvres. Les hommes sont chargés de les attraper et de les accrocher côte à côte sur une corde. Le spectacle de ces forces de la nature courant derrière les petites biquettes m'amuse. Je me prête au jeu. Je pense que je préfère faire le boulot du Mongol. Les attraper me fait vraiment rire... Quelques minutes après, je récupère le seau et la mama me donne un petit tabouret sur lequel je m'assois derrière la chèvre. Je dois passer mes mains entre ses pattes arrière et commencer la traite. Je presse, mais rien ne sort. Elle a déjà fait trois chèvres et je suis encore à ma première. Je n'arrive pas à tenir le seau et la chèvre bouge beaucoup trop. Je pense qu'elle sent que je ne suis pas à l'aise. Elles s'aperçoivent vite de mon manque de pratique. Elles viennent derrière moi pour me montrer comment faire. Après leurs conseils, j'arrive enfin à faire sortir un peu de lait. L'honneur est sauf ! Mais le volume qu'il y a dans mon seau est ridicule. Le mien est moitié plein quand elles sont déjà passées à un autre seau ! Ikbath passe derrière moi et me lance une phrase incompréhensible. Je l'interprète à ma manière, il a dû sans doute me dire : « *Bon allez, Marine dépêche-toi !* » Cette réaction me fait astiquer les mamelles très vite, comme les professionnelles à mes côtés. Mais le résultat est catastrophique, car non seulement rien n'est sorti plus vite mais la chèvre sans doute énervée par mes mauvaises gesticulations sur ses mamelons me remet vite à ma place en renversant le seau par un coup de patte arrière... Le peu de lait récolté est perdu... ! Super gênée, je montre mon seau vide aux deux autres femmes mongoles qui explosent de rire ! Ouf, tant mieux que ça les fasse rire. Elles parlent à un petit, et cinq minutes plus tard il revient avec un bol et cette fois c'est tout l'enclos qui rit ! Je suis contente, en plus ces gens ont de l'humour. Je n'ai pas de lait, mais je nage dans le bonheur. Finalement, la fille d'Ikbath récupère le bol et le gros seau renversé et me donne un nouveau seau de taille moyenne... Je le remplirai quand même mais avec sept chèvres. À la fin de la traite, je les suis pour filtrer le lait et retirer les quelques poils qui ont pu tomber des pis. Quand on les regarde, c'est tellement rapide et ça paraît si simple. Au final, toute une technique est nécessaire. Et puis il y a quatre-vingt-dix chèvres. Elles sont deux à cette tâche, assises sur des petits tabourets à se baisser pour y arriver. Je le fais pour la première fois et j'ai déjà mal au dos ! Ce n'est pas fini.

Le Mongol est son bétail

Dans cet enclos, après la traite des chèvres, place au marquage des mâles. Le chef Ikbath a le pinceau à la main droite et attend qu'on lui amène les mâles pour leur donner un coup de couleur sur les cornes afin de les différencier des autres troupeaux. La couleur est orange vif. J'observe pour imiter. Je vois les gaillards sauter dans le troupeau, attraper leurs postérieurs et les tirer vers Ikbath ou même les attraper par les cornes. C'est censé être le boulot des hommes, mais je préfère carrément faire ça que de traire. Je saute à mon tour pour en choper un. J'y arrive du premier coup. Je le tire vers Ikbath pour avoir un coup de pinceau moi aussi. Il me sourit et me donne une tape dans le dos pour me dire merci.

Je continue à en prendre plein la figure avec les autres Mongols. On saute pendant 2 heures 30 sur les boucs qui courent dans tous les sens. J'ai peur de leur faire mal en courant derrière eux et en me jetant pour saisir une de leur patte arrière. De temps en temps, ils tombent par terre. Ça fait bizarre de voir l'animal à terre et de devoir le tirer. Il ne fait que se débattre et je ne dois pas lâcher la patte. Aussitôt peinturés, ils sont remis en liberté. C'est rassurant et même satisfaisant de les voir rejoindre leur troupeau marqués et donc protégés. Après une heure et demie de capture à mains nues, je laisse les derniers aux mains des aînés. Ça me paraît violent au début, car je n'ai pas l'habitude de côtoyer du bétail. Mais une chose est certaine, c'est l'amour et le respect qu'ils ont pour leurs animaux. La dureté apparente du geste va de pair avec l'amour de leurs bêtes...

Ils ne sont pas durs pour rien. Les animaux sont sauvages, pas apprivoisés comme nos moutons ou chèvres qui viennent vous manger dans la main. Ici l'animal est laissé à son état naturel. Ils vivent pleinement et quand il est l'heure de mourir, ce n'est pas un abattage en masse pour grossir les rayons de la grande distribution mais pour satisfaire aux besoins de la maison. Rien n'est gaspillé, tout est utilisé. Ils attendent des amis nomades dans quelques heures. Ikbath chope un mouton et lui ouvre le ventre alors qu'il est encore vivant devant moi. Le mouton hurle à peine une seconde et Ikbath arrache directement l'aorte qui alimente le cœur d'un coup sec et violent. Il n'y a aucune goutte de sang sur le sol. Rien n'est sale ; la mort est courte et directe. Je ne m'y attendais pas du tout en le voyant retourner le mouton par terre... Je suis sous le choc face à la violence de cet acte qui me paraît extrême. Je vois le mouton mort devant l'entrée de la yourte. Je ne peux plus bouger. Ikbath passe à côté de moi avec les mains pleines de sang et un grand sourire... Je ne réalise pas ce que je viens de voir. Après ce moment assez brutal, je n'arrive plus trop à trouver mes mots. Je demande à Tengis : « *Ils font ça régulièrement ?* » Il me répond que oui. « *C'est si violent, mais pourquoi ?* – *Marine, la Mongolie c'est le respect des animaux, mais c'est violent pour les touristes...* »

Je reste sur cette fin de phrase... C'est vrai, en y réfléchissant, on ne voit pas ce qu'il se passe dans les abattoirs et on sait encore moins ce que l'on mange dans cet emballage plastique parfaitement marketé. Je me demande même si ces professionnels du marketing savent vraiment ce qu'ils customisent et commercialisent. Ça effraie les Occidentaux de voir un homme ouvrir le ventre de son mouton qu'il a laissé brouter dans la nature toute sa vie, qu'il a laissé courir et sentir le vent sur son visage, qu'il a laissé dans la nature avec son troupeau et qu'il utilisera jusqu'au millimètre près sans rien gâcher. Il ne meurt pas pour rien et ne finit pas dans nos sacs-poubelles. Il aidera à nourrir une famille entière et sera béni et respecté. Ils savent au moins d'où vient leur viande. Ma tranche de jambon choisie bien rose sans couenne avec la formule quatre tranches achetées, deux tranches gratos, devrait sûrement plus m'effrayer, non ? ! Après cette session intense, Tengis me dit qu'ils sont super-heureux d'avoir fait ça avec moi. Je ne sais pas pourquoi, mais tout le monde vient me sourire et me remercier. Il me traduit leurs remerciements. J'ai l'ordre d'Ikbath de revenir demain pour les aider ! C'est drôle leur manière de s'exprimer, ils paraissent autoritaires alors que ce sont des agneaux au fond (oui je sais, je prends les comparaisons mongoles maintenant !).

On rentre tous dans la yourte pour boire du thé au lait et manger un petit biscuit de fromage séché pour se revivifier. À peine cinq minutes après, le géant d'Ikbath s'allonge en plein milieu de la yourte et ronfle à faire s'envoler la tente ! La situation est cocasse, tout le monde débarque au goutte à goutte dans la yourte à enjamber Ikbath, le roi des lieux, sans aucune gêne. Ça gueule, ça crie, ça rit, ça vit tout simplement. Lui dort profondément, il faudrait hurler à côté de lui pour le réveiller. Dopé à la nature toute la journée, depuis le début de mon voyage en Mongolie, je remarque que tous dorment très bien. Dans les yourtes dans lesquelles nous nous sommes arrêtés, il y a toujours quelqu'un qui est assoupi ou en train de dormir alors que tout le monde hurle ou parle fort à côté.

C'est étonnant. Je dors tellement bien depuis que je suis arrivée. L'esprit est reposé quand on va se coucher. Il a pu s'évader, s'alimenter et décharger son oxygène polluant de pensées. On ne peut pas se vider enfermé dans des boîtes. Il faut se vider la tête avant d'aller dormir.

Le soleil va bientôt se coucher et je décide d'aller l'admirer en haut de la colline. Pour cela je selle un autre cheval du troupeau. Tamra vient avec moi cette fois. C'est top de le voir à cheval, car ce n'est pas ce qu'il aime le plus. Oui, il y a des Mongols qui n'aiment pas monter… On arrive en haut tous les deux, et il me montre son petit *ovoo* de pierre qu'il a construit un an auparavant mais qui n'a pas bougé. En Mongolie, avant de descendre une montagne, il y a tout le temps un *ovoo* de pierre en forme de pyramide. Chaque passant doit lancer un caillou et tourner trois fois autour pour être protégé des aléas de la montagne. Il est ravi et fier de me montrer sa construction et me demande d'y mettre ma pierre. Moment émouvant. À cet instant, je perçois la force de ce silence qui s'est installé entre nous et autour de nous. Une émotion intense m'envahit. Imperceptiblement, c'est comme si je sentais la dernière carapace qui entoure mon âme ou mon cœur se fendre en mille morceaux pour me laisser enfin la beauté et la saveur d'être moi… Cette méditation dans la contemplation a une nouvelle fois fait bouger quelque chose en mon être. On redescend silencieusement de la montagne pour préparer le dîner et filer au lit.

Vodka's party

Il est 22 h 11, le soleil vient de disparaître complètement derrière les collines. C'est magnifique, une couleur rose et un ciel bleu se mélangent discrètement... J'ai des chaussettes dans mes tongs, un jean, deux pulls et le *dell* que Gerel m'a prêté pour me tenir chaud le soir. Je suis fatiguée, mais à côté on m'a proposé de venir chez Ikbath. J'ai plus envie de dormir, mais je me motive pour y aller... J'ouvre la porte de la yourte et m'installe sur un petit tabouret. Elle est remplie de voisins, d'amis et de cousins. L'ambiance est au rendez-vous. L'un d'entre eux connaît deux phrases en anglais et une phrase en français qu'on lui avait apprise. Je vois les hommes allongés sur les banquettes, les femmes assises et allongées aussi. J'ai l'impression d'être l'attraction. Un Mongol, verre de vodka à la main, s'approche de moi et secoue mon *dell*, l'habit traditionnel que je porte. Je baisse mon menton pour regarder si j'ai une tache. Rien à signaler. Et puis d'un coup, tous les visages se rivent sur moi. Je ris, un peu gênée, ne sachant pas quoi faire d'autre. Et la mama vient derrière moi et essaie de me retirer le *dell*. Je ne comprends pas bien. Ils sont tous morts de rire. En fait, j'avais mis mon *dell* complètement à l'envers. Ce n'est pas évident, je ne savais pas trop comment faire avec ce long manteau. Je comprends alors soudain pourquoi j'ai autant galéré à fermer les boutons. En quelques instants, me voilà en train de faire un mini défilé improvisé dans la yourte, déchaînant des éclats de rire. Après avoir mis mon *dell* du bon côté, il me propose un verre de vodka. J'accepte volontiers en prononçant les quelques mots que je connais « *tsa tsa* », ce qui veut tout simplement dire « oui ». Je répète toujours ça et à chaque fois je vois Ikbath qui me demande de lui répéter, ça le fait rire... J'essaie vraiment de retenir des phrases pour parler un peu leur langue. C'est incroyable le sourire sur leur visage dès que tu fais l'effort de parler avec eux. Après quelques échanges, on me tend le shot de vodka. Je prends une gorgée d'un air déterminé. Mais le retour fut déterminant aussi... « *Oooh my god !* » ai-je lancé sans retenue et d'une voix forte. Ils sourient, mais soudain toute la yourte reprend en chœur « *oh my god, oh my god, oh my god* ». Ça fait bien longtemps que je n'ai pas bu d'alcool fort... deux bières avec Côme avant de partir, mais rien depuis cinq mois sinon... La vodka m'arrache le gosier. Je tends le verre de la main gauche à mon voisin. Il refuse net. Je ne comprends pas. Il me fixe droit dans les yeux et confirme avec un signe de la tête de gauche à droite, non. Je me retrouve embarrassée avec le verre de vodka dans ma main gauche. Je regarde autour de moi, personne ne m'explique vraiment ce qu'il se passe. Je pense que je suis invitée à boire d'une seule traite ce petit verre de vodka et je m'exécute. Cul sec ! Soudain la mama se précipite pour me retirer le verre paniquée. Trop tard c'est déjà parti... je comprends par la suite que j'ai tendu le verre avec le mauvais bras. Car ici, c'est avec le bras droit qu'il faut offrir. Mais ce n'est pas suffisant, il faut ensuite mettre la main gauche sous le coude droit en signe de respect. À l'époque, c'était pour soulever le *dell* et rassurer l'hôte, lui montrer que le visiteur ne portait pas d'arme. Les Mongols restent scotchés par mon cul sec improvisé. Ils ne s'attendaient pas du tout à ça ! L'un d'entre eux me demande ce que je fais en anglais : « *What do you do Mongolie ?* » me dit-il. À l'aide de mon petit carnet de traduction, je lui réponds en mongol en reprenant vite mon lexique, trop contente de pouvoir enfin échanger ! Je réponds avec deux mots : « découvrir et apprendre ». Puis il enchaîne, mais cette fois avec le langage des mains... Je le vois compter avec ses doigts, me faisant comprendre qu'il a une quarantaine d'années. Je lui dis mon âge et ils sont tous super choqués car ils pensaient que j'avais 18 ans ! « *Cimer* » dis-je ! Ils me prennent pour une fillette. Au final, ici quand tu ne sais pas traire, ni coudre, ni faire la cuisine et que tu n'es pas marié, tu es un énorme bébé, rajoutons le *dell* à l'envers, c'est le pompon pour eux. Haha ! Pour être crédible, faut un mari et des enfants, mais surtout savoir faire la cuisine ! Ce que j'adore, c'est qu'ils se foutent littéralement de ma gueule, mais ouvertement, sans aucune retenue. Me reviennent à l'esprit toutes mes ignorances et toutes mes incapacités que je leur ai dévoilées avec le sourire ! Après beaucoup de fous rires avec mon cahier de traduction qui passe de main en main, ils essaient tous de me parler en anglais. C'est hilarant. Ils découvrent l'anglais pour la première fois pour certains. Entre deux phrases répétées, on continue d'enchaîner les culs secs. Un, puis deux, puis trois, puis quatre... je m'arrête au quatrième. Tamra rentre dans la yourte et me voit sur le tapis au milieu de tout le monde. Il me traduit deux trois phrases et traduit deux des miennes. C'est génial de les avoir de temps en temps à mes côtés pour m'aider à comprendre et à leur parler ! L'un des Mongols n'arrive plus à se lever, il est beaucoup trop saoul. Cette fois-ci, les rôles sont inversés... C'est à moi de rire de son ivresse. La mama lui balance de l'eau sur le visage. Il sort, on l'essuie et il essaie de monter sur son cheval. Impossible de mettre un pied à l'étrier, il tombe directement. Je suis moi aussi bien ivre. Je décide de rentrer car ça commence à faire beaucoup de verres de vodka. Je remonte près du campement avec un hoquet qui résonne dans les plaines. Je n'ai dit que deux mots à l'apéro, mais ils valent tous les discours. Je ris toute seule et essaie de ne pas trébucher. Je décide de m'allonger pour regarder ce ciel étoilé qui commence à tanguer. Je prends mes crayons de couleur et dessine sous la lumière artificielle de ma lampe frontale... Déjà que je ne sais pas très bien dessiner, alors avec un petit coup dans le nez ! Ce soir-là, les aigles sont devenus des avions...

La nature comme patron

Le soleil tape très fort à travers ma tente. Il est 9 h 30 et je dois aller changer les chevaux de place. Meilleur remède pour la gueule de bois. Il faut les changer trois fois de place pour qu'ils puissent bien brouter et reprendre des forces après cette longue traversée et pour continuer le voyage. Je suis venue ici pour aider, pas pour regarder et capturer un maximum de clichés ! Quarante minutes plus tard, j'ai toujours la gueule de bois et, cette fois, place à la traite des vaches.

J'aime me sentir utile et essayer de comprendre au mieux leur vie. Je suis toujours seule avec les nomades, Tengis et Tamra. C'est génial d'être la seule étrangère et de réussir à faire sa place doucement dans la famille. Je m'habitue de plus en plus et je ne me verrais pas quitter ce havre de paix tout de suite. Quel plaisir de rester ici loin de toute communication. Pas de nouvelles à donner ni à recevoir. Une nature qui nous parle tous les jours. Les activités sont en fonction d'elle uniquement. Les nomades ont grandi avec elle, main dans la main ; « *Cet après-midi, pas de travail spécial* », me disent-ils. Le gros boulot commencera demain pour ramener les troupeaux afin de préparer la traite des juments, l'un des événements les plus importants en Mongolie. C'est étrange, car je demande constamment si je peux faire quelque chose ; je n'ai pas envie de rester assise dans le coin de la yourte et de regarder le temps passer en ayant peur de ne pas pouvoir aider.

Ici l'image de l'éleveur n'a rien à voir avec celle que l'on a chez nous. Ce sont des éleveurs sans clôture, sans pâturage à entretenir. Les animaux vivent en liberté et le nomade n'a que son cheval pour les retrouver. Ils sont tous peinturés ou marqués au fer pour montrer leur appartenance à une communauté. J'ai compris progressivement que la vie dans les steppes mongoles ne s'accommode d'aucun planning. Tout se fait en fonction des besoins du moment. Ici on trait les animaux pour manger et cuisiner. Mais sinon on reste à observer la nature. Surprenant au début, mais si stimulant au final. J'ai toujours l'habitude de séparer mes folies, mes pauses-café ou discussions, du travail lui-même. Ici tout est mélangé. Tout est communion, pas de séparation. Même au niveau spirituel, il n'y a pas de clôture. Mon esprit est libre de rire, de jouer et de travailler en même temps. Le stress est un mot qu'ils ne connaissent pas. Je ne sais même pas si c'est dans leur vocabulaire. Comment la nature pourrait stresser ? Le vent peut nous bousculer, le soleil nous brûler, la pluie nous faire accélérer, mais quelle nature nous stresse ? Aucune...

« Fais pas ci, fais pas ça... ! »

Je passe ma journée dans la yourte à jouer aux cartes, mais surtout à observer la grande mama. Je comprends pas mal de règles à respecter dans ces fameuses yourtes visitées depuis le début du voyage. On les appelle des *ger* en mongol. Il y a une armature en bois qui tient la toile en peau ou en feutre. Sa forme a été pensée pour faire face à un milieu hostile. Elle permet de se protéger du vent qui reste très présent dans les steppes ; il n'y a rien pour s'en protéger, mais le feutre surtout empêche le froid de transpercer. Les yourtes ne sont pas très hautes pour être plus stables face au gros vent nordique ! C'est impressionnant de voir la vitesse et l'habileté avec laquelle ils démontent leur maison. Trente minutes maximum pour démonter une yourte. Moi je mets une heure pour replanter ma tente ! C'est intéressant, car la yourte n'est pas installée n'importe comment. L'unique porte est toujours placée vers le sud. Il y a un poêle qui se trouve au centre pour chauffer la yourte. J'adore car il fonctionne tout le temps, à part la nuit où personne ne peut le rallumer, mais la mama s'en occupe dès qu'elle se réveille ! Ils n'ont pas de forêt dans les steppes, donc pas de possibilités d'avoir du bois pour faire chauffer ! J'ai découvert un matin qu'elle arrivait avec une pelle remplie de bouse séchée qu'ils appellent *argal* ! Plutôt original de se chauffer à la bouse de vache ! Chacun a sa place dans les yourtes ; on m'explique que souvent les biens des femmes se trouvent à droite et ceux de l'homme à gauche. Je ne comprends pas bien tout ce qu'on essaie de m'expliquer, mais il y a une vraie hiérarchisation dans l'espace d'une yourte. Ça vient des croyances héritées du chamanisme ! J'ai hâte de pouvoir découvrir davantage les règles et les bonnes manières, pour arrêter de m'asseoir où il ne faut pas et d'être la cause des fous rires ! Je suis assise devant la yourte, mais je me suis fait reprendre par la mama qui m'a demandé d'y rentrer. C'est signe d'impolitesse de l'hôte, comme si elle ne voulait pas accueillir son invité. C'est très mal vu ici de s'asseoir sur le palier d'une porte. J'apprends au gré de mes erreurs. Une fois à l'intérieur je rentre et pose ma main sur l'un des piliers au milieu de la yourte ! Bim, ce n'est pas autorisé ! Au final, je m'entends tellement bien avec la famille que la mama a pris le temps de m'expliquer comme elle peut avec mon petit carnet, et Tengis et Tamra sont repassés derrière pour m'expliquer plus en détail les interdictions.

Après cette pause règles et organisation, je reste concentrée sur cette grand-mère si charismatique. Quinze minutes à regarder tout ce qu'elle fait en pensant à ma chère grand-mère que j'aime tant et qui doit elle aussi réapprendre à vivre sans son Dady. À ce moment-ci, ma mamie, ma Roselyne, ma conseillère, ma deuxième mère me manque terriblement… j'ai envie de lui crier à travers les steppes tout l'amour et la force que je lui envoie de cette mama nouvellement veuve aussi ! La force des grands-mères est incroyable. Je suis sous le choc à chaque fois que je rencontre une mamie ! Comment font-elles ? Comment arrivent-elles à ne donner que du bien ? À avoir ce discours si sage et cet apaisement dans chaque situation ? Je ne fais pas de généralité, mais les grands-mères sont vraiment magiques. Elles nous apprennent énormément de choses. *« Je ne sais pas si tu m'entends Mamie, mais merci, merci de m'avoir mise sur ce chemin, merci d'avoir éveillé ma petite lumière que j'avais rangée. Merci d'être toujours là pour nous resservir jusqu'au gosier. Tu as un point commun avec les mamas mongoles qui te resservent vingt fois pour être sûre que tu as bien mangé. Merci pour ton calme et l'application de tes croyances dans ta vie de tous les jours. Merci pour ta générosité qui est devenue ton moteur de marche. Quelle force tu as ! Quelle force elles ont ces mamas... elles ont toutes quelque chose à nous apprendre, c'est certain ! Mamie je ne suis pas dans ta petite maison au volet bleu au bord du port de Ploumanac'h à sentir ta cuisine et entendre ta voix chantonner pour nous prévenir que c'est prêt. Ce n'est pas le même chant, mais je reconnais tes sucreries sauf qu'ici, ce ne sont pas des crêpes, mais des quiniamne aux fromages bien fermentés. Je vois ta présence à travers cette mama, je reconnais ton attention à travers les siennes... ! Voilà, tu t'es transformée en mama mongole ne serait-ce que pour quinze minutes. C'est plutôt drôle de t'imaginer ici ! Je t'aime mamie, même si tu ne m'entends pas, je t'envoie les aigles mongols qui transmettront tout ça aux mouettes bretonnes. »*

Je suis vraiment bien ici, je commence à avoir mes marques et mes petites habitudes. Le temps passe si vite. Nous n'avons aucune nouvelle de Côme et Gerel, mais ils devraient arriver demain avec le groupe. Je suis ravie de rencontrer de nouvelles personnes, mais j'ai aussi hâte de partir faire mon expérience en solitaire. L'idée de découvrir les Tsaatan est de plus en plus forte dans mon esprit. Je n'ai aucune piste, mais je sens que c'est mon prochain objectif. Je décide de prendre un peu de hauteur avant que tout le monde arrive demain. Je pars avec l'un des chevaux que je préfère, Monica. Ce cheval est incroyablement beau, mais surtout c'est un petit bolide. Je les ai tous montés durant la traversée et Monica reste mon préféré. Je le selle, particulièrement émue en ce début de soirée... je viens d'arriver devant notre campement et un tapis de chèvres m'attend. Elles sont partout, même dans les tentes. C'est somptueux, je n'en reviens pas. Les couleurs, le soleil, les chèvres de couleurs différentes, les chevaux qui s'y mélangent, la rivière plus bas. Où suis-je ? Je réalise vraiment au fond de mon cœur la grandeur du monde et la petitesse des hommes face à cette beauté qu'on ne sait plus observer. Mon cheval part au triple galop, mon chapeau s'envole, je ne le retiens pas. Mon sourire explose, je vois l'un des enfants pousser un cri en me souriant et en me regardant partir. Mes yeux débordent de larmes. Je suis vraiment tellement émue de pouvoir galoper comme ça. Le soleil éblouit ma trajectoire et mes yeux eux ne peuvent plus rien voir. Monica avance pour moi. Monica vole sur les montagnes. Il est tellement heureux lui aussi, je le sens, ça se voit. Il hennit en galopant, c'est la goutte de trop. Je me laisse complètement guider par lui. J'ai besoin de m'imprégner de cet endroit pour la dernière fois, car c'est ma dernière nuit avant que tout le monde arrive, mais surtout après il n'en restera plus qu'une...

L'âme, oui, nous avons bien tous une âme. Elle est présente chez chacun d'entre nous et nous rend unique. Notre âme est une chose intouchable, irremplaçable, qui ne peut être modulée, contrairement à l'esprit qui lui vit et grandit en fonction de nos émotions. Je suis depuis trois semaines dans les steppes et je ressens cette force indéfinissable, indescriptible, qui vient vous caresser le visage sans que l'on sache d'où cela vient ! Pourquoi ces sensations sont là ? Mon âme, que je n'ai jamais considérée avant maintenant, je la ressens. Je sens à quel point on peut aller loin et je n'ai plus aucune barrière. C'est peut-être pour ça que j'ai si peur de voir arriver ces touristes qui me rappellent la personne que j'étais avant de commencer ce voyage... Je ne sais pas, je suis si libérée ; mais toutes ces émotions sont trop fortes pour être contenues dans mon petit cœur. J'ai besoin de galoper pour extérioriser... Je ne m'attendais pas à cette rencontre si brutale, si forte, si intense. Elle vient de taper en me disant qu'elle était là, libre et fière de venir me le faire ressentir. Sauf que je ne sais pas vraiment ce qu'il se passe, je n'ai jamais eu cette sensation auparavant, j'ai l'impression de naître une deuxième fois, d'avoir un nouveau corps qui commence à vivre au rythme de la nature.

La transition s'approche...

Je redescends de la montagne tranquillement, toujours sur Monica. Ikbath me propose de venir dîner pour la dernière soirée. Je desselle Monica et viens dîner avec la famille. J'arrive cette fois le *dell* à l'endroit et mes pommettes rosées elles aussi. Je prends son bol de thé au lait que j'adore et commence à manger son bouillon de pâtes au mouton. Si je suis ravie de partager avec eux ces derniers instants, j'ai de plus en plus de mal à avaler ce bouillon. J'ai le chevreau sur les genoux, il reste dans la yourte le soir car il est trop jeune et ne peut pas téter sa mère ; il pourrait se perdre la nuit. Il est tellement mignon. Après ce dîner, je retourne sur le campement avec Tengis et Tamra. C'est alors qu'on commence à se mettre à danser le rock'n'roll. J'essaie d'apprendre quelques pas à Tamra sous le regard attentif de Tengis. C'est hilarant. Je ne pensais pas un jour danser le rock sans avoir vraiment de musique sous une tente mongole dans les steppes. On termine tous les trois pliés en quatre face aux galères de Tamra ! Cette pause « steppienne » est d'une simplicité bouleversante pour moi. Je ne connaissais rien et Tamra et Tengis ont été de vrais frères. J'ai de temps en temps l'impression d'être « la mama » de notre yourte. On s'organise pour la cuisine, pour aller faire la vaisselle dans la rivière, pour ramener les troupeaux et aider avec les chèvres. On a joué au basket et on a même organisé une bataille d'eau avec tous les enfants. C'était magique. J'ai appris les jeux de cartes mongols ! Des parties à n'en plus finir, allongés dans l'herbe ! Dernière nuit au rythme de cette famille et ensuite on reprend la route.

Réveil aux aurores pour aller coiffer et couper les crins de nos chevaux ! Côme me l'avait demandé avant de partir. Après l'atelier coiffure, Tamra, super fort aux échecs, me propose une dernière partie. J'accepte avec humour en balançant le score direct. On s'allonge tous les deux dans l'herbe. C'est super agréable, je commence à mieux comprendre les règles. On entend d'un coup le bruit d'un camion au loin. Tamra se lève et nous dit qu'ils arrivent. On ne finit pas la partie pour pouvoir les accueillir. Je suis super heureuse de les découvrir et impatiente de savoir d'où ils viennent !

Les touristes

Après tous ces mois de solitude, je suis heureuse mais aussi intriguée de retrouver des personnes venues de France. Elles vont m'aider à me réadapter à mon pays que je retrouve dans quelques semaines… J'ai perdu toute notion du temps. Un mois isolée de toute communication, un mois loin de tout groupe de touristes. Je fuyais les organisations, mais cette fois c'est différent. C'était le deal convenu avec Côme : transhumance et ensuite plusieurs jours en compagnie d'un groupe que je ne connais pas. Ce n'était pas prévu dans le projet mais je sens que ça va être de superbes rencontres. J'ai déjà découvert seule une partie de cette terre ; place à la découverte et aux échanges avec mes amis les Européens.

Je suis heureuse de les accueillir, c'est comme si je m'accueillais moi-même, au tout début de cette aventure. Un par un, ils sortent du camion. Ils viennent de France, sauf une qui vit en Mongolie depuis maintenant deux ans. Il y a Didier, deux sœurs, Nathalie puis Manu qui elle, vit en Mongolie. Ils ont entre 20 et 55 ans. Sac à dos pour les plus jeunes et valise à roulettes pour les plus anciens, ils débarquent. Ici ce n'est pas le Club Med et je salue déjà cette volonté de découvrir autre chose que les plages à rôtir et les pensions complètes à grossir. Ici rien de vraiment prévisible, car tout est soumis aux aléas de la nature.

Changement radical d'ambiance. On retrouve les conversations propres à l'Occident. Avec ce petit groupe de cinq personnes j'ai l'impression d'avoir un condensé de toutes les problématiques auxquelles je vais devoir faire face à mon retour ! Mais paradoxalement, ces rencontres me font du bien car elles vont encore servir ma Rosy. Les personnalités sont tellement différentes, et le feeling passe... La magie mongole opère. Nous sommes tous là avec nos casseroles. Dans ce joli tintamarre qui va résonner avec cette chevauchée initiatique, on va essayer d'écrire une nouvelle partition pour mieux repartir.

L'apprivoisement

Dès les premiers jours, Côme me propose d'aller leur montrer leur future monture. Je me rends compte soudain qu'il n'y a pas assez de chevaux. Je retourne le voir pour lui demander lequel je monte. Il me regarde en me disant : « *T'inquiète pas, Ikbath va te prêter l'un des siens.* » Je suis attristée de ne pas profiter des chevaux que j'ai montés et apprivoisés depuis presque trois semaines. Mais surtout inquiète de connaître la monture dont je vais hériter. Les trois quarts de ses chevaux sont sauvages, donc difficiles à gérer. Du moins en apparence car tous les chevaux que j'ai vus depuis que je suis ici ne sont pas aussi calmes ni apprivoisés comme ceux de Côme. J'essaie de faire confiance et je me persuade qu'Ikbath saura me trouver la bonne monture. Je retourne avec les autres pour voir leurs premiers essais qui me rappellent les miens. Je sens dans leur regard une réelle appréhension devant cet espace de liberté à 360 degrés... Ce sont tous des cavaliers qui ont déjà mis le pied à l'étrier, mais là, devant cette immensité qui s'ouvre à leurs yeux, tous les repères tombent. Peu importe votre niveau, la chevauchée mongole impressionne. J'aide les filles à s'installer et laisse Didier, car c'est le plus chevronné des cinq, il a lui-même un centre équestre sur les terres volcaniques d'Auvergne ! Je rassure et réconforte les autres en m'aidant de ce que j'ai pu ressentir à leur place. La plus jeune des sœurs craque, c'était prévisible. La peur de ne pas y arriver est bien là. On ne peut le comprendre que si on est ici, car c'est toute une ambiance qui vous prend aux tripes. C'est bien plus qu'un cheval que vous montez, c'est un environnement, un cadre qui vous rappelle toute votre fragilité. Manu, l'expatrié, ne souhaite pas chevaucher pour la première journée ; une aubaine pour moi, je vais pouvoir monter une dernière fois Monica qui est mon préféré. Et nous voilà partis ensemble faire un peu de repérage. Pour ces premiers pas, déjà un cadeau, une biche traverse notre champ de vision... Quelle magie pour une première journée !

Après ce rodage en groupe, une bonne nuit s'impose pour tous. Le lendemain, une grosse journée nous attend. Je repense à Ikbath qui m'a dit il y a quelques jours que j'allais vivre un moment fort de la vie des Mongols : la traite délicate des juments pour récupérer ce trésor, qui est l'*aïrag*, l'alcool national fait à base de lait de jument fermenté.

Seper Monture

Avant de partir pour cet événement, Ikbath me montre du doigt ma monture. Un cheval beige accroché à la corde, en face de la yourte familiale. Je m'en approche délicatement pour le caresser, impossible de le toucher. Il est bien trop distant. Je serre les dents et je rejoins le groupe un peu sceptique, mais confiante des premiers pas dans la steppe avec ce nouveau compagnon. Je demande à Côme : « *Comment s'appelle-t-il ? – Il n'a pas de nom. – Je peux l'appeler Seper ? – Comme tu veux.* » J'ai du mal encore à réaliser, on vient de me donner un cheval qui a l'air plutôt stressé, mais mon déstressant est de le baptiser Seper ! J'ai l'impression qu'il me sera plus familier. Les chevaux en Mongolie n'ont pas forcément de prénom. Aujourd'hui, je me sens de plus en plus imprégnée par cette puissance mongole et le nom « SEPER » me vient tout de suite pour ma nouvelle monture contrairement au premier que j'ai monté... on a tous les deux quelque chose à apprivoiser... Je rejoins les autres pour admirer cet événement mongol tant attendu !

La traite des juments

Leur vie repose sur une tradition d'élevage et deux alcools à base de laitages, l'*aïrag*, lait de jument fermenté (plus connu sous le nom *koumis*, d'origine turque) et l'*arkhi*, yaourt distillé, qui sont au cœur des rites ! Pour faire la traite des juments, le processus se décompose en plusieurs étapes. D'abord isoler le poulain de la mère pour mieux la capturer ensuite. Une fois la jument immobilisée, ils ramènent alors le poulain près de la mère en le mettant de telle façon qu'elle pense que c'est son poulain qui lui prend son lait alors que ce sont les mains d'une mama mongol qui opèrent la traite. Mais auparavant, encore faut-il récupérer la jument... et là c'est un mélange de tactique, d'adresse, d'acrobatie, de force et de résistance. La seule arme de ces valeureux cavaliers mongols est l'*urga*, un lasso formé d'une longue perche en bois au bout duquel il y a une corde qui forme une boucle pour entrer dans l'encolure du cheval et tenter de l'immobiliser. Mais souvent, c'est le cavalier qui se fait dévisser. J'en vois plusieurs à terre se faire traîner sur de longs mètres par des juments qui n'entendent pas se laisser faire. Les séances sont impressionnantes. Nous sommes assis auprès des poulains à regarder ce show équestre annuel, à admirer la résistance de ces cavaliers qui même à terre ne lâchent rien et se font traîner sur plusieurs dizaines de mètres en espérant venir à bout des résistances de la jument. Les juments n'ont rien à voir avec « nos poules de luxe », comme le dit Côme, qui traînent dans nos box de centres équestres. Didier, le plus expérimenté, a les yeux écarquillés ! La capture des juments durera toute la journée. En fin d'après-midi, toute la vallée se retrouve devant chez Ikbath pour fêter l'ouverture de la précieuse récolte ! Les premiers laits de juments sont sans doute les plus appréciés des Mongols. Et maintenant c'est la fête pour tous les âges, course à pied, chant, lutte et surtout vodka ! J'observe les combats de lutte. Je ne peux pas y participer faute de combattants. Ikbath est aux anges, sa fête est un vrai succès, tous les gens de la vallée ont répondu présents ; pour lui c'est important. J'apprendrai plus tard que par cette fête il espère enrayer l'exode rural qui pousse les jeunes vers les villes et les vieux vers les bidonvilles. Cette petite fête a déjà eu le mérite de permettre à chacun de se livrer plus et de dévoiler un peu sa vie. Je ne sais pas ce que sont venues chercher ces cinq personnes, j'ignore tout d'elles, mais je sens que ce séjour va les transporter intérieurement, comme moi. Je ne sais pas dans quelle direction ni pour quelle solution, mais je ressens déjà que ces rencontres vont être riches en partages et en découvertes.

Ce soir, c'est ma dernière nuit dans cette vallée magique et féerique. Je ne sais pas si je reverrai ce grand guerrier Ikbath. Rien qu'en imaginant mon départ, j'ai déjà des frissons. Cet homme est un sage, il a tout compris. Dans cet univers protégé, il conserve et transmet ce qu'il a de meilleur... la vie en communion avec la nature et dans le plus grand des respects.

Je vais me coucher le cœur serré, car j'appréhende ce départ. À mes côtés, Didier récupère avec grand bruit de sa première journée en Mongolie ! Le lendemain, avec le sourire, je le regarde et lui demande : « *C'est quoi ta technique pour effrayer comme ça tous les prédateurs ?!* » Étonné, il ne comprend pas. Je lui réponds avec un grand sourire : « *Je pense Didier que toute la vallée a repéré ton ronflement !* » Il éclate de rire, même s'il reste étonné et m'assène, tranchant et sûr de lui : « *C'est étrange, je ne ronfle jamais ! – T'inquiète c'est la Mongolie qui commence à te parler dans tes nuits !* » On se regarde, déjà complices ; il a de l'humour, on va bien rire !

Levée du camp

Avant de s'en aller, je vais saluer le maître des lieux et sa famille. Je rentre dans la yourte, l'émotion est trop forte. J'ai juste le temps de leur dire au revoir et de les serrer dans mes bras. Je contiens tout. Mon cœur bat avant d'exploser... deux secondes plus tard, les autres arrivent, je me sens dans l'obligation de ne pas craquer devant eux. C'est la première fois que je me contrôle depuis le début de mon aventure... Pourquoi l'apparence a-t-elle repris si vite le dessus, et m'a empêché d'être et de sortir ce que mon cœur avait besoin de dire ?! La rupture ne sera pas totale avec cette famille, le fils d'Ikbath, Nara, se joint à nous pour le reste de l'aventure. Sa présence me réconforte. Tamra, lui, perçoit ma tristesse et me voit pleurer. Il vient me réconforter en me faisant un gros câlin dans le dos. Je le serre fort dans mes bras. « *Tout va bien se passer* », me dit-il. Il a le regard attendri et comprend mes émotions... Il tient mon cheval pour que je puisse l'enjamber plus facilement, car je le sens très tonique. Une fois assise sur lui, je me sens beaucoup plus habile à gérer Seper, qui lui commence à apprivoiser cette paire de fesses inconnue qu'il supporte sur son dos.

La traversée

Nous sommes huit à mettre le cap à l'ouest pour chevaucher dans les steppes, mais pas seulement, car ce seront aussi des dunes de sable, des forêts, des rivières. Chaque jour est un nouveau décor, un nouvel émerveillement. Des dunes où l'on s'enlise et où les chutes sont fréquentes jusqu'à la traversée des fleuves. Chaque cavalier transmet son savoir et ses racines : Natalia, Moldave d'origine, plonge dans ces paysages pas si éloignés de sa terre natale, Didier, dont la passion de la faune et de la flore intéresse mon esprit inculte sur toutes ces espèces qui nous survolent et que l'on admire, et Manu quant à elle dont le port d'attache est Oulan-Bator n'est pas en reste, elle nous raconte toutes ces rencontres qu'elle vit ici en Mongolie depuis deux ans. Quant aux sœurettes, elles sont bien différentes, tout les oppose. L'une est silencieuse et introvertie et l'autre grande amatrice de fêtes traditionnelles et de sorties en tout genre ! Notre brigade internationale est donc fin prête à affronter tous les coups durs de la nature et de la météo.

C'est ainsi qu'un soir avant d'aller se coucher, on décide d'aller se rincer dans la rivière sans avoir aperçu les nuages au loin cachés derrière les montagnes. On se glisse en culotte dans l'eau, quand soudain la pluie s'abat sur nos têtes. En quelques secondes, le courant s'accélère et me voilà embarquée par l'eau. Manu me rattrape d'une main pour me ramener à la rive. Elle peine aussi à y revenir. Après avoir bataillé, je me hisse et mets ma serviette autour de moi. Je cours près du campement quand soudain je vois la grosse tente qui abrite la mienne par terre et celle des sœurettes écrasée au sol. Tengis et Tamra nous aident à la remettre sur pied sous la pluie pour s'abriter. En attendant, nous allons nous réfugier sous la tente de Didier pour nous réchauffer ! Le doyen du groupe est toujours au petit soin. Rassurant mais surtout très drôle par moments ! Quant aux deux sœurs, les voir parler de plantes et de soin naturel face à l'expert de l'antibio est très folklo ! Toutes ces conversations décalées et hilarantes par moments nous rapprochent chacun davantage...

Après avoir parcouru des journées entières à échanger dans des paysages grandioses qui apportaient des remèdes à tous nos soucis... je sens qu'il est temps d'y aller. La dernière étape de mon voyage m'attend et je ne suis pas mécontente de quitter mes nouveaux amis. L'émotion est bel et bien là mais la solitude me manque et j'ai hâte de toucher le point ultime de cette aventure dont le nom fait briller mes yeux depuis des mois... Tsaatan, cette tribu ancestrale reculée dans la taïga du nord de la Mongolie. Côme me propose de poursuivre la route avec lui et Gerel, mais l'appel du Nord sera plus fort, même s'il eût été plus facile d'accepter la belle proposition de Côme. Lui-même est très sceptique sur ma capacité à arriver chez eux...
« Ce n'est pas la bonne période, c'est boueux, tu auras du mal à y accéder, si jamais tu atteins déjà la maison de Mooji qui est à quatre jours minimum des Tsaatan, ce sera déjà énorme. »

Cette phrase décuple mon envie. Merci Côme. Il faut que j'aille là-bas, il ne peut en être autrement.

De retour à Oulan-Bator

Ce groupe a une réelle force, chacun arrive à trouver sa place et à écouter l'autre dans ses différences. J'ai le souvenir de plusieurs échanges très intenses avec chacune des personnes du groupe. Des moments uniques et inoubliables à travers cette immensité qui nous permet d'oublier d'où nous venons pour avancer main dans la main sur un chemin où l'homme n'a plus de frontière et surtout zéro repère. Je me souviens particulièrement de plusieurs conversations bien musclées avec mon cher Didier et une envie mutuelle de comprendre et de trouver la clef. Merci à vous de m'avoir ouvert l'esprit et fait fleurir ma Rosy sans vous en rendre compte un instant. Je suis sûre que je vous reverrai et que nous allons pouvoir s'aider sur des futurs projets ! Pas une seule personne de ce groupe n'aurait pu être potentiellement amie avant cette semaine. Il est l'heure de vous quitter. De vraies amitiés sont tissées... Rien de mieux pour entamer ma nouvelle traversée...

Le temps des adieux est arrivé. Le premier au revoir sera d'autant plus douloureux qu'il s'agit des enfants de Côme et Gerel qui sont devenus mes deux petits frères mongols. Cette fois, je suis ravie, je ne suis pas la seule à avoir les larmes aux yeux. Je passe ensuite au grand seigneur de ces plaines, Côme, qui n'a visiblement pas l'habitude de montrer ses sentiments, mais pourtant son émotion est là. Je finis par Gerel. Je la serre fort dans mes bras, elle aussi est bouleversée. On se promet de se revoir vite ! On se retrouve toutes les deux enlacées en pleurs main dans la main à échanger un dernier câlin avant de se séparer. Je lui essuie ses larmes et l'embrasse une nouvelle fois... Je pars le cœur lourd, mais avec un bout de papier sur lequel est griffonné un numéro de téléphone. Sans le savoir, je viens de recevoir mon passeport pour les Tsaatan...

Toujours y croire...

Je pars à la gare routière d'Oulan-Bator pour monter le plus haut possible dans le Nord. Je ne sais absolument pas qui je vais avoir au bout du fil, mais surtout comment on va réussir à communiquer, mais ce n'est pas grave, je fais confiance... Gerel a prévenu de l'arrivée d'une petite blonde sans leur dire quand ni comment ! Je monte dans un bus en vérifiant plusieurs fois que c'est le bon. Tout est écrit en mongol, et je dois arriver à Mörön pour faire mon permis russe. Car dans le Nord, il faut cette autorisation.

Je n'en reviens pas de tout ce que je viens de vivre avec eux dans la steppe, c'est simplement inimaginable... Pour le moment, le bus est rempli, mais j'ai l'impression qu'il peut tomber en ruine rapidement. Il fait super beau, le soleil va se coucher et tape sur mon visage. Le bus démarre, je ne sais pas où je vais, mais je n'ai jamais été aussi bien. Crayon de couleur dans une main, j'essaie de dessiner ce coucher de soleil sur les collines d'Oulan-Bator. Je fais connaissance avec ma voisine de droite qui a l'air super drôle. J'ai l'impression que tout le bus se connaît, ça parle dans tous les sens, rit et sourit dans tous les recoins. Leurs visages sont si expressifs, c'est agréable. Rien que de les regarder rire, j'ai envie de me marrer aussi. Le bus démarre, je me sens si légère. Je n'ai rien dans mon sac, à part une tente qui se ferme à moitié, un duvet et un pull en laine de yack. Le reste de mes affaires est resté dans l'auberge. Je suis si heureuse de faire ce que je voulais faire à la base. Je repense aux au revoir remplis d'amour et d'émotion... mais les secousses du bus me ramènent à la réalité. Les rayons du soleil transpercent les fenêtres et éclairent tous les visages, c'est magnifique.

En route pour Mörön

Douze heures de bus m'attendent... j'ai éteint mon portable pour pouvoir garder un peu de batterie si besoin pour me guider et trouver un chemin. Je sais une seule chose, je dois arriver à la gare routière demain matin pour trouver une voiture et monter dans le Nord à Renchinlkhümbe. Sauf que pour y accéder, c'est très compliqué ; aucune route, que des montagnes et un terrain très marécageux. La plupart des voitures s'enlisent à cette période de l'année. Peu prennent le risque de s'y rendre. J'essaie de ne pas y penser et me dis que je trouverai la personne censée me rejoindre à cette gare. Il ne m'a jamais vue et je ne le connais pas non plus. Je ne sais pas à quoi il ressemble et je n'ai pas d'heure précise ni de lieu de rendez-vous. Après les dix heures de bus entrecoupées de pauses sur le bas-côté de la route ou les pauses pipi dans la nature, il fait nuit et le camion s'arrête ; je ne comprends pas bien ce qu'il se passe. J'allume mon portable pour regarder la carte, je suis à une heure à pied de Mörön. Je ne sais pas pourquoi nous nous arrêtons tous là. Personne ne parle anglais et encore moins français. J'essaie de comprendre avec mon carnet, mais en vain. Je décide de prendre mon sac à dos pour marcher jusqu'à Mörön. Je ne veux pas louper le seul rendez-vous que j'ai pour monter dans cette ville au Nord si difficile d'accès. Je n'aurai aucune chance de rejoindre les Tsaatan si je n'arrive pas à temps. Il est 5 heures du matin. Je récupère mon sac et marche le long de la route pour atteindre Mörön. Très peu de voitures passent à côté et le bus est toujours à l'arrêt. Je continue mon chemin. Je demande avant de partir si Mörön est bien dans cette direction, on m'indique que oui ! Je suis à 15 kilomètres, ça le fait à pied, je vais y arriver. Je remonte mon sac à dos, croque la pomme que j'avais gardée précieusement pour ce trajet et me mets de la musique dans les oreilles pour me motiver à avancer. Je me décale et marche sur le bas-côté pour ne pas me faire faucher. Je suis confiante, je ne sais pas pourquoi rien ne m'effraie à ce moment-là. J'ai la lune qui éclaire mes pas et je me dis que tout va bien se passer ! Je suis en marche pour ce dont je rêve depuis si longtemps et ça ne me fait pas de mal de marcher plutôt que d'être toute recroquevillée dans ce bus. Je suis tellement bien à marcher, je retrouve mes sensations de Nouvelle-Zélande, mettre un pied devant l'autre en laissant son corps gérer pour soi ce qui risque de se passer. Je l'écoute et le laisse me guider, c'est lui le boss !!!

Au moment d'apercevoir Mörön, le soleil commence à se lever lui aussi. Je suis épuisée à quelques kilomètres de l'arrivée. Je décide de planter ma tente ici avant d'arriver dans la ville où je ne sais pas si je pourrai trouver un terrain et dormir deux heures avant de reprendre le chemin. Je commence à vaciller. Je m'étale et me réveille naturellement avec le bruit des voitures et camions qui passent sur la route ! Alors que je range ma tente, des Mongols s'arrêtent pour me proposer de monter. Je monte avec eux à l'arrière de leur voiture. Ils me déposent devant la gare de Mörön. J'ai l'impression d'emporter un peu de Nouvelle-Zélande avec moi.

Ils sont super sympas, me donnent à boire et un sachet de fromage séché, même si à 8 heures du matin, ce n'est pas forcément le petit-déjeuner rêvé. Ça fera l'affaire ! Je le mâchouille doucement à l'arrière, encore dans mon rêve. Je regarde l'heure et souris. J'y serai pour 09 heures 30, d'après les conducteurs... je suis dans les temps. J'ai une heure pour trouver cet homme inconnu.

Une fois arrivée, je vois plein de bus et des Mongols descendre dans tous les sens. Beaucoup de Mongols viennent me parler et me proposer de partir avec eux. Je ne comprends strictement rien. Je cherche un prénommé Mooji. J'essaie de le dire à chacun pour espérer qu'il se reconnaisse : « Mooji Mooji Mooji ! » On me fait des signes de tête, mais je ne sais pas qui il est vraiment. Je décide de m'asseoir sur mon sac et d'observer qui est qui... et comment chacun regarde les autres. D'un coup au loin je vois un camion, il baisse sa fenêtre, le Mongol me fait un énorme sourire et un signe de la main, je ne sais pas pourquoi, mais je sais que c'est lui. Je fonce sur ce camion et balance mon sac. Il me dit « Mooji », mais ensuite se présente avec un autre prénom. Pas grave, je pense être dans la bonne voiture ! Au pire, il a l'air trop cool. Il descend du camion et je le vois parler à tout le monde en mongol. Si je comprends bien, il ne veut pas partir sans que son camion soit rempli pour monter dans le Nord qui est un terrain très risqué et marécageux en cette période. Après plusieurs longues heures d'attente, je vois M. X., j'ai oublié son prénom, remplir le camion de sacs.

Je lui indique sur mon carnet de traduction « permis » Tsaatan. Il comprend alors que je dois passer au bureau de police de Mörön avant de partir. Il m'y accompagne et m'aide à faire tous les papiers. Je récupère enfin ce sésame tamponné pour m'autoriser à monter plus haut et me rapprocher de la frontière russe. Nous voilà partis, la camionnette est pleine à craquer… Ça me rappelle la Birmanie. Cette fois, pour débuter le trajet, tout le monde a droit au shot de vodka ! Je suis rassurée, le conducteur n'en prend pas ! On est partis pour Ruchenrulbe, encore quinze heures de voiture devant nous.

Un pari lancé

En quittant Mörön, on quitte la route également. Quinze heures sur des sentiers, à traverser des plaines, s'accrocher sur des chemins de montagnes et traverser des rivières. Nous sommes à bord de ce fameux camion mongol qui passe partout, qu'il vente, qu'il pleuve ou qu'il neige, il ne recule devant rien. Il transperce les montagnes et tangue comme un bateau en pleine tempête mais ne chavire jamais

Ça secoue énormément, je suis écrasée contre la porte d'entrée. Dans le camion, nous sommes treize pour huit places. Ça ne dérange personne et c'est plutôt agréable. Je ne m'étonne même plus. Nous avons trois mères de famille qui voyagent seules, une grand-mère, un couple, quatre hommes, un ado, un enfant avec sa mère et moi. Les mamas mongoles sont super attentionnées. Elles s'assurent tout le temps si je suis bien assise sur mon siège, que je n'ai pas froid. Elles me donnent des fruits et encore des fromages. Je me sens en sécurité. Je ne sais pas si je suis dans la bonne direction, mais je sens que les personnes qui m'entourent sont super protectrices.

Notre trajet est entrecoupé de pauses en haut de chaque montagne, pour aller se recueillir devant les *ovoos*. La grand-mère sort à chaque fois une bouteille et une louche pour asperger les *ovoos* de lait et d'offrandes. C'est beau et touchant. Je la vois à genoux devant déposer un ruban bleu sur l'un des trois *ovoos*. Je suis en train de regarder ce que la montagne leur procure. J'ai l'impression d'être invisible et de percevoir cette force en haut de chaque montagne. Chacun se recueille très sérieusement devant chaque *ovoo* avant de reprendre la route. Je me recueille comme chacun d'eux et suis la tradition qui consiste à tourner autour trois fois dans le sens des aiguilles d'une montre pour remercier et demander protection pour le reste du voyage. Ils sont tous différents. Je n'en ai jamais vu d'aussi hauts qu'au col de cette montagne ni d'aussi colorés. Ils surplombent les montagnes, les cols, les plaines... j'ai l'impression qu'ils ont des yeux et qu'ils observent tout ce qui se passe. Ils permettent de guider les Mongols dans leurs trajectoires, mais surtout de remercier d'être arrivé jusqu'ici. Ces rubans bleus qui flottent au vent me font penser aux esprits morts suite à un combat. C'est étrange cette sensation, mais j'ai l'impression qu'une présence humaine invisible est là. Comme si les esprits volaient au gré du vent. Je suis envoûtée par ces couleurs qui vacillent dans les airs comme si elles écoutaient le vent pour les guider. Comme si le vent leur apportait un message de protection à nous transmettre. Je suis dans mes pensées, mais c'est si intense. Je ne sais pas comment l'expliquer. J'entends le conducteur remonter dans le camion. Nous le suivons tous, serrés les uns contre les autres. Ma cuisse est posée sur celle de ma voisine. Ça rapproche au final très vite !

Après six heures de route, on s'arrête dans une yourte pour se reposer et manger un morceau. Je rentre, tout le monde s'installe par terre comme si c'était chez une personne de leur famille. Je m'imagine en France m'arrêter sur une aire d'autoroute ou chez quelqu'un au bord de la nationale et lui demander à manger. On me propose de m'allonger pour dormir et me reposer. Je m'exécute, mais je garde les yeux ouverts pour analyser et comprendre ce qu'il se passe. La mama d'à côté commence à me faire un petit massage sur le dos. Ça me fait tellement de bien. Je tiens deux minutes avant de m'écrouler sur la banquette. Je me réveille d'un coup en entendant un gros bruit. C'est tout simplement le capot de la voiture qu'ils sont en train de regarder. Deux minutes plus tard, la tête encore endormie, je vois notre hôte inconnue nous servir dans des bols un bouillon de pâtes à la viande ; cette fois, ce n'est pas du mouton. Je mange quand même, ça a l'air trop bon. Ça réchauffe, même s'il ne fait pas très froid, ça fait du bien de pouvoir manger chaud. L'un des compagnons de route part chercher quelque chose dans le camion. Une belle bouteille de whisky. Étonnant pour des Mongols qui sont à la vodka. Il explique que c'est un cadeau qu'on lui a fait. Je mets du temps à comprendre. Moi qui adore le whisky, je suis ravie. Il me sert un verre et chacun doit faire un toast avant de le boire. Tout le monde y passe. Mon tour approche. Je me lève et parle avec mon lexique pour dire merci pour l'accueil, la gentillesse et la culture. Je ne peux faire que des phrases très concrètes. Je souhaite surtout beaucoup de sagesse au conducteur, ce qui fait marrer la galerie ! Il offre du whisky à notre hôte et le lui sert d'une manière extrêmement respectueuse... Je le vois se baisser littéralement pour remercier. C'est tellement beau.

Ça me donne des frissons de voir des mercis aussi sincères. C'est si compliqué pour nous de dire merci quand une personne nous laisse le passage ou nous tient une porte... ! Un mot de cinq lettres qui vaut des sourires et un respect immense. Savoir dire merci, je pense que c'est la chose que mes parents m'ont le plus répétée, et que je pourrais faire davantage. Ce mot est si important, si fort. Car un merci donne envie à l'autre de faire la même chose, mais donne surtout envie à celui qui le reçoit de recommencer. Ce peuple fait confiance à la force de la nature et la remercie de l'avoir épargné et protégé. Il a sûrement plus la notion de respect et d'entraide qu'ailleurs.

La nuit va bientôt tomber, on continue la route, mais je me demande vraiment comme il fait pour se repérer ; aucune lumière, pas de GPS. Il ne voit rien dans la nuit noire à part à deux mètres devant lui, mais il sait où aller. C'est un vrai mystère. Je m'endors contre la porte quand la mama me tend son *dell* pour que je puisse y poser ma tête. Je lui réponds merci avec un grand sourire. Elle me serre la main et me regarde avec bienveillance m'endormir. J'ai vraiment l'impression d'avoir une mère à mes côtés. C'est agréable. Il n'y a pas d'âge pour en avoir besoin. C'est quand elles sont là que nous oublions leurs forces. Par contre, en leur absence, on revient en courant les chercher.

Je pense qu'être mère est l'un des métiers les plus difficiles du monde ! Il n'y a pas d'école pour ça.

Je tombe en avant d'un coup sec. Les jambes de mon voisin d'en face ne sont pas épargnées... Le chauffeur ouvre sa porte brusquement et nous demande de tous descendre. Il est 2 h 30 du matin. Il fait nuit noire et la voiture s'est enlisée dans la boue. On doit la pousser, mais la terre est mouillée et l'on s'enfonce. Je suis dans la partie de la Mongolie la plus pluvieuse en cette période de l'année, raison pour laquelle très peu de personnes montent et encore moins décident de prendre leur voiture... Je m'enfonce dans la boue et pousse la voiture avec les autres pour la sortir du trou ! Je regarde mes camarades et pousse un cri au moment de hisser la voiture. Après trente minutes d'essai, le camion arrive enfin à sortir. J'ai cru pendant un instant qu'on allait devoir rester ici. Au pire, on serait partis demain matin, car on ne voit strictement rien et on est tous épuisés. C'est dingue comme tout le monde s'est motivé. Aucune personne n'a râlé. Tout est fait efficacement et rapidement. Ils ne connaissent pas les dépanneuses ici, pas le temps de râler sur son sort, il faut agir tout de suite. C'est intéressant. Au final, moins on a, plus on se débrouille. Chez moi, on compte toujours sur les autres pour se sortir des problèmes. Une vraie société d'assistés. Je suis la première à demander à mon copain d'aller éteindre la lumière avant de se coucher ou de descendre la poubelle. Ici on agit, on ne demande pas.

On remonte dans le camion pour continuer l'aventure. Je me retourne pour regarder le conducteur et la vue qu'il a devant lui. Rien, du noir, mais il avance quand même. Les lampadaires publics n'existent pas. Ils sont remplacés par les étoiles. Quelques heures plus tard, je n'ai plus trop de notion de temps, les portes s'ouvrent et deux personnes descendent du camion. Je ne sais absolument pas où elles vont. Il fait nuit noire. Puis deux autres descendent à nouveau un peu plus loin. Je décide de ne pas comprendre. Au fur et à mesure, je me retrouve dans la voiture juste avec le chauffeur. Je viens devant pour ne pas faire taxi, mais je commence à me demander où on va. Plus personne dans la voiture. Que nous deux. Et un tableau noir se dresse devant nous. Je sens l'inquiétude monter et je me dis : « *Ai-je pris la bonne route ? Est-ce bien la bonne personne ? Je ne me trompe pas ?* » Je le vois d'un coup prendre un chewing-gum et ranger tout le devant de la voiture comme s'il voulait ne laisser aucune trace. Je me fais des films toute seule. Je me détends deux minutes et continue de faire confiance. « *T'inquiète Marine, tout va bien se passer. J'en suis certaine. Arrête d'imaginer...* » La voiture s'arrête d'un coup sec. Il me regarde. J'avale ma salive. Que se passe-t-il ? C'est étrange quand on ne peut pas parler, une communication visuelle commence et le regard est important ; son regard à lui est perçant, mais bienveillant. Il a un super sourire Colgate blancheur. Ce n'est pas lui qui me fait peur, c'est de ne pas savoir du tout où je suis.

J'arrive dans une boîte toute noire et ne vois pas à plus d'un mètre devant moi. Je descends de la voiture et observe au loin l'ombre d'une maison. Je prends mon sac à dos et le suis. Mais où je vais ? Chez qui... ? Ces questions restent une fraction de seconde à peine. Je me dis d'un coup : « *Allez, de toute façon tu ne sais rien, c'est très bien.* » Je lâche prise et rentre dans la maison. On me montre l'endroit où je dors. Au milieu, à côté de la mama mongole... Je le regarde l'air de dire : « *Tu es sérieux là ?* » Il me remonte mon lit et je me glisse sous la couverture d'une femme inconnue. Je ferme les yeux et m'endors, pensant être dans un rêve. Le sourire sera mon dernier mot de cette journée complètement dingue... au moins je suis allongée et je peux dormir. Mes yeux sont si fatigués que je ne peux même pas regarder ce qu'il y a autour de moi. Je me mets dos à elle, gênée de dormir dans son lit. Quand je me retourne doucement de peur de la réveiller, je tombe face à sa tête. Elle me sourit et me donne directement son oreiller. Gênée, je lui rends, mais elle me le redonne d'un geste sec, et je comprends alors qu'il ne faut pas que j'insiste. Elle a un visage si doux. Je m'endors en lui souriant en retour. Si un jour on m'avait dit que je me serais endormie dans le lit d'une inconnue en lui souriant face à face... bonne nuit belle inconnue...

Au pays de Mooji

Le lendemain matin, je sens une odeur de fumée me réveiller. Je suis sous la couverture, mais ma voisine est déjà levée. C'est étrange, mais je n'ose pas sortir de mon duvet, lever ma tête et découvrir ces inconnus brutalement, sans avoir de vocabulaire naturel et un remerciement à leur dire. Je ne sais pas encore où je suis et je ne sais pas si je suis dans la bonne famille. À plus de vingt-quatre heures de voyage d'Oulan-Bator, je ne sais pas vraiment où j'ai atterri, mais qu'importe, j'aime déjà le sourire de ma voisine de lit. Je réfléchis quelques secondes avant de me retourner et de regarder le centre de la maisonnette. Je me lève et je vois toutes les familles assises sur des tabourets. Ils ont alors tous le regard rivé sur moi, comme s'ils étaient impatients de découvrir quel intrus avait débarqué chez eux en pleine nuit ! Je dis un « *sain baino* » discret et inquiet. Après quelques minutes d'analyse et de regards, un silence gênant s'est installé, comme si eux aussi étaient étonnés de me découvrir. Ils ont un grand sourire mais m'analysent. Après ces minutes gênantes, je les vois tous un par un crier « *sain banuuuu* » partout dans la maison. Il leur avait fallu du temps pour comprendre que j'étais bien sous leur maisonnette en bois. Ils se présentent tous un par un. Je retiens le prénom de Dolgor. C'est normal, on partage le même lit. Elle a l'air d'être la mama de la maison. Soudain, une belle femme mongole rentre et parle super fort. Je ne comprends pas bien. Tout le monde est habillé, je suis encore dans mon duvet la tête dans le cul. J'essaie de m'activer, elle vient me faire la bise. Je tente de dire un truc, mais elle est déjà repartie.

Quand soudain j'entends le mot « Mooji ». Je me retourne brusquement en me disant : « *Ai-je bien entendu ?* » Un homme passe la porte, il me regarde avec un sourire aussi blanc que celui du chauffeur d'hier. Je me présente en mongol, il me répond : « *Minimir. Mooji* » répond-il ! Wouaaa je suis trop heureuse, je suis au bon endroit et j'ai trouvé l'homme qui peut peut-être m'emmener chez les Tsaatan. Je commence à lui demander si c'est bien lui, en baragouinant des mots, des gestes pour feuilleter mon lexique en même temps. Il explose de rire et me dit ce fameux « *tsa tsa* » que j'adore entendre ! Quel bonheur de le voir. La femme de tout à l'heure rentre avec un nourrisson dans les bras et un autre petit qui se jette sur moi dans le lit. Il est magnifique ; une bonne petite bouille bien gonflée, des pommettes légèrement rosées et un sourire qui ne connaît pas le bouton pause. Ces yeux sont si petits quand il sourit. Je l'aime déjà beaucoup trop.

Je me lève et la femme avec le bébé dans les bras me demande de la suivre. Elle prend mes affaires, mais j'insiste pour les porter. Au moment de pousser la porte, la décharge électrique est trop grande. Sac sur l'épaule gauche, je ne peux plus bouger en découvrant où j'ai atterri... mon sac tombe tout seul par terre. Je n'entends plus rien, je suis déconnectée de la réalité. Pour la première fois de ma vie j'ai cru que j'allais tomber par terre simplement en regardant. Une force immense vient me serrer le cœur. D'énormes yacks marchent partout devant moi, je ne vois rien d'autre que deux petites maisons en bois sur des kilomètres à 360 degrés. Ce n'est pas le même décor que dans le Sud. Ici les habitats sont en bois et la forêt de pins nous entoure. Il y a une étendue immense d'herbe, sur la gauche des maisons, des galets de toutes les tailles et de toutes les couleurs qui permettent à la rivière de s'écouler doucement. Mes pieds sont vissés au sol. Seule ma tête peut tourner, mais mon corps lui ne peut pas bouger. Je n'ai jamais vu une chose pareille, je suis au paradis devenu réalité. Je ne peux pas imaginer un endroit aussi beau et reculé qu'ici. Dolgor sort de sa maison et me voit vissée devant chez elle. Elle me bouscule et prend mon sac à dos pour m'accompagner dans la maison voisine. Je comprends après plusieurs échanges que Mooji est le fils de Dolgor et que sa femme est la grande brune qui m'a invitée à la suivre. Je vais dormir chez eux cette nuit. Ça ne sera pas avec Dolgor, mais avec le petit de 4 ans cette fois.

La femme me propose du thé que j'accepte volontiers. Elle me tend tout à coup une corbeille avec du gros pain fait maison. Quel bonheur, moi qui suis une adepte des petits déj' et de la baguette traditionnelle. Le pain est tout chaud et croustillant sur le dessus, je n'en reviens pas de manger ça ici. Je n'ai pas eu de pain frais depuis le début de mon voyage. Des galettes grillées oui, mais pas de pains maison. J'ai l'impression d'être dans un restaurant cinq étoiles. Elle me donne après du yaourt avec une cuillère à soupe. Elle me montre comment faire. Pain, yaourt et sucre, ça change du beurre salé-confiture, mais ça me va à merveille. J'adore ! Je trempe le tout dans mon bol de thé. Cette fois le lait est du lait de yack, pas de vache. C'est excellent. Je commence à échanger avec ce jeune couple qui a déjà deux enfants. Je leur demande si les deux sont à eux, ils répondent par l'affirmative. Puis ils me montrent du doigt et comptent avec leurs doigts. Je leur dis mon âge en commençant par compter 1, 2, 3, 4 en arrivant à 5 ; les deux me fixent avec des yeux sortant des orbites. Je comprends soudain qu'ils me demandent combien d'enfants j'ai ! Je suis déjà à 5 dans leur tête, hahaha ! J'explose de rire et leur dis un énorme 0 ! Pas prête à être maman. Je demande leur âge : tous les deux ont 24 ans. Mooji explose de rire en me regardant imiter la femme enceinte et dire que je suis trop jeune encore. Il ne comprend pas bien pourquoi je ne veux pas d'enfant maintenant. Je ne sais pas ce qu'il se passe ici, mais tout le monde a l'air si heureux. Dolgor et son mari ressemblent déjà à de grandes personnes. Mooji, sa femme et ses deux enfants ont l'air si proches aussi. Je vais partager durant quelques jours leur chambre, cuisine, salle de bains ; de toute façon tout est dans la même pièce. Au fur et à mesure, je comprends qui est qui. Le conducteur est en fait le grand frère de Mooji, qui lui est célibataire. Il me demande de tenir ma langue pour la cigarette. Au début je ne comprends pas, mais tout s'éclaircit très vite. Hier durant la traversée il fumait beaucoup, le chewing-gum à la fin et le rangement des mégots, etc., c'était uniquement pour que Dolgor ne le sache pas. J'ai l'impression qu'il a 18 ans quand il me mime le geste de la cigarette et de ne rien dire à personne ! Je lui promets de tenir ma langue. Il me serre fort la main en me regardant dans les yeux, marché conclu. N'ayant pas encore de copine, il dort encore dans la maison des parents. Il pourra la quitter s'il trouve chaussure à son pied.

Mooji me demande de me rapprocher de lui ; il a un papier mais pas de stylo. Je lui donne le Bic que j'ai pour écrire dans mes petits carnets. Il essaie de m'expliquer en écrivant difficilement l'organisation du départ. Ces dates ne correspondent pas à mon vol de retour. Trop long pour... je lui explique en mimant de toutes les manières possibles et imaginables, que je dois rejoindre Oulan-Bator le 1er août et ce comprenant deux jours au moins pour le retour vers la capitale. On doit mettre quatre jours pour atteindre les Tsaatan. Impossible de rajouter une journée, car ça raccourcirait mon temps chez eux.

Avant le départ, place à la préparation qui sera courte et rapide. Je dois acheter de quoi manger pour Mooji et moi, c'est tout. On boira l'eau des rivières, on trouvera du bois pour le feu, car là nous sommes dans la taïga. J'ai ma tente sur le cheval de bât, un gros pull, des chaussettes de rechange et ma brosse à dents. En sortant de chez Mooji, je reste une fois de plus sans voix en regardant ce qui m'entoure. C'est trop grand. Dolgor me fait signe : on doit aller faire les courses. Mais où, comment ? On est à une heure et demie de la première ville, m'explique-t-elle... Je monte dans la camionnette avec Mooji et sa femme, son fils et Dolgor. Il est sur mes genoux derrière. On se marre trop. C'est génial, car à cet âge tu n'as pas trop besoin de parler pour rigoler et comprendre. Je découvre alors les étendues et la taïga que j'ai traversées de nuit. Je ne sais absolument pas comment mon chauffeur a pu conduire dans des conditions si délicates. Aujourd'hui, le soleil tape fort. Ça renforce encore plus les couleurs. Je traverse les troupeaux de yacks en liberté. Je n'en ai jamais vu autant que depuis ce matin... Ils sont partout en train de pâturer sur cette montagne. Quelques minutes plus loin, je découvre la petite ville qui ressemble plus à un ranch des films anciens, tout en bois et entourée de barrières que nous pouvons enjamber. C'est comme un énorme enclos en bois où tout est regroupé à l'intérieur et où toutes les petites maisons, collées, ne sont pas plus hautes qu'une yourte et sont posées sur de l'herbe. Il n'y a pas de béton. Des chevaux sont garés devant les magasins et des vaches pâturent autour des épiceries. Impossible de savoir sans connaître ce qu'il y a à l'intérieur. Aucun panneau publicitaire, aucune inscription. C'est seulement une fois à l'intérieur que l'on découvre ce que l'on vend ou propose comme service. Toutes ces petites maisons en bois ont le même volume et vendent la même chose : des conserves, des pâtes et des biscuits. La seule différence c'est que tu vas chez l'un ou l'autre. Je suis Dolgor qui court partout et connaît tout le monde. Je me retrouve dans une petite maison en bois où un peu de tout est mis en vente. Tu dois demander au propriétaire de te faire ton sac de course car ce n'est pas en libre-service. Je vois un gros sachet de pommes. Ça fait plaisir. Je ne vois pas beaucoup de fruits depuis mon arrivée. J'en propose à toute la famille. Ils sont ravis de pouvoir en manger une. La femme de Mooji me demande si je peux lui en donner une autre pour son enfant qui n'a pas l'habitude d'en avoir. Au final, je lui donne tout le sachet. Je dois acheter de la nourriture pour notre périple, à Mooji, à moi et à cheval. Une semaine en autosuffisance totale. Je décide de prendre beaucoup de raisins pour la journée, des pâtes, des boîtes de thon et des gâteaux. Pas la place de trop s'encombrer. Mooji a de la viande séchée dans un morceau de tissu qu'on pourra découper et mettre dans le bouillon. Et moi j'aurai mes raisins, lui ses gâteaux pour les petits creux... J'essaie de demander à Dolgor et à sa femme ce qu'il aime pour pouvoir prendre des trucs pour lui. Elles ne me disent rien. Je rajoute des gros cornichons. On aura des morceaux de pain maison et après on se débrouillera. Je prends du produit en sachet pour assaisonner ou faire des soupes. Enfin, je ne comprends pas bien ce qu'il y a écrit dessus... Dans le village, je retrouve mes compagnons de voiture et je comprends soudain où on les a déposés hier soir ; tout simplement ici, dans le village. Les mamas me sautent au cou pour me dire bonjour. J'ai l'impression d'être leur meilleure copine. Dolgor connaît tout le monde, elle part de droite à gauche et fonce comme une gazelle. Je la suis pour ne pas la perdre.

Cinq minutes après, je me retrouve chez le coiffeur mongol. Une bassine d'eau et des ciseaux, rien de plus. C'est assez marrant de découvrir les commerçants façon mongole ! Le contraste est énorme. Les chevaux sont garés au parking et les règles n'existent pas. On croise des hommes bourrés à 10 heures du matin, comme des hommes sérieux à côté. Un contraste à chaque pas ; un village de western dans la taïga. Ils sont à dix heures minimum de la prochaine ville et doivent bien essayer d'avoir des commerces regroupant un maximum de choses. Dolgor m'explique que demain un gros *nadam* est organisé. Le *nadam* est le mot employé pour célébrer des fêtes et des événements mongols. Cela regroupe différentes activités. Des courses à cheval, des combats de lutte, du tir à l'arc, des danses, de la contorsion, des chants.

Il y a des *nadam* dans toute la Mongolie. Je tombe à pic ! J'ai la chance de pouvoir en faire un demain. Il célèbre aussi les 90 ans de la petite école du village. Ça sera l'occasion de faire une grosse soirée demain soir. Tout le monde semble se préparer et se met sur son trente et un. Coiffure, *dell* réparé ou recousu, chaussures cirées. Je crois que Dolgor cherche quelque chose de précis, car cela fait une heure que nous allons d'une maisonnette à l'autre, qu'elle pose des questions… Aucune personne ne parle anglais, je suis alors uniquement dans la contemplation et l'observation de chaque mouvement, mimique ou bruit. Quand on ne peut pas parler, on essaie de communiquer avec son visage ou ses expressions. Tous les détails prennent vie. Je la suis d'un pas décidé pour ne pas la perdre, sans rien comprendre, c'est assez déstabilisant. Il fait super beau et les courses commencent à être très lourdes. Après avoir sillonné toute la ville et revu tous les amis du camion, il est temps de rentrer. Le petit m'aide à porter mes courses ; il est beaucoup trop mignon, j'ai envie de le croquer.

On erre deux heures dans ce village en bois, c'est l'heure de retourner à la maison et d'aller chercher les chevaux puis de finir les préparatifs. De retour sur notre terrain reculé loin de toute agitation, où la seule chose qui bouge, ce sont les yacks, je m'assois quelques minutes au milieu des pâturages pour regarder et admirer cette immensité. Les rires du petit me forcent à me retourner. Je le vois en train de prendre son bain dans une mangeoire en fer au milieu des troupeaux et des montagnes. Originale comme baignoire ! Il est en train de hurler de rire, avec la jeune fille de 15 ans qui est remontée avec nous après les courses faites au village. Si j'ai bien compris c'est une amie de la famille qui à l'habitude de venir chez eux. Elle habite à plusieurs kilomètres d'ici, elle est aussi dans une maison en rondins de bois. Je ne sais pas exactement qui elle est ni les raisons de sa venue ici, mais elle est si douce tout comme cette famille dans laquelle j'ai atterri. Ils sont tous souriants, aimants et si attachants. Tous les gens que je rencontre depuis le début de mon voyage sont incroyables. Si Mooji passe beaucoup de temps à sourire face à mes incompréhensions, ils ne sont pas du tout indifférents, et me proposent de faire plein de choses avec eux !

Après le bain, je pars avec Dolgor et la femme de Mooji faire la traite des yacks. Je n'en avais jamais vu d'aussi près. C'est assez impressionnant : ce sont de grosses vaches au poil long. Elles ont tellement de poils sur la tête que ça cache littéralement leurs yeux. On dirait des vaches de la préhistoire, ou d'énormes buffles. Impressionnée au début par ce yack qui me fixe droit dans les yeux et qui secoue la tête, je m'assois sur un petit tabouret pour commencer la traite. Ça change des chèvres, je me débrouille beaucoup mieux qu'il y a quelques jours chez Ikbath. J'ai le coup de main : je suis assise sur mon petit tabouret toute seule dans l'enclos, car Dolgor et sa belle-fille sont en train d'en traire d'autres à l'extérieur. Le soleil se couche face à moi, j'ai l'impression que la nature m'appartient, c'est étrange, j'ai l'impression d'en faire partie, que le soleil me souhaite bonne nuit et que le vent me remercie. Je ne sais ce qu'il se passe, mais je suis si bien dans ce style de vie, j'ai l'impression d'avoir une partie de la Mongolie dans mon cœur. Après avoir fini la traite des yacks, je prends mon seau beaucoup plus rempli que les derniers et pars le filtrer dans la maisonnette de Mooji. En rentrant, je le vois allonger par terre en train de rigoler avec sa petite fille. Je m'allonge à côté d'eux pour me reposer, avec mon petit carnet. Je suis en train d'écrire et mon guide ne fait que fixer les mots que j'y dépose ; c'est drôle car je crois qu'il ne sait pas bien écrire en fait ! Il s'allonge et prend un crayon de couleur dans ma petite pochette en carton. Je lui dis de dessiner ce qu'il souhaite, et en ressort le premier dessin de Mooji pour Rosy... ! En regardant ce qu'il est en train de dessiner, je comprends qu'il me fait un bouquet de fleurs. Il me dit que c'est un bouquet de bienvenue offert par la maison. Il est pour Rosy. Je n'arrive même pas à dire merci tellement ce dessin m'étonne de la part d'un grand gaillard comme lui. Je m'attendais plus à un cheval ou autre chose. Je suis super émue et récupère mon cahier. Mooji se lève tout à coup pour aller couper du bois. Je reste assise le cœur béant face à ce petit dessin qui fleurit et arrose cette fleur qui était bien toute seule depuis longtemps. La nature mongole a décidé de lui offrir des copines de voyage. Je suis moins seule et vois dans ce bouquet toutes les pathologies et anxiété possible. J'ai l'impression que ce bouquet va voyager. C'est directement ce que je me suis dit. À toutes les fleurs, on va tous partir ensemble traverser cette taïga pour découvrir ces Tsaatan et prendre tout l'oxygène possible pour pousser et ne pas faner ! On va récupérer les rayons du soleil, la terre pour s'enraciner, mais surtout laisser nos émotions nous arroser. Elles sont les meilleurs arrosoirs. Sans elles, on fane instantanément. Il faut qu'on laisse sortir ce que notre cœur ressent ! On ne peut le garder pour soi, sinon ça se transforme en pesticide.

La journée s'achève sous les derniers rayons du soleil. Mooji allume quelques bougies pour éclairer les derniers instants de la journée ; Dolgor et son mari viennent me faire un câlin pour me dire bonne nuit. Chaque fois que je suis avec eux, je me sens si bien. J'ai l'impression qu'on se comprend parfaitement sans forcément avoir besoin d'échanger énormément.

Salon de beauté en pleine taïga

Demain on doit être en forme, car c'est le grand jour de fête du village. La femme de Mooji m'a préparé ma tenue ; elle me prête son magnifique *dell* bleu ciel... je suis honorée de pouvoir m'habiller comme eux. Après une nuit passée en un éclair, je me réveille avec l'odeur du poêle ; les bûches crépitent dans la cheminée. Le petit vient me faire un bisou sur le front pour me réveiller, je me redresse et tourne la tête à droite. Je suis juste à côté de la fenêtre ; je vois le soleil se lever, l'étendue de vert qui part se noyer dans les forêts et le soleil qui éclaire à travers la taïga, le premier yack venu brouter près de la maison. C'est splendide. Je m'assois par terre et on m'apporte du pain tout chaud et du thé au lait. Le meilleur petit déj' depuis longtemps. Par contre une chose est sûre, c'est que je ne peux plus manger de viande. Mon corps sature rien qu'à l'odeur. Matin, midi, soir... depuis un mois.

Après le petit-déjeuner, place aux préparatifs. Je suis avec la femme de Mooji qui a l'air super contente d'avoir une copine avec qui se préparer. Elle me demande de lui faire exactement la même tresse que moi. C'est drôle de la voir assise en tailleur et moi sur mon petit tabouret en train de démêler ces longs et épais cheveux noirs. Elle a une épaisseur de dingue. Je n'ai pas de brosse, mais une broche qu'elle utilise en pince. Ces cheveux sont super propres et agréables à brosser, quand les miens ressemblent à de la paille. J'ouvre mon sac à dos et dans une petite pochette, je tombe sur une crème hydratante. Je lui en mets sur le visage : elle adore. Moi aussi ça me fait du bien d'avoir un moment un peu féminin. De son côté, elle me brosse les cheveux et me fait un chignon quelle a l'habitude elle de se faire. On est mortes de rire. C'est agréable de pouvoir prendre un petit peu soin de son visage après toutes ces journées. Elle commence à me parler doucement pour que je comprenne en me montrant mon lexique. On réussit à échanger toutes les deux sur sa vie et sa rencontre avec Mooji. Je lui demande pourquoi elle ne vient pas avec nous. Elle ne peut pas à cause des enfants, mais elle veut que je revienne pour faire une traversée de la taïga avec Mooji, mon amoureux et elle. Marché conclu, lui dis-je ! Je lui promets les yeux dans les yeux que je reviendrai pour faire ça ! Elle saute de joie et part habiller son petit. Je m'occupe de l'aîné et elle me montre les habits à mettre. Je m'entends tellement bien avec lui ; je passe plus de temps à me marrer qu'à réussir à l'habiller. J'ai mon *dell*, cette fois à l'endroit et d'un bleu éclatant. Je prends mon chapeau et nous voilà en route pour la fête du village.

Le nadam

Musique à fond dans le camion, les mamas chantent et le petit aussi. On arrive au village, tout le monde est habillé sur son trente et un. Nous allons de maison en maison et de stand de stand. On sent une certaine excitation dans l'air et moi je transpire. Il fait 30 °C et mon *dell* ne va pas me refroidir. Les Mongols ont l'air d'accepter beaucoup mieux la chaleur ! Je suis bêtement, j'avance sans savoir ce qu'il se passe, je ne comprends rien. Mooji a l'air préoccupé de ne pas connaître l'heure exacte des festivités. Le camion marque une vingtaine de pauses pour aller rencontrer des gens et avoir la réponse à des questions que j'ignore. Quand vous ne comprenez rien à ce qui se passe, mais que vous savez qu'il se passe quelque chose, c'est frustrant, mais aussi terriblement excitant. De temps en temps vous avez deux jeunes cavaliers qui se poursuivent au triple galop ; on me fait comprendre qu'il s'agit d'un entraînement pour la course qui doit avoir lieu. Mais quand ? Mystère.

Tout n'est que mystère. Au-delà de l'agitation que je peux constater, impossible de savoir ce qui va vraiment se passer. Le mystère est entier. Je suis derrière en me nourrissant de toute cette ambiance bon enfant où l'on sent une réelle joie, signe du jour J qui est enfin arrivé. Mais que va-t-il donc se passer ? Pourquoi tout ça ?

Je suis perdue au nord de la Mongolie dans un décor dépouillé, sauvage et peuplé de personnes belles à regarder, sans artifices, avec des sourires qui irradient les cœurs, avec des couleurs qui réchauffent et qui touchent. Comment est-ce possible d'être ici au milieu de nulle part, complètement perdue en pleine nature et de découvrir ces gens qui rayonnent et qui portent leurs plus beaux habits ? Mais des habits eux aussi de lumière, des habits comme je n'en ai jamais vu, avec des couleurs, des coutures, des motifs, des lignes et des cercles. Ils portent sur eux de véritables œuvres d'art dignes des plus grands couturiers. Et je suis au fin fond de la Mongolie. J'assiste à un défilé de mode avec sans doute les plus grands couturiers de la planète vu la qualité des couleurs, des tissus et des motifs qui sont sur tous les dos, sur toutes les épaules et sur toutes les jambes. Voir ces tissus si beaux et si bien découpés sur des visages aussi forts et rayonnants emplit mon âme d'une force et d'une joie difficilement analysables. J'avance, je ne sais pas où je vais ni ce qu'il va se passer, mais qu'est-ce que je suis bien avec ces gens ! Je plane.

J'ai un regret quand j'aperçois une quarantaine de cavaliers mongols envahir la place avec leur monture princière. Je comprends alors que la course de chevaux vient de se terminer. La course passe en arrière-plan laissant place à la majesté qu'offrent ces cavaliers tout revêtus de leurs plus beaux habits de fête. Pas un seul des *dells* ne se ressemble. Mooji nous prévient qu'il faut aller prendre des places dans la salle de fête avant que tout le monde s'y rende. J'y vais avec une Mongole dont je viens de faire la connaissance par hasard. Quelques minutes plus tard, on se retrouve dans une petite salle de théâtre entièrement bondée avec deux petits balcons et un grand rideau rouge et noir. Tout le monde est assis par terre ou sur des tabourets en bois qui résistent difficilement quand ils accueillent deux personnes ! Nous nous précipitons à l'étage et nous en trouvons par chance deux au premier rang. Je suis avec mon nouveau compagnon, l'aîné de Mooji qui du haut de ses 4 ans marche dans mes pas comme Dragon dans le troupeau. Il me tient la main, je suis trop fière de jouer à la maman ! Je ne m'attendais vraiment pas à découvrir un théâtre cerné par les montagnes et bordé par des yacks et les yeux émerveillés d'une centaine de Mongols tous vêtus de leur habit de fête. Quel spectacle ! Pour moi il est déjà dans la salle, les gradins. Le rideau se lève sur une chorale d'une soixantaine de chanteurs tous en blanc. Leurs voix me transportent dès la première note. Ce sont tous des enfants. En une seconde, dès les premières notes, le brouhaha du public laisse la place à un silence attendrissant... Les grosses voix mongoles se sont tues et les mamas n'ont plus que leurs yeux pour accompagner leurs enfants qui sont sous les projecteurs en cette soirée anniversaire. Tous les habitants sont venus fêter le quatre-vingt-dixième anniversaire de l'école de Rechinule. Quatre-vingt-dix ans et pas moins de quatre-vingt-dix minutes de spectacle haut en couleur avec non seulement des chants, mais des danses, des musiciens, des acrobaties, tout ce que cette belle communauté a réussi à transmettre depuis toutes ces années. Un spectacle rythmé par le craquement et l'effondrement net des petits tabourets de bois qui en un clac se transforment en crêpe sous le poids de leurs occupants. De mon champ de vision, voir ici ou là des têtes qui disparaissent à cause d'un bois qui n'a pas réussi à passer l'hiver me fait hurler de rire toute seule.

Après ce spectacle aux rebondissements multiples, Mooji se met à mimer des pas de danse. Je le regarde amusée et il me pose la question : « *Yes or not ?* » Je réponds sans aucune hésitation « *yes* » ! Il lève le pouce, ravi, et me demande de le suivre. On arrive vers sa mère qui se retourne vers moi et me mime également des petits pas de danse. Décidément, ce soir ils ont tous la bougeotte ! Je me prête au jeu et lui réponds en faisant les mêmes pas de danse. Ce nouveau mode de communication me plaît, je suis ravie, moi qui adore danser depuis que je suis toute petite ! Ces petits pas restent énigmatiques. Que veulent-ils dire ? Alors que j'ai rejoint ma nouvelle amie Dolgor, je me rends compte que Mooji, sa femme et mon petit préféré sont partis dans une autre direction. Étrange. Me voilà donc seule avec Dolgor et ses copines en route vers une direction inconnue. Mais leur pas est ferme et déterminé. Je suis tout sourire. Elles ont les pieds qui trépignent. Les copines de Dolgor sont accrochées au bras droit de la mama, tandis que pour ma part, je réquisitionne le bras gauche...

On s'éloigne de la ville et dans le noir, personne aux alentours... je ne dis rien et je suis Dolgor, trop curieuse de savoir où elle m'emmène. Dans l'ombre, nous nous approchons d'un grand bâtiment bordé par quelques marches. Apparemment ce serait ici notre point de rendez-vous. Effectivement nous montons les marches. Dolgor pousse la grande porte de ce bâtiment, et j'entre à mon tour. Pour un lieu inattendu, c'est plutôt réussi... je viens d'entrer dans un gymnase avec un terrain de hand-ball flambant neuf. De chaque côté, face à face, sont installés des bancs sur lesquels sont assis tous les hommes et toutes les femmes de l'autre. Je devine au fond du gymnase deux enceintes et une chaîne stéréo d'un autre âge. Filles et garçons se font face, chacun des deux côtés du terrain, quand soudain la musique vient percer le silence de la nuit et l'attente des participants à ce bal perdu dans les hauteurs. Une musique ouvre le bal, à la façon d'une bande-annonce de film d'action américain. Je ne suis qu'au début de mes surprises. Assise sur le rang des filles, je commence à stresser un peu, car si jamais j'ai l'honneur d'être invitée à danser dans une surface de réparation ou en pleine zone offensive, je vais me retrouver embarrassée car la danse mongole m'est complètement inconnue. Après quelques minutes pour faire monter la pression, cette bande-originale d'un film américain s'arrête net. Quelques secondes plus tard, une musique beaucoup plus traditionnelle envahit le gymnase. La cinquantaine d'hommes qui nous fait face nous dévisage, l'un d'entre eux, sans doute le plus courageux, se lève et se dirige tout droit vers nous et tend la main à ma deuxième voisine sur la gauche. Je l'ai échappé belle. La jeune femme saisit sa main et ils partent tous les deux au milieu de la piste pour commencer à danser la valse mongole. La voie est ouverte, deux autres cavaliers ont mis leur timidité de côté et se sont levés. L'un a un peu de mal à aller tout droit, la vodka est passée par là. Pas de chance pour lui, il me choisit. Il me tend la main, je saisis la sienne et me retrouve propulsée au beau milieu de la piste à marcher sur ses pieds plus qu'à danser. La danse mongole est une danse circulaire où le couple tourne sur lui-même tout en décrivant le contour d'un cercle plus ou moins grand... en clair, ça tourne chez les Mongols ! Pendant cinq minutes, je virevolte tout autour du gymnase avec un cavalier qui est déjà ailleurs dans ses vapeurs. La folle chevauchée écrase-pieds se termine enfin. Mon cavalier me salue et me baise la main. Je retourne à mon banc, soulagée mais morte de rire. La musique arrêtée, tout le monde revient à son poste. Chacun attend la nouvelle chanson qui ne saurait tarder et le nouveau départ de ces gentlemen. Je souris en voyant les jeunes pousses frémir à l'idée d'être appelées par leur futur bien aimé.

Une nouvelle musique retentit. Cette fois-ci ils sont plusieurs à se lever et ma voisine de bus me tend le bras. Je la saisis, toute contente de partager cette danse avec elle. C'est parti pour une nouvelle valse. Après la mama qui me forme assez vite au pas, je serai l'invitée de plusieurs cavaliers. Pendant de longues minutes, j'observerai ces guerriers qui luttent jusqu'à − 30 °C et qui là, fébriles, plein de tendresse et de douceur, offrent leur cœur d'enfants à ces femmes qu'ils ne peuvent pas voir souvent. Je suis consciente d'assister sans doute à l'un des moments privilégiés dans la vie d'un Mongol. Les voir habillés en guerriers et virevolter comme des plumes sur une valse locale me touche et me questionne. Quelle simplicité et quelle délicatesse dans cette invitation. Je décide de revenir sur ma chaise et regarde avec intérêt ce spectacle touchant d'un autre monde.

Après une heure de valse, Dolgor m'invite à la suivre. Nous sortons de la piste de danse avec ses copines. Son mari a préféré les coussins de la voiture au parquet du gymnase. Ce n'est pas un danseur, ce qui ne l'empêche pas d'avoir le sourire et d'être de bonne humeur. Nous partons avec les copines de Dolgor pour les ramener chez elles. C'est la tournée des yourtes, avec à chaque étape non pas des pâtes pesto rosso cordon-bleu comme j'ai l'habitude d'en faire en rentrant de soirée, mais cette fois du lait de jument fermenté pour clore la soirée ou nous achever ! Il est 3 heures du matin et demain c'est enfin le grand départ pour la vallée des rennes... Je suis dans une yourte éclairée à la bougie avec les rires de Dolgor à n'en plus finir. Peu importent les kilomètres à faire demain, je suis bien et veux profiter de ces derniers instants avec mes copines du troisième âge dont les rires et la poigne de fer m'ont conquise ! Après ce dernier arrêt, direction mon lit ! Je me glisse doucement dans mon duvet. À mes côtés dort sur mon matelas de camping le fils de Mooji. Il adore ce matelas, je le lui ai offert hier ! Je m'endors avec des étoiles plein les yeux, celles de ces danseurs et de ces danseuses inattendus. Je n'ai pas bu une seule goutte d'alcool, même si j'ai l'impression d'avoir picolé pendant toute la soirée !!! Mes yeux se ferment. J'ai quatre heures pour préparer mon nouveau départ et prendre les rênes de l'extrême Nord.

L'heure de la rencontre approche

Une expédition chez les Tsaatan ne s'improvise pas. Mooji n'est pas rassuré de me voir partir sur ces chevaux qu'il n'a pas montés depuis un an, d'autant qu'il ignore également mon niveau. Prudent, il décide qu'on partira tous les deux dans la montagne d'à côté faire une petite balade de repérage. Le père tient mon cheval, inquiet que je ne me fasse pas mal. Les rennes en main, je sens mon cheval très stressé. On sent qu'il n'a plus l'habitude d'avoir quelqu'un sur son dos. Mooji attache une corde au filet de mon cheval pour le tenir en cas de débordement. Le sien est aussi très stressé, je sens Mooji dans le même état ! Après une première mise en route et quelques réglages comportementaux du cheval, Mooji se sent tout de suite rassuré de me voir encore en selle malgré l'agitation et la nervosité de mon étalon.

Encore quelques minutes de réglage, puis on arrive devant une petite cabane en bois avec un cadenas. Mooji s'en rapproche et ouvre le cadenas avec une clef qu'il retire de sa chaussette. Il ouvre la porte et disparaît. Il ressort quelques instants plus tard avec dans les mains un superbe manteau traditionnel mongol de couleur gris violet. Il est magnifique. Il me le tend. Je ne comprends pas. Est-ce vraiment pour moi ? Il insiste pour que je l'attrape mais surtout il me demande de descendre de mon cheval pour me le mettre... J'ai l'impression de me faire baptiser avant d'entamer cette traversée. Je n'arrive même pas à dire merci. Je suis perchée en pleine taïga, au milieu des pins avec Mooji qui accroche mon *dell* avec un cordon en peau de yack. Après l'avoir attaché, il me regarde et me fait un grand sourire en disant le seul mot qu'il connaît en anglais « *Good good !* » Son accent est à pleurer. Je remonte sur mon cheval avec cet habit traditionnel. Je lui demande à qui il appartient. C'est celui de Dolgor... Je suis encore toute secouée et dans un silence où seul le bruit du vent sur les branches résonne. Je le regarde et lui murmure : « *Merci...* » ! Il me dit qu'il me le prête pour ne pas avoir froid. Je suis touchée et rassurée surtout, car à cheval, c'est beaucoup plus confortable ! Nous faisons demi-tour pour aller charger notre dernier cheval qui lui portera nos sacs. Une heure plus tard, tout équipés, on est prêts à partir. J'embrasse très fort la famille qui nous souhaite bonne route. Je sens le mari de Dolgor un peu inquiet, mon cheval reste fougueux, j'espère que j'arriverai à le contenir. Une pluie fine salue notre départ. Je me retourne et fais un grand geste pour dire au revoir. Aussitôt le bras levé, je vois mon cheval accélérer comme un dingue. Mooji me dit directement de ne surtout pas faire de mouvement brusque au début. Le cheval est extrêmement peureux dès que je bouge de deux centimètres : lever la main l'a effrayé et j'ai failli y passer.

Seperti

On rentre dans les bois. La lumière est saisissante et une très fine pluie vient se poser sur le bout de mon nez. Je me souviens de Côme, me disant qu'il pleut énormément à cette période de l'année. Pour le moment, je n'ai ressenti que ces délicates gouttes sur mon visage. Je croise les doigts pour la suite du voyage. Mooji, pas rassuré par les chevaux, tient le mien avec une corde. Ça le réconforte de me voir en sécurité et lui reste super vigilant face à son cheval et au cheval de bât. J'oublie tout de suite l'image des steppes à perte de vue. Ici les forêts de pins ont pris place au côté des cabanes en rondins, plus fréquentes que les yourtes. Mais surtout, il y a la rivière abondante et poissonneuse que je peux traverser dès les premiers kilomètres. Les fleurs sauvages sont partout et la fonte des glaces a augmenté le courant des rivières ; c'est un décor de rêve pour les animaux. J'ai l'impression de traverser leur havre de paix.

Après trente minutes de balade dans un manège grâce à la corde que Mooji tient, je lui demande de me la confier pour gérer mon cheval. Il accepte avec un sourire sceptique. On quitte les pins et nous voilà sortis de cette petite forêt. Nous sommes deux cavaliers et trois chevaux face aux plaines au premier plan et aux montagnes au second. On perçoit des milliers de pins dans notre dos et des chevaux au galop à quelques mètres devant nous. Le décor est planté. Je regarde Mooji qui s'est arrêté pour remettre nos affaires sur le dos du cheval de bât. Il n'a pas fait exprès, mais a marqué l'arrêt au moment le plus approprié. On repart et on ne peut pas se permettre de perdre trop de temps si je veux profiter des Tsaatan, car je dois être de retour dans deux semaines sur Oulan-Bator. Je lui demande si je peux partir au galop dans ce début de carrière, et il me fait un grand *yes*. À peine ai-je serré mes jambes que mon cheval est déjà parti. Quelle liberté nous donnent ces galops ! On n'est plus qu'avec la nature et l'animal ; au final n'est-ce pas là que nous sommes le plus épanouis ? Les premiers pas rythmés de mon étalon me secouent agréablement. Je vois Mooji le sourire jusqu'aux oreilles. Ça fait longtemps qu'il n'est pas allé rendre visite aux rennes.

Avant de passer la rivière où un pont en ferraille vient d'être construit, je vois deux hommes fusil à la main et paire de jumelles autour du cou. Mooji s'arrête et me demande de sortir mes papiers : les deux hommes contrôlent le passage sur le pont. Ils sont allongés dans l'herbe sur un tissu avec leurs deux chevaux blancs en train de brouter à leur côté. Je vois Mooji parler sérieusement avec eux. Il parle de moi, c'est certain. Ils ont l'air de lui poser beaucoup de questions. Après quelques échanges, je conclus que tout se passe bien, quand je vois Mooji le fusil à la main en train de pointer les montagnes. Il appuie sur la gâchette et j'entends ce petit bruit que le fusil fait quand il est déchargé ! Le policier, passant ou douanier (je ne sais pas trop ce qu'il fait ici à côté de la rivière), me propose de m'asseoir sur son tissu par terre et j'accepte volontiers.

Après avoir passé le pont, nous avons comme objectif de trouver une maison où dormir, proche de Tsagannur, pour récupérer un papier m'autorisant à monter, car ici les contrôles se font à cheval et je peux tomber sur des Russes comme sur des Mongols. Si je ne l'ai pas, c'est direction la maison, mais ça peut aller beaucoup plus loin pour moi et pour Mooji. Il faut donc que je récupère ce certificat. La journée s'écoule accompagnée si agréablement par les sifflements de Mooji – original à cheval ! – qui me font danser intérieurement. Dès que je le regarde, il s'arrête, tout timide. C'est mignon. Je me force à ne pas me retourner ! De temps en temps, j'essaie de m'y mettre, mais ça fait plus peur au cheval. « *Nan Marine, tu n'es pas une cow-girl !* » me dis-je.

Je vois au loin une maison en rondins à côté d'une rivière magnifique. Il me la montre et se mime en train de dormir. Je vois la maison mais surtout tous ces chevaux en train de brouter et traverser la rivière juste en face. C'est superbe !

En arrivant, je vois une vieille dame pousser la porte. J'attache les chevaux et les observe en train de parler. Il m'invite à rentrer. Je ne sais toujours pas si je dois mettre ma tente ou si je peux dormir à l'intérieur. Ça m'arrangerait, parce que ici le terrain est en pente, mais aussi parce que j'adore dormir chez eux et me réveiller avec le poêle bien chaud au matin. On part desseller les chevaux et on s'occupe de les faire boire. Je plante ensuite les piquets pour aider Mooji à les accrocher ; il prend bien soin d'eux. C'est agréable de le regarder faire. Les chevaux installés, on se met à table. Je m'allonge avec mon cahier ; il le fixe, toujours stupéfait de me voir écrire des phrases aussi longues... C'est marrant de voir ces yeux ébahis. Je lui tends un crayon, ravi, il se met à côté de moi et commence à dessiner un cheval puis une yourte. C'est marrant, car tous ces dessins représentent la nature. Je lui souris et il me rend mon stylo. Je lui dis en mongol que c'est super bien dessiné et lui montre mon dessin. Il rigole ! Même les Mongols se marrent de mes talents de dessinatrice hors pair ! Le sourire aux lèvres, je veux aider à préparer le dîner. Je commence à déballer mais la mama me dit qu'elle l'a déjà fait. Je ne peux strictement plus manger de viande et je la vois attraper une grosse tranche bien saignante qui pend juste au-dessus de sa tête et la découper pour la mettre dans le bouillon qui chauffe. Je ne peux vraiment pas manger. Pour ne pas l'offenser, je dis en mongol que je n'ai plus faim. Je ne peux plus physiquement... Je prends ma boîte de conserve de thon et avale quelques bouchées à même le récipient ; ce n'est pas très bon. J'en propose autour de moi : c'est à leur tour d'être dégoûtés. Je les vois renifler d'un air écœuré.

Je finis et m'allonge comme un sac par terre sur le tapis. Mooji dort sur un petit lit à ma gauche et la mama dort sur un autre à ressorts sur ma droite. Je suis au milieu. Je repense alors à Dolgor qui dort au milieu de son mari et de son fils aîné. J'ai l'impression d'être la mama du coin, alors que j'ai la moins bonne place ! Je m'endors comme un bébé avec le ventre qui gargouille mais l'esprit trop fatigué pour rêver de bouffe…

Le lendemain, je me réveille avec un rayon de soleil qui transperce la fenêtre. On prend le temps de se réveiller et j'aide la mama à rallumer le poêle. Cette fois, c'est Mooji qui dort encore. Je sors : quelle puissance d'avoir les montagnes pour soi ! Je vais voir les chevaux déjà moins effrayés à mon approche. Peut-être m'ont-ils un peu apprivoisée. Ma main est douce et mon regard posé. Je ne cherche rien mais je suis pleinement ici avec eux à leur dire bonjour. L'animal ressent les choses et reste notre meilleur indicateur de paix et de sérénité… Je vois Mooji ouvrir la porte et s'étirer en silence face à chez lui. Il me parle en mongol comme si je comprenais tout, et répète la même phrase mais avec des gestes cette fois. Je le suis et commence à préparer les chevaux. Je ne m'occupe pas du cheval de bât sans lui, car il a une manière très spécifique de le préparer. Il est vraiment beaucoup plus rond que les deux autres. On se met chacun des deux côtés et on passe une grande corde sous lui pour ne pas que ça bascule et ne pas lui faire mal au dos. La corde est en tissu et bien aplatie sur son ventre pour ne pas l'irriter. Je sens l'amour qu'il leur porte et l'importance que ces chevaux ont pour lui. Pourtant il ne montre aucun signe d'affection et l'animal est ici utilisé uniquement pour travailler. Il ne l'utilise pas pour aller se faire une petite balade d'une heure dans la montagne. Les loisirs humains sont les loisirs des chevaux. Le cheval est mis en liberté directement après avoir aidé l'homme à gagner un peu sa vie Nous n'avons pas du tout le même attachement aux chevaux... Pour nous, « attachement » signifie « posséder » la plupart du temps. La possession humaine n'est pas à la hauteur de la possession naturelle chez les Mongols. La nature a le dernier mot pour tout. Mon regard et mes premiers ressentis mongols face à la dureté, au manque d'affection jugé barbare ou sauvage, ces carcasses dans l'herbe ou cette alimentation réduite, valent toute la liberté du monde. Il n'y a pas de mieux ou de moins bien, il y a juste une différence énorme entre la possession et la libération. Notre cheval chez nous, c'est la liberté de nos émotions, il nous permet de faire ce qu'on ne pourrait pas faire avec l'homme. C'est plus un humain qu'un animal. On transpose beaucoup de notre vie sur son dos... le Mongol, lui, est loin de ce besoin de libération et de complicité car il est déjà comblé par la nature elle-même. Son cheval sera là pour lui donner du pouvoir mais jamais pour porter ces mauvaises idées. Le cheval reste animal... et l'animal appartient au vent, aux forêts, aux prairies. Pas au box, à la paille et au foin riche en vitamine.

La transpi de Rosy

Mooji me donne une bassine pour boire un peu avant de rejoindre le petit village pour récupérer mon papier. On laisse le cheval de bât accroché et on part à deux pour 30 kilomètres aller-retour.

Je pars avec mon *dell*, je ne pensais pas que le soleil allait se lever aussi fort. Mooji lui le porte à n'importe quel moment de la journée. Il m'explique qu'il lui permet de réguler sa température. Pour ma part, j'ai l'impression d'être à +1 000 °C. Je transpire comme une dingue et j'ai l'impression d'avoir énormément de poids sur moi. C'est l'enfer... Je ne peux l'enlever, car il est trop imposant et mon cheval ne supporte pas d'avoir des trucs qui pendent sur les côtés. J'essaie de trouver le bouton clim, mais pour le moment le vent chaud sèche mes gouttes comme un sèche-cheveux sur des coups de soleil. J'arrive au contrôle de police, j'ai l'impression que je vais exploser devant eux ou que mes cheveux vont d'un coup se dresser comme si la foudre m'avait touchée ! Mooji me regarde, intrigué de me voir aussi rouge. Je montre mon passeport et les papiers faits à Mörön. Il me demande de repasser dans une heure et demie. Je laisse tous mes papiers et on part dans la ville. Je rêve d'une bière bien fraîche. Mooji lui ne boit pas une goutte d'alcool. C'est étonnant pour un homme mongol. Dolgor l'a bien vissé. On arrive dans le village nomade, et je tombe sur une petite épicerie où je prends une bière bien fraîche et m'assois sur un tronc d'arbre avec la corde du cheval dans une main et la bière dans l'autre. Je suis trop bien, je pense que c'est la meilleure « binouze » de toute ma vie ! Je sens toutes les bulles fraîches dans ma bouche et dans ma gorge. Ma main ne peut plus se décoller de la cannette, mais surtout, je la laisse me refroidir et je la passe tout autour de mon cou. Mon cheval me fixe, lui aussi perplexe de me voir m'extasier devant cette petite cannette gelée. Puis soudain, Mooji me demande de le suivre. Je suis explosée de chaleur avec mon *dell* qui me colle à la peau.

Je le suis, mais j'ai bien envie de l'attendre où je suis. Il va et vient de maison en maison, de cabane en cabane, de personne en personne. Ça commence à me donner le tournis. Il essaie de m'expliquer, mais je ne comprends rien. J'ai garé mon cheval au poteau du coin et Mooji bouge partout. Pour la première fois, ça commence vraiment à m'agacer de ne rien comprendre ! Je demande autour de moi, mais personne ne parle anglais et ne peut m'expliquer ce qu'il se passe. Je cours avec lui et je ne sais pas pourquoi. Ça me rend dingue, moi qui ai déjà chaud comme si j'avais de la fièvre. Alors que je ne rêve que de ma bière et d'une bouteille d'eau ! Nous marchons une heure dans la ville qui ressemble à une ville de western. Des chevaux sont garés à chaque barrière en bois ; personne dans les rues en terre et des portes d'entrée qui grincent pour y rentrer. J'ai l'impression que c'est une ville morte ou bien c'est l'heure de la sieste, je ne sais pas ! Je récupère mon cheval et reste toujours contrariée de ne rien comprendre à cette course infernale dans tout Tsagannur ! Je remonte sur mon cheval avec ma cannette entamée. Je rêve d'arriver à la maison en rondins pour déposer mon *dell* sur le cheval de bât, car je n'ai jamais autant rêvé me déshabiller !

Tampon récupéré sur ce fameux bout de papier, on repart pour la maison en rondins... On accélère le pas pour ne pas perdre de temps. Je vois le dernier mousquetaire attaché au rondin de bois hennir en nous regardant nous approcher. Je descends de mon cheval et enlève mon *dell*. Je le pose par terre pour essayer de le plier. Mooji arrive à ma rescousse... je crois bien que c'est moi qui vais devoir venir à la sienne. Il me regarde d'un air dégoûté en sentant mon *dell*. Je me dis : « *Non mais ça va il n'est pas gêné.* » Il explose de rire et me pointe du doigt en me disant que je pue ! Haha je n'y crois pas. Le Mongol qui se lave une fois par mois me dit que mon *dell* pue ! Certes, c'est possible... mais bon, il n'est pas obligé de me le répéter cinq fois ! Il commence à me vexer et c'est vrai que les *dells* emmagasinent beaucoup plus les odeurs, enfin j'essaie de me rassurer en me disant ça ! Il le met sur le cheval de bât. Je renifle mon aisselle pour vérifier si je sens vraiment mauvais. Je me mets à exploser de rire en repensant à toutes les fois en France, où je renifle mes habits pour m'assurer que je ne sens pas la transpi et c'est ici en Mongolie que je vis ma phobie ! J'aurais rêvé que mes amis partagent ce moment avec moi ! On reprend la route, je n'ose pas dire au revoir à la mama de peur de l'asphyxier ! Je lui fais un câlin rapide et m'éloigne avec un grand sourire. Je monte sur mon cheval en me disant que le vent va m'aider à estomper !

On the road again

Les montagnes se resserrent de plus en plus sur notre chemin. J'entends Mooji siffloter tête en l'air et mains ballantes de nouvelles mélodies. La journée est un océan de silence. On avance, je suis un peu plus rapide que lui n'ayant pas le cheval de bât ce matin. À chaque fois que nous passons à côté d'une yourte, Mooji s'arrête pour parler et discuter. Je suis toujours perchée à côté à essayer de comprendre, mais rien ne vient. Je ne reçois que des sourires. On repart, mais quinze minutes plus tard, deuxième arrêt. J'ai l'impression qu'il les connaît tous une fois de plus. Les enfants me fixent et m'analysent. Je leur souris et ils se mettent à me tendre les mains. Mooji me sourit. Il m'indique soudain au loin l'endroit où on va dormir.

Trois heures plus tard, on arrive devant une grosse maison, elle aussi, en rondins de bois. Pour notre deuxième journée, le soleil ne nous a pas lâchés. C'est top, mais j'ai oublié une crème protectrice, j'ai la peur rouge écarlate. Mon chapeau ne suffit pas. Je rentre dans la yourte et là je vois huit enfants et deux couples. Je pense que c'est une famille qui a rejoint l'autre pour l'été. On commence par les présentations. C'est ce que je préfère. On me propose du thé. Je vois Mooji une fois de plus parler en mongol, je sais que ça parle de moi, mais c'est frustrant de ne pas savoir ce qu'ils se disent. Je suis toute seule sur mon petit tabouret à regarder le poil qui fume. Soudain, un homme rentre dans la yourte avec une tête de mouton. Il me fait un grand sourire et me la tend. Je la récupère de la main droite, mais la repose une seconde plus tard devant moi sur le plateau de nourriture. Je regarde Mooji l'air distant. Il rigole et continue de parler aux mamas. Elles me fixent toutes avec un grand sourire. Je récupère mon bol de thé et demande à Mooji s'il les connaît. Il me répond que non. Quelle familiarité : nous sommes rentrés manger et nous nous étalons par terre pour dormir. Je remarque que tous les Mongols rencontrés depuis le début traitent leurs visiteurs comme des rois, la générosité est leur mot-clef. Ils offrent à leurs invités le plus de confort et de nourriture possible. La nature est rude et chacun a déjà été à la place de l'autre, donc ressent le besoin de donner ce qu'il aurait aimé recevoir. Ce ne sont pas des voisins de palier qui viennent frapper chez vous à minuit parce que vous avez poussé la musique trop fort. Ici les habitations des nomades sont très espacées, souvent à des jours entiers de distance, c'est au visiteur de rentrer et de venir faire du bruit chez eux. Dans chaque yourte, il y a une tasse spéciale que l'on appelle l'« *idé* » remplie de produits laitiers et de confiseries au fromage pour vous accueillir. La coutume oblige la famille à proposer aux visiteurs de la nourriture. Si le visiteur n'a pas le temps ou fait croire comme moi après un mois qu'il n'a pas le temps, il doit seulement toucher l'*idé* en le prenant avec la main droite pour montrer sa gratitude et son respect envers les propriétaires. J'ai toujours l'habitude de tremper ma baguette de pain beurre-confiture dans le café, ici c'est le fromage dans le thé au lait. Mais surtout aucune yourte n'est fermée, ça n'existe pas. Chaque voyageur peut rentrer dans n'importe quelle yourte et s'allonger pour s'y reposer, même si personne n'y est... Comment pouvons-nous être aussi différents ? Comment pouvons-nous nous renfermer aussi vite sur nous-même ? C'est étonnant ce choc de civilisations. Je comprends que je suis loin de cette liberté mongole, où les biens ne sont plus des obstacles mais surtout ou les manques sont des manques vitaux et non des idéaux.

Une petite Mongole de 3 ans arrive en titubant de gauche à droite pour s'accrocher à ma jambe gauche. Je la prends sur mes genoux et lui donne quelques gâteaux que j'avais dans ma poche.

La yourte a l'air bien chargée au niveau place. Je propose à Mooji de dormir sous ma tente pour ne pas trop s'entasser à l'intérieur. Il me dit : « *Pas de problème.* » Avant de quitter la maison, un homme me montre son violon mongol. J'en vois dans les yourtes que je traverse, mais je n'ai jamais entendu leur son sauf au *nadam* d'il y a quelques jours mais il était accompagné d'autres instruments. Je n'arrivais pas bien à entendre sa musique. Il commence à en jouer. Je trouve le son très calme et perçant ! C'est un violon à deux cordes qu'on appelle le *morin huur*. D'après eux, c'est l'instrument qui peut représenter l'immensité de ces steppes mais surtout décrire cette étendue. C'est l'instrument qui libère les mots et qui permet de partager leur vision de la vie. Le plus gros détail, c'est la tête de cheval sur la hampe du violon. On m'avait raconté la légende de cet instrument lors de mes premiers jours à Oulan-Bator : « *Avant il y avait un homme qui s'appelait Tooroi Namjil, qui avait un cheval ailé. Il traversait de vastes étendues avec son cheval en un instant. Il voyageait souvent d'ouest en est pour voir sa maîtresse. Un beau matin, il trouva son cheval bien aimé assassiné, tué par un homme jaloux. Tooroi Namjil, submergé par le chagrin, inventa alors un violon pour se rappeler son cheval. Il utilisa la peau et l'os de son cheval pour construire le corps du violon et, pour la corde, la queue. Ainsi est né le* morin huur. *Avec les deux cordes du* morin huur, *les Mongols peuvent raconter la vie d'un cheval, ses hennissements et ses galops.* » Il est très respecté chez les nomades et chaque famille en possède un. Je suis émerveillée d'assister à un petit concert privé ! Après ces jolies mélodies, je pars installer ma tente avant qu'il ne fasse nuit. Quatre hommes mongols arrivent et ils parlent à Mooji comme s'ils ne l'avaient pas vu depuis dix ans. Je lui demande une nouvelle fois : « *Tu les connais ?* » Il me répond mort de rire que non ! Puis soudain, il m'explique un truc que je comprends à moitié. Il part en motobike pour aller voir, si j'ai bien compris, les douaniers du pont rencontrés la veille... Avant de me coucher, je décide de partir faire une petite toilette dans la rivière pour me rincer le visage et certaines parties du corps. Il pleuviote, mais ce n'est pas encore bien méchant. Je me motive, prends ma petite serviette et un savon. Je m'aventure près de la rivière, mais je me rends vite compte que mes souliers s'enfoncent de plus en plus dans la vase. Je suis cachée derrière une petite butte d'herbes. Je m'apprête à faire pipi quand un chien ressemblant fortement à un loup s'approche de moi. Il est complètement gris et c'est le sosie du loup que je vois dans les films depuis toute petite. Mais c'est quoi ce chien ? Il me mordille les jambes et attrape mon pantalon... Je ne suis pas du tout rassurée. Je me rassure en me disant que si c'était un loup il m'aurait déjà croquée, mais je reste persuadée que c'est très étrange. Je remonte vite mon pantalon et me rapproche de la rivière. Le chien-loup ne me lâche pas... il est très étrange et, si j'approche ma main, il lève la tête la bouche entrouverte. Il n'a pas l'air méchant mais j'ai l'impression qu'il a faim quand même... je finis vite de ranger mes affaires en essayant de me rincer comme je peux. Au bout de quelques minutes, je ne vois plus mes souliers qui sont littéralement enfoncés sous la boue. Je m'extirpe difficilement et je manque de finir étalée comme un sac... Je remonte vers la maison, le chien me colle aux basques. Je croise la mama, j'ai mon lexique de traduction, je montre du doigt le chien et prononce le mot « loup » ; elle me sourit et me dit « *tsa tsa* », ce qui signifie oui. « *What ?* » Je trouve le mot domestique, elle me dit *tsa tsa*... Je comprends alors qu'elles l'ont depuis la naissance. Je ne comprends pas tout et je préfère aller me coucher cette fois sous ma tente juste avant que la nuit ne tombe. La journée m'a épuisée. Je suis contente, car je peux enfin changer de culotte et faire mes petits trucs perso. Mais il pleut vraiment beaucoup par contre. La pluie est tombée d'un coup, et j'espère que je ne vais pas être inondée. Je suis contente, car depuis le début il ne pleut jamais la journée mais uniquement le soir au moment de se coucher. Je sens l'eau qui coule sur le côté droit de ma tente. Elle se ferme mal, j'ai des gouttes qui rentrent à l'intérieur, et la fermeture est cassée. J'ai une tente que Côme et Gerel m'ont prêtée… Elle n'est pas en bon état mais j'ai quand même décidé de la prendre. Au pire elle sera trempée et ça fera un bon souvenir !

Je m'endors, quand soudain j'entends des Mongols juste à côté de ma tente en train de parler. Je ne comprends rien. Ils rigolent et parlent entre eux. Je mets ma lampe frontale et essaie de décrypter ce qu'il se passe. Je ne suis pas super rassurée. Je n'entends pas la voix de Mooji dans les quatre et je ne comprends pas pourquoi ils sont à côté de moi alors qu'il pleut des cordes ; ils devraient être à l'intérieur. J'arrête de me monter la tête et éteins ma lumière pour m'endormir. Toujours aucun bruit de moto ni de Mooji dans les parages. Je me parle toute seule comme si de rien n'était. Ils doivent penser que je suis au téléphone, car je change d'intonation de voix, c'est plutôt drôle ! Je dis n'importe quoi ! Au final, j'arrive à me faire rire toute seule et à transformer ce petit moment gênant en un moment pour moi et pour eux ! Je m'allonge et ressens sur mes pieds les gouttes qui tombent une par une des trous de ma fermeture.

Le lendemain matin, je me réveille avec une banane de folie mais une tête venue de Vénus !

J'ai l'impression qu'un éclair m'est tombé sur la figure ; j'ai la tête gonflée de partout. Je range pour ne pas perdre de temps. J'ai hâte. Je suis encore à deux jours des Tsaatan et l'excitation grandit... Mais d'un autre côté je n'ai pas envie d'y arriver tout de suite pour continuer d'observer cette nature monstrueusement belle ! Mooji est levé, il arrive et me fait le « chek » du matin ! Je suis heureuse d'être partie avec lui, c'est un homme de confiance et respectueux. Quand on part seule avec un homme qu'on ne connaît pas, on a toujours un peu peur qu'il ne soit déplacé mais lui, il est parfait. Si gentil, si pur, si honnête et si vrai ! C'est agréable de partager ces kilomètres avec lui. Cette nuit on campera dans la forêt, car plus personne n'habite là où nous nous dirigeons. Nous quittons les dernières maisons qui sont à deux gros jours à cheval. Pendant huit heures on ne croise aucun être humain ; des oiseaux, des vautours, des marmottes, des chevaux, mais rien d'autre. On part récupérer du bois pour alimenter le feu toute la nuit cette fois. On campe aux pieds de la forêt de pins ; c'est magnifique (oui je sais, j'emploie toujours le même mot).

Mooji ne cesse de me dire : « *bolgoom jtoi !* » (« Attention ») ; cette nuit le feu devra rester allumer pour protéger les chevaux mais aussi pour faire face au danger. On vient camper dans l'habitat naturel d'un certain roi mongol nommé *tchon* (loup).

Cet animal si majestueux et prince de ces forêts m'impressionne. Je n'ai jamais vu de loup sauvage. Il est un vrai symbole pour tout le pays. Car d'après une autre légende, il paraît que le grand conquérant Gengis Khan descendrait lui-même d'un loup bleu *(borte chino)* représentant le ciel et d'une biche représentant la terre. Il est donc l'incarnation même de la nature et transmet cette légende de génération en génération. C'est surtout un animal dur à observer ou à approcher. Il est méfiant et très prudent. J'ai l'image du loup comme un roi, je l'imagine comme le chef de la forêt. Mais malgré sa beauté et le respect que les Mongols ont pour lui. Mooji m'explique qu'il a deux rôles : prédateur pour le bétail mais aussi garant de la bonne santé du troupeau... Il s'attaque souvent à des animaux malades ou blessés. C'est plus simple pour lui, mais plus sain pour le reste du troupeau. Certains le nomment le « médecin du bétail ». Le Mongol respecte vraiment le cycle de la vie et de la nature. La mort est naturelle. Le loup fait partie de l'écosystème de la steppe. D'après le chamanisme mongol, le loup est l'âme mongole. Il aide à faire transiter les âmes des défunts vers l'au-delà. « Lorsque tu arriveras dans l'autre monde, prends un loup pour ami, car lui seul connaît l'ordre de la forêt », dit un proverbe mongol.

Après avoir récupéré suffisamment de bois dans la forêt, Mooji analyse bien le terrain pour savoir où mettre ses chevaux. Même si Mooji vient de me dire que les loups ne sortent pas comme ça la journée, je reste quand même vigilante. Je n'ai pas l'habitude de cette immensité, mais surtout j'imagine cet animal si mystérieux perché en haut de sa montagne déjà en train de nous observer, comme si on arrivait pour camper sur son espace. Je me sens si petite à côté de ces énormes pins, comme une fourmi, mais paradoxalement j'ai le sentiment d'être à ma place. Celle de l'homme est là, à genoux en train de ramasser des brindilles pour se chauffer face à cette nature qui ne sera pas éternelle si nos genoux restent debout...

Je le suis pour l'aider. Il me donne deux chevaux et part planter les piquets. Je perçois enfin la sensation que ces tribus reculées peuvent ressentir envers la nature. Ça ne fait que deux mois que je suis en Mongolie et je perçois du bout des doigts sa puissance. Ces chamans – un mot inconnu avant d'arriver – prennent beaucoup plus de sens maintenant. Nous sommes à une seule journée de ce peuple à part, sur cette terre mongole. La journée de demain s'annonce montagneuse vers l'extrême Nord. Nous nous rapprochons de plus en plus de la frontière sud de la Sibérie… Nous venons de traverser un nombre incalculable de vallées. On traverse des lacs, des ruisseaux, de minuscules mares qui alimentent tous des rivières. Je vais camper ce soir dans cette taïga sauvage où se cache le paradis des loups et des ours. La communication est remplacée par la contemplation. Nous ne sommes que d'eux au milieu de cette forêt. On commence par faire du feu. J'ai ramené dans ma poche le petit allume-feu qui me suit depuis la Nouvelle-Zélande. Mooji sort son énorme hache et coupe les troncs en petits morceaux de bois pour alimenter notre feu. Quel bonheur de n'être parti qu'avec lui au milieu de ces steppes ; personne pour faire la discussion, uniquement le bruit du vent sur les arbres et l'herbe qui danse au rythme des braises. Mooji construit une cuisine, il récupère trois énormes pierres et les met autour du feu pour faire comme une gazinière. On a pris avec nous une grosse casserole toute noire. Je pars à la rivière pour la remplir d'eau que nous allons bouillir. Mooji sort les pâtes et la viande dans le torchon, mais on a oublié les petits bols pour manger. Ce n'est pas grave, en deux minutes Mooji me construit mon assiette avec un reste de bouteille qu'il avait dans son sac. Je n'ai pas de couvert : je prends un morceau de bois pour récupérer les pâtes bouillantes. Mooji rajoute sa petite viande après pour ne pas m'en donner. Sa cuisine est super bonne, je n'arrête pas de le lui répéter en mongol, il est gêné. Il essaie de m'expliquer après dix minutes de recherche dans le lexique que c'est sa femme qui cuisine tout le temps. Je lui impose de faire la cuisine en rentrant. Il explose de rire et me dit que les femmes de la maison le lui interdiront. Je lui répète que son plat et délicieux ; il me serre la main et me dit OK pour la cuisine au retour ! Il a mis des herbes dans le bouillon, c'est vraiment super bon. C'est la première fois que j'aime autant un plat mongol. En mangeant dans ma bouteille transformée en assiette, je vois Mooji chercher son couteau qui coupe difficilement sa viande. Je vais chercher le mien dans mon sac et le lui donne ; il est étonné de la force et de la rapidité du couteau, émerveillé face à cet Opinel que je lui laisse : ça lui servira plus ici qu'à mon retour à Paris.

C'est marrant, car j'apprends chaque jour des phrases supplémentaires à Mooji en anglais. Il a envie d'apprendre l'anglais ! Pour le moment il répète sa phrase préférée : « *Ev e ry good Marina* !!!!! » J'ai cette phrase en boucle dans mes oreilles, c'est trop mignon ! En attendant la cuisson des pâtes, on reste allongés à échanger. Je lui pose certaines questions sur lui, sur ses peurs en Mongolie. On arrive à partager une discussion très intéressante. Il commence par se livrer : « *Je n'arrêterai jamais de défendre et de protéger ma Mongolie.* » Je lui demande comment il voit le tourisme ici et il me répond immédiatement : « *Il faut le contrôler.* » Je ne veux pas me faire envahir...

Il ajoute : « *Notre nature n'est pas la même que la leur...* » et enchaîne en me mimant et me montrant les mots dans mon lexique. « *La Mongolie est mon cœur, mon âme, mon oxygène.* » Je le sens ému en me parlant de son pays. Il a une force en lui que je ne peux décrire, il pourrait se battre pour ses terres. Pourrais-je me battre pour Garches ? C'est une vraie déclaration qu'il est en train de faire à la nature, sans vraiment s'en apercevoir. Il a conscience des vices que nous apportons. Il poursuit en montrant ce mot, « admirer », et en me mimant le mot « déraciner ». Je conclus qu'il veut peut-être me dire cela : « *Contentez-vous d'admirer, mais ne venez pas arracher nos racines.* » Il continue et enchaîne sur l'exode rural et me donne son avis : « *Not good not good* », me répète-t-il ! L'avenir est ici... dans ce décor de rêve avec mes pieds qui se réchauffent près du feu qui crépite. Je suis tout ouïe et bois ses paroles, ses expressions, comme s'il me délivrait un message important, une voix à prendre et une force à avoir. Il se décale et part rajouter une bûche. La nuit commence à tomber, les étoiles éclairent déjà l'horizon. Je le regarde et lui serre fort la main pour le remercier de m'avoir donné la chance de partager son état d'esprit. Nos langues et nos cultures nous éloignent, nos mondes nous opposent. Au fur et à mesure, je commence à rentrer dans le sien... il finit par un mot qu'il trouve dans mon lexique, « privé », et me montre « steppe ». Puis il tourne vite les pages et me dit, « privée steppe », je comprends qu'il essaie de me dire que les steppes sont privées, ou vont être privées... Il tourne vite les pages comme s'il mourait d'envie de me parler et de m'expliquer... il mime avec les yeux brillants... quelle force il transmet quand il est en train de me parler. J'ai des frissons dans tout le corps. Le feu nous chauffe, mais la discussion me transporte. Je comprends alors la tristesse si jamais quelqu'un autorisait sa privatisation. J'ai tellement de questions qui arrivent dans mon esprit, mais je laisse place au silence. Nous avons eu un bel échange ce soir autour du feu, et je préfère rester sur ces belles paroles. Il est l'heure d'aller se coucher, la température commence à chuter. Je dis à Mooji de venir sous ma tente pour ne pas dormir dehors. Il ne veut pas. Au début, je me dis qu'il est timide et qu'il n'ose pas. Mais au final, je comprends qu'il n'a vraiment pas envie. J'insiste bien plusieurs fois. Je ne suis pas sereine de le voir dormir dehors, même si je sais qu'il a l'habitude. Tout le matériel est à côté de moi. Mon tapis de cheval me fait office d'oreiller et je m'endors avec cette odeur de cheval et de brûlé, j'adore. Ma tente est cassée, donc ma porte ne peut pas se fermer. La Mongolie est en quelque sorte rentrée dans mes affaires. Je n'ai pas encore de thé au lait à offrir ni de fromage séché, mais ma porte est ouverte. Ma *ger* (maison) est prête pour le reste du périple. Cette odeur forte, ces étoiles luisantes, ce bruit de vent sur les pins et Mooji allongé sur son *dell* à la belle étoile… ! Quant à ma tête, elle est entourée de trois selles, de trois tapis pleins de transpi et de poils qui viennent me titiller le museau… C'est grandiose. Je vois Mooji, allongé par terre près du feu, recouvert de son *dell*. Il a l'air si bien. Je suis venue lui donner quand même le mien en guise de couverture, avec ma bonne odeur de transpi ! Chacun ses découvertes de senteurs ! Il l'accepte avec le sourire et je le vois allongé par terre, le visage rivé sur les étoiles. Bonne nuit « *Saikhan Amarrai* » !

Le lendemain, c'est à mon tour de me réveiller et d'aller chercher du bois pour rallumer le feu. Les chevaux sont toujours là et Mooji aussi ! Je pars chercher de l'eau dans la rivière pour nous faire un bon thé avant de reprendre la route et pour nous réchauffer. Le soleil se lève, c'est splendide. Quel bonheur ce silence ultime au moment de se lever.

Mooji va préparer notre cortège. Je finis de ranger mes affaires. Une poignée de raisins dans une main et ma tasse de thé dans l'autre. Je pars me rincer les dents dans la rivière après avoir fini mon thé. La nature se met à se réveiller, des petits *sousliks* (petits rongeurs qui ressemblent à des écureuils) sortent de leur terrier, c'est super mignon. Car quand on apprend à observer la nature, elle vous observe forcément en retour et se rapproche de plus en plus de vous. Comme si l'observation mettait en confiance. Je retrouve mon cheval qui est rentré dans la forêt de pins. Les chemins sont très étroits, les pins ne font que frotter mon visage et mon dos. Il faut se baisser pour passer, aucun chemin n'est tracé, il me faut suivre Mooji et ses intuitions. Les chevaux s'enfoncent dans la terre transformée en boue. C'est très marécageux et je manque de tomber à plusieurs reprises. La traversée de la montagne est un vrai parcours du combattant, j'ai l'impression d'être dans un film d'aventure. On essaie chacun de notre côté de prendre des directions pour éviter les marécages où nos chevaux s'enfoncent. Au moment de monter, des fleurs sauvages par milliers nous entourent. Je ne suis pas du tout fatiguée. Mooji me demande chaque jour depuis que nous sommes partis si je suis fatiguée ou si j'ai mal quelque part, et je lui réponds que tout va très bien. Même si on fait des journées de huit heures à cheval, je suis au top.

Comme quoi le psychisme joue beaucoup. Je n'ai jamais été aussi impatiente d'arriver. Les pins me caressent ou me glissent sur le visage. On essaie de faire des pauses pour reposer nos chevaux. La forêt est si dense, je ne sais même pas comment il peut se repérer. On passe plusieurs cols, on a dû faire beaucoup de détours à cause des terrains de plus en plus boueux. Je sens nos chevaux de plus en plus excités. Ils doivent sentir que nous allons dans un lieu étrange, ils ne sont jamais venus dans cette partie de la Mongolie et Mooji me répète plusieurs fois de bien tenir mon cheval, car il pourrait prendre peur au moindre bruit. Arrivée en haut d'une montagne, il y a de la neige encore présente sur le versant. C'est étonnant de voir de la neige ici, d'autant plus qu'actuellement c'est l'été en Mongolie. On monte de plus en plus haut. Je ne sais pas quand ni où sont les rennes ? Ça me paraît impossible de les trouver et je vois Mooji sûr de lui et de sa direction, mais devant une chaîne de montagnes à n'en plus finir je ne peux pas imaginer qu'il nous reste tout ça à faire pour y arriver. Pourtant Mooji me pointe du doigt le prochain col à passer. J'encourage mon cheval, il regarde partout comme un enfant. Pour une fois, on est pareils. Je suis aussi observatrice que lui et me prépare au moindre écart. Je ne m'attends plus à rien et reste sur les traces du cheval de Mooji. Je ne pose aucune question et avance comme si nous étions à la recherche d'un trésor caché introuvable depuis des années. Après une heure à monter, on entame une descente. Nous nous enfonçons dans les pins et soudain, cet animal si majestueux voire irréaliste traverse juste devant mon nez. Mon cheval se dresse et ne bouge pas. Lui-même découvre ces animaux aux branches qui touchent le ciel. Je suis sous le choc et aucun mot ne peut sortir de ma bouche. Mon cœur s'emballe si vite, mes yeux aussi. J'en vois un, puis un deuxième à gauche. La majesté des forêts s'offre à moi, c'est grandiose, je n'y crois pas. Les larmes coulent sur mon visage : tant d'attente et d'effort pour arriver en haut de cette montagne. J'ai l'impression de rêver. Les rennes sont partout… Le terrain est très boueux et en pente, et on décide de descendre et de continuer à pied. Je finis avec de la boue jusqu'au mollet. Je regarde, ébahie… j'avance sans comprendre où j'ai atterri. Au loin, je vois le haut de leur tipi… je réalise au bout de quelques minutes que j'y suis bien. Je demande confirmation à Mooji que c'est bien ici. Il me répond que nous avons réussi ! Je me sens si petite à côté de ces animaux féeriques, je ne trouve pas mes mots.

Les Tsaatan

Après une traversée aussi physique, près de dix heures à cheval aujourd'hui dans cette beauté si pure, si naturelle, sans artifices ni truquage, j'ai très envie de hurler mais aucun son ne peut sortir en voyant les premiers rennes trotter. Me voilà au milieu de l'une des plus vieilles tribus de Mongolie, je ne sais pas comment écrire et exprimer ce que je ressens face à cette pureté sans mot, mettre des mots serait l'abîmer, émettre une opinion serait la salir. Une bouffée d'oxygène immense me décolle les poumons ! En arrivant sur le campement, une Tsaatan s'approche de Mooji, il échange et me fait un énorme sourire. Elle me regarde d'un air surpris de me voir arriver ici... Mooji a l'air de savoir où il va. Il y a des tipis partout autour de nous, trente environ pour le moment. J'avance en contrôlant mes paroles pour ne pas hurler de joie... je risquerais de les effrayer.

Les chevaux accrochés, on se dirige vers un tipi. Mooji rentre et serre la main de tout le monde. Je pousse la peau qui bloque l'entrée pour m'y glisser et je découvre la famille qui y vit. Ils me serrent la main un par un. Je ne sais pas trop où m'asseoir, je n'ai personne pour me traduire et Mooji n'a pas l'air de vouloir m'indiquer quoi que ce soit. Il est heureux d'être arrivé et déjà allongé sur la banquette en train de parler avec le vieil homme. Je suis toute seule dans cet environnement d'un autre monde. Comment m'asseoir, ont-ils les mêmes traditions que les Mongols que j'ai côtoyés jusqu'aujourd'hui ? Je commence par dire bonjour à gauche et je fais le tour dans le sens des aiguilles d'une montre. J'ai mon petit lexique dans la main droite au cas où on essaierait de me parler. La vieille dame me montre un petit tabouret, je m'y assois. Ils me demandent mon prénom et me donnent les leurs. J'entends à peine même leur réponse tellement je suis émue... je ne sais plus trop quoi dire. Les larmes me viennent, mais si je pleure dans leur tipi ils ne comprendront jamais et je ne pourrai pas l'expliquer. J'ai envie de serrer fort Mooji et le reste de la famille. Les larmes montent, c'est l'enfer d'être sensible comme moi. Je prends une grosse respiration pour ne pas craquer. Une femme me tend un bol de thé au lait de renne. C'est la première fois que je goûte ce lait. Je pense que je pourrais rentrer et ouvrir une fromagerie ! Je suis rodée pour le reste de ma vie... J'essaie de comprendre leur échange. Pour le moment, j'ai l'impression qu'il parle du trajet et Mooji me montre avec le pouce en l'air comme s'il était heureux qu'on y soit arrivés. En sortant des tipis, je suis Mooji et pars dans le tipi voisin. La tradition veut que nous disions bonjour à chaque tipi. J'y vais et découvre des enfants, des vieilles dames très âgées puis Mooji m'en montre un autre un peu en retrait du camp, celui du grand chaman. Suis-je dans un décor de cinéma ? Non Marine, c'est la réalité. Mais je me demande aussi pourquoi je suis ici... Pour prendre des photos ou pour leur apporter quelque chose ? Je suis ici pour ma simple découverte, pas pour faire grand-chose de spécial. Je ne vais pas les aider, ils ont tout à m'apprendre. Un instant, je me suis remise en question quant à ma volonté de découvrir ce peuple. Je ne sais pas pourquoi cette question me vient à l'esprit... j'ai l'impression de parasiter ce paradis. C'est leur havre de paix, leur création, leur combat face au monde qui les entoure. Je comprends que le respect de cette tribu serait de ne pas y aller. C'est facile de dire ça, une fois ici, mais je le ressens au plus profond de mon cœur. À part leur apporter la sédentarisation, je ne sais pas ce que le tourisme peut faire. Cette tournée des tipis est incroyable, je ne sais pas pourquoi je suis accueillie comme une reine. Ils sont tous super attentionnés. Mooji me laisse toute seule, il ne fait absolument pas attention où je vais. C'est agréable de ne pas être avec un traducteur aux fesses ou quelqu'un qui me dit d'aller à un endroit précis à un moment précis. Je me sens super libre de rester et de faire ma propre expérience. Ils font tout seuls leurs habits avec la peau des rennes, leur nourriture et leurs outils avec le bois des rennes ou des forêts.

Ce peuple vit en totale autarcie, à la frontière de la Sibérie, dans l'infini de la taïga ! Ils représentent cinquante familles environ, sont séparés en deux groupes (si je comprends bien ce qu'ils m'expliquent), et sont environ trois cents. « Tsaatan » signifie « ceux qui chevauchent les rennes » ! On a souvent l'habitude de penser que les tribus reculées ou les petites ethnies sont différentes, sont sauvages et déconnectées, mais elles ont surtout eu la force de dire non au système et de rester comme elles le souhaitent. Mais combien de temps vont-elles tenir ? Je suis là, à côté d'eux, et je ressens comme une boule monstrueuse dans le ventre. Pourquoi ne peut-on pas laisser ces tribus sans jugement ou sans volonté de possession ? Certes, leur vie est difficile et ils passent des hivers à -40 °C, mais c'est un choix de vie et c'est l'amour de leur culture qui leur permet de rester comme ça. Ils sont en quête constante du meilleur endroit pour faire pâturer leurs troupeaux. Il faut savoir que les rênes mangent du lichen. Celui-ci met du temps à repousser. C'est l'une des raisons pour laquelle les rennes doivent souvent bouger pour ne pas mourir de faim ! Ce peuple me bouleverse, et me met face à toutes ces interrogations que j'ai depuis le début de mon voyage ! Comment vais-je pouvoir revenir à la réalité de mon monde ? Car oui, on ne vit pas dans le même monde...

Intégration

En découvrant leur tipi, j'ai l'impression de plonger chez les Indiens d'Amérique. Ce sont de grandes branches assemblées en cônes et recouvertes d'une peau de renne (je ne sais pas très bien comment c'est construit). Être Tsaatan n'a pas toujours été simple, il leur a fallu avoir la force de respecter leurs ancêtres. Face à l'occupation soviétique, ils ont été sédentarisés de force, car les Russes n'acceptaient pas ce mode de fonctionnement. Ce qu'il y a de plus beau, c'est qu'ils ont réussi à y retourner. Après plusieurs discussions, qui se terminent toujours par un grand temps d'observation, je retourne dans le premier tipi. La femme part avec un seau. Je lui demande si je peux la suivre et elle me sourit. Elle part près des rennes attachés au piquet. Je me demande pourquoi ils sont ici tout seuls… Quelques minutes plus tard, je la vois traire les rennes et lui propose mon aide. Elle me sourit et me donne son seau. Elle est trop heureuse de me voir traire ses rennes. Je repense en une fraction de seconde à toutes les traites et essaie de gérer. Pour ma première traite de renne, je me débrouille plutôt pas mal. Cet animal est si calme qu'il m'hypnotise ; je n'arrive pas à faire un mouvement brusque devant lui. Sa tête est bien trop calme et apaisée pour pouvoir accepter un mouvement déplacé. J'essaie de le faire doucement, mais c'est beaucoup moins efficace. Le renne derrière moi me renifle le fessier. Je me rends compte en mettant la main sur son museau qu'il n'a pas de dents. Je le mime, la femme rigole et me dit qu'ils n'ont pas de dents. Puis elle se lève et me demande de chevaucher l'un des rennes accrochés. Je ne comprends pas au début, mais elle mime l'action. Je l'enjambe et il se déplace doucement. J'ai l'impression d'être sur un nuage. C'est beaucoup plus confortable qu'un cheval, alors qu'on pourrait penser tout le contraire.

Je redescends et continue la traite avec elle. C'est étrange ce moment, comme si j'allais m'envoler dans les airs avec lui. J'avais l'impression d'être dans un dessin animé.

Après ce moment, on rentre dans le tipi. Je m'arrête sur le chemin pour jouer avec des petits à la corde à sauter, on ne parle pas mais on rigole beaucoup. J'aperçois un petit tout nu, c'est assez drôle. Il est mort de rire et moi aussi. Puis je m'assois à côté d'un groupe d'enfants. L'un vient derrière moi me tirer la tresse, intrigué par mon élastique. Je le lui laisse dans les mains et repars pour aider à préparer le dîner. La tradition oblige l'hôte à accueillir le voyageur le temps de son passage, mais ce dernier est obligé de rapporter à manger pour ne pas puiser dans les ressources déjà faibles de leur foyer. Je leur donne mon sachet de pâtes, mes raisins, mes paquets de gâteaux et le reste de viande que nous avons. Ils sont ravis et on commence par faire les pâtes. Je leur donne aussi le petit sachet de bouillon de légumes. C'est assez drôle, car ils se le passent tous dans les mains pour renifler et découvrir cette odeur pour eux inconnue. La mama commence à faire tout bouillir. La viande pend sur des morceaux de bois accrochés en hauteur. Je demande à Mooji quel animal c'est et il me répond « *du chevreuil* ». Ils sont partis à dos de renne dans les forêts pour chasser. Soudain, j'entends des milliers de petits bruits délicats et raffinés de claquements, je vois à l'ouverture du tipi des centaines de rennes débarquer de tous les côtés. Je ne peux m'empêcher de sortir immédiatement pour les admirer venus des vallées d'à côté pour dormir près du campement ce soir. Ils sont deux cents environ, de taille et de couleur différentes. Mais j'apprendrai par la suite qu'ils sont en fait environ cinq cents. D'immenses bois trônent sur leurs têtes. Je suis au milieu du troupeau, ils viennent dans mes bras et d'autres sont déjà en train de mastiquer mes cheveux. C'est splendide, je n'y crois pas vraiment... ils ne sont pas du tout sauvages. Ce sont des rois de la nature domestiqués. Plusieurs sont allongés au point de ralliement. Le tipi se trouve juste en face. Je suis partie m'allonger à côté d'eux, et l'un a décidé de me prêter son ventre pour que je m'y détende. Il est blanc comme neige, je suis à côté de lui, il me fixe dans les yeux et fait tomber mon ultime et dernier masque. Je le serre ; lui ne bouge pas, ça n'a pas l'air du tout de le déranger. Je m'allonge sur son ventre les yeux trempés de bonheur. J'ai réussi... je vous ai trouvés... Rosy, tu es comment dans ton nouveau jardin ? Allongée sur mon nouveau compagnon, je regarde autour de moi tous les tipis qui rejettent une fumée noire. Après cet instant magique, j'ai tellement de questions à leur poser, mais tant pis mon imaginaire et la beauté de ne pas savoir continueront à perdurer. Répondre à mes questions serait à vrai dire inutile. **Ouvre tes yeux, ouvre ton cœur, donne ce que tu peux donner et n'attends rien en retour**. Les rennes font des bruits très originaux en marchant, mais aussi en mangeant. Je garderai toute ma vie dans mon cœur cette manière d'être et de penser. Enfin je souhaite la garder. Demain, je vais peut-être rencontrer le chaman du camp mais je ne sais pas encore pour quoi faire. La température commence à baisser, le tipi est bien chaud. J'en sors avec en tête la dernière histoire qu'ils m'ont racontée sur les rennes. Avec mon lexique dans les mains, ils adorent trouver leurs mots et me le montrer pour que je regarde la traduction. Je me fais toute petite, c'est eux qui viennent me voir pour parler. Ils me racontent que dans le troupeau, il y a un renne sacré qui est traité différemment des autres. Il n'est pas monté, ne porte aucun matériel pour une transhumance et n'est pas utilisé pour aller chasser. On ne coupe pas non plus ses bois. C'est le lien spirituel pour la communauté, car chaque famille a son renne protégé et sacré.

   Je pars me coucher en sentant la bonne odeur du poêle... Le tipi est complet, je vais camper dans ma petite tente un peu plus loin, plantée près de la rivière. C'est drôle, car j'entends les rennes autour de ma tente. Il y en a même qui passent leur tête dans le trou de ma tente pour voir cet extraterrestre qui a atterri sur leur terre. Deux bébés rennes ont mis leurs postérieurs à l'entrée de ma tente. Je suis dedans et eux toquent à ma porte pour venir discuter. J'ai dû en repousser plus d'un pour pouvoir dormir. Même si ma tente est ouverte, je suis super heureuse de m'endormir dans mon rêve. La nuit sera courte, car l'impatience de voir le soleil se lever sur ce havre de paix m'habite. Je me lève et pars me poser en hauteur dans la montagne. Je ne m'éloigne pas trop pour que les chiens ne pensent pas que je suis une inconnue qui débarque et ne pas me faire croquer le mollet. Le soleil se lève et éclaire doucement le haut des tipis. J'ai envie d'arrêter d'écrire et de vous laisser imaginer avec vos yeux fermés et votre cœur ouvert cette atmosphère... Ressentez le vent qui effleure votre visage, l'odeur du bois que les tipis commencent à brûler, le bruit des rennes qui se lèvent et ce calme immense. Sans un bruit humain ou mécanique, la nature vous réveille et vous dit qu'elle vous aime. Elle vous embrasse et vous prend par la main. Durant un instant, vous volez au-dessus de cette beauté. Ma rose a grandi, mais mon jardin commence tout juste à sortir de la terre. La graine a poussé, mais les herbes viennent de naître et ne sont pas éternelles, elles doivent être vite entretenues pour ne pas geler à mon retour.

Je suis là assise dans ces herbes à regarder le soleil percer ces montagnes. Je réalise tout ce que j'ai à apprendre de ces expériences, car ce ne sont encore que des découvertes. Comment faire pour appliquer ce que je ressens ? Tout commence. Ce n'est que le début et je le ressens profondément. Mon voyage arrive bientôt à sa fin et j'ai envie de créer quelque chose pour pouvoir aider chacun à trouver sa légende personnelle. Prendre chaque personne à son niveau et l'aider à accomplir ce dont il ou elle a besoin pour être plus heureux dans sa vie ! Je sais que ça m'aiderait. On n'a qu'une vie, elle est très courte ! Le plus important, c'est ce bonheur qu'on cherche tous à avoir. Mais il s'agit surtout de réussir à le partager autour de soi ! Je dois continuer ce projet, je ne peux pas rentrer et faire comme si rien ne s'était passé ! La communauté seper est bien trop forte ! On est obligés de continuer ensemble... Je pense faire une communauté plus grosse pour aider chacun à accomplir son rêve ou ses envies. Comment ? Pour le moment, je ne sais pas. Je ne peux pas rentrer et clore ma page, c'est tout ce que je sais. C'est tout ce que je ressens. Elle est porteuse de beaucoup de projets d'entraide, d'amour et de positivisme : tout ce dont on a tous besoin d'avoir dans notre vie. J'ai envie de voir d'autres femmes, filles, enfants, garçons, personnes âgées écouter leur corps et leur cœur sans que leur esprit ne les parasite et ne les empêche d'avancer ! Écouter son cœur est tellement difficile de nos jours, car tout va à son encontre... tout... rien ne l'encourage à nous parler, car il est toujours contré par une peur ou une insécurité. La nature peut nous sauver de beaucoup de détresse et d'anxiété. Je l'ai vécu et je le sais au fond de moi : la nature est le meilleur ami de l'homme ! Je repense à tous ces obstacles qui auraient pu m'empêcher de partir et qui auraient pu me faire douter sur ce choix de voyage. Mais mon Dieu, je vous l'envoie avec tellement d'amour et tellement de force, wahou merci ! On a tous des projets qui nous traversent l'esprit et on n'ose pas se lancer. On a tous peur du regard des autres dès qu'on commence à faire quelque chose de différent, on a tous peur de se faire juger ou même de rater quelque chose alors qu'on gagnera tout à essayer. On est dans le contrôle de l'autre, mais aussi dans le contrôle de nous-même pour tout. Le cerveau est le maître, le roi, le seigneur qui dirige nos peurs. Mais où se trouve notre cœur pour partir et réaliser ce que nous désirons faire ? Attendre d'avoir une maladie comme moi, ou de se faire licencier ou quitter ? Non, n'attendez pas. N'attendez pas, car sinon c'est la vie qui viendra vous chercher d'une manière que vous n'aimerez pas forcément. La vie sait ce qu'elle nous fait et ce qu'on entreprend n'est pas un hasard non plus. Je comprends que sans cette Rosy, je serais sérieusement passée à côté de ma vie. Je réalise à quel point je ne m'en serais jamais rendu compte. Je vous envoie ces rennes qui volent dans le ciel avec leurs bois plus grands et plus beaux que nos idéaux. Écoutez votre petite voix. Je pleure tellement en vous parlant de la force que ce voyage m'a donnée que cela pourrait vous faire partager mes larmes. La vie est si belle et les obstacles ne sont là que pour nous réorienter et nous guider vers le chemin qu'on n'arrive pas à trouver. Si vous commencez par laisser cette voix vous murmurer ce dont elle a besoin, votre vie ne sera jamais plus la même. Quel bonheur de se laisser guider par son instinct et son cœur. Inutile de gagner beaucoup pour faire ça, il suffit de savoir écouter. Quel bonheur, dès les premiers instants, même si c'est différent et que ça fait flipper de ne pas tout maîtriser. Il n'y a pas de chiffre, de théorie ou de règles à suivre, si ce n'est celles que notre cœur nous a envoyées ! Je vous le dis : foncez, rêvez, écoutez, partagez, aimez, volez, vivez, courez et surtout ne vous retournez pas quand vous êtes lancé... L'homme est fort, l'homme est beau, l'homme est incroyable et peut se surpasser. Cette force que nous avons tous, je dis bien tous, sans omettre une seule personne, cette force est surprenante ! Je ne pensais pas que nous avions ça, en nous. Je ne pensais pas que notre esprit, notre corps et notre âme pouvaient réaliser autant de choses en symbiose. Je comprends que cette force arrive quand on commence à emprunter le bon chemin. Cette force est monstrueuse, l'homme peut soulever des montagnes, réaliser des choses auxquelles même lui n'aurait jamais pu prétendre. J'ai confiance en nous, en vous, en toi, en moi. Je sais qu'on va pouvoir faire de grandes choses et cette force que j'observe chez chacun de nous est bien trop émouvante. Je prends un peu de hauteur pour essayer de ne pas effrayer le renne avec ces larmes trop puissantes ! Je me sens si forte à ce moment-là, je n'ai jamais ressenti ça auparavant. Cette force n'est pas la force physique mais la force intérieure. Je sens que je sais comment enfin être heureuse et comment enfin réussir à avancer sur le bon chemin. Cette découverte est bien trop impressionnante, mes épaules ne supportent pas et j'ai besoin de les laisser s'enfoncer dans le sol pour récupérer. J'ai mes yeux rivés sur le ciel, le cœur qui bat. Je repense à tous ces moments, mais surtout je suis émue de réaliser à quel point j'aime l'être humain et j'aime la vie ! Elle est si bien faite. C'est un cri d'amour que je lance. Je ne sais pas si tu m'entends ou si quelqu'un peut percevoir mon ressenti. Je ferme les yeux et me laisse me réveiller une deuxième fois... Merci aux différences de personnalités, de cultures et de couleurs. Merci à la vie de nous offrir autant de cadeaux et pardonne-moi de n'ouvrir les yeux que maintenant... !

Après ces journées chez eux, à m'occuper de la traite des rennes, à tailler leurs bois déjà coupés, à apprendre à cuisiner à la façon Tsaatan, à avoir dormi sous leur tipi mais surtout à avoir rencontré le chaman qui me donna une pierre le jour où je suis allée lui rendre visite, je sais que l'âme des Tsaatan est bel et bien forte. Nous devons lever le camp et partir retrouver la famille de Mooji à quatre jours de cheval. Je décolle de Mongolie dans sept jours. J'ai six jours devant moi et n'ai pas le droit à l'erreur, sinon mon avion décollera sans moi. Je suis super détendue et espère limite ne pas pouvoir le prendre. On range le camp et le tipi qu'ils nous ont prêté une nuit car ils sont partis à la chasse.

C'est drôle, car ici en Mongolie, c'est une évidence d'avoir des enfants jeunes et d'être marié. Les Tsaatan me demandent si je suis mariée, et je dis oui car ils ne comprendraient pas que je ne le sois pas mais juste en couple. Le terme « petit copain » n'existe pas ici ! Ça me fait mourir de rire de dire que je suis mariée, alors que je suis, je pense, la dernière prête pour ça ! Je n'en ai pas la moindre envie pour le moment. J'ai l'impression d'avoir beaucoup trop de choses à faire avant, mais chez eux c'est différent, ils ne pourraient rien faire sans l'être. J'entends le claquement des rennes, je me redresse et vois une cinquantaine de rennes arriver derrière moi. Je me lève et fixe le troupeau en face de moi. Je reste droite comme un piquet et crée toute seule un petit sillon entre leurs bois. Je rentre dans le tipi pour pouvoir faire la cuisine. Ils nous ont tout laissé. C'est drôle, car je me retrouve dans leur cuisine avec tout leur matériel, mais je ne sais strictement pas comment ça fonctionne. Déjà qu'à Paris quand je cuisine, ça ressemble plus à une bombe atomique qui serait tombée sur le plan de travail, vu comme je suis bordélique – il y a plus de choses à manger à côté des poêles que dedans – et que j'ai la fâcheuse tendance à me prendre pour Top Chef bordel... Là je suis dans une cuisine complètement inconnue avec un poêle pour faire chauffer, pas de bouton pour gérer la température ou de passoire. Mooji est parti je ne sais où. Parfait, j'aime bien être toute seule quand je cuisine. Je remets quelques bûches dans le poêle pour faire chauffer davantage. Je prends la grosse casserole en ferraille et vais chercher de l'eau dans la rivière. Je ne sais pas si c'est comme ça qu'ils font, mais bordel c'est ultralourd ! Je trouve ça étrange, car deux Tsaatan du tipi d'à côté me regardent avec un énorme sourire... Bon ce n'est pas grave, reste concentrée sur ton déjeuner Marine ! Je reviens dans le tipi. C'est drôle d'en avoir un que pour soi. J'ai l'impression d'être une vraie Tsaatan. Je peine à porter cette casserole remplie d'eau. Près de la porte, je vois deux grosses bassines d'eau et je comprends alors pourquoi les deux autres m'ont souri tout à l'heure ! Je rigole à mon tour et mets la casserole à chauffer. En attendant, j'observe bien tout ce qu'il y a autour de moi. Je suis dans ma petite cuisine tout équipée. Trouver une cuillère ou un simple torchon est une mission commando. Je mets les pâtes à bouillir puis m'assois à côté du poêle sur un petit tabouret. Je vois soudain une tête gris-noir pleine de poils se glisser dans le tipi. L'animal rentre... je m'éloigne brusquement au fond du tipi. Je suis pétrifiée et certaine que c'est un loup, pas un chien... J'appelle Mooji plusieurs fois pour lui demander de l'aide. Pas de réponse. J'essaie de garder mon calme en me disant qu'il est sympa. J'essaie de taper sur mes cuisses comme si j'appelais le bichon de ma voisine qui sort de chez le toiletteur. Pas de réponse, pas de mouvement, l'animal reste statique. Je ne sais pas comment faire ni quoi dire pour me rassurer. Il rentre dans le tipi et boit dans le bac à eau. Au moins lui l'a vu direct en arrivant. Je tape fort dans mes mains et il file. Putain, mais c'était quoi ce truc ? Mooji est de retour quelques minutes plus tard et me dit que c'est un loup apprivoisé. Ils ont tendance à récupérer les petits des louves et à les garder. C'était donc un vrai loup d'après Mooji, mais un loup-chien. Quand tu n'es pas prévenu, ça fout vite la trouille ! Il voit les pâtes qui bougent et je lui répète que je ne suis pas bonne cuisinière. Après avoir trouvé deux morceaux de tissus, je les égoutte dehors. Le repas est prêt. Je lui sers ces pâtes nature. De toute façon, nous n'avons plus de viande ! Je rigole et lui dis : « *Un plat un peu végétarien Mooji !* » Il me fait de grands signes, « miam », et engloutit son bol de pâtes. Dernière nuit avant de quitter cet autre monde...

Derniers kilomètres

Je vais retrouver la ville dans quelques jours, je vais retrouver ma famille dans une semaine, je vais rentrer. Je ne comprends pas encore que je suis en train de faire les derniers kilomètres de retour. Les derniers kilomètres de Rosy en Mongolie. Je décide de rejoindre les rennes pour ces derniers instants à leur côté. Je m'allonge sur une femelle si majestueuse, toute blanche, et j'ai vraiment l'impression que c'est un animal mythique venu d'ailleurs. Je reste allongée sur son ventre et ferme les yeux. Cela me recharge face à ce qui m'attend en bas de ces collines, montagnes et rivières. La vie est tellement plus paisible ici. Au revoir bête sauvage au calme saisissant et à la couleur bouleversante. Ils sont tous différents.

Je suis prête pour le retour. Je suis prête à redescendre et à emprunter le chemin du retour. Je suis prête dans mon cœur et dans mon esprit. Je sais que ce qui m'attend à Paris sera plus compliqué que prévu, mais je suis si apaisée et revivifiée que je suis certaine que Rosy va continuer de s'adapter. Elle s'est enracinée dans son élément naturel pour mieux pousser en terrain inconnu. Les racines sont là. Même si le vent souffle trop fort au retour, je pense que les racines sont bien trop profondes. Je ressens une symbiose parfaite entre ces trois étapes. Aucune n'aurait pu être supprimée ou interchangée. Elles avaient toutes leur sens et devaient toutes débuter une par une. Le corps sans notre esprit et notre esprit sans notre âme n'auraient aucun sens sans leurs deux autres piliers. Je suis prête à seller mon cheval et à quitter cette terre tant attendue et espérée et ce peuple que je rêvais de découvrir derrière mon clavier en France. Il a l'esprit si épuré, une connexion corporelle avec la nature, avec l'âme des animaux, des humains et des chamans qui t'aident à la comprendre. Ce n'est pas un point final que je mets à cette aventure, mais un point-virgule, car cette longue aventure ne fait que commencer...

Le lendemain, nous voilà dans les hauteurs des camps, c'est grandiose. J'admire une dernière fois ce peuple caché dans cette taïga à l'âme indomptable. Le corps, l'esprit et l'âme sont en symbiose totale ici. Je ne pouvais trouver mieux pour faire pousser Rosy.

Beaucoup de kilomètres sont devant nous pour revenir chez Mooji. On repasse dans ces forêts aux mille pins et à la lumière qui transperce ses feuillages. Je me laisse guider par mon cheval qui sent qu'on rentre à la maison. Après huit heures à cheval, on campe près d'une rivière et d'une cabane en bois abandonnée. La rivière berce nos émotions de cette fin de journée. On installe notre camp, enfin juste ma tente et la pierre pour faire du feu. Je décide d'aller me laver et profiter du cadre et de la puissance des rivières, c'est plus pratique que le petit ruisseau. J'ai juste un morceau de serviette. Je suis au loin un peu en hauteur et je vois et surplombe tout ce qui se passe autour de moi. C'est incroyable la force qu'on peut avoir sans aucun habit. Ce que je dis est un peu bizarre, mais c'est vrai. J'ai l'impression que rien ne peut m'arriver et que je suis amie avec cette nature. Après m'être rincée, lavé le visage et le reste du corps, je reviens au campement. J'ai remis les mêmes affaires, mais je me sens beaucoup plus propre !

On allume le feu, puis on s'installe à côté. Il y a nos chevaux du côté gauche et la rivière du côté droit avec les montagnes en arrière-plan. On s'allonge autour du feu en regardant le jour disparaître. Un silence immense et des sourires aussi. Après une heure de méditation et d'observation, on s'installe à côté et il me pose une question : « *C'est quoi ton rêve, Marina ?* » Il m'appelle depuis le début Marina, je ne sais pas pourquoi, ça me fait sourire. Je lui réponds d'être heureuse jusqu'à la fin de mes jours. Il sourit et me dit en rigolant : « *Viens avec ton mari en Mongolie ! – Et toi Mooji ?* lui dis-je. – *Protéger ma Mongolie… !* » J'essaie de trouver des mots pour comprendre davantage. Il veut protéger sa femme et ses enfants et ne jamais quitter son pays, ses chevaux, ses montagnes. La nuit commence à tomber et je ne comprends plus la fin de ses phrases, mais je m'allonge dans l'herbe en l'écoutant parler. J'ai l'impression qu'il fait une déclaration d'amour à sa famille et à sa vie ici. Il est tout simplement heureux et n'attend rien de personne à part de lui. Ne rien attendre des autres et se contenter de ce qu'on a, c'est si dur en réalité. On attend toujours en retour quand on fait quelque chose pour autrui. Essayer de faire quelque chose sans attendre en retour c'est du pur bonheur, le vrai est ici, pas dans le superficiel des « si je fais ça, j'aurai ça… ». Je le trouve si vrai ce Mooji, si épanoui et bien dans sa tête.

C'est agréable d'avoir passé ces semaines à ses côtés. Je pars me coucher, m'allonge à l'envers et laisse dépasser ma tête pour regarder les étoiles. J'ai toujours l'impression qu'elles vont me tomber dessus. Si je ferme les yeux cinq minutes et les rouvre, le ciel est dans mes yeux ! J'ai à ma droite les selles, les tapis et les filets ; je propose quand même à Mooji de venir se réfugier s'il pleut, mais il me montre la cabane abandonnée et me dit qu'il ira là-bas si jamais le temps se gâte. Il faut surtout laisser le feu allumé, c'est plus prudent. Il me montre depuis le départ avant d'aller me coucher le soir : « *boogtomm toi* » (« attention » en mongol) ; je ne sais pas vraiment pourquoi. Je pense que c'est plus pour les chevaux ou pour que je ne m'éloigne pas trop. Je le sens très protecteur et ne souhaite pas du tout qu'il m'arrive quelque chose. C'est rassurant d'avoir un petit ange gardien mongol.

Derniers instants au pays de Mooji

Après avoir refait tous ces kilomètres parcourus à l'aller mais sur un autre chemin, nous nous sommes arrêtés dans une dizaine de yourtes, nous avons bu des litres de lait de jument fermenté, mangé encore du mouton, et regardé les étoiles briller comme des boussoles. Après toutes ces aventures, nous voilà de retour chez Dolgor. Le père de Mooji nous voit arriver au loin. Il nous rejoint d'un coup de mobylette et prend notre cheval de bât. On se retrouve côte à côte et Mooji me regarde et me dit « *ready ?* », l'un des mots que je lui ai appris. Depuis le début du périple, je lui demande s'il est capable de faire une course avec moi. Je comprends alors que la course commence. Je lance un énorme « *yes* » avec des yeux excités qui n'attendent que ça depuis le début. Je le vois partir comme une fusée devant moi. Mon cheval démarre au plus vite et le rattrape de plus en plus. On est côte à côte au triple galop. Je lance un cri immense et lui aussi. C'est magnifique, on galope plus vite que la mobylette sur notre droite. Le père de Mooji est rassuré de me voir gérer mon cheval alors qu'à l'aller il avait peur pour moi. On finit la course presque à égalité. Mooji est passé devant moi sur les derniers mètres avant de devoir ralentir car le terrain devenait trop marécageux. Il nous en reste quelques-uns avant d'arriver à notre petite maison de rondins de bois. Pour une fois, j'ai vraiment l'impression de rentrer à la maison. J'ai hâte de manger le pain chaud et de pouvoir changer d'habits. En arrivant, tout le monde nous attend avec impatience et a tellement hâte qu'on leur raconte. Mon visage est noir, j'ai pris le soleil et la terre l'a aussi coloré. J'ai les pommettes toutes roses par contre. Je rentre dans la maison et la femme de Mooji a bien évidemment tout préparé pour notre arrivée. Je retrouve mon fidèle compagnon, leur fils, qui me saute dessus et se met directement sur mes genoux plutôt que sur ceux de son père ! Tout le monde se met à poser plein de questions. Je suis tellement frustrée de ne pas pouvoir exprimer tout ce que je ressens. Je vois Mooji qui parle et les autres qui écoutent et dévorent ses paroles. Je ne sais pas ce qu'il dit... Dolgor me regarde puis le regarde, moi je ne peux rien dire. J'entends des rires, des questions et des rires. Je ne sais pas trop, mais j'imagine la discussion. Dolgor me mime que nous sommes allés super vite. Je pense que c'est un record d'être allés chez les Tsaatan aussi rapidement. Elle n'arrête pas de me dire en mongol « *bravo bravo* » avec un pouce en l'air. C'est clair que treize heures à cheval par jour, c'est costaud ! Je remercie toutes les deux minutes Mooji de m'y avoir emmenée ! L'heure de se coucher arrive bientôt. Je dois préparer mon départ pour demain.

Le départ approche, je commence à faire mes affaires. Je serre les dents. J'ai le petit qui m'aide à plier mes affaires. Je ne peux pas les quitter. Je suis bien trop sensible pour le moment, je risque d'exploser en un torrent de larmes. Après avoir passé la matinée avec toute la famille, ils arrivent et m'offrent le *dell* que j'ai porté tout au long du périple. Un cadeau si fort et si significatif pour eux. C'est la femme de Mooji qui me l'offre avec toute la famille à côté. Je ne sais pas quoi dire... je le récupère et fais la blague à Mooji de sentir mes aisselles pour lui rappeler l'odeur du *dell* puant de l'aller ! Il explose de rire et me dit « *non non* », il me demande de le mettre et de le garder près de moi pour penser à eux. Je ne sais pas où me mettre. C'était le *dell* de Dolgor, c'est tellement fort que j'explose en pleurs dans les bras de Dolgor. Elle aussi se met à pleurer. Elle part gênée dans sa maison après ce moment si fort en émotion. Je laisse au fond de la maison la moitié de mon sac. Le petit est déjà en train de jouer avec mes pulls et chaussettes ! Au moment de partir, je rentre dans la maison des anciens et offre mon chapeau de cow-boy, avec lequel j'ai fait le *nadam* de leur ville, au mari de Dolgor qui n'arrêtait pas de vouloir me le piquer. Je le lui pose sur la tête et lui dis de le garder pour ne pas oublier cette petite touriste qui a vécu l'une des expériences les plus fortes de sa vie. Dolgor arrive aussitôt avec un papier et un stylo et me demande d'écrire un mot sur ce papier. Je leur laisse alors un mot rempli d'émotion et d'amour pour leur famille. Ils ne le comprendront pas, mais auront peut-être un jour la chance d'avoir quelqu'un parlant français et mongol pour le leur traduire. Je lui demande comment je pourrai la joindre. Elle me donne une adresse, mais me dit qu'elle ne sait pas si ça fonctionne. Elle ne reçoit pas de courrier. Je la note et lui promets de lui envoyer des choses ! Je dois partir... C'est horrible, je ne veux pas. Le camion est prêt pour quinze heures de route. C'est Mooji cette fois qui conduit et termine l'aventure avec moi. Je mets mon sac dans le camion. Le cœur est lourd. Je ne peux m'arrêter de pleurer. Sa femme non plus. Je commence par elle. Je lui fais un énorme câlin et lui promets de revenir pour partir cette fois avec elle, Mooji et « mon mari haha » chez les Tsaatan. Je suis si émue, c'est terrible, j'ai envie de les emmener. Mais d'un côté ils seraient si malheureux chez moi... Elle me serre fort dans ses bras, mais je sens qu'elle n'a pas l'habitude des câlins. Elle est raide comme un piquet mais douce par son regard et son sourire !!! Elle essuie ses larmes avec sa main droite d'un geste brusque. Je passe au père de famille qui a la tête d'un sage et d'un ancien aux histoires multiples. Il me serre fort lui aussi avec mon chapeau sur la tête, il arrive à me faire sourire ! L'aîné de Mooji vient me faire un bisou. Ça commence à être un peu trop pour moi, je dois vite monter dans le camion. Dolgor arrive au loin... je ne sais pas ce qui s'est passé avec cette dame, mais elle est extraordinaire ; je le sens, je le sais. Elle est incroyable... elle me serre fort dans ses bras, et m'offre une paire de chaussettes Snoopy et une carte de la Mongolie comme cadeau de départ. Je lui donne un énorme câlin. Les larmes coulent toutes seules. J'ouvre la porte de la voiture... Comment des inconnus sont rentrés aussi profondément dans mon cœur, comment des inconnus qui ne parlent même pas ma langue, ne partagent pas ma culture ni mes habitudes ont touché quelque chose que personne n'a effleuré avant ? Comment puis-je partir effondrée comme je le suis... ? Merci à vous, famille nomade perdue dans cette taïga au nord de la Mongolie. Merci à vous d'avoir réuni mon être à travers ce voyage qui se termine dans quelques jours. Merci pour la disparition de cette dernière carapace qui aurait persisté sans cette dernière expérience... Je ne sais pas comment vous remercier... je monte dans le camion. Mooji est gêné et ne sait pas quoi dire.

Ému, il met ma musique préférée que je chantais en direction du *nadam*. Pas de chance Mooji, mauvaise pioche, c'est comme ça que je pleure le plus ! Ce ne sont que des larmes de bonheur, des larmes de joie, des larmes d'amour, des larmes d'échange et de partage...

Quinze heures devant nous, ça me laisse le temps d'évacuer...

Retour à Mörön

Nous étions tous empilés les uns sur les autres, pendant seize heures dans ce camion. C'est la traversée la plus longue et difficile depuis le début de mon voyage. À aucun moment ce n'était plat. On a traversé des crevasses, des cailloux, des trous, des marécages, des rivières. On ne s'arrêtait pas. Je me demande comment leur camion tient la route... ici les chevaux sont tout-terrain, mais les véhicules aussi ! J'étais avec seize Mongols entassés à l'arrière. On a croisé des voitures empêtrées dans les marécages, des hommes perchés dessus nous demandant de venir les chercher. Mooji a fait demi-tour et est parti chercher ces Mongols coincés dans leurs voitures. Allez, deux de plus à l'arrière ! C'est marrant, mais ils ne se sont jamais énervés, ils sont tous restés super calmes. On a dû s'arrêter dix fois au retour dans des yourtes ou dans les forêts ; je ne savais jamais vraiment pourquoi. Arrivée à Mörön, il fait nuit noire. Je ne sais pas du tout où je vais dormir pour le moment. Je ne veux pas forcément dormir chez l'habitant. Je suis vraiment trop sale et j'ai envie de prendre une douche. Des mouches sortent de mon sac à dos. Je n'ai pourtant pas de nourriture. J'ai besoin de dormir dans un lit après deux mois de steppes. Il me dépose devant un tout petit habitat, je ne sais pas trop ce que c'est. Mooji vient avec moi pour demander que je dorme là une nuit. La personne accepte. De toutes les manières, je suis tellement épuisée que j'aurais pu tout accepter ce soir-là. J'arrive avec mes affaires devant la porte de ce bâtiment, je ne comprends toujours rien mais j'accepte tout. J'échange un câlin endormi avec Mooji. Je ne comprends pas que c'est la dernière fois que je le vois. On est tous les deux très fatigués. Je rentre dans le bâtiment, la dame me montre ma chambre. *Oh my god*, je n'avais rien compris, je pensais que je devais partager ma chambre avec quelqu'un mais en fait c'est juste que j'ai deux petits lits simples ! Tellement cool ! Je vois une petite douche au fond, je suis ravie, pose mes affaires et fonce me rincer sous la douche. Je vois l'eau qui coule, je ne pensais pas qu'elle serait aussi noire. Ce n'est pas très propre mais c'est étrange, car je ne me sentais pas si sale que ça. Au final, on s'habitue vite. En sortant de ma douche 5 étoiles, je n'ai aucun habit propre à me mettre pour dormir. Je me glisse donc sans aucun habit dans les draps propres. J'ai l'impression de redécouvrir le bonheur simple d'un lit. « *Gros méga énorme kiffe de la planète.* » Je m'endors avec un sourire qui arrive jusqu'aux oreilles...

Le lendemain matin, par contre, grosse oppression d'être dans une chambre fermée, de ne pas me réveiller avec le bruit de la nature et le soleil qui vient chatouiller mes yeux fermés. Je m'habille vite et pars dans la ville pour voir ce qu'il y a. Je descends, n'aperçois aucune steppe ou étendue à perte de vue. C'est étrange, mais je suis un peu déstabilisée. Je dois aller à la gare routière pour prendre mon ticket pour redescendre sur Oulan-Bator. Je vais d'abord commander quelque chose à manger. Je commande un plat de riz et de légumes. Quelques minutes plus tard, je me retrouve avec trois plats, des boulettes de viande, du riz au mouton et des légumes grillés. Les plats sont gigantesques. Je n'ai même pas envie de demander où est l'erreur. Je picore à droite à gauche, mais ne peux absolument rien finir. Mon ventre n'a plus l'habitude des gros plats comme ça. Je laisse les trois quarts et pars à la gare routière chercher mon ticket.

Je marche dans les rues de Mörön et arrive à une petite gare routière. J'ai de la chance, un bus part dans la journée. J'achète mon billet et pars récupérer mes affaires. Je fais du stop pour retourner à l'hôtel, mais aussi pour revenir à la gare. Je tombe sur des Mongols qui ont la banane et qui mettent la musique à fond. On se sépare en échangeant quelques pas de danse ! J'adore ! En ouvrant ma portière en face de la gare routière, je vois quatre Européens traverser la route. J'entends quelques phrases en français. Waouh trop cool ! Je fonce entamer la conversation et me joins à leur groupe pour boire une petite bière. Au milieu de la conversation, la jeune fille se rend compte qu'elle connaît mon projet ! C'est improbable ! Je dois filer, car mon bus part dans cinq minutes ! Je suis partie tellement vite que j'ai oublié de payer ma bière ! Je me sens un peu con, j'ai zéro numéro ni prénom ! Je me dis tout de même que je les reverrai peut-être pour rembourser cette bière ! On n'a pas eu le temps de discuter, mais ils avaient l'air tous les quatre bien drôles ! Qui sait, je les reverrai peut-être. Le bus démarre, encore dix heures pour arriver à Oulan-Bator. J'ai pu recharger hier soir mon téléphone, je mets ma musique et m'enfonce dans mon fauteuil. Je comprends que ce sont les derniers paysages que je vais voir de la Mongolie avant d'arriver à Oulan-Bator et de prendre mon avion pour Paris.

Je suis super émue de voir la Mongolie qui défile sous mes yeux ! Le voyage arrive à sa fin et je pense avoir découvert beaucoup de choses, mais uniquement avec une âme d'enfant !!! Tout reste à fleurir, les graines sont plantées, à moi d'assurer maintenant ! Je me souviens de mes débuts dans le jardinage en Nouvelle-Zélande ! J'étais vraiment débutante, je confondais les feuilles de tomates avec celles de patates, quelle grosse quiche ! Ensuite j'ai commencé par observer... la Birmanie m'a beaucoup appris à plus réagir à toutes ces sensations désagréables. Je me sens beaucoup plus sûre de moi, je sais comment aller mieux mais il me reste évidemment beaucoup de boulot ! La Mongolie quant à elle m'a enseigné une tout autre manière de vivre et de comprendre pourquoi nous avons autant besoin de cette nature ! On n'a qu'une vie et ça, je pense que nous ne nous en rendons pas assez compte, ou bien seulement quand ça nous arrange ! Si on arrivait à se le dire chaque jour, notre vie à tous serait bien différente et plus authentique. Comment faire pour réussir à partager cette envie de donner de l'amour ? C'est tellement bizarre ce que je ressens en moi, mais j'ai tellement d'amour et de compassion envers les hommes qui m'entourent et que je rencontre. J'ai beaucoup trop d'amour à donner et à partager. C'est limite flippant. Comment puis-je aimer autant notre race humaine ? Comment faire pour réussir à partager cette envie de donner de l'amour et d'échanger avec les autres ? L'amour reste la clef de beaucoup de nos angoisses et de nos problèmes. Nous sommes si riches de savoirs et d'envies, de désirs. Moi la première, je rêve actuellement d'une bonne baguette française avec du beurre salé dès mon retour en France. Je ne dis pas que c'est mal de désirer, mais contrôler ses désirs reste dur et plus nous en aurons, plus notre malheur grandira. J'en suis certaine... la première clef pour y arriver reste d'écouter son cœur pour emprunter le bon chemin. De mon côté, l'idée de mon voyage ne plaisait pas à tout le monde et on s'inquiétait plus qu'autre chose. Mais personne ne peut se mettre à notre place, personne ne peut se mettre à la place de notre esprit et de nos ressentis. Quand on comprend qu'il y a un monde entre l'autre et soi-même, on peut réaliser beaucoup plus de choses. On grandit dans un pays où la pensée est unique, tout le monde doit penser comme la majorité. C'est pourquoi c'est mille fois plus difficile de rester concentré sur son propre corps sans se faire absorber par les autres !!! On peut soulever des montagnes si on le veut, oui cette phrase reste une expression mais devient une réalité lorsque nous arrivons à soulever toutes les montagnes de notre cœur qui l'empêchent de rayonner correctement...

Le retour approche. Comment le gérer après tous ces mois qui sont passés si vite ? Déjà je vais acheter du déo. Car je pue, bordel ! Ce projet n'est pas fini et je compte bien en faire quelque chose en rentrant : premièrement un blog doit être fait pour tous les gens n'ayant pas Facebook. Pourquoi ne pas monter un cabinet d'aide à la personne ? Aimerais-je faire ça ? Monter une association m'inspire à moitié car j'ai l'image de l'asso qui devient vite soûlante ou démoralisante. Asso de malades ? Jamais ! J'imagine quelque chose de très dynamique, avec de l'humour surtout ! Une asso qui donne envie à tous, qui stimule, qui encourage, qui motive, qui développe, qui enrichit ! Vais-je faire ça en plus de mon travail ? Ou est-ce que ça deviendrait mon boulot ? Je ne sais pas. Un café créa ? Tout le monde peut venir pour exposer ces projets ; avec salle de yoga à l'étage, salle de méditation aussi, avec expos photos et projections de documentaires, voire conférences ! Oh là là oui, c'est stylé tout ça. J'aime bien partir un peu vrille avec mes idées dans tous les sens. C'est en les posant sur papier qu'on arrive à créer quelque chose d'intéressant. J'ai plein de choses qui me viennent à l'esprit, pour commencer comment réussir à garder dans mon cœur tout ce que j'ai appris face aux différences, aux contraintes de la vie de tous les jours, mais surtout face à mon entourage qui lui n'a sûrement pas vécu les mêmes choses mais qui reste un pilier pour Rosy ! Je sais et ressens que certaines attitudes vont me faire comprendre que j'ai changé en n'y réagissant plus. Pour cela, la méditation m'aide énormément à aller de l'avant et à aimer encore plus la vie ; à arrêter de réagir aux autres et aux comportements que je ne comprends pas. La Mongolie m'a beaucoup aidée pour rester dans l'analyse des autres et des manières d'agir et de s'exprimer.

Oulan-Bator bis

Je suis enfin arrivée à Oulan-Bator, après toutes ces heures de trajet depuis les Tsaatan. J'ai pu lancer une machine et trier mes affaires. Je me sens comme sur un nuage. Je décolle déjà demain pour Paris. Je suis loin de la réalité. Je ne comprends pas que j'embarque demain et que mon projet s'achève bientôt. Je suis assise en face de la large baie vitrée qui donne sur les montagnes mongoles. Je comprends doucement que demain je porterai mon sac à dos pour rentrer à la maison. Mon voyage se termine, mais juste pour la Mongolie. Je me rends compte que depuis mon séjour ici, mon cœur a passé plus de temps à observer qu'à parler. C'est dingue comment je ressens beaucoup de choses avant même qu'une personne ne me parle, en regardant sa manière de s'exprimer ou de bouger, rire, se déplacer.

C'est le grand jour, après avoir passé ma journée au Black Market pour remplir mon sac vide de cadeaux pour mes proches, je terminerai mes derniers kilomètres en stop… Je me lève tôt et mets mon pouce sur le bord de la route. Un couple s'arrête, je monte à l'arrière, je suis plus que gâtée. On s'est arrêtés, ils m'ont acheté une glace au lait de jument fermenté ! Me voyant rouge comme une tomate ils se sont dit que ça allait me désaltérer. Impossible de refuser, je mange la glace d'*aïrag*, mais j'ai envie de vomir, l'impression d'être bourrée, je ne sais pas trop. Puis ils me déposent à l'aéroport et m'accompagnent jusqu'à la file d'embarcation. Ils sont vraiment trop mignons. La femme me donne une fleur avant de partir ; ils me serrent fort dans leur bras ; je ne les connais pas… J'ai l'impression qu'ils me donnent les dernières forces mongoles que je vais avoir besoin de garder à jamais dans mes pensées. Ces deux énormes câlins avec ma glace pas terminée dans ma poche gauche me rappellent un instant tous les câlins reçus durant ce voyage. Ils s'éloignent, mais je ne sais pas pourquoi je me mets à courir. Je rattrape la mamy et je lui refais un énorme câlin. J'ai l'impression d'embrasser une dernière fois cette terre si pure… je la serre une dernière fois très fort et il est temps de partir ; j'ai les yeux rouges et elle aussi. C'est super étrange, on vient de se rencontrer dix minutes plus tôt.

Me voilà dans l'aéroport, je comprends que je rentre. Je me suis préparée à rentrer, même si ce matin et hier je ne comprenais pas très bien que c'était maintenant. Je savais bien sûr depuis le départ qu'il y aurait une date de retour, mais ça y est, c'est aujourd'hui, et je commence à sourire ! Soudain, je vois au loin les quatre Français rencontrés cinq minutes dans le nord de la Mongolie ! Incroyable, enfin plutôt improbable ! On prend le même avion pour Paris ! Je vais me réacclimater au français avant même d'avoir mis les pieds en France ! C'est hallucinant comme la vie fait bien les choses.

Décollage

Dans l'avion, je me retrouve assise à côté de l'un du groupe de Français ! L'avion décolle. C'est étrange, car j'ai le cœur qui bat à mille à l'heure.

Avoir ces Français à côté de moi me fait contenir mes émotions. Mais ce qui est drôle, c'est que je me dis immédiatement : « Ce n'est pas comme ça que ça va fonctionner Rosy. » Ça fait sept mois que tu pleures quand tu le désires sur les routes de Nouvelle-Zélande, que tu hurles dans les steppes mongoles et que tu écoutes ton cœur de plus en plus depuis la Birmanie. Ce n'est pas parce que j'ai quatre gros loustics à côté de moi dans l'avion, en plus beaux gosses, que je vais arrêter de pleurer ! Si je rentre, ce n'est pas pour retrouver toute cette carapace du passé. C'est la première chose à faire pour arroser ma Rosy ! Je comprends que ce petit contrôle est arrivé naturellement comme un mécanisme bien ancré dans mon cœur depuis des années. J'ai vite chassé ce contrôle et j'ai laissé place à l'arrosoir sur mon siège et mon cahier. Restons libres d'être qui nous sommes et de grandir comme nous le souhaitons. Soyons libres de faire ce qui nous plaît quand nous en ressentons le besoin et sans être prisonniers de notre propre vie. Je suis assez étonnée de voir comment je subissais ma vie avant. La puissance que nous avons au fond est inimaginable, quand on suit ses propres choix, on devient une autre personne car on devient pour la première fois de notre vie nous de A à Z. Je suis certaine que mon retour sera dur en voyant que je n'arrive pas à contrôler certaines choses ou que je suis énervée de temps en temps pour rien. Je vais rentrer avec tout l'amour possible et inimaginable de cette expérience et essayer de la redistribuer à chacun, mais surtout mettre ce que je dis dans ma vie et ne pas le laisser sur un article Facebook, le faire évoluer grandir dans mon cœur, mon corps et mon âme.

Rien que d'atterrir avec Rosy à Paris et revoir tout le monde me donne un sourire immense. Je suis plus que déterminée à monter un projet Seper Hero qui permettra à d'autres de se lancer. Pourquoi ne pas fonctionner sous forme de binôme avec un coach et un manager ? Un « apporteur » de projet et une personne qui a les mêmes centres d'intérêt pour l'aiguiser. Je dois me poser et mettre à plat toutes les idées que j'ai, et qui se sont concrétisées dans cette taïga reculée de toute civilisation...

Paris approche de plus en plus... j'imagine mes parents se réveiller pour arriver à l'aéroport et leurs larmes déjà sur leurs visages. J'imagine ma sœur prête à recevoir un énorme câlin. Je commence à avoir une sérieuse boule au ventre... boule d'amour, boule de bonheur, boule de stress. Incontrôlable. Je ne peux pas sortir un mot. Les yeux écarquillés comme au premier jour du décollage pour Auckland, je ressens un amour beaucoup trop fort qui m'attend dans quelques minutes. Un amour puissant que je pense avoir du mal à contrôler.

Les roues se posent enfin sur Charles-de-Gaulle-Étoile. Mon cœur s'emballe, mon ventre se serre et mes yeux se trempent, ma voix tremble : « *Allez Rosy, on fleurit à Paris maintenant !* »

Je mets mon sac sur les épaules et me dirige vers le fameux panneau « SORTIE ».

Ça vibre sous mon capot. J'ai les mains tremblantes et mon cœur cogne de plus en plus fort. Je passe un pied de l'autre côté de la porte. Je regarde devant moi puis à gauche, à droite... J'avance un peu, puis je m'arrête... Là à cinq mètres devant moi, j'ai toute ma famille réunie sous un même drap ! Hallucination ? J'ai encore du mal à y croire. Mes deux parents divorcés et ma petite sœur sous un drap blanc avec écrit en gros « SEPER FAMILY ». Il n'y a que leurs trois têtes qui dépassent de ce grand drap blanc. Ils sont tous les trois liés... Je m'avance et ce grand drap blanc se referme sur moi dans un torrent d'émotion, de joie, et de larmes...

Merci, Seper Family !

Une nouvelle page s'ouvre. Tout commence...

« Yallaaa !!! »

Retour

Quelques jours plus tard, l'émotion n'est toujours pas redescendue. On me propose l'impossible : écrire un livre. « *Vraiment les gars ? Moi et ma casquette d'illettrée ? Waouh ! Mais, suis-je capable d'écrire un livre et surtout de retranscrire mes ressentis ? Je n'en suis pas certaine...* » C'est étrange, car face à un mur où « impossible » est écrit, on a souvent notre petite voix qui continue de nous murmurer à l'oreille le chemin à prendre...

Après avoir rebaptisé ce mot si laid de « sclérose en plaques » en cette rose si forte aux pétales si rouges et l'avoir transformée en quelque chose de beau, je ne peux qu'avoir envie de continuer à transformer les obstacles en bouclier pour avancer. Beaucoup de questions m'assaillent, certes, mais c'est cette petite voix qui aura le dernier mot. Une multitude de questions arrivent de l'extérieur, mais à l'intérieur je ne bouge pas. L'évidence se dessine doucement mais sûrement. Je suis rentrée avec une idée bien précise, celle de développer un nouveau projet SEPER HERO. Tout reste encore flou, mais j'y crois dur comme fer. J'y crois car je ressens au plus profond de mon être qu'il y a quelque chose à créer et à imaginer pour mettre en relation des passions et des projets. Oui cette idée est bien là, mais rien n'est développé, rien n'est encore « brainstormé » et tout reste à faire.

Un livre ? Pourquoi pas

Ce fameux message envoyé sur ma page Facebook pour me proposer d'écrire cette aventure me laisse indifférente, mais une touche d'humour m'interpelle. Au début, je n'ai pas répondu, c'était bien trop improbable pour moi. Néanmoins, c'était le premier message que je trouvais un peu décalé. Ça changeait des « Bonjour / Cordialement / Bien à vous ». Une prise de contact naturelle. Ma réponse le fut aussi. J'y suis allée par simple curiosité, mais aussi parce que le message m'a fait sourire ! Je ne souhaitais pas écrire, encore moins proposer un récit romancé pour faire vendre. Le premier rendez-vous fut assez cocasse. Je débarque en tongs dans leurs beaux locaux à côté de la bibliothèque François-Mitterrand. « *Qu'est-ce que je fous là ?! Je ne sais pas, mais c'est plutôt drôle.* » Deux jeunes femmes m'accueillent. Elles s'appellent Florence et Élise. Quelques minutes plus tard, alors que je commence mon récit, nous tombons toutes les trois dans les bras en nous essuyant quelques larmes. C'est ainsi que le projet a débuté... par une rencontre aussi imprévisible qu'émouvante. Ce qui m'étonne le plus, c'est cette puissance dans ce bureau vitré. Cette force que nous avons eue toutes les trois et ces émotions débordantes me donnent encore des frissons rien qu'en y repensant. Elles ne savent pas très bien non plus si j'ai ma place dans ce bureau et encore moins si je vais être capable d'écrire une ligne. Et moi, vous imaginez bien que je suis loin de savoir ce que je fais sur cette chaise. Une énergie entre nous trois et une confiance si forte s'installent… Quelle puissance de pouvoir faire confiance et connaître une personne dès les premiers échanges ! Pas de préjugés ni d'idées préfabriquées. Je me sens tout de suite comprise mais encore plus… soutenue ! Je sors du bureau avec un sourire aussi haut que large, les yeux débordants d'émotion. J'ignore ce qu'il vient de se passer mais tout ce que je sais c'est que je viens de rencontrer deux personnes que je garderai longtemps dans mon cœur. Va savoir pourquoi je me dis ça en sortant… Je décide néanmoins de prendre un peu de temps. J'en ressens le besoin. Je ne veux pas me lancer dans cette aventure sans être certaine que c'est la bonne décision. La réponse fut mitigée. Intérieurement je me dis que ça pourrait déjà me permettre de vider mes émotions sur papier, peu importe ce qui se passe par la suite… « *Bon allez Marine, direction la Bretagne, l'air marin risque de te faire réellement atterrir…* »

Premières décisions

Depuis mon retour, je baigne dans un mélange indescriptible de sensations, entre l'amour, le feu, la lumière. Tout est déstabilisant. L'échange universitaire qui est censé arriver dans la semaine attendra… même si la question vicieuse persiste : « *Dois-je vraiment l'annuler ou pas ?* » C'est étrange ce combat esprit et cœur. Je parviens à prendre du recul, mais je vois bien que le retour ne va être que source de discordances entre mes pensées et mes ressentis. C'est le début de la floraison de retour à la maison. La comparaison revient au galop et l'écoute de soi devient beaucoup plus floue que je ne le prévoyais. « *Allez ! On va y arriver, Rosy ! Va falloir s'accrocher pour ne pas oublier tout ce qu'on a planté...* »

Moi qui rêvais depuis longtemps d'aller en Amérique latine, me voilà soudainement obligée de revoir ma copie pour un bouquin et de tout couper du jour au lendemain. Décision délicate, mais ma petite voix est plus forte : « *Vas-y, écris*, me dit-elle, *fonce et arrête de gamberger !* » « *Facile à dire ma cocotte !* »

J'appelle Isabelle Gauthier, la personne qui dirige le programme grande école de Kedge à Marseille. Je lui explique mon dilemme. Elle me sent perdue et inquiète d'annuler cet échange tant désiré par les étudiants à une semaine du décollage... Tout était prêt pour Buenos Aires. Isabelle ne l'est pas... inquiète. « *Marine, écoute-toi et fonce pour l'écriture !* » Je reste sans voix au téléphone. « *Euh... Pardon ?* » Elle continue, avec son franc-parler un peu remonté comme à son habitude ! « *L'Argentine tu pourras y retourner. Toute l'école te soutient depuis le début. Écris et annule tout !* » Je raccroche, étonnée et trop heureuse de savoir que mon école fait bloc derrière moi. Je le savais au fond de moi, mais je suis rassurée qu'elle me soutienne aussi fortement. De toutes les manières, je sais bien que les échanges universitaires sont aussi festifs que... festifs. J'irai savourer plus tard le pisco, même si en face de moi, j'ai l'impression d'avoir l'Everest à franchir en tongs.

Alors, à l'interrogation quant à la faisabilité ou non de mon échange universitaire tant attendu et souhaité depuis des années en Argentine, je dis « non » sans regarder derrière et j'essaie de faire fructifier cette décision en chassant les « si » de mon esprit. Oui, j'annule ce rêve d'aller en Amérique du Sud pour mieux y retourner plus tard ! Oui, j'annule cet échange universitaire obtenu comme un « trophée » à une semaine du départ.

Eh oui, je me lance dans ce projet de livre avec toutes mes fautes et ma plume d'enfant ! Une confiance ne s'arrête pas de croître dans mon cœur. C'est flippant, forcément, de se lancer les yeux fermés, mais avoir le cœur grand ouvert m'aidera à oublier que je ne maîtrise pas ! Je ne sais pas du tout où cela va me mener, mais je pense que le chemin tracé par cette petite voix restera le meilleur et sera le pilier de mes décisions à venir. J'ai commencé il y a maintenant un an à l'écouter, je ne vais pas m'arrêter là. Cet émerveillement que j'ai sur tout ce que je redécouvre à Paris me motive ! Ces nouveaux projets qui se créent et ces idées qui grandissent me stimulent ! Je me sens excitée par qui je suis et non par qui je devrais être. Je ressens une énorme bouffée d'oxygène avec cette simple décision : *« C'est comme ça qu'on va avancer main dans la main ma Rosy, à Paris... moi, je te le dis ! »*

Un reste d'organisation

Let's go ! Comment vais-je suivre mes cours à Paris ? Faire tout à distance ? Est-ce possible ? Je ne peux pas aller à Marseille poursuivre mes cours et en même temps me lancer dans ce projet d'écriture. Au vu de la nouveauté, je pense que c'est plus intéressant d'être proche de la maison d'édition. Je me dis aussi que le contact physique est plus agréable que de communiquer uniquement par ordinateur/Internet.

Place à la nouvelle vie parisienne et à ses nouveaux projets. Je dois trouver un endroit pour me ressourcer. Même si j'ai une famille en OR, je ressens le besoin de trouver mon havre de paix, seule. Par où débuter… ? Comment me loger ? Comment payer mon loyer ? Beaucoup de « comment » arrivent au premier plan ! Je marque une pause, un repli sur moi-même et décide de me poser les bonnes questions.

En fermant les yeux, je retrace tout ce qu'il vient de se passer depuis la création de ce projet. Ce qui est hallucinant, c'est ce naturel qui traverse les propositions, les rencontres, les échanges, les partages… Je ne vais rien chercher, la vie s'occupe de me l'apporter. La puissance de nos ressentis et de nos décisions a un impact incroyable sur les personnes mises sur notre chemin et les difficultés que l'on peut rencontrer. Je suis persuadée que dès lors que notre petite voix toque et nous murmure ce que la vie a prévu, malgré la peur, l'angoisse, la méfiance, la haine ou le manque de confiance, si on prend le chemin indiqué (aussi effrayant ou paralysant soit-il au début), la vie veillera à mettre un pilier, puis un autre, puis une idée, puis un projet, puis un obstacle mais qui sera contré et détourné par tous les autres piliers plantés… Quand on accepte de mettre un pied sur un sentier non balisé, la vie s'occupe du reste à partir du moment où l'on se fait confiance… Cette théorie m'aide quand je ne sais pas vraiment où je vais.

Après quelques semaines d'errance chez les potes et les amis d'amis, j'ai l'impression de continuer mon voyage… mais dans la capitale. Agréable comme transition, mais j'ai tout de même hâte de pouvoir poser mes bagages ! J'actionne tout sur Paris pour trouver un logement abordable. Je décide de m'inscrire sur un site d'aide à la personne. Le concept me plaît. Vous êtes hébergé gratuitement en échange de services. Vous aidez des personnes âgées ou des enfants à faire leur devoir et vous êtes logé en échange. Je commence par la première catégorie dont je me sens plus proche et pour laquelle j'ai une vraie affection : « mes petits vieux ». Après trois rendez-vous, malgré toute l'affection que j'ai pour eux, je me rends vite compte que les plannings de soupes et les dentiers ne vont pas m'aider dans l'écriture. Les appartements visités des personnes âgées ayant besoin de mes services ne sont pas très pratiques pour préserver mon intimité. J'aurais vraiment vécu avec elles. La coloc oui j'aime, mais la coloc avec « mamie », plus mon master 2, l'écriture et l'idée de mon asso, le « combo » me paraît difficile. Après plusieurs échanges de services, j'abandonne ce site ainsi que l'idée d'être baby-sitter... manque de temps ! La dernière solution reste la coloc ? Une chambre ? Ou un studio miracle ?

Le soir, je m'endors dans l'un des appartements que l'on me prête. Je n'ai alors aucun plan pour les prochains jours mais demeure confiante. Je sais que je vais trouver le bon endroit et la bonne personne. Le lendemain matin, mon portable sonne. Ma cousine Marie me propose un appartement qui rentre dans mon budget. Il est parfait pour moi, je m'apprête à le visiter et me dis que je vais enfin réussir à me poser. Je savoure à l'avance le bonheur qui m'attend. Quelques secondes plus tard, je reçois un message sur Facebook : « Je m'appelle Louise, j'ai 9 ans et nous cherchons une nounou. J'adore les poneys, le sport, les animaux, et voyager. Je veux sortir, jouer au Monopoly, au Cluedo, faire des blagues, ne pas faire mes devoirs même si je suis obligée... On s'éclate à donf avec moi. Tu seras peut-être plus sympa que ma sœur, même si elle est très sympa, donc tu peux appeler mes parents stp au 06... » Je ne réfléchis pas et appelle directement le numéro de téléphone qui est indiqué sur cette petite annonce, uniquement pour remercier de m'avoir bien fait rire. Je ne sais même pas si le message était pour moi, car je n'ai jamais postulé pour garder des enfants ! J'échange quelques mots avec le papa qui au fil de la conversation me donne rendez-vous le jour même à 18 heures. Et je dis oui, sans aucune hésitation ! Après avoir raccroché, je suis encore toute surprise de ce « oui ». « *Mais pourquoi as-tu encore dit OUI, Marine ? Tu ne vas pas aller garder une petite à Courbevoie, à l'autre bout du monde, alors que tu viens de dire que tu allais visiter l'appartement trouvé par ta cousine ?!* » Impossible de comprendre. Ce « oui » est sorti tout seul. J'annule ma visite de l'appartement et pars à la rencontre de cette famille, avec le sentiment de perdre un peu mon temps. Mais c'est ainsi. Le papa de la petite Louise vient me chercher en voiture au point de rendez-vous. Quelques minutes plus tard, nous voilà tous les trois, Matthieu, Louise et moi, autour d'une table dans leur jardin à Courbevoie. Je découvre le personnage de Loulou. Car oui, on peut appeler ça un personnage. Cette petite Louise me harponne du regard et me stupéfie par ces questions pertinentes et sa joie de vivre. Un vrai petit bout de femme, curieuse de tout et très respectueuse. Malgré cette agréable surprise, impossible que mon cerveau marque une trêve... « *Vais-je trouver le temps de bien m'occuper d'elle, avec mes cours, mon projet de livre, etc. ?* » Nous sommes à quinze minutes du métro Pont de Levallois à pied et en échange de ma disponibilité de 16 heures à 20 heures, je suis hébergée, mais je ne sais pas encore où... On me parle vaguement d'un studio... Je ne demande même pas à le visiter. Qu'importe, mon cœur a parlé ! Je ne sais pas pourquoi, mais je sais que c'est ici... Une rencontre de trente minutes et un grand oui du cœur pour cette nouvelle aventure. Je pars confiante. Je suis encore sous le charme de cette petite Louise. Je commencerai le 12 septembre pour la première sortie de classe. *Let's go* Barné pour le poste de « maman » improvisée !

Deux semaines plus tard, je découvre mon studio déjà tout équipé. Il est parfait... Les bras m'en tombent ! J'ai une vue imprenable sur la forêt de buildings de la Défense sans aucun vis-à-vis ! J'arrive avec mon sac à dos, rien de plus. Cette rencontre va être mon oxygène. J'aurais difficilement supporté d'être seule dans mon appartement à écrire, mais surtout à réviser mes cours à distance. Louise va m'en donner la force. À 16 h 30, quand je vais chercher Loulou, j'ai l'impression d'avoir pris dix ans en quelques minutes... ! Les problèmes de mères à la sortie des écoles me font rire. Je leur réponds souvent avec de grands sourires compatissants. Style, je comprends ! Même si j'en suis loin... ! Avec Louise, on forme un vrai binôme. Une relation inimaginable avec une fillette de 9 ans mais qui pense et parle comme une adulte. Elle est ma joie de la journée. Je me sens comme avec une amie. Je repense alors à la confiance que j'ai ressentie, et à ce « oui » du cœur. La vie s'occupe si bien de nous quand le cœur parle et nous dicte nos paroles et nos actes. À Courbevoie, je commence à essayer de trouver mon nouveau rythme. Je ne sais pas pourquoi, mais ma plume d'enfant fonctionne mieux le matin. L'après-midi, j'étudie mes cours et pars à 16 h 30 chercher Loulou. Je passe le plus de week-ends possible en Bretagne près de ma grand-mère que j'ai retrouvée dès mon retour. L'air breton facilite l'inspiration.

Et la SEP dans tout ça ?

Beaucoup doivent se demander où j'en suis avec Rosy... Comme je l'ai toujours dit, je n'ai pas pris de traitement mais c'est un choix purement personnel. Je suis partie pour me retrouver et avoir les idées plus claires face à tous les traitements différents que l'on me proposait. Je ne savais plus ce qu'il me fallait prendre. Je suis donc partie avec juste une boîte S.O.S. prévue par mon neurologue en cas d'urgence. Non pas parce que j'étais contre le traitement, mais tout simplement parce que j'étais dans le déni de ma maladie et que je savais qu'un traitement n'aurait pas fonctionné. J'avais besoin de me retrouver avant de prendre quelque chose. Ce choix est strictement personnel et chacun doit faire comme il le sent et le veut au plus profond de soi-même. C'est l'essentiel ! Cela ne remet absolument pas en cause le traitement, mais les raisons du traitement lui-même. Il fait des miracles et aide beaucoup de personnes. D'autres ne le supportent pas une seconde... C'est individuel. Je pense que pour qu'il fonctionne, le patient doit l'accepter, le vouloir et non y être contraint sinon je reste persuadée qu'il n'a aucun effet positif. C'est ma vision ! Depuis ma dernière poussée en septembre 2015, celle qui m'a ôté la vue mais a déclenché mon voyage, je n'ai pas eu de nouvelle poussée. J'attendrai que ma Rosy me pique une nouvelle fois pour réfléchir au traitement ou non. Je suis loin d'être contre, mais pour le moment je me sens bien sans.

Début octobre un bilan neurologique est nécessaire. Je décide d'aller voir mon neurologue comme prévu pour faire un bilan après ce long voyage. Il me prescrit une IRM de contrôle. Je le sens heureux de me revoir un an et demi après notre dernière entrevue. Il est ravi de n'avoir eu aucune poussée à gérer à distance. Je suis un peu stressée à l'idée de retrouver toutes ces machines qui ne m'avaient pas manqué. En me glissant dans cet engin spatial, qui va voyager pendant vingt minutes dans l'intimité de mes cellules, je n'espère rien. Je sais que ma Rosy est toujours présente dans mon cerveau.

J'attends le compte rendu du radiologue, qui a la mine des mauvais jours. Son air est grave. Stressé, il me questionne : *« Vous êtes certaine de ne pas avoir fait de poussées pendant ces dix-huit mois ? dit-il d'un ton surpris. – Ben oui. – Parce que visiblement l'IRM montre de nouvelles taches. Ce qui n'est pas très bon signe. Vous avez peut-être fait des poussées, mais sans vous en rendre compte. »* Perplexe, l'homme en blanc continue ses questions noires. Debout face à moi, mon père me fait un grand sourire un peu forcé et un signe de la main pour me faire comprendre de ne pas m'inquiéter. L'homme de science, lui, continue : *« Mais vous ne prenez pas de traitements ?! Il faut que vous preniez rendez-vous en urgence à la Pitié et avec un neurologue près de chez vous mademoiselle. Il faut vous préparer à en avoir un, mais surtout à de futures poussées qui peuvent arriver demain ! »*

Il enchaîne ses questions paralysantes : « *Vous n'avez rien eu ?* » me répète-t-il encore ! La colère monte en moi, j'ai envie de courir et de claquer la porte de son bureau improvisé entre le café et la salle d'attente. Il est en train d'insinuer que je lui mens et donc que je me mens à moi-même ? Je n'en reviens pas... Pour qui se prend-il ? Il vient de me balancer plusieurs missiles alors que je sors de deux ans d'une construction fragile mais réelle. J'ai bien compris que je dois me préparer à me faire piquer. Certes, j'ai mis depuis le début cette idée de côté, mais sans la renier, et en pensant à des choses plus stimulantes que des perfusions comme action.

Le radiologue continue son charabia. Je suis en larmes. Mon père me serre dans ses bras et me répète doucement pour ne pas énerver l'homme en blanc : « *Ne t'inquiète pas, Marine. Garde confiance. Ne t'inquiète pas. On va prendre rendez-vous.* » En quelques paroles et phrases anodines pour lui, cet homme vient de m'écraser comme un moucheron. Le pire, c'est qu'il n'en a même pas conscience. Je quitte l'usine à destruction. Mon père me réconforte comme ma mère l'avait fait à l'hôpital lors du diagnostic tombé à Marseille. Mais juste avant de prendre congé, il se retourne vers lui et sur un ton très calme lui balance quelques mots : « *Vous savez docteur, on peut tout se dire dans la vie. Mais il y a une façon de le dire et aussi des moments plus propices que d'autres. Surtout quand on parle en tant qu'expert. Bonne journée, docteur.* » Bim !

Cet imprévu est plus positif qu'il n'y paraît. Je comprends que si Rosy a laissé de nouvelles traces, elles ne m'ont pas paralysée. C'est une belle évolution ! Mais ce qu'il s'est passé avec ce radiologue a ébranlé en quelques secondes tout ce que j'avais pu entreprendre. Comment a-t-il pu détruire tout mon voyage et le réduire en poussière avec quelques mots maladroits et idiots ? Si je comprends que les imprévus dans la vie nous rappellent que nos compagnons de vie sont toujours là, je suis effondrée de voir la manière avec laquelle les médecins communiquent. Ce n'est pas le fait d'apprendre que ma maladie grandit que je critique, car je vis avec ma Rosy et je l'ai complètement acceptée et ne suis plus dans le déni ni en train d'espérer qu'elle disparaisse. Je suis juste triste de voir la manière dont fonctionnent beaucoup de médecins, transformés en machines à débiter du diagnostic. Où sont les sourires, la compassion ?! Si je ne m'étais pas écoutée, je serais sûrement en train de boiter, ou avec une main ou un œil en moins. J'en ai la conviction. Ces maladies auto-immunes, de même que toute autre maladie/que bien d'autres maladies, ont une force psychologique immense et j'interdis à la blouse blanche la plus intelligente de la planète de me retirer cette force du cœur et de me communiquer « SA maladie ». En écoutant ce radiologue, il n'y avait que deux issues : soit je me tire une balle ce soir, soit je m'imagine en fauteuil jusqu'à la fin de ma vie. Il n'a rien compris... ce n'est pas en ne faisant QUE de la prévention qu'on soigne tout. Elle est importante certes, mais trop de prévention tue la passion et la motivation seule qu'on peut avoir pour se battre ! La puissance des mots, la manière de communiquer sont fondamentales. Il m'a littéralement achevée après ces images de contrôle. Je me suis sentie mourir avec ma rose fanée... ***Le traitement n'est pas le seul outil à la guérison. Il doit venir en complément à la volonté et à la force de se battre.***

J'essaie de prendre un rendez-vous d'urgence avec mon neurologue de la Pitié. Il me reçoit exceptionnellement vite car il perçoit ma vive inquiétude. Il ne m'a jamais sentie aussi mal en deux ans. Je ne sais pas si je le suis du fait de ma maladie ou à cause du pouvoir que cet homme de science a eu sur moi. Que valent nos décisions, nos projets, nos croyances, face à ces personnes-là ? Arrivée dans le cabinet de mon neurologue, j'ai encore les paroles de l'autre en boucle dans la tête. « Préparez-vous, protégez-vous, trouvez un neurologue près de chez vous, attention aux futures poussées... » Tellement d'anxiété gratuite... Pour le moment, à mes côtés, dans la salle d'attente, des jeunes femmes en béquilles ou en fauteuil. Elle est plus remplie de personnes non valides que l'inverse... Normalement je suis prête et forte, mais ce radiologue m'a tellement retourné la tête que je ne peux m'arrêter d'imaginer le pire ni m'empêcher de me comparer. C'est inutile, je le sais, chaque personne est unique et on ne peut se comparer. Je dois rester forte. « *Marine ne pleure pas. Tu peux le faire ! Souviens-toi de ton voyage, souviens-toi de tes jambes en train de courir, de grimper, de marcher, de porter. Souviens-toi de tes mains en train d'accrocher, pousser, attraper. Souviens-toi des couleurs et des odeurs. Marine, rien n'est une fatalité, laisse tout sortir, laisse-toi pleurer, laisse-toi vider ces paroles de ta tête. Et ne te compare pas ! Surtout ne bloque rien. Comme je dis souvent : "On va tout exploser !"* » Cette fois, j'ai besoin d'exploser pour me vider de cette anxiété étrangère ! J'ai envie de partir courir pour me retrouver et ressentir cet apaisement que j'ai construit depuis un an... Le brouillard est là, mais je vais tellement souffler qu'il ne pourra pas s'imposer !

La porte s'ouvre, c'est mon tour. Je rentre dans son bureau. C'est un sourire qui m'accueille. « *Qu'est-ce qui vous amène aussi paniquée, Marine ? Je vous ai rarement vu comme ça… – C'est votre collègue radiologue qui m'envoie. Il m'a filé une boule de stress immense que je n'ai pas réussi à gérer. J'ai besoin d'avoir votre avis.* » Un grand silence s'installe dans la pièce. Le professeur examine le compte rendu. Cet homme me suit depuis le début de mon parcours. Il avait lui-même été hostile à mon Seper Voyage avant de changer d'avis. Quelques secondes plus tard, il relève la tête et me sourit une nouvelle fois. « Vous savez Marine, je soigne des patients, pas des images. J'ai fait une erreur, je n'aurai jamais dû vous dire de faire cette IRM. Ça ne change rien pour moi. Tout va bien ! Et continuez votre beau parcours. Je ne veux plus vous voir ici avant un an ! » Mes larmes explosent et coulent sur son bureau. Je ne peux me retenir davantage. Ce professeur de médecine a compris ma façon de fonctionner. « Allez, je ne veux pas vous garder plus de cinq minutes dans mon bureau. Filez… » Je me lève. Il me regarde droit dans les yeux… Je lis dans ces yeux : « *RESTEZ SEPER !* »

Je pars de cet hôpital avec une force inouïe… 5 minutes, 2 sourires, 2 phrases, 1 regard et j'ai toutes mes réponses. En pleurs, je me mets à courir dans la cour de la Pitié. Je me sens libérée. Finies les nuits blanches depuis une semaine avec les paroles si handicapantes de cette blouse blanche qui résonnent dans mon esprit. Je revis. Étrange ? Je n'ai pourtant pas entendu : « *Tu es guérie* » ni « *Tout va bien se passer* ». Je ne cherchais pas à recevoir ce genre de phrase réconfortante. J'ai simplement eu un médecin qui m'a regardée droit dans les yeux et qui m'a demandé de continuer à positiver, à rire et à croire en moi... S'il pouvait se rendre compte de la force qu'il vient de me donner... Juste un sourire et une motivation pour rester comme je suis depuis deux ans... MERCI... Quelle joie, quel bonheur de voir ce neurologue qui a réussi à adapter son discours, qui a réussi à changer sa manière de voir les choses mais qui a surtout compris comment je fonctionnais ! Comment le remercier ?! À part lui dire de faire la même chose pour les autres Rosy qui ont besoin de cette force donnée par sa blouse blanche. Ils sont neurochirurgiens, mais la force qu'ils peuvent nous transmettre hors diagnostic est immense. Ils ne se rendent pas compte de l'impact positif qu'ils peuvent avoir sur nous. Une simple phrase, hors traitement, hors système, quelques mots peuvent transformer des vies et transmettre à chacun la force de se battre et de croquer la vie à pleines dents. La force qu'il m'a donnée vaut toutes les nuits blanches toutes les angoisses et toutes les peurs subies depuis une semaine... Ce pouvoir de motivation qu'ils possèdent est mille fois plus fort qu'une amie ou que la famille. Voilà le simple petit message que j'ai envie de leur crier... Quant à ROSY, elle lui crie MERCI aussi... Certes, elle est bel et bien là. Ça fait deux ans qu'elle ne m'a pas piquée. Si elle doit le faire, elle le fera, et je verrai pour un traitement. Mais pour le moment, on est fortes toutes les deux.

La puissance des mots

Je comprends que ce livre me permet avant toute chose de vider toutes les émotions incontrôlables de mon esprit, mais aussi de créer la place de Rosy à Paris… C'est étonnant, car je m'étais éloignée des livres et n'ai jamais été connue pour être une grande lectrice. C'est incroyable comme se poser avec un stylo et du papier peut être puissant ! Rassurez-vous, j'écris sur ordi ! Mais je ressens une force intérieure aussi forte que lorsque j'écrivais avec mon stylo dans mon carnet de voyage ! Je ressens une grande liberté et une telle énergie en écrivant. Je me souviens des premiers mots posés sur mon petit carnet… un mois après que le diagnostic est tombé. Je ne savais même pas pourquoi j'avais ce stylo dans les mains, mais j'étais animée par ce besoin de m'exprimer, de poser les informations de mon cerveau pour ne plus parasiter mon esprit. J'avais tant de choses que je voulais faire sortir… Grâce à ces quelques lignes posées sur ce papier, j'ai pu créer et faire tout ce qu'il vient de se passer. Grâce à ces carnets de voyage, j'ai réussi à tenir durant tous ces mois de solitude. Ils étaient mes compagnons, mes confidents, mes potes, mes bras droits ! Oui je sais, je parle bien d'un cahier !

On écrit des mots pour soi-même, mais ce sont de vrais cadeaux ! Même si de temps en temps ils sont violents sur le papier, il est important de les poser car c'est une manière de les extraire de nos pensées… Les mots s'envolent, filent, disparaissent et reviennent. Ils sont volatils et éphémères. L'écriture, elle, fige et reste. Elle permet de nous réveiller quand on est en train de s'égarer.

Ce projet d'écriture m'aide tellement en silence à poser mes mots et mes idées. Ça fait ressortir beaucoup de souvenirs. Je suis perchée en haut du septième étage avec une vue aérienne à l'infini… Un jour je pleure, le lendemain je ris et le soir souvent je me questionne. Je revis chaque instant, mais cette fois entre quatre murs... Vais-je réussir à le finir ? *That is the question !*

Pour écrire, sans savoir pourquoi, j'ai besoin de revivre certains moments de mon voyage. J'installe donc ma tente dans le salon pour me ramener un peu d'inspiration. Je dors avec mon sac de couchage et j'essaie de me laver une fois par semaine. « *Non, je déconne pour le dernier point ! Je respecte Louise.* » J'ai besoin de m'imprégner de nouveau sincèrement de ce voyage pour pouvoir écrire ces quelques lignes. Les souvenirs sont bien là, mais sont bien trop forts parfois pour que je les retranscrive à leur juste valeur.

En y repensant, les premières semaines à Paris ressemblent à mon voyage en Mongolie où j'allais de yourte en yourte, ici, d'appart en appart, de coloc en coloc, de canap' en canap'. La Mongolie me manque... Je viens de tomber sur certaines photos de ce pays, je ne sais pas pourquoi mais j'ai le cœur qui explose. Il explose d'émotions, de manque de ces rencontres si authentiques, de cette expérience seule face à moi-même. Mon sac à dos me manque, ma tente me manque, mon sac de couchage me manque, mes grosses chaussettes qui piquent me manquent, la simplicité de suivre mon cœur et d'aller où il me guide me manque.

Je pars en Bretagne pour remettre mes idées en place. Je suis seule dans mon lit et j'inonde mon clavier de mes larmes qui ne cessent de couler. Je suis sous l'eau des émotions, je me rends compte que mon voyage a changé ma vie, que ces personnes m'ont aidée à découvrir ce que c'était qu'aimer et respecter l'autre ; moi qui pensais tout gérer... Je redécouvre cette aventure si puissante. Je ne mesurais pas la force émotionnelle que ça allait être de la revivre et de la réécrire. Ce ne sont que des émotions positives, je le sais, mais j'ai du mal à les canaliser. C'est un bonheur immense de réaliser et de concrétiser ce nouveau projet. D'autant plus que j'en mesure le potentiel ! Mais comment retrouver cette sincérité ici à Paris où tout va si vite et où les gens courent après leur vie. J'ai envie de retrouver cette sensation d'excitation de « je vais » ou « je fais confiance ». Les rencontres, l'homme, l'humain sont les plus belles choses que j'aie jamais rencontrées ! On a tout pour être heureux, bon sang... on a tout en nous. « Je vous en supplie, rendez-vous compte de l'importance d'être à l'écoute de la nature comme ce peuple mongol ou comme d'autres civilisations pas encore parasitées par nos technologies surpuissantes. J'en suis persuadée, je ne dis pas qu'il faut vivre d'amour et d'eau fraîche, mais il faut aimer cette vie et apprendre à regarder la nature comme elle est et non comme on voudrait qu'elle soit pour nous. Je suis persuadée que nous pouvons tous nous apprendre des choses. » Je vais continuer d'écarquiller mes yeux et d'ouvrir mes oreilles pour déguster et me nourrir plus que de raison de tout ce que l'autre peut m'apporter...

« Connais-toi toi-même »

Moi qui pensais gérer le retour les doigts dans le nez, ce sont des larmes de joie et d'émotions qui guident mes pas... Pleurer fait du bien, c'est le premier médicament. Au moins quelque chose sort de notre corps, s'exprime ; ça ne peut que nous faire pousser. Ce n'est pas une faiblesse mais une force, ce n'est pas une honte mais un réel respect qu'on offre à notre carcasse qui n'attend que d'être arrosée pour décompresser... Ce n'est pas une boîte dans laquelle on vit, mais une âme qui doit respirer et pousser. On se sent réellement plus libre en laissant notre corps s'exprimer au lieu de l'empêcher de pleurer ou d'extérioriser quoi que ce soit... on existe enfin en accord avec ce qu'il ressent, en accord avec qui nous sommes vraiment. C'était si dur avant pour moi de montrer mes faiblesses, de mettre en avant mes incompréhensions ou mes peurs, notamment celle de l'échec. Quand j'ai commencé à vous parler sur ma page seper, toutes ces peurs se sont envolées. J'étais moi, la vraie, la faible, la peureuse, la joyeuse... pour la première fois de ma vie j'ai levé le masque qui m'empêchait de laisser couler et de laisser vivre celle que j'étais vraiment... Quel bonheur d'être enfin bien dans ses souliers !

Soudain, cette phrase cogne dans ma tête... « Connais-toi toi-même », disait Socrate. Eh bien, parlons-en... Quand on rentre de n'importe quel voyage, un temps d'adaptation est souvent nécessaire. Et c'est à ce moment-là que je me suis rendu compte à quel point l'être humain a une capacité d'adaptation phénoménale. C'est un vrai caméléon. On vit un jour des choses extrêmement fortes et déstabilisantes et quelques mois plus tard, la sensation n'est plus qu'un lointain souvenir. Et que dire aussi de toutes ces tragédies que notre esprit arrive à canaliser pour les rendre plus digestes ou les mettre de côté afin de nous permettre d'avancer. Sans lui, nous serions tous en dépression. Notre être est une usine à recycler le mal. Personne dans mon entourage n'a vécu sans avoir fait au moins une fois dans sa vie l'expérience de la souffrance. L'homme avance et ne reste pas figé sur des éléments du passé. Même nos pensées ont une date limite de consommation et sont périssables. Pourtant, et c'est juste l'avis de l'enfant de 23 ans que je suis, je reste convaincue qu'il y a des choses que l'on vit, des erreurs, des échecs, des réussites, des émotions, des rencontres, qui s'inscrivent pour l'éternité et dont les conséquences se retrouvent dans notre quotidien, dans nos actes.

Ce voyage m'a permis de me rendre compte que ma réadaptation à Paris est facile en apparence, mais si douloureuse au fond de moi. Certes je me réadapte, mais je sens un fossé entre cette réadaptation et ce que je souhaite faire. Ce qui me rassure est que Mme Lucidité toque à ma porte quand je ne vais pas du bon côté ou dès que je suis tiraillée entre la Marine du passé et la Marine de maintenant.

Quelque chose me manque. Mais quoi ? Je vais trop vite ! Beaucoup trop vite ! Je garde toutes ces émotions en moi pour ne pas déranger mon voyage. Pourquoi ? Parce que au début, je retournais inconsciemment dans ma tête et dans celles des autres… le pire des poisons. Penser pour l'autre, penser que l'autre va dire ceci ou cela si vous parlez trop de votre voyage : ce poison du jugement ou du « on va penser que » n'existait pas durant ce voyage alors qu'ici en France, chez moi, il est revenu plus vite qu'un TGV. Mais je m'en rends compte très vite et j'arrive à me voir et à comprendre que ce n'est pas la bonne direction à prendre… Lorsque plein de souvenirs bombardent mon esprit, je les garde pour moi. Pourquoi ? Par peur sans doute de déranger les personnes avec mes drôles d'histoires du bout du monde et par besoin de me retrouver en petit comité pour vider tout ce que je viens de vivre. Je pense aussi que je cherche des échanges vrais, beaucoup plus qu'avant ! Durant ce voyage, j'étais loin de moi, donc forcément loin des autres. J'étais là sans l'être véritablement. Je parlais avec une personne, mais j'étais distraite par une autre qui m'appelait. J'ai envie désormais d'avoir de vraies conversations et un réel échange !

J'ai du mal tout de même à me retrouver et à savoir par où commencer. Au lieu de tout lâcher, je garde beaucoup de choses à l'intérieur… Quel dommage ! Je suis convaincue que parler est le meilleur moyen de sortir toutes les émotions de son cœur pour bénéficier d'un regard neuf, épuré. Je me rends compte qu'on revient vite dans le contrôle de nous-même. Par contre, je ne compte pas m'oublier dans cette pression et ce conformisme ambiant. Il m'est arrivé d'entendre les gens rentrer de voyage et dire « de toutes les manières ils ne peuvent pas comprendre… » ou bien « j'ai compris la vie… mais je ne sais pas comment leur faire comprendre… ». Ce n'est sans doute pas la meilleure manière de donner envie aux autres de se lancer. Car ici, dans une société où le jugement devient une façon de parler, nos histoires et les émotions qui les accompagnent sont comprises comme des leçons de choses alors qu'il n'y a que volonté de partage. Je me suis alors dit que la meilleure communication à avoir, la meilleure force à donner c'est déjà de réussir à se changer soi-même.

Réadaptation

Perdue, seule avec tous mes souvenirs qui frappent si fort à la porte de mon cœur, je n'attends qu'une seule chose, trouver les clefs ici dans notre vie civilisée pour un équilibre que je peine à découvrir. Je ne ressens plus toutes ces choses que j'ai éprouvées tout au long de mon voyage. Mon esprit se complexifie et mes peurs redeviennent des moteurs beaucoup plus vite que ce que j'aurais imaginé. Où se trouve cette nature qui me donnait de l'oxygène pour être heureuse ? Où se trouve cette simplicité intellectuelle proche du cœur et loin de l'intérêt ? Où se trouvent nos racines si ancrées et si pures ? On court après notre vie...

« Marine éteint vite ces braises qui refont surface. Réduis-les en cendres pour leur éviter de venir faner ta rose déboussolée... » Je sens des sensations de tristesse, de peur et d'inquiétude énormes envers moi-même. Qui suis-je devenue ? Je sens que ce voyage m'a profondément changée et je ne peux, ni ne sais comment vivre ici... Où est ma place ? J'ai compris que l'homme s'adapte si bien, si rapidement ! Il est une machine à lui tout seul. Il peut être seul ou dans une tribu pendant un mois et revenir à la civilisation le lendemain. Il s'adapte. Mais comment le faire sans avoir mal, sans nostalgie, sans regret, sans oublier ou plus exactement sans s'oublier ? Comment mettre en accord ma personnalité d'avant le voyage et le nouveau moi que j'ai découvert pendant ? Comment faire comprendre aux autres ce que je ressens dans mon cœur et ce que je veux mettre en place ? Comment faire pour réussir à

cultiver ma Rosy dans une ambiance où mon corps n'a plus le dernier mot et où l'ego reprend doucement sa place ? Ce qui est déstabilisant, c'est que la conscience est bien là pour me le rappeler. Et la souffrance est au-dessus. La carapace est cassée, partie. Je suis à nu. Mais personne ne le sait, sauf moi. Je n'ai plus aucun filtre, je ressens tout et la moindre sensation et agression que je vois ou entends me frappe en plein cœur. Cette carapace que j'ai mis huit mois à retirer ne reviendra jamais. C'est une bonne chose. Il faut juste réussir à vivre ici sans elle !

Je ressens le besoin de passer par toutes ces nouvelles approches. Mélanger des découvertes présentes à un passé bien ancré. J'ai la sensation de m'éloigner de tout ce que j'ai appris durant cette aventure, alors que c'est tout le contraire qui se produit. C'est douloureux, mais intensément puissant pour avancer et continuer de cultiver mon potager. Du moins, je suis en train de trouver le terrain pour replanter et arroser. Je n'ai jamais autant vidé mon cœur et arrosé de larmes cette maladie que depuis mon retour...

Écrire ces quelques lignes est délicat car je suis en plein dedans, je brasse toutes ces émotions. Mes pensées, mes ressentis sont à vif et mes incompréhensions sont là. Je n'ai pas encore le recul nécessaire pour comprendre, analyser et retranscrire au plus juste, l'esprit apaisé. Je passe la moitié de ma semaine à me transformer en fontaine de larmes. J'ai l'impression d'être une petite chose dans un monde de buffalos !

Il faut parfois un an voire toute une vie pour se remettre d'un voyage car l'envie d'y retourner est plus grande que tout, mais on ne le fait pas. Nous sommes prisonniers de notre routine. Notre façon de penser et d'exister n'a pas été vraiment touchée en profondeur. Nous avons envie d'y retourner car nous sommes restés sur quelque chose d'éphémère. On a vécu de l'extérieur, pas de l'intérieur. Le changement s'est fait en surface. Quand je parle de changement, c'est sur certains traits de notre personnalité en profondeur. Ce n'est pas forcément agréable certes, c'est plus simple de changer de style... mais est-ce vraiment changer les apparences qui importent ? On a tous des choses à travailler et c'est souvent le voyage qui nous met face à nos faiblesses. Pour ma part, j'ai été confrontée à beaucoup d'entre elles. Mon stress parasite mon ego, ma peur d'être délaissée, mon manque de confiance en moi, ma rigidité de pensée, mon envie d'avoir toujours raison... et j'en passe... Tous ces défauts font mal quand on va les chercher en profondeur et quand on revient c'est un tsunami d'émotions, car on retrouve notre personnalité d'avant alors que nous pensons revenir différents ou du moins avec la ferme envie de changer...

Quand on se réadapte vite, on peine à faire fructifier ce qu'on a appris. Par où commencer ? Je n'ai plus mes montagnes pour marcher et vider mes émotions. Je n'ai que des gratte-ciel de la Défense. Je n'ai plus mes heures d'attente sur la route pour réfléchir avec mon pouce en l'air, j'ai mon métro derrière lequel je cours. Je n'ai plus mon cadre où j'existe pour qui je suis vraiment et non pour les autres. C'est étrange mais dès qu'on revient, on se remet vite dans le moule même si notre cœur nous envoie beaucoup de signaux. Mais surtout je ne trouve plus la place de Rosy, ici à Paris... Comme si mon cerveau était parasité avec tout ce qui m'entourait et m'empêchait d'écouter ce que mon corps me dit tout bas... Après toutes ces interrogations.

Maintenant je sens et je perçois mon potager qui sera planté d'une manière ou d'une autre ! je me souviens de ce moine et de cette nonne qui me répétaient tous les jours que tout change, rien n'est fatalité, tout se transforme... Je laisse mes larmes au temps qui saura me montrer le bon moment de planter et jardiner.

Comment changer une graine en fleur ?

Comment réussir à continuer d'écouter les moindres sensations corporelles en les observant uniquement alors qu'ici l'action a remplacé l'émotion ? On est dans le contrôle de tout. Au moment de rentrer, je me suis à nouveau sentie attrapée par ce besoin de re-contrôle, de re-posséder, de ré-ordonner, de re-exiger. On re-tout très vite. Mais aujourd'hui, il y a cette partie de mon cerveau qui ne veut plus et qui se bat avec l'autre pour ne pas le laisser exister. Rapporter ces souvenirs n'est pas instantané et met du temps à fleurir. Je me souviens des paroles du moine me disant que tout est entraînement. Comment faire quand je ne sais plus par où commencer. Cette libération est un vrai chemin à prendre. Mais comment m'y rendre ?

« *Déjà, Marine, arrête d'attendre que les autres comprennent ou compatissent.* » Il faut agir pour sa propre vie. C'est le meilleur remède pour faire fructifier tout ce qu'on a appris. Voyager fait rêver beaucoup d'entre nous. Mais ce qui est vrai, c'est la force qu'on a tous de pouvoir le faire si on le souhaite ! La meilleure façon de donner à l'autre le goût de voyager, d'agir, de s'écouter, de créer ou de développer ce qui lui plaît est de lui montrer nos propres changements après s'être écouté. C'est ce qui va donner aux autres l'envie de partir ou d'agir...

Il faut réussir à changer et se mettre à vivre pour nous et non pour un système qui veut tout uniformiser. Mettre un pas devant l'autre pour évoluer. Pas besoin de tout plaquer du jour au lendemain, mais simplement de commencer à tracer un chemin dans notre cœur ou du moins de regarder vers l'horizon plus que dans le pli de notre pantalon. Apprendre à décoller de ce système qui nous plaque à terre. Regarder loin et nous donner l'envie de croire que cet horizon est le chemin de notre propre floraison. Cette perception d'infini manque ici. Il me faut donc l'imaginer. J'aime fermer mes yeux et me figurer cette ligne où rien ne peut m'empêcher d'avancer. Pas d'immeuble, de route, de feux de circulation, de nationale, mais des plaines, des océans, ou tout ce qui favorise mon imagination. Cette image d'infini me donne la force d'équilibrer ce que je suis en train de vivre à l'instant T et ce qu'il est possible de faire... Cette notion de regarder au loin sans avoir peur des embûches et d'imaginer notre propre création est tellement stimulante, rien que ce premier geste, rien que ces premières pensées vers un futur accessible et possible mais surtout plus sensé, plus vrai.

On verra le chemin qui m'attend. Pour l'instant, je vois au loin cet horizon qui me donne une force intérieure immense et qui me rappelle que derrière les moments où je suis happée par une tour se cache beaucoup de sens et d'espérance...

Liberté

J'ai le souvenir d'une histoire que mon grand-père adorait me raconter. Il travaillait pour une grosse société dans le sud de la France et avait beaucoup d'ouvriers à sa charge. Un jour, on le convoque et on lui dit : « Monsieur, vous faites de l'excellent boulot, je souhaiterais augmenter votre salaire. » Il répond : « Je ne comprends pas, j'ai demandé à tous les salariés d'accepter de ne pas avoir d'augmentation au regard de la situation économique et moi vous m'augmentez… ça n'a aucun sens… » Le supérieur, étonné de voir sa réaction et surpris de sa fermeté, lui répond : « Eh bien, vous êtes bien con ! » Sa réponse fut tout autre : « Peut-être, mais je préfère rester con mais libre. » Cette notion de liberté face au désir d'avoir toujours plus et d'oublier la valeur humaine est si importante et raisonne dans mon cœur de plus en plus chaque jour. Je ne sais pas comment j'aurais réagi et je ne peux pas savoir. Mais c'est une force de savoir dire non. Ce petit mot de trois lettres a beaucoup plus de sens quand j'y réfléchis. Le respect, l'écoute sont cette vérité qui gagnera toujours et triomphera à jamais !

On peut changer les choses à nos petites échelles. Cette vie est trop courte pour ne pas la changer dès qu'on commence à virer du mauvais côté. J'ai trop eu l'impression d'être impuissante face à plusieurs situations dans ma vie, de ne pas oser y aller ou parler ou dire. Je n'étais pas assez bien dans mes baskets pour m'adapter. J'ai compris que notre force était dans notre espérance en nos croyances et notre persévérance.

Je vous parle avec un cœur d'enfant qui crie l'amour qu'il a pour cette humanité et qui ne sait pas très bien comment contenir toutes ces émotions ; il n'y a aucune leçon de morale ni de directive donnée. Juste mon cœur qui parle et qui vous transmet ce qu'il ressent...

Paroles du moine

Je repense à la parole du moine birman qui me disait : « *Marine, il ne faut pas attendre toujours des résultats, là, tout de suite. C'est encore très occidental tout ça de vouloir avoir tout, tout de suite. Il faut laisser du temps. Il faut laisser décanter. Tu verras, avec le temps tout rentrera dans l'ordre... Quand tu plantes une graine, as-tu un arbre le lendemain ?* » Depuis que je me replonge dans mon voyage derrière mon clavier, je me rends bien compte que je n'arrive pas à tout appliquer. Normal. Mais c'est surtout humain de mettre du temps à changer. Il ne faut pas être trop dur avec soi-même et se laisser le temps de comprendre ce changement intérieur. On ne pourra jamais vraiment aimer les autres si on ne s'aime pas soi-même. Je me rends compte que ce mal-être ressenti n'était que le fruit de cette volonté d'avoir un arbre tout de suite... Je réalise alors la nécessité de se laisser mûrir face au changement, mais surtout de se laisser le temps. Je me souviens qu'il me disait aussi : « *Marine, tu penses que tu vas pouvoir méditer tous les jours comme tu fais ici à ton retour ?* » Je lui ai répondu : « *Non, je pense que ça risque d'être difficile* », et il a continué : « *Est-ce grave ? – Oui, j'ai vraiment envie d'y arriver !* » Après quelques minutes, il me répondit : « *Marine, le plus important ce sont les actes, si tu as l'habitude de t'énerver à 100 % en règle générale pour une chose, maintenant tu t'énerveras à 98 % et ainsi de suite ta méditation prendra forme dans ta vie... »*

Ces paroles résonnent dans ma tête. D'où vient cette sensibilité si forte que je ressens ? Je me sens de plus en plus fragile. Je n'ai plus de carapace. Et ça me perturbe, moi, la meneuse avec ma voix de camionneuse. Là, par exemple, j'ai envie de pleurer rien qu'en écrivant ces quelques lignes. « Allez Marine on se ressaisit, alllllleeezzz Là ! »

Comment faire pour retrouver mon équilibre ? Comment faire pour retranscrire mes émotions si pures, si vraies, si profondes... ? Écrire sur soi est l'un des exercices les plus difficiles. Je félicite tous les auteurs de cette planète et suis admirative. Je ne sais pas comment ils font. Ça fait six mois que je suis devant mon clavier et qu'il me supporte...

Je remarque que dès qu'on s'éloigne de soi on devient de plus en plus vulnérable, et c'est comme par hasard pile à ce moment-là que la comparaison et la peur redeviennent mes moteurs... Quand on s'écoute, quand on est près de notre cœur, le chemin est là, loin des troubles, des peurs et des faiblesses. La vraie question qui fait mal, c'est ce fameux : « Qui suis-je ? » J'ai mis du temps à comprendre que les problèmes venaient principalement de moi et non des autres. L'esprit s'envole et le combat reprend entre peur et apaisement. Comment réussir à garder l'esprit tranquille face à ces peurs soudaines qui arrivent près de moi ? La porte leur est ouverte et je dois vite la refermer, sinon je n'avancerai pas, je ne pourrai pas avancer dans la paix. « Marine, ressaisis-toi je t'en supplie, remplis ton cœur et lève la voix pour dire que tu crois en toi et aime-toi ! » Trop bizarre de se dire ça...

Le souffle que la vie m'a donné ces derniers mois, je vais le fructifier, l'aimer et l'encourager à se battre pour affronter les prochains obstacles. Ce tourbillon du retour est nécessaire pour comprendre que le chemin ne fait que commencer...

Des forces oubliées

Je m'aperçois qu'on est tous reliés par des liens invisibles. C'est d'autant plus vrai entre un parent et son enfant. Il n'y a pas d'école pour être parents et je pense que c'est le métier le plus dur au monde. Ce lien est si fort que lorsqu'il arrive quelque chose à la personne qu'ils aiment, ils vont trouver une force inouïe en eux qui va leur apprendre à surpasser leur peine et leur malheur pour apporter la joie à leur enfant qui souffre physiquement ou moralement... Comment un être humain peut transformer un sentiment de détresse total à l'annonce d'une maladie, d'un décès, d'un divorce, d'un licenciement, etc., en une force invisible lui permettant de s'oublier soi-même et d'aider celui qui en a besoin ? C'est comme si les rôles s'inversaient et qu'on découvrait que la vraie source du bonheur est de s'oublier soi-même et de tout faire pour rendre les autres heureux. La force que mon entourage a réussi à me donner est colossale. Je réalise seulement depuis peu la difficulté que ça a dû être pour mes parents de me voir partir à l'autre bout du monde avec ces épines. Je réalise aussi auprès de mes copines et mon copain comment l'annonce du diagnostic a pu être dure à digérer. J'ai récupéré plusieurs fois mes parents en pleurs après le retour, comme s'ils s'étaient contenus tout le long du voyage pour me faire avancer mais qu'ils avaient eux aussi besoin d'évacuer. Je pense à une de mes meilleures amies, Constance, qui a eu un mal fou à m'exprimer sa peine et sa peur face à ce diagnostic. Je mesure seulement maintenant la puissance que toutes ces personnes ont eue autour de moi avant et pendant ce voyage... Mais surtout je me rends compte de la force qu'ils m'ont tous donnée... et à quel point personne ne m'a rien montré et a tout gardé pour lui... Les émotions sortent tôt ou tard, elles doivent dans tous les cas sortir. Elles sont faites pour être extériorisées, sinon elles se transforment très vite en parasite. Je comprends depuis mon retour la puissance et la difficulté que ça a été pour certaines personnes de me laisser partir. Je ne mesurais pas cette souffrance, leurs peurs et leur anxiété qu'ils ont mises de côté... Ce retour est si important et chaque jour je reçois une claque d'amour, de joie, de force et d'envie... Merci à vous tous...

Merci à mes parents pour leur force visible et leur détresse invisible. Les parents ont une force monstrueuse et c'est en étant en confiance avec les envies de leurs enfants que ces derniers arrivent à décoller. Pour gérer les imprévus de l'existence, il n'y a qu'une école, celle de la découverte, de la confiance mais surtout d'un amour pur, vrai et sans artifice. MERCI de m'avoir permis de gravir ces montagnes et de finir ce bout de papier que je suis en train de rédiger... Mes doigts tapotent tout seuls sur ce clavier. Je ne sais pas vraiment si tout est clair. J'ai le cœur qui brûle de reconnaissance et qui explose de joie. J'ai la gorge serrée et je ne sais pas comment vous remercier... Cette maladie nous a donné à tous une force inouïe. Grâce à Rosy, on est enfin réunies. Rien n'est une fatalité, on ne sera jamais condamné à ne pas pouvoir changer.

Une Rosy en chacun de nous

En fait, nous sommes tous malades. Il est LÀ le message que j'aimerais faire passer. La plus grosse maladie pour moi est de ne pas s'écouter. Combien d'entre nous ne sont plus à l'écoute d'eux-mêmes ? La maladie est une force... Oui je le dis, je le ressens au fond de moi et je le vois surtout autour de moi. La solution n'est pas forcément le voyage, loin de là, mais le voyage à l'intérieur de soi. Nous avons tous des projets plus ou moins réalistes, et des idées, notre esprit n'en manque pas ! Osez foncer... quand on s'écoute les chemins s'aplanissent... « *Allez on y va ! On n'a pas le temps de rester les bras croisés...* »

Je ne retiens pas la beauté des paysages ni la diversité des cultures ou la puissance des rencontres... la chose qui m'habite et qui me déstabilise totalement dès que je commence à en parler c'est **cette force IMMENSE que l'homme a au fond de lui.** Chacun, chacune l'a en soi qui bouillonne et c'est ce message qui est le plus important à retenir... Elle n'attend qu'une seule chose : qu'on l'utilise. Mais où se trouve-t-elle ? Je ne savais pas qu'elle existait... je l'ai découverte dès mon premier « OUI » pour partir avec ma Rosy. Ce « OUI, j'y vais », ce « OUI j'y crois » même si la peur était bien là. On n'imagine pas une seconde ce qu'on est tous capables de faire. Restons d'abord sincères avec nous-même, pour mieux l'être avec les autres. Enfin, soyons sûrs que quelle que soit notre situation physique, mentale ou sociale, nous avons tous cette force immense qui peut soulever des montagnes et déplacer les océans ! Dites « OUI » à vos envies, à vos projets, à vos rêves mais surtout dites un grand « OUI » à vous-même. Acceptez de partir vers ce chemin épineux au début qui ira cimenter votre trajet... Les épines sont là pour nous piquer mais surtout pour nous apprendre à nous aimer...

Pour répondre aux questions silencieuses... Oui j'ai encore mes jambes... mais pour combien de temps encore ? Qui sait ? Je ne suis pas encore handicapée physiquement, même si la maladie m'a déjà ôté quatre fois une partie de mon corps. J'aimerais juste dire que la souffrance est partout et qu'elle est normale. Mon traitement sera composé d'optimisme et de rire pour empêcher de voir mes jambes partir et si elles doivent partir, je préfère avoir le sourire avant pour les accompagner. Je sais que ce sera difficile, mais si je commence à vivre dans « la peur de », la peur arrivera aussitôt à ses fins. Je comprends la souffrance, mais chacun à son échelle peut essayer d'égayer sa journée ou ses idées pour limiter la progression de la malédiction. C'est ce que je tente de faire et de communiquer. Je sais que j'ai la chance d'avoir encore mon corps qui fonctionne, mais pour combien de temps encore ? Par quelle partie va-t-il commencer à m'abandonner ? Je ne sais pas non plus. Mais je ne pense pas que ce soit en critiquant, comparant ou jugeant l'autre par rapport à sa maladie qu'on arrivera à se changer soi-même. La peur et la souffrance sont les meilleures amies de cette comparaison si néfaste. Eh oui je ne suis pas en fauteuil, mais ça apporte peut-être un peu d'espoir à d'autres qui ne le sont pas encore ? Préférons-nous limiter ou accentuer les peurs et les poussées ? Je préfère jouir de chaque instant et profiter en positivant des derniers jours, mois, années ou de toute la vie, qui sait ? Qui peut me le dire ? Me le certifier ? Personne. Je continuerai à rire, à faire des blagues, mais surtout à tout faire pour chasser la comparaison avec l'autre. On peut tous vivre mieux, peu importe ce qu'il nous arrive... Je ne suis pas dans l'innocence ni dans le manque de respect ou même le besoin d'être mise en avant. Il y a toujours des personnes plus malheureuses que nous ou plus heureuses. Je ne souhaite pas faire partie des plus malheureux et me renfermer sur moi-même. Pour ma part, je sais que Rosy, si c'est le cas, sera remplie d'épines à ce moment-là et qu'il ne me restera plus beaucoup de temps devant moi. Je crois et je crie la force que nous avons à continuer de sourire quelle que soit notre situation... Je comprends et je soutiens mes chers SEPER qui sont déjà en fauteuil, mais je leur murmure doucement à l'oreille que leur rose continue de pousser et de chanter la douce mélodie de la beauté de la vie.

C'est à la fin de mon voyage que tout s'éclaircit. Je décide de créer un nouveau projet où tout le monde a sa place et avec un seul but : changer le regard sur la maladie. Un mot : ACTION. Que vous soyez atteint d'une maladie physique ou non, allions nos passions communes pour permettre la création de beaux projets par lesquels valides ou invalides ne feront plus qu'un. Devenons tous des acteurs de changement face à ce mot « maladie » qui inhibe et qui cloisonne. Partons ensemble sur des projets que l'on croit impossibles. Créons du lien. Agissons sur nos forces plutôt que sur nos faiblesses. Renversons les paradigmes. Que nous soyons malade ou apparemment bien portant, on a tous des projets, faisons tout pour les réaliser ensemble : chacun apportera son savoir-faire pour rendre l'impossible réalisable. Le but de ce nouveau projet en construction sera de créer des binômes d'un nouveau genre. Aucune distinction entre malade et bien portant. Ici la personne qui n'ose pas se lancer se retrouvera à coacher le projet d'un autre. Pas de règles, sauf une : TOUT EST POSSIBLE.

Le mot de la fin ?

En terminant ce livre, j'ai alors le souvenir de cette situation tragico-comique, où je me suis retrouvée à passer mes concours d'école de commerce avec ma main gauche en moins… Étrange de perdre la veille de ses concours la main qui écrit. Je me souviens alors de mon bras gauche immobilisé et perfusé sous cortisone. À l'époque, le diagnostic de sclérose en plaques n'était pas encore tombé, pourtant elle était bien là et me jouait un sale tour le jour de mes concours. Mais l'envie de passer mes examens était plus forte, car je ne savais pas qui m'empêchait d'écrire. J'ai obligé ma mère à signer une décharge pour me laisser sortir de l'hôpital afin de partir dans les différentes villes où l'on m'attendait pour ces épreuves… Mon école m'a fourni une main vaillante pour m'aider à écrire. Je ne regrette pas ce choix. J'ai eu ces examens sans doute aidée par le fait que je n'avais pas ce mot de « maladie » plaqué sur mon bras immobilisé. Qu'aurais-je fait si on m'avait dit à l'époque que cette incapacité était due à une sclérose en plaques ? Aurais-je passé mes examens ? Rien de moins sûr... La puissance des mots, encore et toujours... Nul doute que si le diagnostic de sclérose en plaques avait été fait, rien n'aurait changé, la maladie n'aurait pas bougé mais je n'aurais jamais passé d'examens... Se connaître commence par s'écouter...

Socrate avait bien raison... « Connais-toi toi-même ! » J'ai découvert ce philosophe grec en écrivant ce livre. Je ne sais pas si j'ai bien répondu à son invitation et je reste admirative car lui a eu cette délicatesse de n'avoir jamais rien publié. Que pense-t-il de mon brouillon ? « *Ai-je bien répondu, Socrate ?* »

Corps esprit âme réunis

Ces trois mots de mon projet, CORPS ESPRIT ÂME, inconnus au début, raisonnent avec beaucoup plus de sens maintenant. Ils ont été dissociés, je les ai fait se rencontrer, il ne reste plus qu'à les lier pour le reste de ma vie. Le chemin n'est pas terminé, mais le ciment est posé dans mon cœur pour m'aider à continuer à bétonner mon sentier afin que l'on puisse me rappeler la force qu'il y a sous nos pieds ! Ce corps m'a permis de comprendre mon esprit. Sans lui je n'aurais pas pu ressentir mes pensées. Et sans lui je n'aurais pas pu comprendre l'impact de cet esprit sur mon écorce. Quel va-et-vient incroyable où toutes les interactions ont forcément un sens dont je perçois l'existence. Je n'avais aucune idée de tout ce que pouvaient représenter ces trois entités. Si j'ai encore du mal à définir les contours de l'âme, je sens cette présence invisible et indescriptible qui m'accompagne dans mon quotidien et qui enregistre tout : mes cris, mes douleurs, mes joies et mes peines. Les Tsaatan m'ont fait percevoir cette puissance que l'on ressent dans le silence et dans cet équilibre intérieur... cette union est bien là. Ces trois chapitres sont liés par un lien indescriptible que je peine encore à raconter... une union qui ne s'arrêtera jamais de se renforcer d'année en année. Merci pour tous ces conseils et toutes ces observations. Merci à ces terres, à ces atmosphères, à ces silences où l'existence d'être soi résonne à l'intérieur de moi.

Nous avons tous les clefs de ces trois portes. Laissons-les ouvertes, elles ont tant de choses à nous apprendre...

Lettre à ma Rose

Pour toi maintenant, ma Rosy! Voici mon poème sans rime ni alexandrin mais avec beaucoup d'entrain. ROSY, je te promets que je ne m'arrêterai jamais de croire à ce lien si fort et puissant que j'ai eu durant ces sept mois et plus avec toi. Oui, tu me l'as montré! Je te promets que tout restera possible dans notre vie. Je te promets de t'arroser et de t'aimer non pas pour que tu me piques mais pour que tu fleurisses dans mon cœur jusqu'au dernier souffle de ma vie. Je te promets que je vais réussir à gérer mon stress, même si ce retour ne t'a pas forcément aidée. Je te promets que je n'oublierai jamais de marcher ou courir pour vider mes émotions, méditer pour calmer mes pensées et croire en mon âme qui restera ma boussole du cœur. OUI, Rosy, je te promets que ce n'est que le début de notre jardinage. Même si tu me piques au cours des prochaines années, je serai toujours là pour te rappeler que tes épines sont aussi dures et rigides que tes pétales sont doux et flexibles. Je te promets de garder cette joie de vivre et cet amour de l'être humain que tu as fait fructifier en moi... Ne m'enlève pas la vue pour que je puisse continuer de voir autour de moi la beauté de ce monde que j'ignorais jusqu'à ce voyage. Laisse-moi mes jambes pour que nous puissions remonter au sommet des montagnes, mais surtout laisse-moi la force que tu m'as offerte. Je te promets de désherber notre potager avec douceur mais fermeté... OUI, Rosy, on va aller ensemble vers ce chemin sans pesticide. OUI, Rosy, je te jure de maîtriser les excès pour ne pas te réveiller et OUI, Rosy, je suis heureuse que tu fasses partie de ma vie. Pardonne-moi pour ce retour si brutal émotionnellement et physiquement. Je t'ai un peu secouée, mais c'est pour mieux te replanter dans ce monde déraciné.

Allongée, le visage sur mon caillou breton et la musique en double fond, mon cœur a une dernière chanson : « *Sans toi je serais passée à côté de ma vie, mais maintenant je vis et je revis...* »

DÉBUT...

Mon histoire est courte. J'étais assise sur un rocher à me reposer, incapable de faire un pas de plus. Mon mari avait poursuivi son chemin pour être avec ses amis. J'étais là, depuis une heure, à attendre tandis que les gens passaient en me saluant. Puis j'ai vu cette fille – Marine – approcher avec son sac à dos. Nous nous sommes dit bonjour et c'est à ce moment-là que mon mari a réapparu. Ils ont aussitôt engagé la conversation et nous nous sommes remis en marche. Nous étions tellement absorbés par notre discussion que nous avons fini par perdre notre chemin. À un moment, Marine fit allusion à sa maladie qu'elle appelait « Rose » ; je lui demandai ce que c'était... sclérose en plaques ! Je suis restée bouche bée ! Incroyable ! « Moi aussi, j'ai la sclérose en plaques... voilà pourquoi je me reposais sur le bord de la route ! » Nous avons commencé à parler de tout ça... à la fin, j'étais persuadée que ce n'était pas un hasard... était-ce la nature, une puissance quelconque, Dieu ?... Quelles chances avions-nous de nous croiser en Nouvelle-Zélande et de partager l'expérience d'une même maladie ? Quoi qu'il en soit, nous étions faites pour nous rencontrer et profiter de notre énergie positive respective.

Tinny,
La Rose en bas de la montagne
(Traduit de l'anglais par Philippe Lécuyer)
Nouvelle-Zélande

J'ai rencontré Marine lorsque je sortais d'une retraite de méditation au fin fond de la campagne thaïlandaise. Cela peut paraître dur à croire, mais je suis convaincue que ce qui nous a poussées à nous rencontrer est de l'ordre du destin. J'ai la croyance que sur un plan plus subtil, les cœurs savent déjà, il n'y a qu'à les laisser agir. Tout comme Marine, j'ai décidé de partir avec mon backpack pour un an. Je venais de finir mon master 2 en droit international des affaires et de passer avec succès le barreau de Paris, mais mon cœur, mon corps et mon instinct me mettaient sur une autre voie. Je suis partie en quête de sens, et pour retrouver des personnes qui étaient dans l'action au travers de projets, d'écoles alternatives, d'écovillages, etc. Avec pour valeurs communes : l'autoconnaissance, la compréhension de l'esprit, l'écologie, la connexion à la terre, la solidarité humaine, la transformation de soi, l'amour, la bienveillance... À ce jour, je ne peux dire qu'une chose : entrer au cœur de soi c'est entrer au cœur de tous les hommes, des femmes, des animaux et de la terre. Une partie de moi a envie de vous dire qu'il s'agit d'une réelle nécessité, une urgence. J'ai vu la misère et la pollution à un niveau que je ne pouvais imaginer. C'est comme pour les abattoirs, vous savez que ça existe, vous les avez peut-être vus à la télévision, mais vous n'en prenez pas forcément conscience. Vous croyez que vous l'avez fait, mais cela ne devient réel qu'au moment où vous y êtes confronté, lorsque cela se convertit en expérience. Donc, d'un côté il s'agit d'une réelle urgence planétaire. L'homme doit se responsabiliser individuellement et collectivement s'il souhaite continuer à habiter sur cette planète. Mais par ailleurs, outre l'urgence climatique et sociale, cette transformation est selon moi un vrai cadeau que l'on se fait. Vivre sa vie en lien avec son cœur, c'est pour moi vivre l'authenticité d'être soi et le partager avec le monde entier. C'est un cadeau qui débute à l'intérieur et qui s'étale vers tout ce que l'on touche ! À ce jour, ma vie professionnelle vit de ces valeurs et je fais ma part pour contribuer à l'évolution positive de notre planète. Si vous êtes dans ce processus-là, merci ! Mille fois merci ! Le monde est plus beau et plein de sens depuis que votre monde intérieur est lumineux ! Merci Marine de donner l'exemple et de te permettre d'être toi ! Merci et mille fois merci ! De cœur à cœur !

Helionor de Anzizu (Heli Anzi)
La Rose thaïlandaise
Thaïlande

Voyager ! Quel mot magique. Juste le prononcer me fait sourire. Voilà pourquoi, il y a maintenant de cela deux ans, j'ai plié bagage et je suis partie à la conquête de ce mot ; à la conquête de l'inconnu ; à la conquête du monde. Cela s'est avéré une aventure continue, remplie d'émotions. J'ai vécu tant d'expériences, positives et constructives, qui m'ont appris ; j'ai rencontré tant de gens, locaux et touristes, qui étaient des inconnus et sont devenus des amis(es) pour la vie ; j'ai repoussé mes limites plus d'une fois et je suis sortie de ma zone de confort à maintes reprises. Au cours des semaines et des mois, j'ai changé, j'ai grandi, mais surtout, j'ai vécu. Et c'est le plus important. Car peu importe ce que l'on fait, l'important c'est d'avancer. L'important c'est de choisir. Et cela, peu importe le résultat. Et ces choix sont souvent guidés par nos rencontres. Je peux dire que ce que je retiens le plus de mes voyages, ce ne sont pas les plus belles plages, les meilleurs restaurants ou les endroits les mieux cotés, mais bien les gens que j'ai rencontrés. Mes souvenirs se forment autour des places où j'ai fait ces rencontres de gens tous plus merveilleux les uns que les autres. Des gens qui ont eu un impact sur moi ; qui en quelque sorte m'ont changée ; qui m'ont fait découvrir un amour pur et simple des places, des gens, et de la vie ; et surtout, qui m'ont redonné espoir en un monde meilleur et qui, tous les jours, me poussent à être la meilleure version de moi-même. Et cette connaissance de moi-même a aussi été très approfondie à travers une de mes plus difficiles expériences, mais aussi une des plus enrichissantes : la méditation. Aussi difficile et relevée qu'elle soit, la méditation nous force à se concentrer sur nous, et juste nous, pour le moment présent, et juste ce moment. On tente de tout oublier pour revenir à l'essentiel. Et peu importe ce que l'on vit, on doit se rappeler que tout est impermanent, tout passe et tout est changement continuel. La seule chose garantie et non changeante dans le monde est le changement lui-même. Alors rien ne sert de prendre la vie trop sérieusement. Il faut simplement être heureux, reconnaissant, aimant et vivant. C'est pourquoi je vous dis : « Vivez ! » Pour vous. Votre passion. Vos rêves. Vos folies. Vos envies. Vos amours. Rien n'est inatteignable. Pour moi, le voyage c'est la vie. C'est ma vie. Le voyage remplit souvent mes yeux de larmes, mais il remplit aussi ma tête de souvenirs et mon cœur d'amour. Et comme Bob Marley l'a si bien dit : « Les débuts sont habituellement effrayants et les fins sont généralement tristes, mais c'est tout ce qui est entré qui fait que ça vaut la peine d'être vécu. »

Geneviève Gareau
Amoureuse du voyage et de la vie !
Birmanie

En route vers le bonheur

Marine m'a demandé de témoigner de mon mode de vie. Voici donc la définition du bonheur du point de vue d'une nonne bouddhiste :

Le bonheur véritable existe pour tout esprit libéré des jugements et des illusions. Cet état d'esprit prévaut lorsqu'on est capable de privilégier ce qui est bon et bénéfique, et quand sa propre vie est utile aux autres.

Il ne s'agit pas du bonheur après lequel nous courons habituellement. En général, celui-ci découle des plaisirs procurés par nos sens : une vue plaisante, un son agréable, une odeur enivrante, un goût sucré ou une simple caresse suffisent au contentement de l'esprit. Ces impressions, ces sensations de plaisir suffisent alors à diriger notre existence. Conclusion raisonnable, tant que le plaisir subsiste. Nous pensons que si nos sens sont satisfaits, la réussite suivra. Plus nos sources de plaisir sont constantes et nous abreuvent, plus nous sommes persuadés de détenir les clés du bonheur. En réalité, notre esprit désire bien plus que cela, mais nous ne savons pas exactement quoi ni où le trouver. Aussi, nous voyageons toujours plus loin pour voir de nouveaux paysages, nous allons dans les restaurants pour nous gaver de saveurs, nous achetons la plus belle voiture pour nous offrir la virée la plus confortable. Tout pour le plaisir de nos sens, mais cela ne dure que le temps du contact, et nous voilà à la recherche éperdue du prochain. Nous consacrons toute notre vie à cette quête. Et nous devons sans cesse trouver de nouveaux moyens de subvenir à ces plaisirs des sens. Nous sommes prêts à endurer de nombreuses épreuves, persuadés que c'est un lot nécessaire. Même le bonheur que nous procure le temps passé en famille ou avec les amis doit passer par le biais de nos sens. C'est ainsi que nous apparaît le sens de la vie : petits plaisirs et satisfactions passagères. Je ne dis pas que tout ça est négligeable ou mauvais, mais cette démarche nous éloigne d'une forme supérieure de bonheur qui n'a rien à voir avec nos sens. Ces jouissances éphémères peuvent être merveilleuses, mais elles ne devraient pas être notre objectif principal, au risque de rendre notre bonheur définitivement dépendant de quelque chose ou quelqu'un.

Trouver le bonheur véritable nous demande de revoir notre plan. Le vrai bonheur n'implique pas l'absolue nécessité d'être heureux. Il suffit juste de faire ce qui est bon et bénéfique pour récolter les résultats positifs. Dans cette optique, nous n'avons pas besoin de courir après le bonheur. Nous n'avons pas à chercher quoi que ce soit. Nous devons juste agir de manière juste et bénéfique.

Nos actes font notre vie, et ces actions naissent dans notre esprit. En privilégiant les bonnes actions – et en évitant les mauvaises –, l'esprit gagne en puissance. C'est une conséquence naturelle.

Nous devrions prêter attention aux autres, à ceux qui ont besoin de notre aide. Une manière d'oublier nos propres problèmes. Nous gagnerions en confiance dans nos capacités et nos bienfaits, sentiments dont notre esprit a soif. Et ce qu'il recherche vraiment, c'est la vérité sur notre nature. Si nous la connaissions, nous ne connaîtrions plus ni doute ni inquiétude. Lorsque vous observez un cours d'eau, par exemple, vous savez qu'il a un sens et qu'il ne saurait en changer. Cette direction est la vérité. Vous pouvez avoir toute confiance en elle, car c'est la nature à l'œuvre. Et si nous l'acceptons – et l'appliquons à nous-même –, nous n'aurons plus d'autre questionnement. Nous pouvons alors pardonner nos erreurs et nous en détacher, enfin conscients qu'elles sont naturelles. Puis nous pouvons pardonner celles des autres.

Pour saisir la vérité, nous devons prendre la vie de la bonne manière. Tant que nous vivons en harmonie avec la nature, tout se passera bien. La nature est au cœur de chaque instant. Nous n'avons pas besoin d'aller chercher plus loin.

Il nous faut juste la volonté de savoir.

Pour voir la vraie nature, nous devons renoncer aux actions qui nous la cachent, toutes ces actions inutiles et nuisibles à nous-mêmes et aux autres. La vraie nature est tout ce qu'il y a de plus manifeste puisqu'elle est dans tout ce qui advient, mais nos esprits sont bien trop distraits par nos actions, par ces pensées et regrets liés à ce que nous avons fait, et ces rêves et inquiétudes relatifs à ce que nous ferons. Nous sommes trop occupés par le fracas de la vie pour voir la vérité de l'instant présent. En fait, nous sommes coincés sur cette vérité, nous sommes bloqués dans ce corps, aussi avons-nous besoin de comprendre tout cela clairement. Un jour, lorsque nous serons près de mourir, nous comprendrons que nous ne pouvons échapper à la nature, quel que soit le genre de décisions que nous aurons pris dans l'existence.

Tout ce temps passé dans ce corps. Quelquefois, en faisant un pas de côté, nous pouvons entrevoir la réalité de ce corps et prendre conscience de son incroyable étrangeté. En général, nous n'y prêtons pas attention. C'est comme regarder un film et oublier que l'on se trouve dans une salle de cinéma. À la fin de la projection, nous revenons soudain à la réalité du lieu. En fait, nous devrions nous intéresser à la salle, pas au film. Car lorsque l'écran devient noir, si nous oublions où nous sommes, nous ne saurons pas comment réagir.

Lorsque nous observons la nature en même temps qu'elle advient, nous constatons que ni le passé ni l'avenir n'existent. Seul le moment présent, en perpétuel renouvellement, est réel. Voilà la vraie nature avec laquelle nous devons nous confronter.

Le vrai bonheur existe et se nourrit de l'absence de regret. Les actions vertueuses et un code de conduite morale sont excellents pour ça. Libre de ces ressassements et de ces inquiétudes, l'esprit peut s'immerger dans l'instant présent sans être interrompu par les ombres du passé ou la peur du lendemain. Pleinement conscient du moment présent, il peut s'ouvrir à la vérité. C'est la seule voie vers l'action et la concentration justes qui mènent à la compréhension fondamentale ; cette voie même que le Bouddha désirait que nous suivions afin d'atteindre le bonheur le plus élevé.

Aloka (nonne)
(Traduit de l'anglais par Philippe Lécuyer)
Birmanie

Je m'appelle Revatā Nanda et je suis un Birman de 44 ans. J'ai été ordonné moine il y a maintenant trois saisons des pluies et je compte bien le rester jusqu'à la fin de ma vie.

Beaucoup de gens me demandent pourquoi j'ai décidé de devenir moine. Laissez-moi vous l'expliquer. Dans ma jeunesse, j'étais un garçon timide et renfermé. Sans aucune confiance en soi, j'avais peur de tout. Je venais d'une petite ville du Nord de la Birmanie (État Shan) et à l'âge de 11 ans, mes parents m'ont envoyé étudier à Yangon, où j'ai fini de grandir. Mais ma ville natale n'a jamais cessé de me manquer, et cette période n'a pas été heureuse. Tout ce que je désirais, c'était rester un simple garçon de la campagne.

Malgré mon jeune âge, inconsciemment, je comprenais que le matériel ne pouvait apaiser mon âme ; je rêvais juste de liberté et de simplicité. À l'adolescence, je passais mon temps à observer secrètement le monde qui m'entourait. Et mon esprit s'enfonçait un peu plus chaque jour dans l'insatisfaction, rien ne semblait pouvoir me rendre durablement heureux. J'étais incapable de jouir pleinement de ma jeunesse.

Dans notre pays, avril est un mois très important. C'est là que nous célébrons la nouvelle année. Jeunes ou vieux, les gens attendent avec impatience la Fête de l'eau (Thingyan). Pour ma part, chaque fois que j'ai participé à ces festivités, j'en ai noté systématiquement le mauvais côté. Il faut voir tous ces gens arpenter la ville, en voiture, sous un soleil de plomb, pour le plaisir. Il faut les voir dépenser leur argent, beaucoup d'argent. Après la fête, nombreux sont ceux qui souffrent de coups de soleil. On trouve des gens ivres morts. Sans compter les accidents... Bien qu'adolescent, ma vision du monde différait de celle des autres jeunes gens de mon âge.

Je ne cessais de réfléchir au meilleur moyen pour moi d'atteindre un bonheur durable. Puis, vers 18 ans, j'ai eu l'idée de m'intéresser à la méditation. Cette curiosité surgit dans mon esprit sans aucune influence extérieure. Je voulais absolument essayer par moi-même. Bien que je sois né bouddhiste, au quotidien, je l'étais par habitude ; la religion ne m'intéressait pas, à l'image de mes parents.

En 1992, à l'approche de la fête de l'Eau annuelle, j'avais pris la décision de faire une retraite au sein d'un centre de méditation, pour voir. Je fus donc ordonné moine pour dix jours et me joignis au groupe. Ces dix jours furent les plus longs de ma courte existence. Tellement difficiles. Tellement douloureux. Beaucoup de choses m'échappaient. Mais, inconsciemment, je savais que l'enseignement bouddhique touchait à la vérité absolue. Je me suis même surpris à pleurer secrètement en découvrant certaines vérités.

Après la retraite, j'ai abandonné la toge et suis retourné à la vie normale. Mais dans mon esprit, les idées se bousculaient sans répit : « J'ai besoin de méditer », « Seule la méditation (Vipassana) m'apportera la vraie satisfaction », « Je le ferai », « Plus tard, je ne veux pas me marier, je ne veux pas d'enfant, je ne veux pas d'histoire d'amour », « Je veux finir ma vie dans un centre de méditation, soit en tant que méditant permanent soit en tant que moine ».

Malgré tout, je me suis remis aux études. J'ai fini l'université, travaillé dans de nombreux domaines. Mais, chaque année, quand la fête de Thingyan s'annonçait, mon esprit me rappelait la nécessité d'une nouvelle retraite. Je n'éprouvais plus aucun enthousiasme à l'égard de cette fête traditionnelle, contrairement à ceux de ma génération.

Année après année, au moins une fois par an, j'ai rejoint le centre. Et plus j'y passais de temps, plus ma compréhension grandissait et plus ma décision d'y consacrer ma vie s'affermissait.

Comme vous le savez sans doute, à l'époque, le pays était sous le joug d'un gouvernement militaire et de nombreux jeunes Birmans tentaient leur chance à l'étranger en quête de travail et de meilleurs salaires. J'étais aussi de ceux-là. Nous avions l'espoir qu'avec plus d'argent, nous serions plus heureux et que notre vie prendrait tout son sens. Je suis donc devenu marin – ce qui était alors considéré comme un bon job. Et j'ai effectivement gagné plus d'argent que je n'en aurais eu en restant en Birmanie. Et si vous me demandez si j'ai aimé ma vie de marin, je vous répondrai : « Pas du tout ! »

La paie était le meilleur moment. Les marins comptent les jours avant la fin de leur contrat et leur retour au bercail. Lorsque j'avais le mal de mer, c'était terrible. J'étais désespéré et déprimé. Une fois mon contrat honoré, je retrouvais ma

Birmanie avec joie et l'argent si chèrement gagné se volatilisait en un clin d'œil. Je n'avais alors pas d'autre choix que de trouver un nouveau contrat.

Mais cette fois-ci, j'avais eu la chance de décrocher un poste à Singapour. Plus besoin de naviguer de port en port à travers des mers démontées et le salaire n'était pas mauvais. Mon programme ? Trois jours de service à bord suivis de trois jours de repos à terre. À bord, ma tâche était d'attendre les ordres de la direction ; s'il s'agissait, par exemple, de ravitailler en carburant les navires à quai dans les eaux de Singapour, mon bateau se rendait sur place et assurait son service. J'étais le plus haut responsable et, après chaque mission, je jetais l'ancre dans l'attente des prochains ordres. Je possédais ma propre cabine et Internet à volonté. Il arrivait quelquefois qu'aucune consigne ne soit demandée et que nous restions à quai durant les trois jours. Un boulot de rêve ? Je suis resté à ce poste pendant huit ans. Le travail était devenu si facile. Évidemment, le salaire a progressé avec le temps et je suis devenu le vétéran de l'équipe. Mais rien ne pouvait me satisfaire durablement. Plus je gagnais, plus je dépensais. Et j'ai commencé à me lasser de cette vie. Je voulais du changement. Mon statut de résident permanent me permit de trouver autre chose. Un nouveau job, mieux payé avec encore plus de responsabilités. Ma vie devint un peu plus chaotique.

Chaque année, j'avais droit à des vacances et j'en profitais pour revenir en Birmanie et m'offrir une de ces cures de méditation. Plus je pratiquais en ces occasions, plus je me rendais compte qu'il n'existait pas de mode vie parfait, nulle part au monde. Quelles que soient votre fortune, votre réussite, votre réputation, votre beauté, cela ne peut suffire à combler votre existence. Qui que vous soyez, la vie n'est jamais exempte de chagrin, de deuil, d'inquiétudes, de peurs, etc. Je ne connais aucune personne autour de moi qui ait une vie parfaite. Certains de mes amis sont très riches et connaissent une réussite professionnelle indéniable, mais je sais que leur vie n'est pas dépourvue de problèmes. Prenez mon ancien patron. Il est tellement riche qu'il est classé parmi les dix plus grands chefs d'entreprise de Singapour. En fait, il pourrait couler des jours paisibles jusqu'à la fin de sa vie grâce à l'argent qu'il a amassé. Mais il est incapable de s'arrêter, soucieux qu'il est de son héritage et d'étendre son empire commercial.

Quel est le sens de cette vie ? Je suis tellement désolé pour cet homme. Autant d'argent mais tellement de stress. Il a développé un tas de maladies (diabète, hypertension...). Il ne peut manger ce qu'il aime car tant d'aliments lui sont interdits. Et pourtant il cherche à gagner toujours plus. Mais ce qui est sûr, c'est qu'un jour, il mourra. Quelle propriété, quel immeuble, quels biens croit-il pouvoir emmener à ce moment-là ?

L'argent peut-il vraiment faire le bonheur ? Non. Quel plaisir des sens peut nous l'apporter ? Aucun. Ces sensations, ces moments de loisir, ces phases de plaisir sont tous de courte durée. Rien ici ne peut contenter l'esprit durablement. Cette joie éphémère finit par lasser.

En avril 2012, j'ai quitté mon travail, annulé ma carte de résident permanent et retrouvé définitivement la Birmanie. Après mûre réflexion, je me suis installé dans le centre de méditation de ThaBarWa. Comme son nom l'indique, ThaBarWa – en langue myanmar – signifie « naturel ». Et ce centre l'est, à plus d'un titre. Tant de gens d'univers et de sociétés différents y cohabitent pacifiquement : moines, nonnes, laïcs, vieux, jeunes, riches, pauvres, etc. Pour moi, le centre ThaBarWa est l'université de la vie. J'y suis depuis presque cinq ans et je constate de véritables changements dans mon esprit. Les préoccupations qui m'encombraient dans le passé sont devenues bien moins vivaces.

Quelle vie ! Quelle vie pleine de sens ! C'est exactement ce que je ressens aujourd'hui. Mon esprit se libère de tant de confusions et de doutes. Je ne m'interroge plus sur ma vie. « Pourquoi je vis ? Comment devrais-je mener ma vie ? Qu'arrivera-t-il si je continue à ce rythme ? » Autant de questions qui ne comptent plus.

Qu'est-ce qui a fait la différence ? Le bouddhisme. Le bouddhisme a changé ma vie. Je l'ai déjà dit, je suis né bouddhiste mais je le suis resté très longtemps par habitude. Aujourd'hui, je suis bouddhiste par conviction. Je suis devenu moine.

Si je compare ma vie actuelle à mon existence passée, je ne gagne plus d'argent, je ne travaille plus pour m'enrichir, mes effets personnels se limitent au strict minimum, plus de sexe, une alimentation plus mesurée, je n'écoute plus de chansons et je ne chante plus, plus de coquetterie et tellement d'autres choses en moins. Mais ce qui est certain, c'est que je suis bien plus heureux qu'avant. Mon esprit est bien plus libre et mon corps est en bien meilleure santé.

Personne ne peut me priver de cette compréhension, de mon bonheur. Quelle vie ! Plus de stress du tout ! Plus de peur de mourir !

Aujourd'hui, j'enseigne la méditation aux autres. Partager mes connaissances est important, car je veux que les autres soient aussi heureux que moi. La vie doit poursuivre son chemin. Nous naissons tous êtres humains. Et j'ai trouvé la meilleure façon de vivre sa vie.

Lorsque le temps sera venu pour moi de mourir, je mourrai. Mais avant cela, je poursuis mon chemin.

Revatā Nanda
(Traduit de l'anglais par Philippe Lécuyer)
Birmanie

Tout aurait pu nous opposer, Marine et moi. Elle, la jeune étudiante citadine, flamboyante et charismatique, et moi le rural vieillissant plutôt taiseux et assez misanthrope pour préférer souvent la compagnie de mes chevaux au commerce des hommes : ce huis clos au milieu de la steppe mongole, sans sortie de secours, aurait pu tourner au cauchemar...

Mais de méditations communes et silencieuses devant un coucher de soleil en discussions futiles ou profondes menées parfois pour le seul plaisir de la joute verbale (une croyante et un athée ça fait parfois de belles étincelles) ou en parties de franche rigolade (comme cette pole dance surréaliste improvisée par Marine sous la yourte en barattant de l'*aîrag*), nous avons appris qu'au-delà de ces différences qui enrichissent notre amitié, nous partageons une vision fondamentale qui guide notre parcours : l'absolue certitude que tout ce qui n'est pas le malheur est un don de la vie et qu'il nous appartient de ne pas gâcher ce cadeau en sachant apprécier les choses les plus simples, les plus insignifiantes et les plus miraculeuses qui, mises bout à bout, s'appellent le bonheur. Et que nous en sommes l'acteur et le responsable.

Nous avons ramené de notre voyage une amitié improbable et très forte qui a résisté au retour, à l'éloignement et aux tribulations de nos vies respectives. J'y puise pour ma part de la force et un exemple pour les jours où les obstacles rendent le parcours plus difficile.

En échange, Marine sait que s'il advenait un jour que les épines de Rosy se fassent plus cruellement sentir, elle pourrait grimper sur mon dos et que, tant que j'aurai un souffle d'énergie, je l'emmènerai continuer à découvrir le monde et à l'enrichir de sa présence lumineuse.

Didier Leportois
Mongolie

Laissez-vous emporter par la plume du Gringo des Steppes.

L'itinérance sur piste se trouve dans la rue des steppes, une impermanence d'oubli dont était fait le territoire, « d'ici-bas à bas d'ici ». Des terres instinctives de l'homme curieux.

Vivant bruyant de silence, uniquement au coucher et au lever du soleil, le vent.

Il n'accordait que très peu d'importance à l'entre-deux, puisque les rivières prennent l'eau !

Laissons les choses au temps, cela ne nous regarde pas et nous importe peu.

Les tribulations de l'arrêt n'avaient pas vraiment de nécessité, c'était plutôt le mouvement des gestuels organiques, qui une fois libéré marque un début, un nouvel ordre d'équilibre.

Même le son du silence n'a que très peu d'importance.

L'aspiration de la pleine steppe crée des trajectoires de déplacements innommables et innombrables. Cette énergie motrice et une onde musculaire prenant appui sur une terre via un postérieur d'un quadrupède pour remonter en une onde d'énergie, du sacrum et devant mourir sur des épaules souples.

La lueur de l'espérance tient à ce que l'on a comme extravagance ! L'exil de l'âme sans trucage, et un jeu de patience et de « paisibilité » contemplative, face au vide immense.

Chut... j'essaye de me relire, pour que le temps soit mien !

Pensée chemin faisant, qui se conçoit en faisant son chemin.

Côme Doerflinger alias Gringo
Mongolie

Je décide de rentrer en contact avec Dolgor. Je rêve de son témoignage pour lui faire honneur mais aussi pour avoir une trace écrite de tout ce qu'elle est tout simplement.

Je suis restée en contact avec Côme et Gerel et je leur demande conseil pour trouver quelqu'un parlant mongol ici en France... Gerel me parle d'une jeune femme qu'elle connaît très bien et qui vit sur Paris. Je ne perds pas une seule seconde pour rentrer en contact avec elle.

Son prénom : Sandrine, son métier : anthropologue.

Elle accepte gentiment de m'aider...

J'arrive chez elle, le numéro de Dolgor sur un bout de papier et le cœur qui palpite rien qu'à l'idée d'échanger avec elle... J'ai une chance sur mille de réussir à l'avoir ! Je calcule, il est 18 heures chez eux... elle est sûrement dehors avec son bétail et loin du seul et unique téléphone accroché à une ficelle à la fenêtre pour qu'il puisse capter... Après plusieurs tentatives... Elle décroche, mon cœur aussi !

Сайн байна уу, Марина !!!! ?
Марина, Марина, сонин сайхан юутай байна ?

Хэзээ манайд буцаж ирэх вэ ?

Манай нутаг сайхан шүү ! Хурдан эргэж ирээрэй Талын нүүдэлчин айлдаа найзтайгаа хамт ирээрэй !!!

Марина, Марина ! Манайд ирээрэй ! Бидэн дээр хэзээ эргэн ирэх вэ ? Надтай ярисанд баярлалаа. Одоо Марина монгол хэл сурах хэрэгтэй. Тэгээд хурдан манайд буцаж ирээрэй !

— Bonjour Marina !? Marina ! Marina, comment vas-tu ?
Elle crie tellement en m'entendant que je n'arrive pas à dire un mot. J'ai le cœur qui saute et les mains qui tremblent. Sandrine est elle aussi surprise de la force de Dolgor et de tous ces cris !
— Quand reviens-tu ?
Elle a dû le répéter 10 fois...
— Mon pays t'attend ! Reviens vite ! Reviens chez les éleveurs nomades dans la steppe avec ton ami !
Sandrine toute secouée par la discussion, n'arrive pas à lui faire dire autre chose que ces quelques mots. Ils ont tout simplement permis de me faire réaliser à quel point on oublie vite... Elle s'en foutait de mes questions, elle n'avait qu'une seule idée en tête... le reste n'est que futilités.
Que cherchais-je au final... ?
Un témoignage ! Je n'avais pas compris que les nomades sont loin des paroles mais proches des actes. Son seul mot d'ordre « reviens au lieu de causer ! » Message reçu Dolgor... Tu as raison, vaut mieux revenir te voir que de me contenter d'avoir un écrit qui ne signifie rien par rapport à la force de ce pays...

Je suis émue et je me sens toute petite d'avoir demandé ça... Je suis si loin de la réalité. Demandez à un nomade de témoigner à des milliers de kilomètres...

Son témoignage se fera quand je serai à ses côtés en train de savourer un bon lait de jument fermenté.

Merci pour ce souffle mongol que j'ai perçu à travers ce boîtier téléphonique... J'ai encore beaucoup de choses à comprendre mais surtout à appliquer.

— Marina, Marina ! Reviens !!!!!

Mon cœur lâche...

— Tu reviens quand nous voir ?

Merci d'avoir permis à Marina de nous parler. Il faut qu'elle apprenne le mongol ! Et qu'elle revienne vite !

J'arrivais pour un récit, je repars avec un mot : « reviens » !

Sandrine pose le téléphone, la conversation est terminée. Un silence s'installe dans la pièce.

« Je reviens Dolgor. J'arrive... je te le promets. »

Remerciements

Spéciale dédicace à ma SEPER community !

Chers Sepers, oui, sans vous rien n'aurait été fait. Vous m'avez accompagnée, épaulée, soutenue, défendue, écoutée, réconfortée, conseillée, motivée, et enfin, par-dessus tout donné tellement d'amour du début jusqu'à cette phrase que je suis en train d'écrire. Certes, ce n'est qu'une petite page dans ce livre, mais sachez l'amour, la reconnaissance et la force que j'ai pour vous tous.

Cette communauté est forte et je vous promets qu'on ne va pas cesser de grandir ensemble. Je suis partie seule, nous rentrons à plus de 6000. C'est le début d'une longue aventure que vous avez commencé à écrire en 2015. Merci à vous tous d'y avoir cru et d'avoir mis une partie de votre vie dans la mienne. Vos messages m'ont permis de finir ces marches, de finir ces monastères, d'arriver chez les Tsaatan mais surtout de rentrer pour ce nouveau projet en passant par ces quelques lignes.

Les concernés se reconnaîtront ! Merci pour vos blagues, vos histoires, votre humour, votre tolérance. Du haut de mon petit 1,60 m et de mes 23 ans, je vois une humanité belle, pleine d'entraide, de force, de partage et de volonté d'aimer. L'Homme naît bon, c'est une certitude. L'Homme grandit, fleurit, mais il est sur cette planète pour se sentir utile et faire des choses constructives. Serrons-nous encore les mains pour les nouvelles aventures à venir.

Je vous aime.

Votre Rosy

Merci à **Élise Bigot** qui m'a soutenue et encouragée pour ce projet d'écriture. On accouchera en même temps d'un bébé différent ! Hâte de découvrir ta petite Léa qui a été présente durant toute la durée de ce projet. Tu peux être rassurée, elle est déjà vaccinée pour ses futures dictées, et ce bien avant sa naissance !

Merci à **Florence Lécuyer** d'avoir eu cette idée d'écriture et d'avoir réussi à m'embarquer sur son navire toujours plus coloré et ensoleillé !

Merci à **Frédéric Lopez** d'avoir été mis sur ma route et d'avoir pris le temps de préfacer une plume d'enfant.

Merci à mon ami **Baptiste Letocard** pour ces fabuleuses cartes créées pour ce projet !

Merci à **mes amies** d'avoir pris le temps d'écrire cette petite biographie.

Merci à **mes parents et ma sœurette** pour leurs conseils et leur amour.

Merci à **Max** pour sa force et sa confiance omniprésente.

Merci à **Mami Roselyne** pour m'avoir transmis son inspi !

Merci bla-bla-bla... vous le savez tous déjà...

12152

Composition
NORD COMPO

*Achevé d'imprimer en Espagne
par CPI
le 27 février 2018.*

Dépôt légal : mai 2018.
EAN 9782290156315
OTP L21EPLN002342N001

ÉDITIONS J'AI LU
87, quai Panhard-et-Levassor, 75013 Paris

Diffusion France et étranger : Flammarion

Objectif 250 KM

mon pouce, Rosy et moi...

Encore 100 km

Merci les gars !!
je viendrai vous voir
jouer !

Fév 2016

Queenstown 19h. Disparaître en écoutant de la musique. C'est possible. J'ai l'impression que mon esprit s'envole avec ses notes. Mon corps, lui, perçoit chaque vibration de ce clavier. Une pause, un duet, un stop, une mélodie dont Rosy se mouvait. ♡ Je ferme les yeux.
  Mon cœur décolle... Merci...

Mes Pétages de Câble !!!

« Vous m'entendez ??? !!

WTF !

Kosaw et
son cousin

Une cascade
3 Birmans
Une bouée mais
surtout une dizaines de
monastères visités !!

— 60 KM SEPERTI —

J-1   J-2   J-3   J-4

26/04/16 Bon j'ai qlq minutes avant de donner mon sac au centre de méditation... Je suis assez inquiète et R m'arrête pas de pleurer depuis que je viens de découvrir ma fameuse chambre. C'est très rustique, je m'ai rien, un sommier, un mini matelas, une moustiquaire trouée !!! J'ai plus assez de temps pour gaspiller mon papier. Les 5 premiers jours vont être durs et je pense que je vais grave en chier. Va falloir que je sois forte et courageuse pour tenir jusqu'au bout ! Ce sont mes dernière ligne avant de fermer ce cahier et ranger ce stylo ! Ce sont mes derniers mots. J'aimerais que m'a famille entende à quel point je vais avoir besoin de leurs pensées, j'aimerais aussi envoyer tout mon amour à ma petite sœur, ma mère et mon père ! Chers copains vous devez être au boulot ou occupés mais si vous pouvez m'envoyer des forces car ça va être compliqué... Comment Rester sans bouger ni parler ni regarder ni lire ni écrire ???? flippant, j'ai le ventre noué les yeux trempés... 10 jours dans une vie C'EST RIEN... ALLEZ ROSY ROSY ROSY !!! A dans 10 jours ... je vous aime . . . .

J-5	J-6	J-7	J-8	J-9	J-10

ÂME ▶ MONGOLIE

Patience
    Confiance
Aimer
  Ouvrir Choix
Comprendre S'écouter
  Partage Calme
Sensation Joie   Merci JJG ! Je t'aime ♥
  être Avancer   Écoute
Silence Ego   Les choses
Combattre   S'émerveiller
  Détachement Apprendre
Motivation   Jugement Désir
          Fédérer
 ANICHA   Calme Générosité
Réaction Profiter Prier SANCARA

Oooh YES!. J'y suis.
Ce n'est pas un Rêve.
Om décolle Rosy Om !!!!!
décolleeeeeeeeeee ...
J'ai envie d'hurler et à la
fois de pleurer... FAR ?

« Salut je suis le king de la vallée » Je vous présente mon cher Ikhbat, mais on l'écrit Emkhbat si je me trompe pas !

Après cette soirée bien arrosée j'ai bien transformé les aigles en avion.

— La vallée d'Ikhbat —

Bon, déjà je dois arrêter de commencer toutes les phrases de mon cahier par BON !!

Waaa c'est méga fort ce lait de jument fermenté. Je me pensais pas que c'était autant alcoolisé ! C'est cool je me suis fais pas mal de nvx potes dans la vallée. Demain leçon d'anglais pour sa fille ! On vera s'il s'en souviendra

— Traite de jument —

Au calme "posey" avec mon Rêne

Quelle puissance ces OVOS en haut des montagnes ! L'image - Tous ces morceaux de tissus qui volent au souffle du vent me procure une sensation de frisson indescriptible. La montagne parle, la nature s'exprime... Le vent murmure... Attendez-moi... j'arrive...

On a tous quelque chose à dire...